LENA KIEFER

Coldhart

Deep & Shallow

LENA KIEFER

COLD HART

DEEP & SHALLOW

Roman

LYX

LYX in der Bastei Lübbe AG

MIX
Papier | Fördert gute Waldnutzung
FSC® C014496

Bei Fragen zur Produktsicherheit wende dich bitte an:
produktsicherheit@bastei-luebbe.de

Textredaktion: Melike Karamustafa
Umschlaggestaltung: © Jeannine Schmelzer
unter Verwendung von Motiven von © Shutterstock (Anna Poguliaeva, Kindlena, Ninja Artist)
Satz: Greiner & Reichel, Köln
Gesetzt aus der Adobe Caslon
Druck und Verarbeitung: GGP Media GmbH, Pößneck

Printed in Germany
ISBN 978-3-7363-2115-1

3 5 7 6 4

Weitere Informationen unter:
lyx-verlag.de
luebbe.de | lesejury.de

Liebe Leser:innen,

dieses Buch enthält Elemente, die triggern können.
Deshalb findet ihr auf Seite 475 eine Triggerwarnung.

Wir wünschen uns für euch alle
das bestmögliche Leseerlebnis.

Eure Lena und euer LYX-Verlag

Für Charleen.
Ich wünschte, alle Menschen
würden Bücher so verstehen
wie du.

Playlist

Coldhart Theme – technokrates
hurts like hell – Wrabel, Valentina Ploy
All For You (with Ella Henderson) –
Cian Ducrot, Ella Henderson
Angels Like You – Josh Rabenold
High Five – Sigrid
Rewind Your Love – JB Stark, Kestra
Worth It – Colbie Caillat
Million Eyes – Loïc Nottet
HONEY (ARE YOU COMING?) – Måneskin
Fix You – Fearless Soul
Overthinking – Zoe Wees
Lighthouse – Kelly Clarkson
False Dawn – Single Edit – Holding Absence
Someone To You – Piano Version – Roses & Revolutions
Am I Enough – Loi
No Right To Love You – Acoustic – Rhys Lewis
THE LONELIEST – Måneskin
Broken – Thomas Meilstrup
Everything everywhere always – Elijah Woods
Go To War – Nothing More

»To die, to sleep –
To sleep, perchance to dream – ay, there's the rub,
For in this sleep of death what dreams may come …«

William Shakespeare,
»Hamlet«

Prolog

Harrison Grant war kein Mann umständlicher Worte. Er bevorzugte ein offenes und direktes Gespräch, keinen überflüssigen Small Talk oder Leute, die ihm Honig um den Mund schmierten. Wahrscheinlich war deswegen Rex Farragano seit zehn Jahren sein Mann fürs Grobe. Der verlor nicht allzu viele Worte, sondern erledigte die Aufträge, die man ihm zuteilte.

Als Rex jetzt sein Wohnhaus auf der Upper West Side betrat, wusste Grant, dass der Termin nicht übermäßig lang dauern würde. Was gut war, denn Alyssa würde bald zu Hause sein und sie begegnete Rex besser nicht.

»Kommen Sie rein.« Er hielt dem Detektiv die Tür zum Büro auf. »Whiskey?«

»Nein danke, ich muss noch fahren. Und wenn die mich ein weiteres Mal erwischen, endet das böse.« Rex nahm ohne Aufforderung in einem der Sessel vor dem massiven Schreibtisch Platz. »Wie geht es mit Ihrer Tochter voran, Sir?«

Grant musste nicht nachfragen, um zu wissen, wen sein Gegenüber meinte.

»Wir machen Fortschritte. Sie hatte eine Weile damit zu kämpfen, dass der Coldwell-Junge sie abserviert hat, aber langsam überwindet sie es. Zum Glück habe ich sie in der Wohnung im Auge. Meine Leute überwachen genau, wer bei ihr ein- und ausgeht.«

Rex lächelte leicht. »Es war ein kluger Schachzug, ihre Wohngemeinschaft in Brooklyn aus dem Verkehr zu ziehen, indem man sie zu einem ach-so-gefährlichen Ort macht.«

»Ja, nur hätten Sie bei dem Einbruch nicht unbedingt jemanden töten müssen.« Grant verzog unzufrieden den Mund.

»Beinahe«, korrigierte Rex. »Ich habe ihn nur beinahe getötet. Der Typ ist durchgekommen.«

»Was nicht Ihr Verdienst war, sondern der fähiger Ärzte. Das hätte viel zu viel Aufsehen erregt. Wenn Sie beim nächsten Mal nicht besser aufpassen, muss ich mir überlegen, ob ich auf Ihre Dienste in Zukunft verzichte.«

»Verstanden.« Rex nickte knapp.

»Dann hätte ich jetzt gerne das Update.«

»Es gibt nicht viel Neues.« Der Detektiv warf einen Stapel Fotos auf den Tisch. Grant war alte Schule, er wollte den Kram grundsätzlich auf Papier. Eine Verschwendung von Ressourcen, aber der Boss bestimmte, wo es langging. »Sie trifft sich immer noch mit Alexis Wentworth, dem besten Freund von Coldwell. Es gibt keine Anzeichen dafür, dass mehr zwischen ihnen ist, aber genau das zeigt vielleicht, dass Ihre Tochter noch nicht damit abgeschlossen hat.«

Die Bilder zeigten Felicity und den gefallenen Bankier-Erben in einem Café in der Nähe des Central Parks, sie aßen Kuchen und schienen sich zu amüsieren. Rex hatte recht, die Körpersprache deutete nicht darauf hin, dass romantische Gefühle im Spiel waren, genau wie die Tatsache, dass Wentworth sie nie in ihrer Wohnung besucht hatte. Das war jedoch keine Beruhigung. Wenn sie sich wegen Coldwell trafen, bedeutete das, Felicity war definitiv nicht darüber hinweg.

»Behalten Sie das im Auge. Wenn sich die beiden näherkommen, wäre das nur gut für uns.« Denn das würde Coldwell seinem Freund nie verzeihen, womit sich diese Gefahr ganz von selbst erledigte.

»Natürlich, Sir.« Rex nickte. »Felicitys Job bei Helena Weston beunruhigt Sie weiterhin nicht? Die Nähe zu den Coldwells würde mir Sorgen machen.«

»Die Arbeit macht ihr Spaß, ich möchte ihr das nicht wegnehmen. Außerdem weilt Elijah Coldwell ja aktuell im Ausland, also besteht keine Gefahr, dass sie sich begegnen. Wenn sich daran etwas ändert, werden wir neu entscheiden.«

»Gut, in Ordnung. Dann sind da Informationen zu Alyssas neuem Freund. Offenbar gab es noch einige andere Delikte mit Betäubungsmitteln, die von den Eltern jedoch wirksam unter den Teppich gekehrt wurden. Gibt es Planungen, die beiden zu trennen?«

Grant runzelte die Stirn. »Noch nicht, wir warten ab. Sie ist glücklich mit ihm und bisher stellt er kein Problem dar. Dass er aktuell Drogen nimmt, dafür gibt es keine Beweise, oder?«

»Nein. Er ist seit zwei Jahren sauber, was das betrifft.«

»Gut.« Grant nickte. »Dann wollen wir Alyssa diese Beziehung gönnen, solange er sich nichts zuschulden kommen lässt.«

Rex gab sein Einverständnis mit einem kurzen Heben seiner Schultern. »Wie Sie wünschen. Vielleicht ändern Sie Ihre Meinung, wenn Sie ihm begegnen. Er ist ein unerträglicher Idiot.«

Grant lachte. »Nun, wir beide wissen, dass Alyssas Urteilsvermögen in dieser Hinsicht ein wenig eingeschränkt ist. Deswegen sind wir ja da, um sie zu beschützen.« Damit war das Thema für ihn beendet.

»In Ordnung, dann bleibt nur noch Rosalie.«

»Trifft sie sich etwa auch mit jemandem?« Das hätte Grant gewundert. Seine älteste Tochter war der effizienteste und rationalste Mensch, den er kannte. Sie lebte für ihren Job und eine Beziehung wäre für sie nur ein Zeitfresser, den man sich auch sparen konnte.

»Nein, momentan nicht. Allerdings war sie in den letzten zwei Wochen öfter aus als früher. Keine Dates, sondern Treffen mit Freundinnen, aber sie hat dabei Alkohol getrunken und wir wissen, dass das für sie sehr ungewöhnlich ist. Vielleicht wollen Sie der Sache bei Gelegenheit auf den Grund gehen, das ist nicht wirklich mein Bereich. Ich wollte es dennoch erwähnen.«

Grant verzog besorgt das Gesicht. Rosalie verhielt sich schon seit ihrer Rückkehr aus London anders, sie widersprach häufiger und vertrat ihre Meinung vehementer als zuvor. Er war davon ausgegangen, dass sie sich durch den Aufenthalt im Ausland mehr emanzipierte, aber exzessiv zu feiern passte nicht zu ihr. Vielleicht musste sie einfach etwas Dampf ablassen, es war jedoch besser, wenn er sie im Auge behielt.

»Ich kümmere mich darum. Ist das dann alles?«

»Ja, im Grunde schon. Ich melde mich in zwei Wochen wieder.« Rex erhob sich und ging zur Tür. »Sir, darf ich mir noch eine Anmerkung zu Felicity erlauben?«

»Sicher.« Es gab keine Garantie, dass Offenheit nicht zu Konsequenzen führte, aber Rex arbeitete lange genug für Grant, um das zu wissen.

»Sie muss Elijah Coldwell eine Menge bedeuten, wenn nur ein simples Foto ihn dazu bringen kann, sie zu verlassen. Haben Sie keine Sorge, dass die Romanze zwischen den beiden wieder aufflammen könnte, wenn er nach New York zurückkehrt?«

»Nein, habe ich nicht.« Aktuell trieb sich Coldwell mit seiner Prinzessin in England herum und auch wenn nicht klar war, ob diese Zurschaustellung der Beziehung immer noch dazu diente, Felicity zu schützen, lag die Vermutung nahe, dass er darüber hinweg war. Wie konnte er auch nicht? Felicity war wirklich ein nettes Mädchen, aber jemand seines Kalibers würde wohl kaum lange Interesse an ihr haben. Es war Grants Hoffnung, dass sich diese Sache für immer erledigt hatte. Und falls nicht …

Dann würde er Mittel und Wege finden, um dafür zu sorgen.

1
Elijah

Das Old English Arms in Blackwood sah genauso aus, wie man sich ein Pub am Ende der Welt vorstellte: rußschwarze Fassade, schmutzige Fenster und ein windschiefer Schornstein auf einem Dach, das seine besten Zeiten vermutlich vor dem Zweiten Weltkrieg gesehen hatte. Das Schild mit dem Namen quietschte an seinen rostigen Ketten, als würde es eher heute als morgen herunterfallen. Und natürlich regnete es. In England regnete es schließlich immer.

Ich hatte den Kragen meines Mantels zum Schutz vor dem kalten Wind aufgestellt, leider half das nicht gegen die Wassermassen, die vom dunklen Himmel fielen und mich längst durchnässt hatten. Es war mir egal. Mir war so vieles egal, seit ich vor vier Monaten New York verlassen hatte und zu meiner Mission aufgebrochen war. Im Grunde alles, was nicht dazu führte, dass ich den Mann fand, der mich vor mehr als dreizehn Jahren entführt hatte. Den Mann, der jeden bedroht hatte, der mir etwas bedeutete – zuletzt das Mädchen, das alles für mich hätte sein können.

Der Gedanke an Felicity durchdrang für einen Moment meine Mauer aus Gefühllosigkeit und bescherte mir ein scharfes Ziehen im Magen. Ich drängte es brutal weg, drängte *alles* weg, was mich an sie erinnerte. Sie war Vergangenheit geworden, noch bevor ich sie zu meiner Gegenwart hatte machen können. Und in ihrer Zukunft würde ich keine Rolle mehr spielen, dafür hatte ich gesorgt. Ich hatte ihr wehgetan, mit voller Absicht, und hätte ich nicht meine Gefühle abgeschaltet, als wäre ich ein verdammter Vampir in dieser Serie mit den zwei Brüdern, wäre ich vermutlich unter der Last meiner Schuld zusammengebrochen. Aber ich hatte keine Wahl gehabt. Matilda zu bitten, die Farce um unsere angebliche Beziehung auf die Spitze zu treiben, war meine einzige Chance gewesen, Felicity aus der Schusslinie zu nehmen. Ich bereute es nicht, das getan zu haben. Ich bereute jedoch, dass es nötig gewesen war.

Die Tür zum Pub war ebenso unansehnlich wie die ausgebleichten Speisekarten, die in dem Kasten daneben hingen. Dennoch ging ich hinein. Ich war nicht hier, um etwas zu essen. Ich war hier, um Informationen zu bekommen.

Mich empfing der Geruch nach Frittierfett, Ale und feuchtem Holz – das war ebenfalls eine Mischung, die man in England sehr oft antraf. Ich hatte mich in den letzten Wochen allerdings auch selten in guten Gegenden aufgehalten. Schließlich war ich auf der Suche nach einem Typen, der zum Abschaum der Menschheit gehörte. Dem Typen, der mir mit seinem beschissenen Sturmfeuerzeug meine Narben zugefügt hatte. Und der mir als Einziger verraten konnte, wer ihn beauftragt hatte.

Im Pub war nicht viel los, zwei ältere Männer saßen am Tresen, drei weitere an einem Tisch in der Ecke. Ich strich mir das Wasser aus den Haaren und ging auf den Barkeeper zu, der gerade ein Bier zapfte.

»Haben Sie sich verlaufen?«, fragte er in stärkstem westbritischen Dialekt, eine Augenbraue hochgezogen. Ich konnte ihm die Skepsis nicht verübeln, schließlich war ich eindeutig nicht von hier. Hätte ich es gewollt, wäre ich sicherlich in der Lage gewesen, mein Äußeres genauso an diese Gegend anzupassen wie meinen Akzent, aber wozu? Ich wollte keine Freundschaften schließen.

Eher das Gegenteil.

»Nein«, antwortete ich kühl. »Ich suche jemanden.«

»Und wen könnten Sie wohl bei uns suchen?«

»Tom Baker. Mir wurde gesagt, dass er öfter hier ist.«

Die beiden Männer am Tresen begannen zu tuscheln, aber der Barkeeper verzog keine Miene. »Tom Baker? Nie von ihm gehört.« Sein abweisender Ton wurde noch davon unterstrichen, dass er mir anschließend den Rücken zudrehte, um ein paar Gläser ins Regal zu räumen. Deutlicher hätte er kaum machen können, dass dieses Gespräch für ihn beendet war.

»Wirklich nicht?«, setzte ich in leichterem Ton nach. »Dabei ist er doch der Ex-Mann Ihrer Tochter Sally und hatte mal ein Haus ein paar Straßen weiter.« Der Ort hatte kaum mehr als fünfhundert Einwohner, selbst wenn die beiden nicht familiär verbunden gewesen wären, hätte er ihn gekannt.

Es hatte mich Wochen an Recherche gekostet, Baker hier aufzuspüren, von der Geldsumme ganz zu schweigen. Thomas Baker war ein so verbreiteter Name, dass ich, nachdem ich ihn herausgefunden hatte, sprichwörtlich die Nadel im Heuhaufen hatte suchen müssen, bis die Parameter endlich passten. Das hier war nach einigen erfolglosen Versuchen der vielversprechendste Treffer.

»Was wollen Sie von Tom?« Der Wirt hatte seine ahnungslose Haltung aufgegeben und sich wieder zu mir umgedreht. »Hat er Schwierigkeiten?«

Interessant, dass er sich jetzt doch mit mir unterhalten wollte.

»Kommt darauf an.« Ich hob die Schultern.

»Worauf?«

»Ob mir gefällt, was er auf meine Fragen antwortet.«

Der Barkeeper musterte mich jetzt intensiver, als versuchte er, aus meinem Gesicht schlau zu werden. *Viel Spaß dabei*, dachte ich. Mein Pokerface war ungeschlagen, seit dem Beginn meiner Reise galt das noch mehr als vorher. Alles, was er sah, war eine undurchdringliche Miene.

»Sind Sie von irgendeiner Behörde?«

Vielleicht dachte er aufgrund meiner Kleidung und des US-Akzents, dass ich von der CIA war. So war es zumindest bei meinem Besuch im letzten Ort gewesen, in dem ich Tom Baker vermutet hatte – wo man mir gesagt hatte, dass seine Ex-Frau hier in Blackwood lebte. Noch lieber hätte ich mit ihr gesprochen, aber sie war zurzeit verreist.

Ich überlegte kurz und entschied mich für die Wahrheit. »Nein. Ich habe nur eine offene Rechnung mit Tom.« Mit dem Typen, der mich als Kind entführt und misshandelt hatte. Er sollte der Schlüssel zur Identität meines Entführers sein, mein Beweis für dessen Taten. Deswegen war ich hier, im britischen Spätwinter – bereit, endlich zu erfahren, ob unter meinen fünf Verdächtigen tatsächlich Cyrus Vanderbilt derjenige war, den ich zu Fall bringen musste. Oder ob es einer der anderen war. Bis auf Grant, den ich bei zwei Gelegenheiten verpasst hatte, war ich ihnen allen begegnet. Und niemand hatte sich so merkwürdig verhalten wie Vanderbilt. Es war logisch gewesen, ihn zum Ziel zu machen.

Meine Ermittlungen hatten in Chicago begonnen, wo Vanderbilt mittlerweile seinen Hauptgeschäftssitz hatte. Ich hatte sein Umfeld unauffällig durchforstet, seine Aktivitäten gecheckt, war sogar zu einigen Spendenveranstaltungen gegangen, um ihn aus der Reserve zu locken. Allerdings hatte er sich abgesehen von dem Treffen im Büro meiner Mutter keine weiteren Entgleisungen erlaubt und auch sonst hatte ich keine eindeutigen Beweise gefunden, dass er für den Tod der jungen Frau verantwortlich war, den ich mit angesehen hatte – oder für die Ermordung von Miranda. Und nachdem ich fast vier Wochen damit zugebracht hatte, ihm etwas nachweisen zu wollen, hatte ich eingesehen, dass es vielleicht die bessere Strategie war, jemanden zu finden, der ihn oder einen der anderen Verdächtigen zweifelsfrei als meinen Entführer identifizieren konnte. Früher hatte ich zu viel Angst gehabt, um in diese Richtung nachzuforschen, aber nun hatten sich die Dinge geändert.

Die drei Handlanger, die mich damals festgehalten hatten, waren zwar entkommen, bevor man sie vor Gericht stellen konnte, obwohl mir Miranda bei der Befreiung was anderes erzählt hatte, um mich zu beruhigen. Aber der Typ, der für meine Narben verantwortlich war, hatte mir nicht nur sein Gesicht gezeigt, sondern auch einen britischen Akzent und ein auffälliges Schlangentattoo auf dem Unterarm besessen. Also war ich nach vielen Nächten mit einem illegal beschafften Zugang zu den Datenbanken der US-Polizeibehörden und Scotland Yard schließlich fündig geworden und hatte ihn auf einem der Bilder erkannt und identifiziert. Mein Privatermittler Archie, den ich während der Zeit in Chicago eingeweiht hatte, war daraufhin aktiv geworden und hatte mir alles an Informationen geliefert, was es gab. Und nun war ich hier. Tom Baker würde mir sicher nicht freiwillig helfen, aber ich würde schon einen Weg finden, ihn dazu zu bringen, mir den Namen seines Auftraggebers zu verraten.

»Tom war ewig nicht mehr hier«, sagte nun der ältere Mann neben mir am Tresen. »Er kommt nur vorbei, wenn er Sally wieder einmal Geld abknöpfen will. Eine echte Plage, der Typ.«

Der Barkeeper schüttelte den Kopf. »Komm schon, Angus. Der Junge ist Familie.«

»Nicht meine«, wehrte sich der Alte. »Und deine auch schon lange nicht mehr, aber du bist immer noch auf seiner Seite. Du solltest dich was schämen, deine Tochter nicht vor ihm zu beschützen.«

Das Wortgefecht war ja ganz unterhaltsam, aber es brachte mich nicht weiter. »Haben Sie eine Ahnung, wo er sein könnte?« Ich richtete meine Frage an den alten Mann, weil ich den Eindruck hatte, er wäre eher bereit, mir Auskunft zu geben.

»Vielleicht?« Der Ausdruck in seinen Augen bekam etwas Berechnendes. Ich ahnte, was er wollte.

»Wie viel?«, fragte ich, meine Hand bereits in der Innentasche meines Mantels, um meine Geldbörse hervorzuholen. Wenn etwas überall auf der Welt funktionierte, war es Bestechung. Manchmal sogar besser als Drohungen, wie ich aus eigener Erfahrung wusste. Die letzten Monate hatte ich ausgiebige Studien zu beidem machen können.

»Was haben Sie denn dabei?«, fragte der Alte zurück und entlockte mir damit einen gehobenen Mundwinkel.

»Genug.« Ich nahm mehrere Fünfzigpfundnoten heraus und legte sie auf den Tresen. Der Barkeeper warf begehrliche Blicke darauf und ich sah ihn herausfordernd an. Wer mir sagte, wo ich Baker finden konnte, bekam das Geld. Ganz einfach. »Also?«

Der alte Mann wollte nach den Scheinen greifen, aber ich schob sie aus seiner Reichweite. Bevor ich keine Informationen hatte, würde er nichts davon sehen.

»Mein Sohn kommt ein bisschen rum, er arbeitet für einen Spediteur. Er meinte neulich, er hätte Tom in Windsbury gesehen. Das ist ein Ort etwa hundert Meilen von hier, mein Enkel studiert dort.«

»Okay.« Ich hielt die Hand weiterhin auf dem Geld. »Und wo genau in Windsbury muss ich suchen?« Ich hatte keine Ahnung, wie groß der Ort war, aber wenn es eine Universität gab, dann sicherlich größer als das Nest hier. Mich durchzufragen würde zu lange dauern.

»In der Altstadt gibt es eine Pension, irgendwas mit Horse oder Fox heißt die. Da soll er rausgekommen sein.«

Ich nahm die Hand von den Pfundnoten, dann warf ich einen Blick zum Barkeeper, dem diese ganze Szene mehr als unangenehm zu sein schien. »Wenn Sie ihn warnen, komme ich wieder und es wird Ihnen leidtun«, sagte ich in dem kühlen Tonfall, den ich zuvor bereits angeschlagen hatte.

Er hob abwehrend die Hände. »Keine Sorge. So weit geht meine Loyalität nicht.«

»Gut. Denn er hat recht.« Ich zeigte auf den Alten. »Sie sollten wirklich besser auf Ihre Tochter aufpassen.« Ich zückte noch ein paar Scheine und warf sie auf den Tresen, um den Barkeeper für etwas zu bezahlen, das ich überhaupt nicht bestellt hatte. Vielleicht würde ihn das auch später davon abhalten, seinen ehemaligen Schwiegersohn anzurufen.

Ohne mich zu verabschieden oder zu bedanken, ging ich zur Tür und machte mich durch den Regen auf den Rückweg zu meinem Mietwagen. Heute war es zu spät, um noch nach Windsbury zu fahren. Aber es würde das Erste sein, was ich morgen früh tat.

Das Bed and Breakfast, in dem ich übernachtete, lag zwei Orte weiter, und ich lenkte den Jeep über holprige Straßen, bis ich dort ankam. Eine Nachricht ging auf meinem Handy ein, als ich meinen nassen Mantel an die Tür hängte und mich anschließend auf das knarzende Bett fallen ließ. Blumentapete bedeckte sämtliche Wände, der Stoff der Tagesdecke war altrosa und der Sessel am Fenster hatte ein so hässliches Rankenmuster, dass der Designer nur auf einem schlechten Trip gewesen sein konnte. Müde schloss ich die Augen, um all das nicht mehr sehen zu müssen, auch wenn das gegen den penetranten Geruch nach Lavendelseife nicht half. Ich hätte alles darum gegeben, nur eine Nacht in meiner eigenen Wohnung zu verbringen, nur eine einzige. Aber ich konnte nicht nach New York zurück, bevor ich Gewissheit hatte.

Mir fiel die Nachricht wieder ein und ich zog das Handy hervor.

Helena hatte mir ein Foto geschickt: Buddy auf dem Teppich in ihrer Wohnung, mit einem riesigen Kauknochen im Maul. *Wir vermissen dich*, stand darunter.

Beim Anblick meines Hundes schnürte sich meine Kehle zu. Natürlich kam er ohne mich zurecht, vermutlich besser als umgekehrt, aber ich bildete mir ein, in seinen dunklen Augen Traurigkeit zu sehen, vielleicht sogar einen Vorwurf. Ich hatte ihn nie länger allein gelassen, seit er bei mir war – höchstens mal zwei Wochen für eine Reise, bei der ich ihm das Klima oder den Flug nicht zumuten wollte. Jetzt waren es schon vier Monate und ich wusste nicht, wie lange ich es noch ohne ihn aushalten konnte. Nicht, weil ich ihn brauchte, um aufkommende Panik zu vertreiben, da bestand gerade keine Gefahr. Nach der Attacke wegen der Bedrohung von Felicity hatte mein harter Break meine Kontrolle wieder auf Kurs gebracht. Nein, mir fehlte es einfach, dass mein Hund bei mir war. Dass ich meine Nase in sein Fell stecken konnte, um zu wissen, dass ich mich nicht allein auf der Welt befand. Nur war das momentan nicht möglich. Und zum Glück war er bei Helena und Jess in den besten Händen.

»Ich vermisse euch auch«, sagte ich leise, bevor ich das Foto mit einem Herz kommentierte und den Chat verließ.

Helena war die einzige Person in New York, mit der ich

Kontakt hatte, und das auch nur, damit sich meine Familie keine Sorgen machte. Ich wusste, dass meine Mutter spätestens nach zwei Tagen eine ganze Heerschar an Ermittlern auf mich angesetzt hätte, wenn sie nicht wusste, wo ich war. Da war der Kontakt zu Helena ein guter Kompromiss, auch wenn ich ihr alle Details verschwieg. Sie wusste genau wie Mom, dass ich etwas erledigen musste, aber nicht genau, was. Und alle anderen sollten glauben, dass ich mich wegen meiner Beziehung mit Matilda in England aufhielt. Die Prinzessin war so nett, immer wieder auf Social Media Fotos und Videos von uns zu posten, die wir vorproduziert hatten, um den Schein zu wahren. Gesehen hatte ich auch sie schon seit Wochen nicht mehr.

Meine Liste unbeantworteter Nachrichten war lang. Direkt unter Helena stand Alecs Name und als ich daraufklickte, sah ich unseren Verlauf, der von meiner Seite aus im November ein Ende gefunden hatte – wie so viele andere ebenfalls.

Das Letzte, was ich ihm geschrieben hatte, war: *Ich muss die Stadt für eine Weile verlassen. Kannst du ab und zu nach Felicity sehen? Aber sag ihr nicht, dass ich dich darum gebeten habe.* Alec hatte darauf mit unzähligen Emojis, GIFs und Nachrichten in Großbuchstaben geantwortet, die sich teilweise um das Video von Matilda und mir drehten, teils um meine Bitte, teils um meine Abwesenheit. Zuletzt hatte er mir vor drei Tagen geschrieben und mich gefragt, wie es mir ging, mehr nicht. Als würde er sich einfach nur wünschen, ein Lebenszeichen von mir zu erhalten.

Ich hatte nicht geantwortet.

Wenn mich die Zusendung des Fotos mit dem Fadenkreuz darauf eins gelehrt hatte, dann dass jeder Mensch, der mir wichtig war, in Gefahr schwebte. Das galt nicht nur für Felicity, sondern auch für meine Freunde und meine Familie. Je weniger Kontakt ich zu ihnen hatte, desto weniger konnte man sie bedrohen – denn das war nur wirksam, wenn ich etwas davon mitbekam. Offiziell hatte ich daher alle Brücken hinter mir abgebrochen und war wegen Matilda nach Großbritannien übergesiedelt. Passend dazu hatte ich mein Studium vorübergehend pausiert, was mir sehr schwergefallen war, weil ich damit eventuell in Verzug kam, was den Abschluss anging. Aber bevor ich diesen Fall nicht aufgeklärt hatte, würde ich immer nur ein halbes Leben besitzen, und ich war es leid. Sobald ich meinen Entführer dingfest gemacht hatte, würde ich nicht nur nach New York zurückkehren, mein Studium beenden und das Museumsprojekt umsetzen können. Ich würde auch endlich, endlich frei sein.

Felicity hatte ich allerdings für immer verloren und es schnürte mir die Luft ab, daran zu denken, was ich ihr angetan hatte. Aber auch für sie war es besser so. Sie war einer Gefahr entgangen, der sie sich nie bewusst gewesen war. Und sie würde über mich hinwegkommen. Umgekehrt war ich mir da jedoch nicht so sicher. Sie war alles, was ich mir je gewünscht hatte, und genau deswegen hätte ich wissen müssen, dass die Sache zwischen uns zum Scheitern verurteilt war. Meine Wünsche erfüllten sich schließlich nie.

Meinen Entführer zu bestrafen war jedoch kein Wunsch, es war eine Notwendigkeit, und ich würde alles dafür tun, dass ich Erfolg hatte. Vielleicht hatte ich kein glückliches Händchen in puncto Wunscherfüllung, aber meine Ziele hatte ich bisher immer erreicht. Dazu musste ich nur Baker finden und ihm ein Geständnis abringen. Und genau das würde ich direkt morgen tun.

Mit dem Gedanken hievte ich mich auf die Füße, ging in das kleine Badezimmer, in dem es noch stärker nach Lavendelseife duftete, und machte mich fertig. Dann legte ich mich ins Bett, schloss die Augen und hoffte darauf, ein bisschen

Schlaf zu finden. Morgen wartete Windsbury auf mich. Und ich würde es nicht wieder verlassen, bevor ich Baker gefunden hatte.

2
Felicity

»Wie ihr seht, gibt es hier nur wenige Mauern, die nicht farbig sind. Das Bushwick-Kollektiv ist eine der aktivsten Street-Art-Communitys des Landes.« Ich zeigte auf die Gebäude um uns herum. »New York verdankt es Joe Ficalora, der wollte, dass die hässlichen Wände des Viertels verschönert werden, und dafür einige Künstler zu einer Party einlud. Wenn andere eine Feier machen, gibt es hinterher vor allem Müll, der entsorgt werden muss, Joe dagegen bekam Street-Art vom Feinsten. Merkt euch das für eure nächste Party.«

Einige aus der achtköpfigen Gruppe lachten und ich trat beiseite, damit sie Fotos machen konnten. Wir standen vor einem Haus, an dessen Wand in grellen Pink- und Lilatönen ein Gebilde aus Linien gesprayt worden war, die ineinander übergingen und nirgendwo endeten. Es hieß »Eternal Return« und stammte von Chris Soria, dessen Stil kaum weiter von meinem eigenen hätte entfernt sein können, den ich aber dennoch – oder vielleicht genau deswegen – sehr bewunderte. Er war jedoch nicht der Einzige, der sich verewigt hatte. Bushwick war wie eine riesige Outdoor-Galerie, hier konnten Künstler legal Wände besprühen und ihren Visionen Ausdruck verleihen. Seit ich vor ein paar Wochen zum ersten Mal hier gewesen war, konnte ich mich bei jedem weiteren Besuch kaum sattsehen.

»Felicity, können wir ein Foto zusammen machen?« Zwei der Mädchen, die zu der Gruppe gehörten, winkten mich heran. Sie waren wie der Rest der Truppe aus San Francisco und wir hatten direkt einen Vibe zueinander gehabt.

»Klar.« Ich stellte mich zu ihnen und wir machten mehrere Posen vor der Mauer, um den perfekten Winkel einzufangen. Dann ging ich zu Keiko hinüber, die ihr Smartphone in der Hand hielt, das sie sinken ließ, sobald ich neben sie trat.

»Du machst das echt gut«, sagte sie. »Ich finde, du bist ein Naturtalent. Die Leute lieben dich.«

»Danke.« Ich lächelte. Keiko arbeitete hauptberuflich für Helenas Agentur Friends and the City und war für die Kunst- und Kultursparte zuständig. Sie hatte die Verantwortung für diese Gruppe und begleitete sie insgesamt drei Tage in Museen, Kunstgalerien und eben auch hierher.

Nach der Winterpause hatten sie und Helena mich gefragt, ob ich nicht ein paar Street-Art-Touren anbieten könnte, immer etwa zwei Stunden zu den interessantesten Pieces der Stadt. Ich hatte sofort zugesagt und wie erwartet machte es unglaublichen Spaß, den Leuten diese Kunst näher zu bringen, die so viel mehr war als Graffiti und das Beschmieren von Wänden. Zwar hatte ich mich erst einmal im Blitztempo mit den Hot Spots der Stadt vertraut machen müssen, weil ich vorher keine Zeit gehabt hatte, mich wirklich mit der Kunst hier zu beschäftigen. Aber jetzt hatte ich den Durchblick.

»Kommst du noch mit zum Essen?«, fragte mich Keiko. »Ich habe in der Nähe was reserviert.«

»Nein, ich kann leider nicht. Bin verabredet.« Wenn ich gewusst hätte, wie nett die Gruppe war, hätte ich das eventuell verschoben, aber so kurzfristig wollte ich nicht absagen.

»Oh, hast du ein Date?« Keikos Blick wurde neugierig und ich wand mich ein bisschen, weil mir diese Frage ständig gestellt wurde, wenn es um Treffen mit dieser bestimmten Person ging.

»Nein«, antwortete ich und zog meinen Schal fester um den Hals. Wir hatten Anfang März, aber es war immer noch kalt. »Ich treffe mich nur mit einem Freund.«

»Na, dann viel Spaß bei deinem Nicht-Date. Du kannst ja einfach beim nächsten Mal mitkommen.« Ihr Blick sagte mir, dass sie mir meine Gedanken ansehen konnte. Ich war eben immer noch ein offenes Buch und Helenas Team bestand aus sehr empathischen Menschen. Das machte Friends and the City so erfolgreich.

»Ja, beim nächsten Mal sehr gerne. Wir sehen uns morgen in der Agentur.«

Ich verabschiedete mich, tauschte mit den beiden Mädchen aus San Francisco noch die Nummern und machte mich dann auf den Weg zur nächsten Subway-Station. New York war mir häufig immer noch zu viel, zu laut, zu hart. Trotzdem fand ich mich allmählich zurecht. Vielleicht war ich an manchen Tagen sogar glücklich damit, hier zu leben. Zumindest, wenn ich nicht daran dachte, dass mir derjenige, mit dem ich diese Stadt mehr als mit jedem anderen verband, das Herz in tausend Stücke gerissen hatte.

Der Gedanke an Elijah sorgte für ein gewohntes Ziehen in meinem Magen, das nicht schwächer wurde, egal, wie viel Zeit verstrich. Dabei waren schon vier Monate vergangen, seit er mir sehr eindrucksvoll und in aller Öffentlichkeit klargemacht hatte, dass er nichts mehr von mir wissen wollte. Und dass ihm das, was zwischen uns gewesen war, nicht genug bedeutete, um ehrlich zu mir zu sein. Ich wusste bis heute nicht, was ihn dazu gebracht hatte, diese Show abzuziehen, aber ich hielt daran fest, dass es eine gewesen war. Er war nicht in Matilda verliebt und bestimmt war er jetzt nicht in England, um mit ihr zusammen zu sein. Es gab einen Grund für das, was er getan hatte. Nur kannte ich ihn nicht. Wahrscheinlich würde ich ihn nie erfahren.

Weihnachten war vorübergezogen und die Zeit in L.A. mit meinen Freunden hatte mir gutgetan. Sogar mit meiner Mutter war es wieder einigermaßen okay gewesen. Ich hatte mein erstes Trimester an der SVA beendet, auch wenn mich das nicht unbedingt mit Stolz erfüllte. Zwar hatte ich alle Prüfungen bestanden, aber mehrere davon nur knapp. Und ich konnte immer noch nicht behaupten, dass dieses Studium die Erfüllung meiner Träume war. Die meiste Zeit fühlte ich mich überfordert, meine Ideen fanden wenig Anklang bei Zeke und den anderen Dozenten und Anschluss hatte ich dort bisher auch nicht gefunden. Wenn mein Vater und die Arbeit für die Agentur nicht gewesen wären, hätte ich wohl längst hingeschmissen und wäre zurück an die Westküste gezogen. So kämpfte ich mich jedoch weiter durch und hoffte, dass sich das gewünschte Hochgefühl irgendwann doch noch einstellte – oder ich herausfand, was ich stattdessen studieren sollte.

Die Fahrt mit der Subway dauerte knapp zwanzig Minuten, dann stieg ich in Gramercy Park wieder aus und kehrte zurück an die Oberfläche. Mein Smartphone meldete zwei neue Nachrichten. Eine war von Rhoda, die sich seit Weihnachten quasi täglich erkundigte, wie es mir ging. Immerhin hatte sie damit aufgehört, ständig über Elijah zu schimpfen. Denn auch wenn sie recht hatte, dass er sich abscheulich verhalten hatte, war da die Stimme in mir, die eine Erklärung finden wollte. Die verstehen wollte, warum er das getan hatte, nicht einmal vierundzwanzig Stunden, nachdem er vor meiner Tür aufgetaucht war, um mir zu sagen, dass er bleiben würde. Es passte nicht zu ihm, nichts davon passte zu ihm – oder zusammen. Allerdings würde ich mit Sicherheit bald den Verstand verlieren, wenn ich nicht aufhörte, mir das Hirn deswegen zu zermartern.

Ich schickte Rhoda eine kurze Nachricht, dass ich eine Tour gehabt hatte und nun auf dem Weg zu meinem Treffen war. Dann verließ ich den Chat mit ihr. Die andere Nachricht stammte von meinem Vater, der mich daran erinnerte, dass wir uns morgen zum Abendessen bei ihm zu Hause trafen. Darauf hätte ich mich vielleicht gefreut, wäre da nicht der Umstand gewesen, dass meine Halbschwester Rosalie wieder zurück in New York war – und Begegnungen mit ihr jeden Spießrutenlauf wie einen Ausflug nach Disneyland aussehen ließen. Sie war immer noch biestig ohne Ende, glaubte daran, dass ich hier war, um ihr etwas wegzunehmen, und hatte grundsätzlich miese Laune. Immerhin brachte Alyssa ihren neuen Freund mit, das würde die Stimmung hoffentlich entschärfen.

Auch auf diese Nachricht antwortete ich und lächelte, als ich sah, dass mein Vater sie sofort las und mir den einzigen Emoji schickte, den er zu kennen schien – den hochgereckten Daumen. Was das Verhältnis zu ihm anging, konnte ich wenigstens einen Erfolg verbuchen. Am Anfang hatte es noch so ausgesehen, als würden wir nicht miteinander warm werden, aber nachdem er da gewesen war, als in meiner WG eingebrochen wurde, war es immer besser geworden. Nach wie vor gab es Momente, in denen er zu vergessen schien, dass ich erwachsen war und meine eigenen Entscheidungen traf, aber sie wurden seltener. Außerdem konnte ich mich über seine Fürsorge nicht beschweren, schließlich wohnte ich seit dem Einbruch in einer seiner Wohnungen. Und ich liebte dieses verdammte Apartment so sehr, dass ich bisher nur halbherzig nach einer neuen Bleibe gesucht hatte.

Das Gramercy Kitchen an der 3rd Avenue war gut besucht,

als ich die Tür aufstieß und eintrat. Ich war nicht das erste Mal hier, aber jedes Mal nahm mich die gemütliche, etwas altmodische Atmosphäre mit dem dunklen Mobiliar und den vertäfelten Wänden aufs Neue für sich ein. Ich musste ein bisschen suchen, bis ich in dem vollen Restaurant die Person fand, mit der ich verabredet war. Er saß an einem Ecktisch, ein Buch vor sich, und bemerkte mich nicht, bis ich bei ihm war.

»Hey, Fremder.«

»Hey.« Alec sah auf und lächelte auf diese Weise, die sofort den Raum erhellte. Dann erhob er sich und begrüßte mich mit einer Umarmung. »Schön, dich zu sehen, Fel. Entschuldige, dass ich nicht Ausschau nach dir gehalten habe, das war unhöflich.«

»Nein, gar nicht, alles gut. Ich habe dich ja gefunden.« Ich erwiderte sein Lächeln, denn man konnte gar nicht anders, wenn man ihn ansah. Dann zog ich meinen Mantel aus und wickelte mir den Schal vom Hals, bevor ich mich setzte und ihn in meine Tasche stopfte. Es war ein ziemliches Ungetüm, das mir Alvaro gestrickt hatte, aber er hielt wunderbar warm.

Alecs Smartphone lag auf dem Tisch und meldete eine Nachricht, nachdem wir unsere Getränke bestellt hatten. Ich erkannte Hoffnung in seinen Augen, die direkt Frustration wich. Offenbar war es nicht das, was er erwartet hatte: eine Nachricht von Elijah. Das wusste ich, ohne mit ihm darüber reden zu müssen.

»Hast du etwas von ihm gehört?«, fragte ich, bevor ich mich daran hindern konnte.

Alec verzog das Gesicht. »Nein. Wenn man den sozialen Medien glauben darf, ist er noch in England, aber er antwortet auf keine meiner Nachrichten.« Man konnte ihm ansehen, wie sehr ihn das verletzte und gleichzeitig besorgte. Die beiden waren beste Freunde, und dass Elijah auf diese Art aus seinem

Leben verschwunden war, musste wehtun. Erst recht Alec, der so sensibel war wie sonst kaum jemand, den ich kannte.

»Und du hast immer noch keine Ahnung, wieso …« Ich brach ab. Es war nicht das erste Mal, dass wir diese Unterhaltung führten, und sie hatte noch nie zu einem Ergebnis geführt.

»Wenn ich eine hätte, würde ich es dir sagen. Aber es ergibt einfach keinen Sinn, was er getan hat. Was er noch tut.« Alec machte eine Handbewegung in Richtung des Telefons und ich wusste, was er meinte: die Videos auf Matildas Account, in denen Elijah ab und zu auftauchte. In denen sie beide auf glücklich verliebtes Paar machten, das von den fünfzehn Millionen Followern der Prinzessin gefeiert wurde. Auch das ergab keinen Sinn. Elijah hasste Social Media, er besaß kein einziges Konto. Und nun ließ er sich regelmäßig mit Matilda filmen und stellte ihre Beziehung zur Schau?

Was ist passiert? Was, verdammt noch mal ist passiert?

Ich atmete ein und riss mich aus meinem Gedankenlabyrinth, in dem ich mich in den vergangenen Wochen viel zu oft verirrt hatte.

»Wie war deine Präsentation heute?«, wechselte ich das Thema. Alec musste für seine Masterarbeit in Industriedesign eine Produktstudie erstellen und hatte sie seinen Professoren vorab präsentieren dürfen, um eine letzte Rückmeldung zu erhalten, bevor es an das finale Design ging.

»Gut, glaube ich. Es gab positives Feedback und interessante Fragen.«

»Aber du bist nicht zufrieden.« Es war eine Feststellung. Alec und ich kannten uns mittlerweile gut genug, um zu wissen, wann er glücklich war und wann nicht. Was das betraf, war er für mich beinahe so leicht zu lesen wie umgekehrt.

Er lächelte. »Ist man jemals wirklich zufrieden? Ich glaube, Luft nach oben gibt es immer. Sie hatten ein paar Zweifel an der Ergonomie und ich fürchte, damit haben sie recht.« Sein Projekt drehte sich um die Entwicklung des Designs für einen elektrischen Rasierer und er hatte noch ein bisschen Zeit für die endgültige Abgabe, aber diese erste Runde war ein wichtiger Gradmesser für seine Note.

»Na, dann weißt du ja, was du ändern musst, oder?« Ich schenkte ihm ein zuversichtliches Lächeln.

»Ja, das stimmt.« Er hob die Schultern und nahm die Speisekarte in die Hand.

Ich spürte, dass da noch etwas anderes war.

»Alles okay mit deiner Familie?« Es war ein Schuss ins Blaue, aber oft traf er zu. Wenn sich Alec keine Gedanken um Elijah oder sein Studium machte, dann meist um seine Mum und seine Geschwister in England.

Sein Gesicht verfinsterte sich. »Ja, schon, irgendwie. Aber die Zwillinge kommen im Internat nicht klar und meine Mutter ist auf den Malediven und will davon nichts hören. Mit Dad herrscht immer noch Funkstille, aber sind wir mal ehrlich, ihn würde das noch weniger interessieren.« Alecs fünfzehnjährige Geschwister Aaron und Abigail waren von den Eltern für die letzten drei Schuljahre nach Cornwall geschickt worden, aber offenbar fühlten sie sich dort nicht wohl. Oder vielmehr kamen sie jetzt in die Pubertät und rebellierten gegen den Vater, angeblich nach Alecs Vorbild, der sowieso immer an allem Schuld zu sein schien.

»Gibt es denn keine Schule in London für sie?«, fragte ich.

»Natürlich gibt es die, aber die Tradition will, dass sie aufs Internat gehen. Und meine Mum hält nicht dagegen, das tut sie nie. Ich überlege, ob ich das Schweigen breche und mit Dad rede. Allerdings könnte ich dann auch den irren Typ im Bryant Park fragen, der allein an einem der Schachbretter sitzt und immer nur ›Betrug!‹ brüllt, das kommt ungefähr auf dasselbe raus.« Er seufzte, aber bevor ich etwas sagen konnte, schüttelte er den Kopf. Es galt nicht mir, eher sich selbst. »Genug davon, ich will lieber hören, wie deine Tour war.«

»Sicher?« Zweifelnd schaute ich ihn an.

»Ja, sicher. Alles, was nicht mit dem Namen Wentworth zu tun hat, ist ein gutes Thema. Und außerdem weiß ich doch, dass du immer ein bisschen aufgeregt bist, obwohl du das nicht mehr sein müsstest.« Er lächelte wieder.

»Die Tour war gut.« Ich unterbrach mich kurz, weil die Getränke gebracht wurden. »Die Leute waren super interessiert und entspannt. Sie kamen allerdings auch von der Westküste.«

Alec lachte und ein paar Mädchen in der Nähe drehten sich zu ihm um. Ich konnte es verstehen. Er sah einfach verboten gut aus und war dazu noch unglaublich nett und charmant auf eine zurückhaltende, angenehme Weise. Mit ihm Zeit zu verbringen machte nicht nur Spaß, es war auch Balsam für die Seele. Kein Wunder, dass sich das Interesse auf ihn richtete, sobald er irgendwo auftauchte.

Wie es dazu gekommen war, dass wir hier saßen, war schnell erklärt. Kaum eine Woche nach dem Video von Elijah und Matilda hatte Alec sich bei mir gemeldet. Keine Ahnung, woher er meine Nummer gehabt hatte, ich hatte ihn nie danach gefragt. Alec hatte sich erkundigt, wie es mir ging, und wir hatten eine Weile Nachrichten hin- und hergeschrieben. Nach ein paar Wochen war daraus ein Kaffeedate geworden und seitdem trafen wir uns regelmäßig. Die anderen Eastie Boys, Abraham Yates und Ezra Bishop, hatte ich seit Elijahs Verschwinden nicht mehr gesehen. Ich hielt mich fern von den Orten, an denen sie normalerweise zu finden waren.

Solange Alec und ich nicht über Elijah sprachen, waren unsere Treffen wirklich schön. Vielleicht wären wir längst richtig miteinander ausgegangen, wenn sein bester Freund nicht gewesen wäre. Wenn Elijah und ich uns nicht begegnet wären und ich mich niemals in ihn verliebt hätte. Denn sosehr ich es auch wollte, diese Gefühle waren nicht verschwunden. Erschüttert ja, getrübt, vielleicht verdrängt, aber nicht verschwunden. In meinem Herzen war kein Platz für jemand anderen und ich hatte den Verdacht, dass sich das auch so lange nicht ändern würde, bis ich endlich wusste, warum Elijah sich von mir getrennt hatte.

»Ich glaube, ich nehme den Gramercy Wrap, der ist einfach ungeschlagen.« Alec legte die Speisekarte weg und griff sich in die blonden Haare, eine einfache Geste, aber mein Blick heftete sich auf seine Hand, während ich die Bewegung verfolgte. Mein Magen zog sich zusammen, für einen Moment schmerzte alles in mir so sehr, dass mein Atem ins Stocken geriet. Er musste es mir ansehen, denn der Ausdruck in seinen Augen wurde besorgt.

»Was hast du, Liebes?«

»Gar nichts.« Ich winkte ab. Dabei war das gelogen, aber ich konnte ihm unmöglich erklären, dass die Art, wie er sich die Haare aus der Stirn strich, die gleiche war wie bei *ihm*.

Die beiden waren so gut befreundet gewesen, dass es manchmal Kleinigkeiten gab, die mich an Elijah erinnerten – eine Bewegung, ein bestimmtes Wort oder auch nur das Hochziehen einer Augenbraue. Alec und er waren optisch wie Licht und Schatten und auch ihr Wesen unterschied sich voneinander, aber sie hatten genug Zeit miteinander verbracht, um sich ähnlich zu werden, und es zog mir jedes Mal kurz den Boden unter den Füßen weg, wenn ich es bemerkte.

»Sicher?« Alec legte seine Hand auf meine, eine fürsorgliche Berührung, aber sofort schaute ich mich nervös um, checkte ab, ob es jemand gesehen hatte. Wir waren bereits zweimal in den sozialen Medien und auf ein paar Gossip-Seiten gelandet und obwohl bisher niemand hatte herausfinden können, wie mein Name lautete, war es mir unangenehm.

»Ja, klar.« Ich löste meine Hand sanft aus seiner. Im Grunde interessierten sich die Leute vor allem für Alec, ich wollte trotzdem nicht als »Die Neue von Alexis Wentworth« betitelt werden. Alec war nicht gerade jemand, der jedes Wochenende mit einer anderen ins Bett ging – dafür schien eher Ezra zuständig zu sein –, aber wenn man den Gerüchten glauben durfte, verliebte er sich häufig und heftig. Da lag die Schlussfolgerung nahe, ich wäre die nächste Frau auf einer langen Liste an schnell aufflammenden und dann wieder beendeten Beziehungen. Allerdings war sie falsch. Wir waren Freunde, sonst nichts.

Und Elijah würde immer zwischen uns stehen.

Wir verlegten uns auf andere Themen als die, die uns Bauchschmerzen bereiteten, und die Schwere verzog sich. Nachdem wir gegessen hatten, brachte mich Alec nach Hause. Er fuhr selbst, weil er sich keinen Fahrer mehr leisten konnte, seit sein Vater ihm den Geldhahn zugedreht hatte. Mir war das nur recht. So wurde ich schließlich nicht daran erinnert, was in einem anderen Wagen mit Chauffeur passiert war. An Elijahs Blick, an seine Lippen auf meinen, seine Berührungen und die Worte, die mir jeden Tag durch den Kopf geisterten.

Es ging nie um ein Nicht genug, *Felicity. Es ging immer um ein* Zu sehr.

Ich war froh, dass sich Alec auf den Verkehr konzentrieren musste und nicht mitbekam, wie ich wieder einmal in die Vergangenheit abtauchte. Wie ich wieder einmal frühere Begegnungen durchspielte, um herauszufinden, was passiert war. Aber wie immer fand ich keine Erklärung.

Eine Viertelstunde später hielten wir vor dem Haus, in dem ich lebte.

»Soll ich dich noch reinbringen?«, fragte Alec, ganz Gentleman, der er war.

Ich schüttelte den Kopf. »Das ist lieb von dir, aber ich gehe besser allein. Hinterher machen sie Bilder von uns und wenn sie wissen, dass ich hier wohne, finden sie auch raus, wer ich bin.«

»Okay.« Alec warf einen prüfenden Blick aus dem Fenster, als wollte er checken, ob draußen irgendeine Gefahr auf mich lauerte. Das hatte er schon öfter getan, ich hatte jedoch nie verstanden, warum. Die Gegend, in der die Wohnung meines Vaters lag, war nicht gerade für ihre hohe Kriminalitätsrate bekannt. Eher im Gegenteil.

»Glaubst du, dass mich ein Axtmörder auf den zehn Metern zwischen deinem Wagen und meiner Tür erwischt?« Ich grinste. »Wenn ja, nehme ich das auf meine Kappe, ich verspreche es.«

»Sag so etwas nicht«, entgegnete Alec streng. »Er bringt mich um, wenn …« Er brach ab, sah ertappt aus. Offenbar hatte er gerade etwas ausgeplaudert, das er mir nie hatte verraten wollen.

»Was meinst du damit?« Ich sah ihn irritiert an. »Wer bringt dich um?«

»Niemand. Das ist nur so ein Spruch, du weißt schon.«

»Sag es mir, Alec«, hakte ich nach, mein Ton fordernder als er – oder ich selbst – es von mir gewohnt war. Aber ich ahnte, dass es hier um etwas ging, das mir bisher verborgen geblieben war. Und davon hatte es in den letzten Monaten viel zu viel gegeben. Außerdem wollte mein verräterisches Herz glauben, dass *er* in diesem Fall Elijah war.

»Ich darf es dir nicht sagen. Das habe ich versprochen.«

»Es geht um Elijah, richtig?« Ich schnappte lautlos nach Luft, als mir klar wurde, was das bedeuten konnte. »Weißt du etwa, warum er das alles getan hat, und lügst mich seit Monaten an, dass du keinen Schimmer hast?«

»Nein!« Alec schüttelte heftig den Kopf. »Ich habe keine Ahnung, wieso er mit Matilda … wieso er dir wehgetan hat. Das quält mich genauso wie dich, glaub mir.« Dann atmete er ein. »Aber er hat mich gebeten, ein Auge auf dich zu haben, kurz bevor er aus der Stadt verschwunden ist. Er meinte, ich soll ab und zu nach dir sehen, dir allerdings nichts davon verraten.«

Ich starrte ihn an. Was sollte das denn? Elijah verletzte mich, auf die übelste, schmerzhafteste Art, die mir allein bei der Erinnerung einen unangenehmen Druck im Magen bescherte, und dann bat er Alec, auf mich achtzugeben und diese Bitte auch noch für sich zu behalten? Das ergab keinen Sinn – meine Gefühle allerdings schon. Ich fühlte mich verraten, erneut. War in dieser verfluchten Stadt denn nicht ein ehrlicher Kerl zu finden?

»Verstehe.« Ich zog am Türgriff. »Einen schönen Abend, Alec.«

»Felicity, warte.« Mit einer sanften Berührung an meinem Arm bat er mich, ihm zuzuhören. Und bei diesem Blick konnte ich es ihm nicht abschlagen. »Ich versuche seit Wochen, ihn zu erreichen, um Antworten zu bekommen. Aber er hat dichtgemacht und gibt mir keine Chance dazu. Wenn ich dir gesagt hätte, worum er mich gebeten hat, wäre keinem von uns geholfen gewesen.«

Ich atmete tief ein. »Das heißt, unsere Treffen waren einfach nur ein Gefallen für einen Freund?« Es tat weh, mir das vorzustellen.

»Natürlich nicht«, antwortete er sanft. »Ich mag dich, ich verbringe gern Zeit mit dir. Wenn er nicht wäre, dann hätte ich dich wahrscheinlich längst um ein richtiges Date gebeten.«

Ich wich seinem Blick aus, weil ich keine Ahnung hatte, was ich dazu sagen sollte. Es war ja nicht so, dass ich ihm nicht glaubte, aber gerade war einfach zu viel Chaos in meinem Kopf.

»Ich … geh jetzt besser rein. Wir telefonieren, okay?«

Er nickte. »Es tut mir leid. Ich wollte dir nicht das Gefühl geben, dass man dich hintergeht. Dass *ich* dich hintergehe, denn das tue ich nicht.«

»Ist schon in Ordnung.« Diese Gefühle bezogen sich schließlich nicht in erster Linie auf ihn. Sondern auf Elijah.

Wir verabschiedeten uns und Alec fuhr erst an, als ich bereits im Haus war.

Ich grüßte den Portier und wollte zum Aufzug gehen, da hielt er mich auf.

»Miss Everhart, Ihr Vater hat etwas für Sie abgegeben.« Er trat vor den Tresen, in den Händen ein flaches Paket, das sicherlich eineinhalb Meter breit und einen Meter lang war. »Soll ich es nach oben bringen?«

Ich starrte einen Moment auf das Paket, dann schüttelte ich den Kopf. »Nein, das mache ich schon selbst. Danke, Emilio.«

Er trug es mir dennoch zum Fahrstuhl und ich fuhr allein hinauf. Noch während der Fahrt bog ich eine Ecke des Kartons zur Seite, um einen Blick auf das erhaschen zu können, was sich darin verbarg, aber ich ertastete nur Luftpolsterfolie. Also musste ich warten, bis ich in meiner Wohnung war und eine Schere geholt hatte, um die Plastikbänder zu lösen und die Pappe aufzuklappen.

Unter der Folie kam ein Bild zum Vorschein. Ein ganz bestimmtes Bild.

Mir stockte der Atem. Dann griff ich zum Telefon.

»Das ist nicht dein Ernst«, sagte ich ohne Begrüßung und hörte meinen Vater am anderen Ende leise lachen.

»Ich scherze nicht, wenn es um Kunst geht, Felicity.« Im

Hintergrund war gedämpfte Musik zu hören, ebenso wie Stimmengewirr. Wenn ich mich richtig erinnerte, war er heute Abend bei der Eröffnungsveranstaltung für ein neues Bürogebäude in Brooklyn. Er hatte mir bei unserem letzten Essen davon erzählt.

»Du kannst mir dieses Bild nicht schenken.« Es kostete mindestens dreitausend Dollar, vielleicht sogar mehr. Ich hatte neulich erwähnt, dass ich ein Fan von Ryan Porter war, einem aufstrebenden Street-Art-Künstler, der eine kleine Kollektion an Leinwandbildern verkaufte, die sicher sehr bald vergriffen sein würde. Ich hatte meinen Vater dazu bringen wollen, eines der Werke für sich selbst zu kaufen. Nicht für mich.

»Aber genau das habe ich getan«, gab er ungerührt zurück. »Sieh es als Einstieg in die Welt der Kunstsammler an.«

»Dad, das –« Ich wollte mit mehr Nachdruck protestieren, aber da sprach ihn jemand an und er hielt kurz die Hand über das Mikro, bevor er wieder zu hören war.

»Ich muss auflegen, Kleines, hier wollen ein paar Leute mit mir sprechen. Ich hoffe, du freust dich über das Bild.«

»Das tue ich«, versicherte ich ihm und nahm mir vor, beim nächsten Treffen mit ihm darüber zu reden. Vielleicht konnten wir vereinbaren, dass das Bild ihm gehörte, aber ich es bei mir aufbewahrte. Damit wäre mir wohler gewesen. Er hatte mir zwar schon öfter etwas geschenkt und akzeptierte auch keine Miete für die Wohnung, obwohl ich ihm das hundertmal angeboten hatte. Aber ein solch wertvolles Bild, das ging einfach nicht.

»Sehr schön. Wir sehen uns morgen. Alyssa will kochen und mir ihren … wie heißt er noch?«

»Wade. Er heißt Wade.« Was mein Vater wusste, aber er wollte es sich wohl einfach nicht merken.

»Richtig, Wade. Den will sie mir vorstellen. Wenn du da

bist, wird es bestimmt weniger verkrampft. Die Freunde meiner Töchter haben grundsätzlich Angst vor mir. Ich habe keine Ahnung, wieso.«

Ich schon, schließlich konnte er ziemlich einschüchternd sein – nicht nur für potenzielle Partner von Alyssa, Rosalie oder mir. Mir schoss die Frage durch den Kopf, wie es wohl gewesen wäre, Elijah meinem Vater vorzustellen. Er hätte sich von Dad nicht einschüchtern lassen, das war einfach nicht seine Art. Stattdessen hätte er ihn vermutlich mit seinem Scharfsinn und seiner Fähigkeit, Menschen binnen Sekunden zu durchschauen, beeindruckt.

Wieder zog dieser Schmerz durch meinen Körper. *Sinnlos, darüber nachzudenken, Felicity. Das wird nie passieren.*

»Ich werde da sein«, sagte ich und hoffte, die Pause war nicht zu lang gewesen.

»Wunderbar. Ich freue mich darauf.«

Ich legte auf und sah wieder auf das Bild, dachte an meinen Vater und wie er es trotz seiner etwas ruppigen Art schaffte, mir ein Gefühl von Geborgenheit zu geben. Ich seufzte. Wenigstens ein Mann in New York, der ehrlich zu mir war.

3
Elijah

Windsbury war selbst für britische Maßstäbe ein sehr idyllischer Ort und das sicher nicht nur, weil es gerade für ein paar Stunden aufgehört hatte, zu regnen. Auf dem Weg in die Stadt war ich an einem alten Herrenhaus vorbeigekommen, das in jedem Jane-Austen-Film hätte mitspielen können, und in der Innenstadt reihte sich ein Backsteingebäude an das nächste. Wäre der Grund, aus dem ich hier war, nicht so ernst gewesen – und wichtig –, hätte ich vielleicht ein paar Tage verlängert. Aber so musste ich die Atmosphäre im Vorbeigehen in mich aufnehmen, während in meinem Bauch die Erwartung brodelte, endlich Baker zu finden. Meine Waffe trug ich unter dem Mantel und Pullover in einem Gürtelholster versteckt, sodass sie niemand sehen konnte. Ich wollte ihn nicht erschießen, aber Angst machen auf jeden Fall. Ob das bei ihm helfen würde, wusste ich nicht. Schließlich war er Gewalt gewohnt, das hatte er bei meiner Entführung sehr deutlich bewiesen.

The Fox Den, eines der vielen Bed & Breakfasts der Stadt, lag in einer Gasse, die vor allem von kleinen Geschäften gesäumt war. Es klemmte zwischen einem Teeladen und einem Blumengeschäft, hatte dunkelgrüne Fensterläden und eine ebenso gestrichene Bank vor der Tür. Mein Herz klopfte etwas zu schnell, vor Anspannung und grimmiger Hoffnung. Würde ich hier endlich fündig werden? Würde ich gleich dem Mann gegenüberstehen, der mir verraten konnte, wer für meine Entführung verantwortlich war?

Ich wollte die Tür aufschieben, aber sie war verschlossen. Verwundert sah ich auf die Öffnungszeiten. *Check-in: 16–18 Uhr.* War das deren Ernst? Ich war mal einen Sommer mit Jess durch Europa gereist, da hatten wir jedoch in hochpreisigen Hotels übernachtet, die genau wie in New York eine rund um die Uhr geöffnete Rezeption hatten. In England war das anders, aber selbst für hiesige Gefilde war es eine sehr knappe Zeitspanne. Wie sollte ich Baker nun finden? Wenn er ein Zimmer hier hatte, besaß er sicherlich einen Schlüssel für die Tür, solange ich allerdings nicht reinkam, half mir das nicht weiter. Ich würde wohl warten müssen, bis jemand auftauchte, um mir Auskunft zu geben. Am besten in der Nähe, damit ich mitbekam, falls Baker das Haus verließ oder betrat.

Wenn er überhaupt noch hier ist, sagte die zweifelnde Stimme in meinem Kopf. Ich antwortete ihr nicht. Schließlich hatte ich keine andere Spur.

Aufmerksam schaute ich mich um, ob es einen Ort gab, wo ich warten konnte, und wurde schnell fündig. Auf der gegenüberliegenden Seite der Gasse befand sich ein Laden namens Immernachtstraum – ein Antiquariat mit Café, dem Schild nach zu urteilen. Ich zögerte nur kurz, dann ging ich hinüber und zog die Tür auf. Eine leise, melodische Klingel ertönte und es war, als hätte ich eine Parallelwelt betreten. Regale aus dunklem Holz bedeckten sämtliche Wände, darin Unmengen an mit Leder eingebundenen Büchern. In einem zweiten Raum befand sich eine Theke mit Kuchen und im Laden verteilt standen kleine Tische mit Sesseln. Es war ziemlich gemütlich.

Ein paar Kunden stöberten bei den Büchern, aber viel war nicht los. An einem Tischchen neben dem Regal für Krimis saß, vor sich einen Becher Kaffee und ein Stück Kuchen, eine junge Frau, die tief in eine Ausgabe von Tana Frenchs »The Likeness« versunken war. Als ich an ihr vorbeiging, schaute sie kurz auf und lächelte, widmete sich dann aber wieder ihrer Lektüre.

Ich bahnte mir meinen Weg weiter in den Laden hinein, um jemanden zu finden, der hier arbeitete. Hinter dem Tresen stand entgegen meiner Erwartung kein alter Mann in Strickjacke und mit weißen Haaren, sondern ein junger Typ, vielleicht Ende zwanzig. Optisch hätte er eher ein Bruder von mir sein können als Jess – er war groß, hatte dunkle Haare und trug ein schwarzes Shirt. Vor sich hatte er etwas liegen, das ihn die Stirn runzeln ließ, wahrscheinlich eine Rechnung oder ein Lieferschein, der ihm Rätsel aufgab. Als ich näher kam, hob er jedoch den Kopf.

»Hi. Kann ich dir helfen?« Er zeigte ein Lächeln von der Sorte, die man kaum erkennen konnte, wenn man nicht selbst mit dem zweifelhaften Talent ausgestattet war, seine Emotionen niemals vor sich herzutragen.

»Ja, vielleicht.« Ich deutete hinter mich. »Eigentlich wollte ich jemanden besuchen, der drüben im Fox Den ein Zimmer hat. Aber die Tür ist verschlossen. Du weißt nicht zufällig, wie man die Betreiber außerhalb der Check-in-Zeiten erreichen kann?«

»Ich habe die Nummer, aber das wird dir nicht viel bringen. Mrs Montgomery pflegt ihre kranke Mutter und kann da nicht weg, deswegen wirst du vor vier kein Glück haben.«

»Okay.« Ich nickte, um ihm für die Information zu danken. »Dann würde ich hier warten, bis sie kommt. Ihr verkauft auch Kaffee, oder?«

Er nickte ebenfalls. »Ja, setz dich einfach hin, wo du willst. Um die Uhrzeit ist nicht viel los, wie du siehst. Falls du was essen möchtest, wir haben Sandwiches und Kuchen.«

»Ich glaube, Kaffee reicht erst mal.« Zwar war ich ohne Frühstück aufgebrochen, meine Anspannung schnürte mir jedoch den Magen zu. Dazu dann noch Kaffee zu trinken, war sicher nicht die beste Idee, aber so blieb ich nach dieser beschissenen Nacht wenigstens wach.

Ich wählte einen Tisch am Fenster, von wo aus ich direkt auf die Eingangstür des B&B schauen konnte, und zog meinen Mantel aus, um ihn über die Stuhllehne zu hängen, damit man die Waffe nicht sah. Als ich mich gesetzt hatte, fiel mein Blick auf einen Flyer, der auf der abgewetzten Holzplatte lag. Vorne drauf war ein Briefumschlag abgedruckt und die Worte *Buchclub* und *international.*

»Ein Online-Buchclub?«, fragte ich den Typen vom Tresen, der in diesem Moment einen Becher mit Kaffee vor mir abstellte. Die Verwunderung war meiner Stimme deutlich anzuhören. Nicht, weil ich nichts vom Internet hielt. Es passte für mich nur nicht zu dem Laden, der mehr wirkte, als würde er sich in Zeiten zurückwünschen, in denen es noch keine Computer und Smartphones gegeben hatte.

»Nein, nicht online.« Er zeigte auf das Bild. »Per Post. Wir schreiben uns Briefe.«

»Briefe«, wiederholte ich. Vielleicht war ich wegen Baker gerade schwer von Begriff, schließlich nahm die Suche nach ihm den Großteil meiner Gedanken ein. Aber Briefe? Ernsthaft?

»Ja, genau. Wir lesen ein Buch – meist zu zweit oder zu dritt – und tauschen uns per Brief dazu aus. Es ist quasi der Gegenentwurf zu den sozialen Medien oder E-Mails.« Er lächelte schief. »Ich weiß, es klingt wie aus der Zeit gefallen.

Aber wir sind mittlerweile über vierzig Leute und es macht Spaß.«

So verrückt das wirkte, war ich überzeugt, dass er recht hatte. Früher, wenn ich im Sommer bei meinen Großeltern auf Martha's Vineyard gewesen war, hatte ich Jess und Adam manchmal Briefe geschrieben und sie hatten sogar geantwortet. Es hatte etwas Entschleunigendes gehabt, auf diese Art zu kommunizieren.

»Und welches Buch besprecht ihr momentan?« Keine Ahnung, wieso ich das fragte. Als hätte ich gerade den Kopf für so etwas.

»Oh, das entscheiden die jeweiligen Partner selbst. Ich wollte mich eigentlich mal mit ›The Heart is a lonely Hunter‹ befassen, aber keiner aus der Gruppe hat Lust drauf.« Er hob bedauernd die Schultern.

»Echt nicht? Mein Grandpa hat mir vor Ewigkeiten eine Erstausgabe geschenkt und ich will es seitdem lesen, aber bisher hatte ich nie Zeit dafür.« In den letzten Wochen erst recht nicht. Ich hatte bewusst nicht darüber nachgedacht, was passieren würde, nachdem ich meine Mission beendet hatte. Am Anfang war das mein Motor gewesen, dieses Danach, das ein Leben in Freiheit versprach. Aber dann war es immer mehr hinter dem großen Berg an Recherchen, Wut und Rückschlägen verschwunden und ich hatte nicht mehr nachgesehen, ob es überhaupt noch da war.

»Na, falls du wieder Zeit haben solltest, melde dich. Ich bin übrigens Eden.« Er nickte mir zu.

»Elijah. Und danke, das mache ich.« Diesmal war ich es, der dieses kaum erkennbare Lächeln zeigte. Wir schüttelten einander nicht die Hand, denn Eden wirkte nicht wie jemand, der so etwas gern machte. Stattdessen schob ich den Flyer in die Manteltasche und Eden ließ mich allein.

Ich sah auf die Uhr. Noch drei Stunden, bis das B&B endlich seine Türen öffnete und ich herausfinden konnte, ob Baker dort untergekrochen war. Ich hasste es, warten zu müssen. Aber so konnte ich immerhin ein paar E-Mails lesen. Meiner Mutter hatte ich keine ausführliche Begründung für meine Abwesenheit gegeben, sie wusste nur, dass ich in England etwas Wichtiges erledigte, und hatte das akzeptiert – oder eher keine große Wahl gehabt. Trotzdem setzte sie mich bei allem in CC, von dem sie glaubte, dass es mich betreffen könnte, und wenn ich meinem Postfach nicht wenigstens ab und zu einen Besuch abstattete, würde ich nach meiner Rückkehr Monate damit zubringen, mich durch die ganzen Nachrichten zu wühlen. Also zog ich meinen Laptop aus der Tasche und behielt das B&B im Auge, während ich begann, immer wieder auf »Löschen« zu klicken.

Als es vier Uhr nachmittags wurde, war Baker noch nicht aufgetaucht und ich hatte in der Zwischenzeit nicht nur drei Becher Kaffee getrunken, sondern auch ein wirklich gutes Sandwich gegessen. Das Immernachtstraum hatte sich gefüllt, vor allem mit Studierenden aus der nahe gelegenen Uni, und ich konnte nachvollziehen, warum sie sich hier wohlfühlten. Wenn ich nicht die ganze Zeit darauf gewartet hätte, Baker draußen zu sehen, hätte ich mich sicherlich auch entspannt.

Ich bezahlte bei Eden für Kaffee, Sandwich und eine alte Ausgabe von »Romeo und Julia«, die ich Helena mitbringen wollte. Dann verließ ich den Laden und trat in die kühle Märzluft hinaus. Innerlich wappnete ich mich – ein Ritual, das ich in der letzten Zeit so oft durchgeführt hatte, dass es mir in Fleisch und Blut übergegangen war. Bisher war ich immer enttäuscht worden, was auch einen kleinen Funken Erleichterung mit sich gebracht hatte, weil ich mich nicht meinen Erinnerungen hatte stellen müssen. Aber heute konnte es klappen. Heute war vielleicht der Tag, an dem ich endlich Gewissheit bekommen würde, wer mich entführt hatte.

Als ich diesmal gegen die Tür des B&B drückte, ging sie auf, und auch hier ertönte eine Glocke, allerdings wesentlich heller als drüben in Edens Laden. Die Frau hinter dem Rezeptionstresen hätte sich ebenfalls kaum mehr von ihm unterscheiden können – sie war rundlich, hatte wilde Locken und ihr Gesicht war so voller freudiger Erwartung, als wäre ich seit Ewigkeiten der erste potenzielle Gast. Allerdings konnte ich mir das nur schlecht vorstellen, denn die Preise waren hier so niedrig, dass sie sicher ordentlich Zulauf hatte.

»Hi.« Ich versuchte mich an einem freundlichen Lächeln, aber es fühlte sich eingerostet an. Kein Wunder. Ich hatte in letzter Zeit nicht sonderlich oft charmant sein müssen. »Vielleicht können Sie mir weiterhelfen, ich suche jemanden, der hier ein Zimmer haben soll. Thomas Baker. Eventuell auch Tom.«

Der Blick von Mrs Montgomery wurde bedauernd. »Das tut mir wirklich leid, aber ich darf über meine Gäste keine Auskunft geben. Sie wissen schon, das gebieten der Datenschutz und der Anstand.«

»Oh, ich bin sicher, dass eine erfahrene Gastgeberin wie Sie sich an die Vorschriften hält.« Ich nickte und dachte blitzschnell darüber nach, welche Strategie bei ihr wohl am besten wirken würde. Mein Blick fiel auf die Anrichte hinter ihr. Dort standen mehrere Familienfotos, offenbar hatte sie drei Töchter, die ihr alle verblüffend ähnlich sahen. *Das könnte klappen.* »Wissen Sie, er war mit meiner Schwester zusammen«, begann ich meine Lüge. »Und er hat sie nicht nur betrogen, sondern auch noch ihren Schmuck mitgehen lassen. Ihre Perlenkette, die sie von unserer verstorbenen Grandma geerbt hat. Ich bin extra aus den USA hergekommen, um die Sachen zurückzuholen. Missy weint den ganzen Tag, ich konnte das einfach nicht mehr ertragen.«

»Ach herrje, das ist ja schrecklich.« Die Skepsis auf dem Gesicht von Mrs Montgomery wich innerhalb von Sekunden tiefem Mitgefühl. *Jackpot.* »Ich dachte mir gleich, dass dieser Kerl nichts Gutes im Schilde führt. Er hat so etwas Brutales in seinen Zügen, wissen Sie?«

Oh ja. Das weiß ich. Denn ich würde nie den Ausdruck in seinen Augen vergessen, wenn er sein verfluchtes Feuerzeug an meine Haut gehalten hatte. Freude. Kranke, grausame Freude. Es war ein Jammer, dass ich Informationen von ihm brauchte, sonst hätte ich mich dafür revanchieren können.

»Ich würde Ihnen wirklich gern helfen. Wenn ich daran denke, dass einem meiner Mädchen so etwas passieren könnte … furchtbar.« Sie schüttelte den Kopf und ihre Locken wippten dabei. »Leider ist es jedoch so, dass Mr Baker bereits abgereist ist.«

»Er ist abgereist?«, fragte ich geschockt. »Wann?«

»Heute Morgen. Er hatte es sehr eilig.«

Und ich konnte mir denken, warum. »Wissen Sie, ob –« Mein Smartphone unterbrach mich mit einem Klingeln. Es war mein Privatermittler. Ich warf Mrs Montgomery einen entschuldigenden Blick zu und ging dann dran. »Archie, was gibt es?« Ich entfernte mich ein paar Schritte von der Rezeption.

»Neuigkeiten. Du hast mich doch gebeten, regelmäßig die Fluglisten zu checken, ob Baker oder einer seiner Decknamen da auftauchen. Und tatsächlich gab es einen Treffer: Jeremiah Wilkes hat heute Mittag einen Flug gebucht, der bereits in einer Stunde startet. Und jetzt rate mal, was das Ziel ist.«

»Ich habe gerade echt keinen Bock auf Ratespielchen, Arch.«

Stattdessen musste ich mich beherrschen, nicht vor Frustration laut zu brüllen. Baker war mir durch die Lappen gegangen, schon wieder. Ich hatte im Immernachtstraum gesessen, mit Eden über Buchclubs geredet und währenddessen war mein Ziel längst unterwegs zum Flughafen gewesen. Jemand musste ihn gewarnt haben und ich hatte auch eine Ahnung, wer. Momentan hatte ich große Lust, zurück nach Blackwood zu fahren und einen gewissen Pub bis auf die Grundmauern niederzubrennen. Nur leider fehlte mir dafür die Zeit.

»Er fliegt hierher«, holte mich Archie aus meinen Rachefantasien. »Landet heute um neunzehn Uhr abends Ortszeit am JFK.«

»Er will nach New York?« Das war allerdings eine Überraschung. Baker hatte seit Jahren keinen Fuß in die USA gesetzt und jetzt kam er auf die Idee, nach New York zu fliegen? Das konnte nur einen Grund haben.

»Bestimmt will er zu meinem Entführer.«

»Wie kommst du darauf?«

»Weil ich ihn aufgescheucht habe. Gestern war ich im Pub seines ehemaligen Schwiegervaters, sicherlich hat der ihn gewarnt. Nun hat Baker Angst, dass ich ihn erwische, und will deswegen Schutz. Oder Geld, um sich an einen Ort abzusetzen, wo ich ihn nicht so leicht finden kann wie hier.« Und das bedeutete, ich hatte eine Chance, nicht nur ihn zu kriegen, sondern gleichzeitig denjenigen, der meine Entführung in Auftrag gegeben hatte. »Ich komme zurück, so schnell es geht. Vielleicht erwische ich sie auf diese Art beide.«

»Heißt das, ich soll Baker am Flughafen abfangen?«

»Nein«, sagte ich grimmig. »Das übernehme ich selbst.« Ich vertraute Archie, aber die Verfolgung von Baker war nichts, das ich aus der Hand gab.

»Und wie willst du das machen? Du bist doch noch in England, oder? Und so schnell wirst du keinen Flug bekommen, um den Typen rechtzeitig zu erwischen.«

Ich lächelte, aber spürte keinerlei Freude dabei. »Du vergisst eins, Archie.«

»Was?«

»Dass ich reich bin«, sagte ich schlicht. »Bleib auf Abruf. Ich melde mich wegen Baker.« Damit legte ich auf und rief direkt eine andere Nummer an. Schon nach dem ersten Klingeln meldete sich eine professionell klingende Stimme. Meine Ungeduld stritt mit meiner Höflichkeit, während ich darauf wartete, dass sie den Namen der Firma und ihren eigenen genannt hatte, gefolgt von einem »Was kann ich für sie tun?«

Ich holte tief Luft.

»Hier ist Elijah Coldwell. Ich brauche einen Jet.«

4
Felicity

»Das schmeckt wirklich super, Lys.« Ich lächelte meine Halbschwester über den Tisch hinweg an.

»Danke.« Ihre Erwiderung wirkte ein wenig gequält. Kein Wunder, dieses Abendessen musste sich für sie anfühlen wie die schlimmste Prüfung ihres Lebens. Zwar tat ich alles, um den Druck etwas abzufedern, unter dem sie stand, so richtig erfolgreich war ich damit allerdings nicht.

»Ja, du wirst mal eine super Hausfrau auf der Upper East Side abgeben«, klinkte sich Rosalie von der anderen Seite ein. Sie hatte heute noch nicht viel gesagt, aber wenn, dann schoss sie scharf. Ihre Abneigung richtete sich jedoch ausnahmsweise mal nicht gegen mich, sondern vor allem gegen Wade, Alyssas Freund, mit dem diese seit ein paar Wochen zusammen war. Er stammte aus dem alten Geldadel von New York, war aber deswegen sicherlich kein Verfechter der These, dass Frauen hinter den Herd gehörten. Zumindest machte er auf mich nicht den Eindruck. Er war eher ruhig, dabei jedoch freundlich – und er vergötterte Lys, was wohl das Wichtigste war. Ich mochte ihn, soweit ich das einschätzen konnte. Leider schien es Rosalie anders zu gehen, genauso wie meinem Vater, der sich seit der Ankunft von Wade darauf verlegt hatte, den neuen Mann in Alyssas Leben vor allem mit finsteren Blicken zu mustern.

»Wade, was studieren Sie noch mal?«, fragte er jetzt, nachdem die Suppe abgeräumt worden war und die Haushälterin damit begann, den von Alyssa vorbereiteten Hauptgang zu servieren.

»Wirtschaft, Sir.« Wade sah man nicht an, wie unangenehm die Atmosphäre bei diesem Essen für ihn sein musste. Wahrscheinlich war er von klein auf daran gewöhnt, gute Miene zum bösen Spiel zu machen. »Ich möchte nach dem Studium in die Firma meiner Eltern einsteigen.«

»Ah, richtig, das Feinkostimperium.« Mein Vater nickte, nicht besonders anerkennend, und ich war kurz davor, ihm unter dem Tisch gegen das Schienbein zu treten. Wie konnte man nur so mit jemandem umgehen, der die eigene Tochter glücklich machte? Ich hatte zwar immer nur meine Mutter gehabt, aber sie hatte jeden meiner Freunde mit offenen Armen empfangen. Teilweise war es sogar ein bisschen nervig gewesen, wie gut sie sich mit ihnen verstanden hatte, weil man als Teenager seine eigenen Eltern immer peinlich fand. Aber das hier? Das war grauenhaft.

Das Gespräch geriet wieder ins Stocken, während Alyssas knusprige Ente mit Reis und gebratenem Gemüse auf den Tisch gestellt wurde. Sie hatte vor Kurzem einen Kochkurs für asiatische Küche besucht und ich fand, sie war echt gut darin.

»Ich habe gehört, dass du Oldtimer restaurierst«, sagte ich und lächelte Wade an, wie ich es schon den ganzen Abend tat. Wahrscheinlich glaubte er bald, dass ich ihn Alyssa ausspannen wollte, wenn ich so weitermachte. Aber mir tat es einfach leid, wie der Rest der Familie ihn behandelte.

»Ja, stimmt.« Sein Gesicht hellte sich merklich auf. »Gerade arbeite ich an einem alten Chevy. Ein Freund von mir hat ihn vor ein paar Monaten auf einem Schrottplatz in Staten Island aufgetrieben. Du müsstest ihn kennen, Ezra Bishop. Ihr wart doch mal zusammen im Rooftop Club, ich habe euch dort gesehen.«

Mein Herz stockte und der Bissen in meinem Mund verwandelte sich von leckerem Essen in Asche. Ich versuchte mir nichts anmerken zu lassen, scheiterte aber wie immer daran.

»Wir kennen uns nicht wirklich«, widersprach ich und sah dabei niemanden am Tisch an. »Es war nur dieses eine Mal, dass wir zusammen ausgegangen sind.« Ein einziges Mal, das in Elijahs Wohnung geendet hatte – und in seinem Bett. Viel zu oft wachte ich morgens auf und erinnerte mich an jede Sekunde dieser Nacht, als würde ich sie wieder erleben. Mein Körper kapierte leider nicht, dass es nicht hilfreich war, an Sex mit Elijah zu denken. Oder an Elijah generell.

»Oh, das wusste ich nicht. Ich dachte, du würdest ihn und die Clique besser kennen.« Wade machte ein entschuldigendes Gesicht und ich trank von meinem Wasser, um irgendetwas zu tun zu haben.

»Sie wurde von Elijah Coldwell in aller Öffentlichkeit abserviert und durch Prinzessin Matilda ersetzt«, informierte Rosalie Wade mit dem ihr eigenen Feingefühl und sorgte dafür, dass ich mich beinahe verschluckte. »Unter welchem Stein lebst du, dass du das Video von den beiden nicht gesehen hast?«

Ich senkte den Blick noch weiter und wünschte mir, die Fasern des Teppichs unter meinen Füßen wären lang genug, um darin zu versinken. Dabei hätte ich widersprechen sollen, denn Elijah hatte mich nicht öffentlich abserviert, schließlich hatte keiner gewusst, dass wir für einen Wimpernschlag zusammen gewesen waren. Aber ich brachte in diesem Moment kein Wort heraus. Dazu war der Schmerz einfach zu heftig.

»Tut mir leid«, sagte Wade in meine Richtung. »Ich wusste nicht, dass –«

»Nicht der Rede wert.« Ich schüttelte den Kopf zu meiner Lüge. »Bitte behalte es für dich, das wäre nett.«

»Natürlich.« Er nickte. »Gossip ist eh nicht so mein Ding. Und diese Royals sind meiner Meinung nach völlig überbewertet.« Es war ein Versuch, mich aufzumuntern, und ich quittierte ihn mit einem zaghaften Lächeln.

»Das finde ich auch«, pflichtete Alyssa ihm bei.

»Bitte was?« Rosalie hob eine ihrer perfekt geformten Augenbrauen. »Du hattest ein Poster von Prinz Tristan über dem Bett hängen, bis du siebzehn warst. Ich wette, du hast dir immer vorgestellt, dass er nackt auf dir liegt, wenn du … du weißt schon.«

Alyssa wurde knallrot. »Rose, du bist so eine blöde –«

»Kinder, Schluss damit«, murrte unser Vater. »Müsst ihr denn wirklich jedes Mal streiten, sobald ihr euch im gleichen Raum befindet? Und dann auch noch über solche Themen, wenn wir einen Gast haben?«

»Sie hat angefangen.« Alyssas Gesichtsfarbe näherte sich nur langsam wieder dem Normalton an. »Ich werde mal nach dem Dessert sehen.«

Sie stand auf und verschwand Richtung Küche. Als sie zurückkam, wurde sie von der Haushälterin begleitet, allerdings trug diese kein Tablett in den Händen, sondern stattdessen eine unangenehm berührte Miene zur Schau.

»Mr Grant, entschuldigen Sie die Störung, aber da ist jemand für Sie an der Tür.«

»Jetzt?« Mein Vater runzelte verärgert die Stirn. »Wer taucht denn um diese Uhrzeit unangemeldet hier auf?«

»Er hat mir seinen Namen nicht verraten, aber er sagte, es wäre sehr dringend.«

»Schicken Sie ihn weg und sagen Sie ihm, er soll einen Termin in der Firma machen.«

»Das habe ich bereits, aber er lässt sich nicht abwimmeln. Ich soll Ihnen ausrichten, Sie hätten eine gemeinsame Bekannte. Miss Goldsteen.«

Bei ihren letzten Worten ging ein kaum merklicher Ruck durch Grants Körper und sein Blick flog zu mir. Dann stand er sehr kontrolliert auf, als wollte er nicht zeigen, dass ihn diese Nachricht beunruhigte. Hatte das etwas mit mir zu tun? Für einen Moment hatte es so ausgesehen. Aber das konnte nicht sein, ich kannte niemanden mit dem Namen Goldsteen.

»Esst ihr weiter, ich bin gleich wieder da«, sagte er.

»Alles in Ordnung, Daddy?« Alyssa sah ihn besorgt an. Wahrscheinlich kam es nie vor, dass er während des Abendessens aufstand, nur weil jemand vor der Tür wartete. Wade hingegen schien ganz froh zu sein, dem Verhör ein paar Minuten zu entkommen.

»Ja, natürlich. Ich werde das nur kurz klären.« Damit verließ unser Vater den Raum und schloss die Glastür hinter sich.

»Weißt du, wer diese Miss Goldsteen ist?«, fragte Alyssa ihre Schwester.

»Keine Ahnung.« Rosalie drehte ihr Weinglas in der Hand und sah mich mit unverhohlener Abneigung an. »Ich hoffe nur, sie ist nicht noch ein uneheliches Kind von ihm. Sonst müssen wir bald einen größeren Tisch kaufen.«

»Du könntest auch einfach die Sonntagsessen auslassen«, gab ich in liebenswürdigem Ton zurück. Seit ihrer Rückkehr hatte ich damit angefangen, Kontra zu geben, wenn sie mal wieder ihren Liebreiz zum Besten gab. Ich war nicht der schlagfertigste Mensch, aber ich wollte auch nicht mehr den Kopf einziehen.

»Klar.« Sie lachte spöttisch. »Du solltest mich gut genug

kennen, um zu wissen, dass ich niemals klein beigebe, Felicity.«

Ja, allerdings.

»Gut.« Ich hob die Schultern. »Dann werden wir das hier wohl noch viele, viele Male durchziehen.«

»Das ist kein Problem für mich.« Rosalie nahm sich eine der Schüsselchen mit Eis, das gerade gebracht worden war. Von Dad war immer noch nichts zu sehen, offenbar dauerte seine Unterhaltung länger. Was das wohl bedeutete?

»Ich muss mal auf die Toilette.« Bestimmt dachten die anderen, dass ich der unangenehmen Situation am Tisch entfliehen wollte, und das war mir recht. Aber statt mich draußen im Flur Richtung Gästebad zu wenden, stieg ich leise die Treppe hinauf. Alyssa hatte mir mal verraten, dass man vom oberen Absatz aus hören konnte, was im Arbeitszimmer unseres Vaters gesprochen wurde, weil dort die Lüftungsöffnung für die Klimaanlage war. Und ich war neugierig, wer so dringend mit Dad hatte reden wollen.

Oben an der Stufe war tatsächlich ein Gitter angebracht, durch das leise Stimmen drangen. Ich ging in die Hocke und lauschte.

»Er ist hinter mir her! Sie müssen das regeln, das sind Sie mir schuldig.« Der unbekannte Besucher hatte einen britischen Akzent und klang ziemlich beunruhigt.

»Ich schulde dir *gar nichts*, Baker. Schließlich habe ich dich damals ziemlich gut für deine Dienste bezahlt, wenn du dich erinnerst.« Mein Vater hatte seinen kühlsten Ton angeschlagen. Was wohl mit Dienste gemeint war? Es klang irgendwie dubios.

»Da wusste ich auch noch nicht, dass mich der Typ bis ans andere Ende der Welt verfolgen würde.« Dieser Baker schnaubte. »Wie kommt er dazu? Sie haben gesagt, Sie haben das im Griff. Dass er nie auf die Idee kommen würde, Nachforschungen anzustellen.«

»Davon bin ich auch ausgegangen. Aber offenbar ist er dumm genug, es trotzdem zu tun.«

Ich hätte nur zu gerne gewusst, von wem sie sprachen, denn dieser Jemand schien beide Männer zu beunruhigen. Ob mein Vater in Gefahr war? Hatte er sich mit Leuten eingelassen, die ihn nun bedrohten? Ich fröstelte.

»Ich kümmere mich darum«, hörte ich ihn sagen und das Leder eines Sessels knarzte leise, als er aufstand. »Und jetzt geh und komm nie wieder zu mir nach Hause. Wenn uns jemand zusammen sieht, wäre das für keinen von uns beiden gut.«

»In Ordnung. Ich verlasse mich auf Sie.« Die Tür zum Flur öffnete sich, dann auch die Haustür.

Ich wagte es nicht, um die Ecke zu spähen, damit ich den Mann sehen konnte, aber ich brauchte nur ein paar Stufen und einige Schritte, um Rosalies altes Zimmer zu durchqueren, das zur Straße lag. Als ich jedoch aus dem Fenster sah, erkannte ich nur einen dunklen Schatten, der sich schnell entfernte. Sein Gesicht konnte ich nicht erkennen, nicht einmal seine Kleidung. Enttäuscht wandte ich mich ab und ging wieder zur Treppe. Ich kam in dem Moment herunter, als mein Dad durch den Flur zum Esszimmer lief.

»Felicity, was machst du denn hier?« Er wirkte wachsam. Wie blöd, dass ich so eine miese Schauspielerin war.

»Ich war nur oben im Bad, weil Alyssa neulich meinte, sie hätte so eine tolle Handcreme gefunden, von der man nicht noch drei Stunden fettige Finger hat.« Ich lächelte und hoffte, dass er nicht nachprüfen würde, ob ich mir wirklich die Hände eingecremt hatte. Wieso hatte ich nicht etwas anderes gesagt? Zum Beispiel, dass unten kein Klopapier gewesen war? Das war immerhin glaubhaft, Klopapier ging schließlich ständig aus.

Mein Vater schaute mich noch für einige Augenblicke prüfend an, aber dann lächelte er. Mir fiel ein Stein vom Herzen. »Ich finde es schön, dass wenigstens Alyssa und du euch so gut versteht. Rosalie hat unter der Scheidung zu sehr gelitten. Sie ist seitdem nicht mehr dieselbe.«

»Jeder von uns hat seine Dämonen«, sagte ich, obwohl ich meine ältere Halbschwester nicht verteidigen wollte. Sie war oft unnötig grausam, das ließ sich nicht mit einer zerrütteten Ehe der Eltern rechtfertigen. Aber ich fand es auch falsch, vor unserem Vater abwertend über sie zu reden, denn es brachte nichts. Wenn er mit ihr sprach, weil sie mich schlecht behandelte, würde es nur schlimmer werden.

»Das ist allerdings wahr.« Er nickte bedächtig und ich fragte mich sofort, ob er an das Treffen mit dem ungebetenen Gast dachte. Da ich jedoch nicht zeigen wollte, dass ich das Gespräch belauscht hatte, verlegte ich mich schnell auf ein anderes Thema.

»Dad? Könntest du nicht etwas netter zu Wade sein? Lys hat ihn wirklich gern und ich glaube, wenn Rosalie und du so weitersticheln, wird er noch heute mit ihr Schluss machen, weil er denkt, dass keine Frau auf dieser Welt es wert sein kann, solche Qualen auszustehen.«

Mein Vater lachte etwas zu laut, und erneut dachte ich an das, was ich mit angehört hatte. Der andere Mann – Baker – hatte geklungen, als müsste er um sein Leben fürchten. Aber vielleicht hatte ich mir das auch nur eingebildet.

»In Ordnung, Schatz. Ich werde netter sein, ich verspreche es.«

»Also wirst du keine Bemerkung mehr über das Geschäft seiner Eltern machen? Oder ihm auf irgendeine andere Art zu verstehen geben, dass du ihn für unwürdig hältst?«

»Das ist ein bisschen viel verlangt, findest du nicht?« Er verzog das Gesicht. »Ich will nur das Beste für meine Mädchen. Als Vater ist es meine Pflicht, Kandidaten wie Wade auf den Zahn zu fühlen.«

»Auf den Zahn fühlen ist etwas anderes, als ihn einzuschüchtern«, beharrte ich, während mein Magen wieder diesen unangenehmen Druck meldete, der immer dann spürbar wurde, wenn ich an Elijah dachte. Wie glücklich ich gewesen war, als er gesagt hatte, er wolle rausfinden, was zwischen uns sein konnte. Und wie sehr am Boden zerstört nur ein paar Stunden später.

»Alles in Ordnung bei dir?«, fragte mein Vater besorgt.

Ich atmete tief ein. »Ja. Natürlich.«

»Bist du sicher? Du wirkst oft bedrückt, seit der junge Coldwell –«

»Das ist schon echt lange her.« Hunderteinundzwanzig Tage, um genau zu sein. »Und das mit uns hatte ja noch gar nicht richtig angefangen. Ich bin darüber hinweg.«

»Gut, das freut mich. Dann komm, das Dessert wartet.« Er ging voran und ich folgte ihm, überrascht, dass er meine Worte einfach hingenommen hatte, obwohl sie sich so falsch anfühlten, dass ich beinahe daran erstickt wäre. Vielleicht war es das, was ich durch Elijah gelernt hatte.

Vielleicht konnte ich das mit dem Lügen nun doch.

5
Elijah

Der Wagen fuhr in eine Kurve und mein Stift verrutschte auf dem Papier. Na super. Über die Zeichnung verschiedener Laubbäume zog sich nun ein krakeliger grüner Strich. Ich stieß einen Fluch aus, für den mich Dad auf mein Zimmer geschickt hätte, und nahm den Radierer aus dem Mäppchen, um zu versuchen, das Schlimmste zu beseitigen. Es war keine gute Idee, im Wagen auf dem Weg zur Schule Hausaufgaben zu machen. Aber ich hatte gestern keine Lust gehabt, doofe Bäume zu zeichnen. Mir ging nicht aus dem Kopf, was ich vor zwei Tagen auf der Baustelle gesehen hatte. Dass ich den Typen nur knapp entkommen war, nachdem sie diese arme Frau umgebracht hatten. Wie sollte man sich da auf die Hausaufgaben konzentrieren? Immerhin hatten meine Eltern nichts bemerkt.

Ich hatte meine Aufgaben für Biologie schon einmal nicht gemacht und Mr Bowers hatte mich eh auf dem Kieker, seit ich neulich beim Ausflug auf einen Hühnerhof ein paar von den armen Tieren freigelassen hatte. Wenn ich jetzt meine Zeichnungen nicht ablieferte, würde er sicherlich meine Mutter in die Schule zitieren – und nichts wollte ich weniger. Jess und Adam hatten gesagt, dass sie diese Woche mit mir in den neuen Superheldenfilm gehen wollten, aber Mom würde das nur erlauben, wenn es keinen Ärger in der Schule gab. Also sollte ich mich besser beeilen.

Die Blätter einer Eiche waren leicht zu zeichnen, aber an die von Kastanien konnte ich mich einfach nicht erinnern. Leider erlaubten meine Eltern mir noch kein eigenes Handy, sonst hätte ich das schnell googeln können. Alle Kids an der Schule hatten eins dieser supercoolen Smartphones, ich durfte nicht einmal eins zum Klappen haben. Davon wird man dumm, sagte meine Mom immer. Ich war der Ansicht, dass man dumm blieb, wenn man keins hatte.

Kurz sah ich aus dem Fenster, auch wenn ich keine Hoffnung hatte, dass dort irgendwo eine Kastanie stand, schließlich war das Midtown und Bäume gab es vor allem in den Parks. Ob ich meinen Fahrer bitten konnte, an einem zu halten, um schnell nachzusehen?

Ich wollte gerade den Knopf für die Sprechanlage drücken, da fiel mir auf, dass mir die Umgebung weniger bekannt vorkam als erwartet. Backsteinhäuser mit Feuerleitern, dazu irgendwelche kleinen Läden und Restaurants … das musste Little Italy sein. Was machten wir hier?

Ich drückte nun doch den Knopf. »Wo fahren wir hin, Philip?«, fragte ich meinen Fahrer. »Das ist nicht der Weg zur Schule.« Vielleicht hatte ich ja Glück und verpasste Biologie, weil Stau war. Dann wäre ich immerhin aus dem Schneider, was die Kastanienblätter anging.

»Nur ein kurzer Umweg, Eli«, antwortete er mir. »Die Achte ist dicht, da kommen wir heute nicht durch.«

Das lag daran, dass der Präsident in der Stadt war – dann wurde der Verkehr noch schlimmer als ohnehin schon. Vielleicht mussten wir sogar zurück nach Hause, weil gar nichts mehr ging. Das wäre toll gewesen. Ich mochte die Schule, aber heute hätte ich nur zu gerne geschwänzt.

Ich erwartete, dass wir wieder auf eine der Hauptstraßen fuhren, aber stattdessen schienen die Häuser immer näher zu kommen, also wurden die Straßen enger. Was war das denn für ein Umweg? Der ergab doch überhaupt keinen Sinn.

Wir bogen noch zweimal ab, dann hielt der Wagen an. Als ich nach draußen sah, entdeckte ich nur Mauern, so hoch, dass ich keinen Himmel erkennen konnte. Außerdem Müll, jede Menge Müll. Angst stieg in mir auf. Hier stimmte was nicht.

Ich zog an dem Griff meiner Tür, aber sie ging nicht auf. Dafür hörte ich, wie sich die Fahrertür öffnete und dann wieder schloss. War Philip etwa ausgestiegen? Aber warum? Hatte das etwas mit den Männern zu tun, die ich beobachtet hatte?

»Philip?«, rief ich. »Philip, was soll das?«

Keine Antwort.

Dann ging die Tür neben mir auf. Hände packten mich, grobe Hände, die mir wehtaten. Sie zerrten mich aus dem Auto, ich schlug mit der Schulter gegen die offene Tür, es hinterließ einen dumpfen Schmerz. Ich schrie und wehrte mich, strampelte, boxte und trat nach allem, was in der Nähe war, aber sie ließen mich nicht los. Es waren zwei Männer, sie hatten ihre Gesichter verdeckt und ich versuchte gerade noch, mir ihre Augen einzuprägen, da zogen sie mir ein Stück Stoff über den Kopf und es wurde dunkel. Ich tat dennoch alles, um freizukommen, allerdings ohne Erfolg. Nur Sekunden später wurde ich unsanft auf einen harten Untergrund aus Blech geworfen, Türen schlugen zu.

»Keinen Mucks, Kleiner«, sagte eine drohende Stimme. »Oder du bist tot.«

Ich glaubte ihm.

Also blieb ich still, erstarrt vor Angst.

Ich hatte keine Ahnung gehabt, dass sie ab diesem Moment für immer ein Teil von mir sein würde.

Ich war bereits eine Stunde vor Baker am JFK gelandet – Privatjet sei Dank – und hatte so genug Zeit gehabt, um mich am Gate zu positionieren, damit ich ihn nicht verpasste. Eine dunkle Basecap hatte mir den nötigen Schutz verschafft, denn auch wenn Baker mich vielleicht von damals nicht wiedererkannte, hatte er mich sicherlich irgendwann zwischen der Warnung und seiner Ankunft gegoogelt, weil er vermutete, dass ich es war, der nach ihm suchte. Gehetzt, als wäre der Teufel hinter ihm her, war er in ein Taxi gesprungen und Richtung Manhattan gefahren, während ich ihm in einem unauffälligen Mietwagen dicht auf den Fersen geblieben war. Wenn ich Glück hatte, führte er mich direkt zu dem Mann, der ihn damals engagiert hatte.

Es hatte mich sämtliche Selbstbeherrschung gekostet, mich nicht sofort zu erkennen zu geben und meine Waffe auf ihn zu richten, aber auch jetzt, eine gute Stunde später, brodelte noch der Wunsch in mir, ihm genauso wehzutun, wie er mir wehgetan hatte. Allein sein Gesicht aus der Entfernung zu sehen, genau jenes Gesicht, das mich voller Häme angeschaut hatte, wenn er mit dem Feuerzeug auf mich zugekommen war, um mir die Haut zu verbrennen, brachte mich an meine Grenzen. Aber ich wusste, wenn ich mich jetzt nicht unter Kontrolle hielt, würde ich meine Chance verlieren – und dann konnte ich im schlechtesten Fall wieder bei null anfangen.

Wir waren zur Upper West Side gefahren, wo Bakers Taxi in einer Straße gehalten hatte, in der vor allem teure Stadthäuser standen. Natürlich hatte nicht der Besitzer selbst geöffnet, sondern eine Haushälterin in altmodischer Uniform, und Baker hatte eine Weile warten müssen, bis er hereingebeten wurde. Ich hatte nicht erkennen können, mit wem er reden wollte, und beschlossen, abzuwarten. Vielleicht zeigte sich derjenige ja noch, sodass ich wusste, um wen es sich handelte. Von allen, die auf Mirandas Liste standen, erschien mir Vanderbilt immer noch am naheliegendsten, aber ich hatte seine Immobilien hier in der

Stadt im Kopf und dieses Haus zählte nicht dazu. Deswegen bröckelte meine Gewissheit mit jeder Minute, die ich in meinem nach »frischer Brise« duftenden Mietwagen saß und wartete. Aber selbst wenn es nicht Vanderbilt war – sollte das Haus einem der Männer auf der Liste gehören, hatte ich Klarheit.

Zurück in New York zu sein, nachdem ich vier Monate nicht hier gewesen war, fühlte sich einerseits richtig an – und andererseits wie ein Versagen. Ich hatte mir geschworen, erst nach Hause zu kommen, wenn ich einen Schritt weiter war, aber am Ende hatte Baker mich wieder hierher geführt, dorthin, wo alles begonnen hatte. Das hatte auch Vorteile, denn ich konnte Buddy wiedersehen, Helena in den Arm nehmen, meine Mom besuchen, in der Firma arbeiten, mein Studium fortsetzen. Ich konnte mein Leben zurückhaben, wenn ich es wollte. Aber tief in mir wusste ich, dass ich erst wieder ich selbst sein würde, wenn der Mann, der mir einen Teil meiner Kindheit und meine komplette Jugend gestohlen hatte, seine gerechte Strafe erhielt. Wenn ich es schaffte, diesen Kreis zu schließen.

Archie ging nicht an sein Telefon und ich überlegte, wie ich auf andere Weise herausfinden konnte, wer in diesem Haus wohnte. Helenas Freundin Malia wäre eine Option gewesen, aber ich hatte die Detective des NYPD nie in den Plan eingeweiht, meinen Entführer zu suchen, und ich wollte es auch jetzt nicht tun.

Während ich wartete, überlegte ich mehrfach, ob ich es wagen konnte, auszusteigen und zum Haus zu gehen, um den Namen auf dem Klingelschild zu lesen. Mehrfach entschied ich mich dagegen. Zum einen hatten viele dieser Familien ihren Namen nicht an der Tür stehen und zum anderen konnten Baker und der Hausbesitzer jederzeit herauskommen. Ich würde Geduld haben müssen. Und falls sich die Person nicht zeigte, konnte ich Archie immer noch darauf ansetzen.

Es dauerte etwa eine Viertelstunde, bis sich erneut etwas tat. Da ich im Flugzeug nicht hatte schlafen können, fielen mir fast die Augen zu, während mein Adrenalinspiegel wegen der Verfolgung abflaute. Ich war jedoch sofort wieder hellwach, als sich die Haustür öffnete und Baker heraustrat. Mein Atem stockte, sobald ich erkannte, dass er nicht allein war. Auch nicht in Begleitung der Haushälterin.

Es war eindeutig ein Mann mittleren bis höheren Alters, wie alle Verdächtigen auf Mirandas Liste. Er hielt sich im Hintergrund, sein Blick huschte über die Straße und ich duckte mich ein wenig. Dann trat er einige Schritte nach vorne und im Schein des Leuchters über dem Eingang konnte ich ihn deutlich erkennen.

Harrison Grant.

Ich starrte ihn an, fühlte in diesem Moment nichts außer Schock. Monatelang hatte ich erwartet, Vanderbilt zu überführen, ich hatte auch jetzt damit gerechnet, ihn zu sehen – obwohl die Gründe dafür immer sehr dünn gewesen waren. Wahrscheinlich hatte das Ziel meiner Suche einfach ein Gesicht gebraucht. Aber ich hatte mich geirrt. Vanderbilt war unschuldig.

Ganz im Gegensatz zu Harrison Grant.

Er musste es sein, es konnte keinen Zweifel daran geben. Grant war mein Entführer. Er hatte Baker und die anderen beauftragt, mich aus dem Wagen meines Fahrers zu zerren, in dieses Kellerloch zu verschleppen und mir wehzutun. Er hatte sie beauftragt, mich zu töten, bevor Miranda eingeschritten war. Und er war für den Tod dieser Frau verantwortlich, deren Mord ich mit angesehen hatte. Wahrscheinlich nicht nur für ihren.

Jahrelang hatte ich nicht gewusst, wer dahintersteckte. Als sich jetzt die Erkenntnis in mir ausbreitete, hatte ich das Gefühl, sie nicht aushalten zu können. Nicht auf die Art, wie mich eine Panikattacke befiel, es war anders, mein Körper schien zu klein für die grenzenlose Wut zu sein, die in mir aufstieg. All die Zeit war diese Person ein Geist für mich gewesen und selbst als ich Mirandas Liste bekommen hatte, waren die Leute nur Optionen gewesen, bis ich wusste, wer es war. Vielleicht hatte ein Teil von mir sogar gehofft, niemand von ihnen wäre es. Aber nun war es klar. Harrison Grant war der Schuldige. Mein Täter.

Zwei Mächte rangen in mir miteinander. Die eine forderte mich auf, meine Waffe zu nehmen, zu diesem Haus zu gehen und Grant direkt zu konfrontieren. Von ihm zu hören, was er mir angetan hatte, um mich dafür zu revanchieren. Die andere hingegen riet mir, zu fliehen, mit jemandem zu reden, mich einem Menschen anzuvertrauen, der mir nahestand. Jess' Bild tauchte vor meinem inneren Auge auf, mein großer Bruder, der so viele Jahre mein sicherer Hafen gewesen war und nun nicht mehr. Helena, die immer da gewesen, aber untrennbar mit ihm verbunden war. Alec, mein bester Freund, mit dem ich wochenlang nicht geredet hatte. Meine Mutter, die Himmel und Hölle in Bewegung gesetzt hatte, um mich zu finden, aber nie verstanden hatte, was diese zehn Tage mit mir gemacht hatten. Keiner von ihnen würde mich abweisen, das wusste ich. Aber wenn ich mich an einen von ihnen wandte, dann gab es kein Zurück mehr. Dann wusste diese Person Bescheid – und geriet damit in Gefahr. Denn Grant hatte sicher nicht nur einmal getötet, um seine schmutzigen Geheimnisse zu bewahren. Und er würde es wieder tun. Nein, das war keine Option. Ich hatte das hier allein begonnen. Ich würde es allein zu Ende bringen.

Grant verschwand wieder im Haus, meine Hände zitterten, ich umklammerte das Kunststofflenkrad des Mietwagens, weil ich es kaum ertragen konnte, ihn gehen zu lassen. Ihn in sein

Leben zurückkehren zu lassen, obwohl er mir meins genommen hatte. Aber meine Zeit der Revanche würde kommen. Sie war nur aufgeschoben.

Mit aller Willenskraft, die ich aufbringen konnte, startete ich den Wagen, denn ich wusste, wenn ich Baker verlor, dann fehlte mir jeder Beweis für Grants Schuld. Es war wichtig, jetzt zu funktionieren, die Gefühle wieder abzuschalten und mich auf mein Ziel zu konzentrieren. Und das war, Baker zu folgen, denn ohne ihn hatte ich nichts in der Hand außer ein paar Indizien.

Er hielt an der nächsten Seitenstraße ein Taxi an und ich folgte ihm durch Manhattan, bis er schließlich die Queensboro Bridge überquerte. Erst glaubte ich, er wolle zurück zum Flughafen, aber dann bog der Wagen ab und fuhr nach Astoria. Archie und ich hatten Baker genauestens überprüft, aber es war kein Kontakt in dieser Gegend von Queens aufgetaucht, im Grunde gar kein Kontakt in New York. Während er hier gewesen war, hatte er offenbar keine Freunde gehabt. Es wunderte mich nicht. Typen wie er hatten höchstens Verbündete, aber auch an denen schien es ihm zu mangeln.

Das Taxi wurde erst langsamer, als wir fast schon am Fluss waren. Hier standen vor allem zweigeschossige Backsteinbauten mit freiliegenden Oberleitungen, die sich in dicken Kabelbündeln um die Strommasten wanden und zu den Häusern führten. Baker stieg vor einem besonders schäbigen Exemplar aus und das Taxi fuhr weiter. Ich parkte am Rand, zog meinen Mantel über und verließ den Wagen, damit ich ihn nicht aus den Augen verlor.

Er schien es eilig zu haben, denn seine Schritte waren schnell, als er die Straße entlanglief. Offenbar hatte das Taxi ihn nicht zu seinem Ziel geführt: Er hastete an dem Haus, vor dem es gehalten hatte, vorbei und wandte sich dann Richtung

Norden. Ich behielt ihn im Licht der Straßenlaternen im Fokus, mein Atem wurde zu kleinen, weißen Wolken in der kalten Luft. Zum Glück drehte er sich während des Laufens nicht zu mir um. Sein Gesicht vor mir zu sehen hätte meinen Plan, mich nicht hier und jetzt an ihm zu rächen, wahrscheinlich zunichtegemacht. Zu oft hatte es mich in meinen Albträumen verfolgt.

Wie viele Nächte hatte der Typ mir gestohlen? Es waren so viele, dass selbst eine lebenslange Freiheitsstrafe das nicht wettgemacht hätte. Ich war unzählige Male hochgeschreckt, weil ich mich wieder in diesem Keller glaubte, den sicheren Tod vor Augen. Hatte den modrigen Geruch in der Nase gehabt und den nach verbrannter Haut. Meine Hände in den Manteltaschen verkrampften sich zu Fäusten, die Wut wollte überkochen. Ich zwang sie zurück hinter die Mauer aus Rationalität. Baker war ein Sadist und ein Psychopath, aber er hatte nicht den Auftrag gegeben, mich zu entführen und mir wehzutun, um herauszufinden, was ich gesehen hatte. Das war Grant gewesen.

Ich folgte Baker bis zum Astoria Park und war kurz davor, ihn doch anzusprechen, um ihm nicht die ganze Nacht hinterherlaufen zu müssen – da beging ich einen Fehler. Weil er mich bisher nicht bemerkt hatte, war ich unvorsichtig geworden und hatte mich nicht mehr in den Schatten aufgehalten. Als sich Baker jedoch nun umdrehte, als würde er auf jemanden warten, fiel sein Blick auf mich. Obwohl ich mein Cap trug und mein Gesicht für ihn sicherlich nicht zu erkennen war, wusste er sofort Bescheid.

Und rannte los.

Ich setzte ihm nur den Bruchteil einer Sekunde später nach. Uns trennten etwa fünfzig Meter, ich hatte vorsichtig sein wollen und Abstand gehalten. Das wurde mir nun zum Verhängnis. Baker sprintete durch den Park davon und ich musste schnell sein, damit ich ihn nicht verlor. Links von uns lag der Running Track, rechts die Tennisplätze, Baker rannte mittendurch in Richtung Brücke. Es wurde dunkler, hier war kaum noch Beleuchtung, allerdings konnte ich seinen Geräuschen folgen, den Schritten und dem lauten Keuchen. Eigentlich war ich sehr viel besser in Form als er und dazu sicherlich zwanzig Jahre jünger, aber mein Mantel war keine ideale Laufkleidung und ich kannte mich hier offenbar schlechter aus.

Hinter den Tenniscourts war ein großer Parkplatz, komplett vollgestellt mit Autos. Ich betete, dass er nicht irgendwo dort in Deckung gehen würde, denn dann hatte ich keine Chance mehr, ihn zu finden.

Baker tat mir den Gefallen, an den Autos vorbeizurennen und in Richtung des Schwimmbeckens zu laufen, das im Winter ohne Wasser war. Drumherum gab es zahllose Treppen und Ebenen und leider wusste er das auch.

»Stehen bleiben!«, rief ich nun laut, ohne jede Wirkung. Wann hatte dieser Satz je Erfolg gehabt? Baker trieb er eher noch zur Eile an, er sprintete eine Treppe hoch, dann wieder eine runter. Ich folgte ihm, beschleunigte weiter, war bereit, mich auf ihn zu stürzen, wenn nötig. Zwei Stufen auf einmal nehmend sprang ich hinunter, fing mich gerade noch ab, richtete mich auf und suchte nach ihm.

Aber er war verschwunden.

Ich rang nach Luft, drehte mich um meine eigene Achse, zog dann meine Waffe, nur zur Sicherheit. Es war sinnlos. Ich war allein. Wie auch immer er das geschafft hatte … Baker hatte einen Weg gefunden, zu entkommen.

Da ich es nicht wahrhaben wollte, setzte ich mich wieder in Bewegung. Hastig wandte ich mich nach links, suchte mit den Augen den dunklen Platz ab, dann lief ich alle Ecken und

Winkel des Parks ab, um sie zu überprüfen, aber nichts. Keine Spur von Baker. Der Fluch, den ich über meine Lippen bringen wollte, blieb vor Frust in meinem Hals stecken, weil mir eine Erkenntnis die Luft abschnürte.

Die Erkenntnis, dass er mir entwischt war.

Schon wieder.

6
Elijah

»Also denkst du echt, dass es Grant war?« Archie sah mich über den Rand seines Kaffeebechers hinweg an. Wir hatten uns in meiner Wohnung verabredet, die ohne Buddy merkwürdig leer wirkte. Da Helena und Jess jedoch am Wochenende auf ihrer Farm in Upstate New York gewesen und heute erst zurückgekommen waren, musste das Wiedersehen mit meinem Hund bis zum Mittag warten. Dann holte ich ihn bei Jess im Restaurant ab.

»Wie kann es *nicht* Grant sein?« Ich hob eine Augenbraue und trank einen Schluck. Der Kaffee war nach mehreren schlaflosen Nächten der einzige Weg, diesen Tag zu überstehen. »Baker flüchtet aus England, weil er denkt, ich wäre ihm auf den Fersen, und die erste Person, die er aufsucht, steht auf Mirandas Liste? Du bist der Detektiv, Arch. Wie sieht das für dich aus?«

Er nickte langsam. »Ja, das wäre schon sehr großer Zufall, wenn es nichts mit dir zu tun hätte. Aber wenn man mich vorher gefragt hätte – ich hätte keinen Penny auf Grant gesetzt.«

»Ich auch nicht. Nur hat Baker ihn entlarvt. Ich wette, er hat ihn um Geld oder Schutz gebeten, als er bei ihm war. Fragen konnte ich ihn ja leider nicht.« Ich hatte noch sicher zwei

Stunden damit zugebracht, Astoria nach Baker abzusuchen, ohne Erfolg. Wie immer er das hinbekommen hatte, in diesem Park einfach abzutauchen, er hatte es geschafft.

»Dann konzentrieren wir uns jetzt auf Grant?« Archie sah mich an und ich nickte. »Die Suche nach Baker läuft, ich hoffe, dass meine Informanten in Queens mir bald was sagen könnten. Und was Grant angeht … ich kann ihn durchleuchten, wenn du willst. Zumindest mal das Standardprogramm, ich folge ihm ein bisschen, schaue mir an, mit wem er sich trifft und wo er hingeht. Auch die Konten kann ich checken.«

»Denkst du, dass das ungefährlich für dich ist? Der Typ hat sicherlich mehr als einmal bedroht, verletzt und getötet, um seine Machenschaften zu verbergen. Wenn du nicht aufpasst …« Ich ließ den Satz in der Luft hängen, genau wie den unausgesprochenen Hinweis darauf, dass diese Sache bereits eine Ermittlerin das Leben gekostet hatte. Als ich mich vor meiner Abreise mit Archie in Verbindung gesetzt hatte, um ihn einzuweihen, hatte ich ihm gesagt, dass ich glaubte, mein Entführer hätte nicht nur diese unbekannte Frau auf dem Gewissen, sondern auch Miranda Davis. Es hatte ihn nicht abgeschreckt und ich wusste nicht, ob ich dankbar oder besorgt deswegen sein sollte. Einen Verbündeten zu haben – immerhin irgendeinen Menschen, dem ich von meiner Suche nach dem Täter erzählen konnte – war viel wert. Aber ich vergaß nie, welchen Preis das kosten konnte.

»Ich passe immer auf, Elijah.« Archie stellte seinen Becher ab. »Außerdem mache ich mir mehr Sorgen um dich als um mich. Was, wenn es wirklich Grant war? Dann ist er nun gewarnt, dass du hinter Baker und damit auch hinter ihm her bist. Und wieso sollte er dann nicht auf die Idee kommen, die Sache ein für alle Mal zu klären und dich zum Schweigen zu bringen?«

»Wenn er glaubt, dass das für ihn etwas besser macht, soll er nur kommen. Solange meine Familie und meine Freunde in Sicherheit sind, ist mir das egal.« Ich nickte grimmig. Seit ich wusste, dass er hinter meiner Entführung steckte, stand ich eh ständig kurz davor, zu seinem Haus zu fahren und ihm zu zeigen, was Angst bedeutete. Aber ich musste besonnen vorgehen, taktisch klug, sonst stand ich am Ende mit leeren Händen da.

»Brauchst du Personenschutz?«, fragte mich Archie. »Ich kenne da ein paar Typen, die einen wirklich guten Job machen.«

»Nein, brauche ich nicht. Ich habe in den letzten Jahren alles dafür getan, um auch allein wehrhaft genug zu sein.« Um Schutz für mein Umfeld würde ich mich kümmern, wenn sich abzeichnete, dass es nötig war. Bisher schützte ich sie am besten, indem ich mein Wissen für mich behielt und mich mit niemandem zeigte, der sich als Druckmittel eignete. So etwas wie zuletzt mit Felicity durfte mir nie wieder passieren.

»Wenn du das sagst.« Archie trank den Becher aus und fuhr sich über die kurz geschorenen schwarzen Haare. »Ich muss los, ich habe in einer halben Stunde einen Termin draußen in Brooklyn. Wenn du mir das Go gibst, würde ich dir einen ersten Überblick verschaffen, was Grant angeht. Und du versprichst mir, dass du nicht zu ihm fährst und ihm eine Knarre an den Kopf hältst, um ihn dazu zu bringen, alles zu gestehen.«

Ich schenkte ihm ein schiefes Lächeln. »Ist das so offensichtlich?«

»Eigentlich nicht, du bist sicher ein guter Pokerspieler. Aber ich weiß, wie das ist, wenn man Rache will. Dass man nur noch daran denken kann, bis es endlich erledigt ist. Wenn es allerdings wirklich Grant war, werden wir ihn überführen und er bekommt seine gerechte Strafe.«

Ein leises Schnauben entfuhr mir. Gerechte Strafe, was sollte das bedeuten? Dass er im Gefängnis landete, wo er mit seinem Geld und seinem Einfluss dafür sorgen konnte, ein halbwegs annehmbares Leben zu führen? Nein. Er verdiente etwas ganz anderes. Nur konnte ich mich nicht auf seine Stufe begeben, wenn ich danach noch in den Spiegel sehen wollte.

»Elijah?« Archies Ton war warnend. »Du hast nicht vor, etwas Dummes zu tun, oder?«

»Natürlich nicht«, antwortete ich gelassen. Gut, dass ich so ein exzellenter Lügner war. »Wichtig wäre neben dem Check, dass wir Baker finden. Ohne ihn habe ich gar nichts gegen Grant in der Hand.«

»Weil du denkst, dass er gegen den Typen aussagt?« Archie wirkte skeptisch. Es gefiel mir, dass er nie ein Blatt vor den Mund nahm. Und es war ja nicht so, als hätte ich diesen Gedanken nicht längst selbst gehabt.

»Ich hoffe, dass Geld in diesem Fall etwas ausrichtet.« Das war mein einziges Mittel, denn die Verletzungen, die mir Baker vor mehr als dreizehn Jahren zugefügt hatte, waren bereits verjährt. Zwar hatte ich nicht vor, ihn am Ende damit davonkommen zu lassen, das musste Archie jedoch nicht wissen.

»Alles klar. Ich sag dir Bescheid, wenn ich was höre.«

Ich brachte ihn zur Tür und wir verabschiedeten uns, bevor ich das Geschirr wegräumte und auf die Uhr sah. Bei allem, was mich momentan belastete, gab es nämlich einen Lichtblick: In einer Stunde konnte ich endlich los und meinen Hund bei Jess abholen. Buddy würde das tonnenschwere Gewicht auf meiner Brust zwar genauso wenig vertreiben können wie die Wut und die Rachegelüste, trotzdem würde ich mich besser fühlen, wenn er wieder bei mir war.

Das Adam & eVe war wie immer voll besetzt, als ich es um halb eins durch den Vordereingang betrat. Erst kürzlich wieder bei Grub Street als eines der besten Restaurants von New York bezeichnet, war es ziemlich schwer, hier einen Tisch zu bekommen, wenn man spontan vorbeikam. Und da Jess und sein Team den gesamten Tag Frühstück servierten, gab es kaum ein Zeitfenster, in dem es ruhig im Lokal wurde.

Ich beeilte mich, den Raum zu durchqueren, damit mich niemand erkannte. Ewig konnte ich mich nicht verstecken – und ich rechnete bereits jetzt mit unzähligen Artikeln zum Thema Matilda, wenn man feststellte, dass ich wieder in der Stadt war. Sicherlich würden sie spekulieren, ob zwischen uns Schluss war, ob ich ihr oder sie mir langweilig geworden war, ob wir nur eine Pause machten oder die Prinzessin demnächst nach New York zurückkehren würde, um wieder mit mir vereint zu sein. Da sie für ein Semester aussetzte, um familiäre Pflichten zu erfüllen, hatten wir uns darauf geeinigt, unsere angebliche Beziehung im Sande verlaufen zu lassen. Denn sie hatte ihren Zweck erfüllt: Felicity war in Sicherheit. Nach den Monaten, in denen Matilda die vorproduzierten Videos von uns gepostet hatte, würde niemand mehr glauben, ich wäre in eine andere verliebt.

Ich spürte einen Stich in meinem Herz. Niemand wusste, dass ich es an eine andere verloren hatte, bevor all der Fake-Scheiß mit der Prinzessin angefangen hatte. Niemand wusste, dass Felicity Everhart der einzige Name war, den ich im Zusammenhang mit meinem eigenen hören wollte. Niemand wusste, dass ich gleich zwei Menschen das Herz gebrochen hatte, als ich Matilda um Hilfe gebeten hatte. Niemand wusste das alles. Und dennoch hatte ich das Gefühl, man könnte es mir ansehen. Nicht jeder, das nicht. Aber einer hier sicherlich. Deswegen hatte ich auch Angst davor, ihm zu begegnen.

Jess' Büro befand sich im hinteren Teil des Restaurants, vorbei an der Küche und dem Kühlraum. Seine Angestellten, die mir auf dem Weg dorthin begegneten, grüßten mich überrascht. Ich erwiderte ihre Worte mit einem Nicken und ging weiter. Die Tür aus hellem Holz war nur angelehnt, als ich dagegen klopfte.

»Komm rein.«

Ich öffnete und trat ein. Das Erste, was auf mich zukam, war jedoch nicht mein Bruder. Es war mein Hund. Mein treuer, bester Freund seit Ewigkeiten, der mich sofort erkannte und vor Freude vollkommen ausrastete. Mein Hals fühlte sich eng an, als ich auf die Knie ging und ihn an mich drückte, so gut das bei seinem Herumspringen möglich war. Ich hatte ihn so schrecklich vermisst. Seit ich Buddy vor über sechs Jahren von Jess geschenkt bekommen hatte, waren wir nie lange voneinander getrennt gewesen. Zum Glück nahm mir mein Hund die Abwesenheit nicht übel. Er wirkte so, als hätte er die ganze Zeit einfach nur gewartet, dass ich wieder zu ihm zurückkam.

»Du bist ein braver Junge«, sagte ich leise, als er sich etwas beruhigt hatte, und drückte ihm einen Kuss auf den Kopf, bevor ich zu Jess aufsah, der lächelnd an seinem Schreibtisch lehnte und die Szene mit angesehen hatte. »Danke, dass ihr euch um ihn gekümmert habt.«

»Jederzeit, das weißt du. Buddy ist der Beste. Er wird uns ganz schön fehlen, wenn er wieder bei dir ist. Helena redet schon davon, dass wir uns auch endlich einen Hund zulegen sollten.« Er streichelte Buddy, der zu ihm gegangen war, als wollte er ihm mitteilen, dass er nicht vergessen hatte, wer die letzten Wochen für einen vollen Napf, Spaziergänge und Streicheleinheiten gesorgt hatte.

»Ich habe keine Argumente dagegen.« Ich stand auf, klopfte

mir die Hundehaare von der Jeans und rang mir ein Lächeln ab. »Wie geht es euch?«

»Gut. Helena stellt erste Pläne für ihr Franchise auf und ich habe einen Club in Tribeca gekauft, der mich den letzten Nerv kostet. Also eigentlich alles wie immer.« Jess plauderte mit mir, als hätten wir uns nur eine Woche nicht gesehen, statt vier Monate kein Wort miteinander zu reden. Ich war ihm dankbar dafür.

»Es freut mich, dass es euch gut geht.« Es fühlte sich seltsam an, mit einer Person zu sprechen, die mich so gut kannte und mir nahestand. Vielleicht hatte ich es verlernt.

»Was ist mit dir? Hast du gefunden, wonach du gesucht hast?« Der Blick meines Bruders wurde jetzt zu der typischen Jess-Mischung – liebevoll und besorgt. Aber zum ersten Mal seit langer Zeit nervte das nicht, sondern rührte mich eher. Die Weile ohne Kontakt hatte mich offenbar weich gemacht.

»Nein, noch nicht«, gab ich zu. »Aber vielleicht bald.«

»Wenn du Hilfe brauchst –«

»Sage ich Bescheid«, schnitt ich ihm das Wort ab.

»Elijah, es ist mein Ernst. Ich bin da, okay?«

Dass er meinen vollen Namen benutzte statt der Kurzform, ließ mich schlucken. Verdammt, seit wann schaffte es Jess allein durch seine Anwesenheit, mich fast zum Heulen zu bringen? Wahrscheinlich lag das nur an dem Wiedersehen mit Buddy. *Vielleicht auch nicht*, flüsterte eine Stimme in meinem Kopf. *Vielleicht siehst du einfach langsam ein, dass er richtig liegt mit dem, was er immer gesagt hat.*

»Ich bin nicht allein, ich habe Hilfe.«

»Dann geht es um deine Entführung, richtig? Ich habe mir das schon gedacht.« Jetzt war es Verletztheit, die in Jess' Augen trat. Bevor er etwas hinzufügen konnte, setzte ich zu einer Erklärung an.

»Ich will dich schützen«, sagte ich, ohne seine Vermutung zu bestätigen. »Du hast eine Menge zu verlieren, Jess. Ich will nicht, dass dir noch einmal etwas passiert, dir oder Helena.« Die beiden hatten in der Vergangenheit wirklich genug mitgemacht, um ewiges Glück und vollkommene Sicherheit zu verdienen.

»Das verstehe ich und es ehrt dich sehr. Aber wir sind deine Familie und ich habe das damals auch mit dir durchgemacht. Ich kann helfen, ohne in die Schusslinie zu geraten.«

Daran glaubte ich nicht, vor allem nicht nach den neuesten Erkenntnissen. Aber ich konnte es ihm nicht erklären, ihn nur vertrösten.

Ich atmete aus. »Falls es etwas gibt, melde ich mich. Bis dahin bitte ich dich, mir zu vertrauen, dass ich das regeln kann.«

Mein Bruder presste die Lippen aufeinander. »Wenn du das sagst. Allerdings –«

Ein Klopfen an der Tür unterbrach ihn mitten im Satz. Eine seiner Kellnerinnen schaute herein. »Jess? Ich will nicht stören, aber ich bräuchte dich mal vorne, da gibt es ein Problem mit einer Reservierung für nächstes Wochenende. Ich hab versucht, alles zu klären, aber die wollen den Chef sprechen.«

»Okay, ich komme gleich, Rianna.« Er lächelte leicht und sie verschwand wieder.

Ich nahm das als Anlass, die Leine in Buddys Halsband zu haken.

»Dann werde ich mal gehen und dich deinen Pflichten überlassen. Danke noch mal fürs Hundesitten. Sag Helena, wenn sie Sehnsucht nach Buddy hat, soll sie anrufen.«

»Mache ich.« Jess ging zur Tür und hielt sie mir auf. Ich sah, dass er noch etwas sagen wollte, vielleicht zum Thema Unterstützung, vielleicht wollte er auch nachfragen, was genau ich da eigentlich tat. Aber er schien zu ahnen, dass jetzt nicht der richtige Zeitpunkt dafür war. »Willst du Helena nicht noch kurz in der Agentur besuchen? Ich wette, sie wäre sehr froh, dich wohlbehalten und in einem Stück wiederzusehen.«

Die Agentur … Früher hätte ich nicht gezögert, denn auch wenn Helena mir sicher ähnlich besorgt begegnen würde wie Jess, war sie mein Draht nach Hause gewesen, während ich mich auf die Suche nach meinem Entführer gemacht hatte. Mich bei ihr zu bedanken, war das Mindeste, allerdings wollte ich trotzdem nicht in die Agentur. Die Gefahr, auf Felicity zu treffen, war zu hoch. Ich wusste nicht, ob sie heute arbeitete.

»Oh, entschuldige. Ich habe nicht nachgedacht.« Jess sah mich zerknirscht an. Was zwischen mir und Felicity gelaufen war, wussten weder er noch Helena genau – Alec war der Einzige, dem ich davon erzählt hatte, bevor alles den Bach runtergegangen war. Aber da ich Helena um ihre Adresse gebeten hatte, waren sie vermutlich in der Lage gewesen, es sich zusammenzureimen.

»Sie …« Ich brach ab, sammelte mich neu. »Sie arbeitet doch noch dort, oder?« Nicht, dass meine Schuldgefühle ihr gegenüber noch gewaltiger hätten werden können. Aber wenn sie ihren Job, den sie sehr mochte, meinetwegen gekündigt hatte, würde das der Sache die Krone aufsetzen.

Jess nickte. »Ja. Und sie macht sich wirklich super, Helena ist begeistert.«

»Gut. Das ist gut.« Ich schluckte und fing den aufmerksamen Blick meines Bruders auf.

»Was ist zwischen euch gewesen?« Er fragte es weich, fast schon sanft, und ich wusste, dass ich dieses Gespräch im Keim ersticken musste, weil ich sonst auf entwürdigende Art die Beherrschung verlieren würde.

»Ich glaube, du solltest dich jetzt um dein Reservierungsproblem kümmern«, sagte ich mit belegter Stimme. Das Thema war keins, das man zwischen Tür und Angel besprechen sollte. Und ich brauchte gerade wirklich keine Standpauke, weil ich diesem wundervollen Mädchen wehgetan hatte.

Jess hakte nicht nach, schließlich kannte er mich sehr gut. Stattdessen gingen wir nach vorne und standen bereits hinter der Theke, als er mich erinnerte, dass die Sonntagsessen im Adam & eVe für Familie und enge Freunde immer noch stattfanden.

»Überleg dir einfach, ob du vorbeischauen willst«, sagte er ungewohnt zurückhaltend. »Penny und Lincoln haben ihr Baby bekommen und werden zum ersten Mal mit beiden Kindern da sein, Lilly und Thea sind ebenfalls dabei. Und Trish würde dich sicher auch gern sehen. Wird bestimmt nett.«

»Ich denke drüber nach.« Irgendwie konnte ich mir gerade nicht vorstellen, bei einem netten Familienessen zu sitzen und normale Gespräche zu führen, nachdem ich wochenlang nichts anderes getan hatte, als zu befragen, zu bestechen und zu bedrohen. *Hey Elijah, wie war es denn so in England? – Oh, ganz fantastisch, vor allem, als ich diesem Kerl in Trowbridge meine Waffe vor die Nase gehalten habe.* Es kam mir lächerlich vor, das auch nur in Erwägung zu ziehen. Als wäre eine unsichtbare Wand zwischen mir und meinem früheren Leben hochgezogen worden.

»Okay.« Jess berührte mich kurz am Arm. »Es ist schön, dass du wieder da bist, Kleiner.«

»Ja.« Ich brachte ein schiefes Lächeln zustande, dann überließ ich ihn seinem Problem und ging zur Vordertür, um das Lokal zu verlassen. Als ich sie aufschob, kam jemand von draußen darauf zu, also trat ich beiseite und hielt sie auf.

»Oh, danke, nett von dir«, sagte die Person.

Ich erstarrte. Vorher hatte ich nicht richtig hingesehen, weil man das nie tat, wenn man an jemandem vorbeiging, und ich war zurzeit ohnehin woanders mit meinem Kopf. Aber als ich die Stimme hörte, wurde mir bewusst, dass ich sie kannte. Ich sah auf.

Und da war sie.

Sie stand einfach vor mir, in einem pastellblauen Mantel, die blonden Haare locker nach hinten gebunden.

»Felicity.«

Ihr Name entwich mir wie ein leiser Fluch oder ein Gebet, vielleicht auch beides. Tausend Gedanken strömten gleichzeitig auf mich ein, von meinen Gefühlen ganz zu schweigen. Mir wurde kalt, dann warm, mein Magen krampfte, die Erinnerung an das Foto von ihr mit dem Fadenkreuz darauf drängte sich in mein Bewusstsein. *Sie ist in Ordnung, siehst du das nicht? Ihr geht es gut.* Ich hielt den Atem an, war unfähig, irgendetwas zu sagen – denn wenn mich nicht mein eigener Kopf stumm gemacht hätte, dann ihr Blick.

Dieser Blick.

Er war nicht voller Hass, wie ich es erwartet hatte.

Er war voller Schmerz.

7
Felicity

»Felicity.«

Mein Name.

Aus seinem Mund.

Ich hatte vergessen, welche Wirkung das auf mich hatte.

Wenn ich etwas heute nicht erwartet hätte, dann, Elijah zu begegnen. Natürlich hatte ich mir in den vergangenen Wochen häufig ausgemalt, wie es sein würde, ihn wiederzusehen – was ich fühlen, was ich sagen würde. Es hatte ungefähr vierhundert Varianten gegeben, eine eloquenter als die nächste. Aber nun war mein Kopf wie leer gefegt und ich konnte nichts weiter tun, als ihn einfach nur anzustarren. Nicht einmal Buddy, der mit der Schnauze gegen meine Hand stieß, weil ich ihn in den letzten Wochen in der Agentur oft gestreichelt hatte, konnte daran etwas ändern.

Elijah sah nicht genauso aus wie in meinen Erinnerungen oder den Träumen, in denen er mich heimsuchte. Unter dem schwarzen Mantel trug er einen ebensolchen Pullover aus Wolle und dunkle Jeans, seine Haare waren etwas länger, als hätte er keine Zeit gehabt, zum Friseur zu gehen, und er hatte sich ein paar Tage nicht rasiert. Natürlich führte das nicht dazu, dass ich ihn weniger attraktiv fand, im Gegenteil. Er hatte nie heißer ausgesehen. Das bemerkte ich trotz des Schmerzes in meinem Inneren, weil er mich auf diese Art verlassen hatte.

»Ich …«, begann ich einen Satz, ohne zu wissen, wie er enden sollte. Ich wollte nur weg und ich wusste, er konnte mir das ansehen, denn im nächsten Moment veränderte sich etwas in seinem Blick. Zum ersten Mal, seit ich ihn im vergangenen September in diesem Club getroffen hatte, war Elijah Theodore Coldwell ein offenes Buch für mich. Es dauerte nur einige Sekunden, dann verschloss er seine Gefühle wieder hinter der schrecklich schönen Fassade. Aber es war zu spät, ich hatte sie bereits gesehen. Den Schmerz. Das Bedauern. Die Sehnsucht. Und es überforderte mich. Das alles überforderte mich.

»Ich muss gehen«, sagte ich und wollte mich an ihm vorbeidrängen, meine Tasche fest an mich gedrückt wie einen Schutzschild. Lächerlich. Als könnte es irgendeinen Schutz vor meinen Empfindungen für ihn geben. Oder als könnte ich davor fliehen. Er war mehrere Monate weg gewesen und sie waren trotzdem nicht verschwunden. Ich würde ihnen sicher nicht entkommen, nur weil ich *ihm* entkam.

Elijah bewegte den Arm genau in dem Moment, als ich neben ihm war, und berührte mich dadurch unabsichtlich am Ellenbogen. Ich zuckte zurück und hielt inne, schaute zu ihm hoch. Seine grünen Augen erwischten mich eiskalt, obwohl so etwas wie Wärme darin lag.

»Es tut mir leid«, sagte er und der Klang seiner Stimme erzeugte Gänsehaut auf meinen Armen. Diesen tiefen Ton hatte ich in den letzten Wochen gleichermaßen vermisst und verflucht. Ich hatte mich so danach gesehnt, mit ihm zu sprechen. Eine Erklärung zu hören für das, was er getan hatte. Aber er gab mir keine und deswegen musste ich weg, bevor ich in Tränen ausbrach oder ihn anschrie. Die Chancen für das eine oder andere standen fünfzig zu fünfzig.

»Ja«, antwortete ich erstickt und korrigierte auf siebzig zu dreißig für das Weinen. »Mir auch.« Ich wollte ins Restaurant gehen und ihn stehen lassen, aber da ertönte hinter mir Alecs Stimme. Alec, mit dem ich im Adam & eVe verabredet war, weil er ohnehin einen Termin in der Nähe gehabt hatte. Gerade wünschte ich mir, wir wären einfach woanders hingegangen.

»Meine Güte, hier einen Parkplatz zu finden ist schwieriger, als in der Lotterie zu gewinnen. Jess sollte sich mal überlegen, ob er nicht …« Alecs Blick glitt von mir zu demjenigen, der neben mir stand. Seine Augen wurden groß. »Elijah. Du bist wieder da.«

Ich konnte erkennen, dass Alec schwankte – zwischen der Freude, seinen besten Freund nach vier Monaten endlich wiederzusehen, und dem Wunsch, ihm eine reinzuhauen, weil er einfach so von der Bildfläche verschwunden war. Vielleicht auch, weil er mir wehgetan hatte. Ich hatte keine Ahnung, ob unsere frische Freundschaft mehr wert war als ihre jahrelange. Ich wusste nur, dass es mir unangenehm war, von Elijah mit Alec gesehen zu werden. Und dass ich es hasste, wie wenig ich an seinem Gesicht ablesen konnte, was er darüber dachte.

Im nächsten Moment nannte ich mich eine Idiotin. Es konnte mir völlig egal sein, was er davon hielt, verdammt noch mal. Selbst wenn Alec und ich mehr gewesen wären als Freunde.

»Ich werde schon mal reingehen«, sagte ich leise und wandte mich ab, löste meinen Blick mit aller Kraft von Elijah. Verdrängte meine Sorge, weil er zwar wahnsinnig gut, aber auch wahnsinnig erschöpft aussah. Es war nicht meine Aufgabe, mich um ihn zu sorgen, erst recht nicht nach allem, was passiert war.

Im Adam & eVe war um die Mittagszeit immer ein Tisch

in der Ecke für die Agentur reserviert, falls Helena ein Geschäftsessen hatte oder einige der Mitarbeiter hier ihre Pause verbrachten. Heute war er frei und ich steuerte darauf zu, ohne wirklich etwas von meiner Umgebung wahrzunehmen. Hätte ich etwas anderes sagen sollen? *Fahr zur Hölle* oder *Schieb dir deine beschissene Entschuldigung dahin, wo die Sonne niemals scheint?* Vermutlich wäre das angemessener gewesen, aber da hatte ich die Rechnung ohne Elijahs Wirkung auf mich gemacht. Dass sie nicht schwächer geworden war und dass ich nicht einmal wütend auf ihn sein konnte, obwohl ich jedes Recht dazu hatte, brachte mich völlig aus dem Tritt.

Alecs Gespräch mit Elijah dauerte nur kurz und ich bemühte mich, nicht zu den beiden zu schauen, während sie miteinander redeten. Ich blieb unschlüssig am Tisch stehen, im Mantel und mit meiner Tasche in den Händen, bis Alec eine Minute später bei mir war.

»Du willst schon wieder verschwinden?«, fragte er, weil er gut darin war, meinen Gesichtsausdruck zu deuten. Gehetzt. Verunsichert. So fühlte ich mich. Schnell ließ ich mir eine Ausrede einfallen.

»Tut mir leid, ich habe vergessen, dass mich Helena heute schon früher in der Agentur braucht. Wir treffen uns ein anderes Mal, okay?«

»Fel«, hielt mich Alec auf. Sein Tonfall war sanft. »Du musst mir keine Ausrede auftischen, wenn du das Mittagessen ausfallen lassen willst, weil dich Elijahs Auftauchen aus der Bahn geworfen hat.«

Ich wich seinem Blick aus, entschied mich aber dann für die Wahrheit. »Es war unerwartet«, gab ich zu. Und es hatte mich zu sehr aufgewühlt, um nun unbeschwert etwas zu essen und mich entspannt zu unterhalten. Ich wollte mich bewegen, um abzubauen, was diese Begegnung in mir ausgelöst hatte.

»Ja, ich weiß. Ging mir auch so.« Alec lächelte schief. »Willst du darüber reden?«

»Nein«, sagte ich derartig schnell, dass ich wusste, es war die Wahrheit. Wir hatten seit November so oft darüber gerätselt, was mit Elijah los war – oder warum er sich auf diese Weise verhalten hatte. Was das alles zu bedeuten hatte. Ohne je zu einer Antwort zu kommen, weil es keinen Sinn ergab. Dass er nun wieder da war, änderte nichts. Es machte nur diesen dumpfen Schmerz in meinem Inneren zu einem sehr scharfen und präsenten Ziehen, mit dem ich gerade nicht umgehen konnte. »Ist es okay, wenn ich verschwinde? Ich brauche frische Luft.« Und konnte nur hoffen, dass Elijah nicht mehr in der Nähe war.

Alec nickte und mir schoss der Gedanke durch den Kopf, dass ich ihn im Gegenzug hätte fragen sollen, ob *er* über diese Begegnung reden wollte. Aber da hatte ich mich schon verabschiedet und war aus dem Restaurant geflohen, als wäre der Teufel hinter mir her.

»Das hat er gesagt? Es tut ihm leid?« Rhodas Gesicht wackelte auf dem Bildschirm meines Tablets, weil sie auf ihrem Bett saß. »Sonst nichts?«

»Nein, sonst nichts.« Ich hob die Schultern. »Aber ich habe ihm auch keine Gelegenheit gegeben, sondern bin direkt abgehauen.«

»Und womit? Mit Recht.« Meine Freundin zog verärgert die Augenbrauen zusammen. »Was denkt der Typ eigentlich, wer er ist? Macht mit einer Prinzessin rum, bricht dir das Herz, redet monatelang kein Wort mit dir und dann taucht er auf und sagt, es *tut ihm leid?*«

Darauf hatte ich nichts zu erwidern. Es hatte gewirkt, als würde Elijah seine Worte ernst meinen, vielleicht war es sogar so. Aber Fakt war, er hatte all diese Dinge getan und ich wusste nicht einmal, für was davon er sich entschuldigen wollte. Rhoda und ich hatten die Möglichkeiten für Elijahs Entscheidung ungefähr drei Millionen Mal durchgekaut, noch öfter als Alec und ich. Anfangs waren auch Nora, Alvaro und Ben dabei gewesen, aber sie hatten irgendwann aufgegeben. Ich konnte sie verstehen, schließlich waren das alles nur Spekulationen und ich hatte keine Ahnung, was in Elijah vorging. Umso dankbarer war ich, dass meine beste Freundin dennoch die Stellung hielt.

»Denkst du, er ist jetzt wieder da?«, fragte sie mich und griff nach der Tüte mit saurem Weingummi, die neben ihr auf dem Bett lag. »Ich meine, für immer? Ist Schluss zwischen ihm und dieser Matilda?«

»Ich weiß es nicht.« Was das mit Matilda war, hatte ich eh nie verstanden. Und einerseits war die Vorstellung, Elijah jetzt öfter zu begegnen – schließlich war Helena die Freundin seines Bruders – angsteinflößend, aber ein anderer Teil von mir sehnte sich genau danach. Verdammt, ich war echt nicht mehr ganz dicht. Ich hätte ihn hassen müssen.

»Oh nein. Süße, bitte nicht.« Rhoda näherte ihr Gesicht der Kamera. »Du vermisst ihn immer noch! Hatten wir nicht beschlossen, dass das keine Option ist?«

Ich senkte den Blick. »Ja, ich weiß.« Ich selbst war es gewesen, die diese Devise ausgegeben hatte: Schluss mit den Gefühlen für Elijah Coldwell. Aber wem machte ich etwas vor? Als er heute so unerwartet vor mir aufgetaucht war, hatte ich sehr genau gespürt, dass die Gefühle noch existierten. Sie waren überlagert von Hilflosigkeit und der tiefen Verletzung, die er mir zugefügt hatte, aber sie existierten. Vor allem, weil ich in seinen Augen gesehen hatte, dass ich ihm auch nicht egal war. Er hatte mich angeschaut, als hätte ich ihm gefehlt. Wie konnte das sein? Wie konnte es sein, dass er bedauerte, was er getan hatte – wo es doch so eiskalt kalkuliert gewesen zu sein schien? Ich wurde einfach nicht schlau daraus. Und es machte mich wahnsinnig.

»Hey, etwas anderes.« Rhoda bemerkte wohl, dass ich abgedriftet war, und wechselte das Thema. »Wir haben uns gestern beim Essen unterhalten, wann wir dich besuchen kommen wollen.«

Mein Gesicht hellte sich ebenso auf wie meine Stimmung. Zwar hatte ich sie alle an Weihnachten gesehen, aber wenn es etwas gab, das mir in New York schmerzlich fehlte, dann meine Freunde, dicht gefolgt vom guten Wetter.

»Und, habt ihr einen Termin gefunden?« Momentan war es noch verflucht kalt an der Ostküste, wahrscheinlich würden sie einen Kälteschock bekommen. Aber ich hatte mir von meiner Kollegin Daisy versichern lassen, dass wir das Schlimmste hinter uns hatten und man im Laufe des März hoffen konnte, die Zehn-Grad-Marke zu überschreiten. Für jeden, der in L.A. lebte, war das ein Witz, aber ich freute mich dennoch darauf, endlich mal wieder ein paar Sonnenstrahlen zu sehen.

»Wir dachten an April. Alvaro hat gegoogelt, dass es dann schon warm sein könnte.«

»Darauf würde ich nicht wetten. Aber April ist trotzdem gut.« Ich grinste. »Da sind noch nicht so viele andere Touristen hier, habe ich gehört.«

Rhoda griff sich ans Herz. »Autsch! Hast du uns gerade Touristen genannt? Gerade mal ein halbes Jahr in New York und schon wird sie ostküsten-arrogant.«

»Werde ich gar nicht!«, lachte ich. »Du weißt, ich werde immer eine von euch sein.«

»Lass das nicht deinen Vater hören.« Rhoda musste gesehen haben, dass bei seiner Erwähnung mein Lachen erloschen war, denn ihr Ton wurde aufmerksam. »Alles okay bei euch?«

Ich nickte, ohne es so zu meinen. Seit ich das Gespräch zwischen meinem Vater und diesem Baker belauscht hatte, spukte in meinem Kopf die Frage herum, ob ich das alles falsch verstanden hatte oder ob er tatsächlich in dubiose Machenschaften verstrickt war. Als ich ihn noch regelmäßig gegoogelt hatte, war mir nichts dergleichen untergekommen. Aber was bedeutete das schon? Es war ja nicht so, als würden solche Dinge öffentlich gemacht.

Rhoda holte Luft und ich wusste, gleich würde sie nachhaken, ich unterbrach sie jedoch mit einer Bewegung meiner Hand und setzte ein Lächeln auf, das sich immerhin nur halb falsch anfühlte.

»Genug Grübeleien für heute. Erzähl mir, was bei euch los ist.«

Wenn ich jetzt etwas brauchte, war es Ablenkung.

8
Elijah

Archie hatte schneller eine Spur zu Baker gefunden als erwartet – eine seiner Informantinnen in einem Hostel in Astoria hatte ihn erkannt und dem Ermittler Bescheid gegeben. Daher war ich an diesem langen Tag schon wieder auf dem Weg nach Queens, diesmal allerdings in meinem eigenen Wagen. Buddy war nach einem ausgiebigen Gang durch den Central Park zu Hause geblieben.

Es hatte sich gut angefühlt, wie früher mit meinem Hund spazieren zu gehen, auch wenn ich keinen Augenblick vergessen hatte, dass es nun endlich einen handfesten Hinweis gab, wer mich damals entführt hatte. Etwas Normalität in diesem Chaos war dennoch wie ein Anker, der mich auf den Boden zurückholte. Vor allem, nachdem ich Felicity getroffen hatte.

Dass ausgerechnet sie beinahe die erste Person war, die mir in New York in die Arme lief, war zu viel Zufall, um nicht an so etwas wie Fügung zu glauben. Vielleicht war es Karma, vielleicht wollte mir das Universum noch mal verdeutlichen, was ich ihr angetan hatte. Dabei wusste ich das nur zu gut. Und hätte mich dennoch immer wieder so entschieden. Felicity zu beschützen hatte für mich oberste Priorität – ihr Leben, nicht ihr Herz. Denn dass ich das gebrochen hatte, war mir erneut schmerzhaft klar geworden. Auch Stunden nach unserer Begegnung war mir jede Sekunde so gut in Erinnerung, als würde ich immer noch vor ihr stehen und ihr in die Augen sehen. Ihr Blick, der so verletzt gewesen war, dass es mir körperlich wehgetan hatte …

Reiß dich zusammen. Du brauchst jetzt einen klaren Kopf.

Ich schüttelte genau diesen Kopf kurz, als könnte ich so die Gedanken an Felicity vertreiben. Oder an Alec, der mit ihr verabredet gewesen war, was mich halb mit Erleichterung, halb mit Eifersucht erfüllte. Mein bester Freund war ziemlich reserviert gewesen, was ich ihm nicht verübeln konnte, trotzdem hatte es geschmerzt. Ich hatte jede Menge verbrannte Erde hinterlassen, als ich gegangen war, ohne jemanden einzuweihen. Niemand von ihnen wusste, dass es zu ihrem Schutz geschehen war.

Noch einmal rief ich mich zur Ordnung und konzentrierte mich wieder auf die Straße vor mir. Jetzt durfte nichts anderes eine Rolle spielen als Baker. Der Typ war gefährlich, niemand wusste das besser als ich. Und auch wenn ich meine Waffe bei mir trug, konnte ich mich nicht sicher fühlen.

Das Hostel lag an einer ruhigen Ecke, die von heruntergekommenen Häusern flankiert war. Der Park, in dem ich gestern vergeblich nach Baker gesucht hatte, war nur einige Querstraßen entfernt. Ich parkte meine G-Klasse vorsichtshalber ein Stück weit weg und ging den Rest des Weges zu Fuß.

An der Straße wies ein verschmutztes Leuchtschild auf die Unterkunft hin, die Archie mir genannt hatte. Ich atmete tief ein, dann betrat ich den Eingangsbereich. Hinter dem Tresen stand eine Frau um die fünfzig mit rot gefärbten Haaren und blätterte in einer Zeitschrift.

»Hi.« Sie sah auf, als ich sie ansprach. »Archie schickt mich.« Ich schob mehrere Scheine über den Tresen. Der Ermittler hatte mir gesagt, was der Preis für diese Art von Information war, und ich war mehr als bereit, ihn zu bezahlen.

Die Informantin musterte mich, als wäre ich ein Serienkiller oder Mafiamitglied – skeptisch, aber doch mit einem gewissen Respekt. Wahrscheinlich lag es an meiner dunklen, hochwertigen Kleidung, die nicht zu dieser Umgebung passte. Dann gab sie mir eine Schlüsselkarte. »Zimmer 34. Liegt im ersten Stock, die Treppe rauf und dann links.«

»Ist er da?«, fragte ich.

»Keine Ahnung, ich bin nicht seine Mutter. Meine Gäste melden sich nicht bei mir ab, wenn sie rausgehen.«

Ich nahm die Antwort mit einem Nicken zur Kenntnis, griff nach der Karte und steckte sie ein, folgte der Wegbeschreibung. Es dauerte nicht lange, bis ich vor dem richtigen Zimmer stand. Ich hörte Geräusche, der Fernseher schien zu laufen. Das bedeutete, Baker war da. Das wiederum bedeutete, ich wurde nur durch diese Tür von meinem Beweis getrennt.

Schnell schaute ich mich um, aber außer mir war niemand auf dem Flur zu sehen. Also zog ich meine Waffe und wappnete mich, um das Zimmer zu betreten. Kurz war ich versucht zu klopfen, dann hielt ich jedoch einfach die Karte vor das Schloss und wartete, dass die kleine LED auf grün sprang. Es war so weit.

Ich drehte den Knauf und drückte die Tür auf.

Mit vorgehaltener Waffe trat ich ein, erwartete Baker zu sehen. Aber es war niemand da, obwohl der Fernseher lief. Etwas in mir wollte sich entspannen, ich hielt mich davon ab, erfasste die Lage. Das Zimmer als schmuddelig zu bezeichnen, wäre untertrieben gewesen. Schmutzig braune Wände, eine grauenhaft gemusterte Tagesdecke und fleckiger Teppichboden. Auf dem Bett lag ein Pullover, ein Rucksack daneben, sonst gab es kein Gepäck.

Ein merkwürdiges Geräusch zog meine Aufmerksamkeit auf sich. Es drang aus dem Bad und hörte sich an wie ein Gurgeln. War Baker doch hier? Vielleicht unter der Dusche? Ich hob die Waffe wieder höher, ging langsam vorwärts, bis ich an der Tür ankam. Als ich sie aufschob, schlug mir ein penetranter Geruch nach Eisen entgegen. Eine halbe Sekunde später erkannte ich, woher er kam.

»Fuck!«

Baker lag auf dem Boden, in einer grotesken Haltung, die Füße gegen die Wand gestemmt, den Kopf zwischen Badewanne und Toilette. Sein Gesicht, das mich in meinen Flashbacks verfolgte, war vor Schmerz bis zur Unkenntlichkeit verzerrt. Überall war Blut, an den Fliesen, dem Duschvorhang, den Wänden. Aber vor allem an ihm, sein helles Shirt war dunkel vor roter Flüssigkeit, der Stoff war aufgeschlitzt. Als Baker mich sah, stöhnte er erneut auf.

»H-Hilfe.« Es klang nach Todeskampf. Und mir wurde eins klar.

Er war dabei, zu sterben.

Mein Zeuge war drauf und dran, zu sterben.

Ich zögerte nicht, fiel vor ihm auf die Knie und presste, ohne darüber nachzudenken, meine Hände auf die blutende Wunde. Dabei schoss mir jedoch eine kleine Stimme in den Kopf: *Ist es nicht genau das, was er für seine Taten verdient?* Ja, vielleicht war das so. Vielleicht hätte ich ihn hier einfach verrecken lassen sollen und sicher würde ich Genugtuung über seinen Tod empfinden, wären die Umstände andere. Aber ohne Baker hatte ich keinen Zeugen, was Grant betraf. Wenn er mir hier unter den Händen wegstarb, dann musste ich von vorne anfangen, was die Beweise anging. Außerdem war ich nicht so ein Mensch. Ich musste besser sein als die. Ich musste besser sein, wenn ich mich nicht selbst verlieren wollte.

Allerdings konnte ich diese Gelegenheit nicht einfach so verstreichen lassen.

»Wer hat dich damals angeheuert?«, fragte ich und nahm meine blutverschmierte Hand von seiner Brust, griff nach meinem Telefon, startete mit fliegenden Fingern die Aufzeichnungs-App. Dann legte ich es neben mir ab, um wieder auf die Wunde drücken zu können.

»Ich … Ich …« Baker brabbelte nur unverständliches Zeug, wahrscheinlich hatte er schon zu viel Blut verloren.

»War es Grant?« Ich wusste nicht, ob seine Antwort vor Gericht Bestand haben würde, aber ich brauchte sie für mich. »Hat Harrison Grant dich damals beauftragt, mich zu entführen?«

Baker stierte mich an, bevor er schließlich nickte – nur ein kurzes, heftiges Rucken seines Kopfes. Nichts, was auf Band zu hören war. Warum hatte ich nicht auf Video gedrückt, verflucht noch mal?

»Sag es, verdammt!«, herrschte ich ihn an. Aber er tat mir den Gefallen nicht.

»Hilf … Hilf mir«, keuchte er. »Bitte …« Dann verlor er das Bewusstsein.

Ich fluchte laut, wählte 911 und gab rasch durch, wo ich war und was die Rettungskräfte erwartete. Dabei vermied ich es jedoch, meinen Namen zu nennen, und legte auf, bevor danach gefragt werden konnte. Es war sicher nicht gut, wenn auf Band aufgezeichnet wurde, dass ausgerechnet ich Baker gefunden hatte. Ich, der ein astreines Motiv dafür hatte, ihn umzubringen, wenn man wusste, was er mir angetan hatte.

Weiterhin presste ich meine Finger auf die Wunde, während ich eine andere Nummer wählte. Malia ging erst nach dem vierten Klingeln dran.

»Du lebst noch, wie beruhigend«, meldete sie sich sarkastisch. »Was –«

»Ich brauche deine Hilfe«, unterbrach ich sie.

Sofort veränderte sich ihr Tonfall. »Was ist passiert?«

»Dauert zu lange, dir das zu erklären, aber ich bin in Astoria, im Park Hostel, zusammen mit jemandem … Er wurde angegriffen und ist schwer verletzt. Ich hab den Rettungswagen gerufen, aber die werden Fragen stellen, die ich nicht beantworten will. Könntest du – «

»Bin unterwegs. Aber du weißt, das ist nicht mein Bezirk, die werden mich den Fall nicht übernehmen lassen.«

»Ist egal, solange du die erste vom NYPD bist, die hier auftaucht.« Denn dann hatte Malia einen Grund, sich nach den Ermittlungen zu erkundigen, das wusste ich. Und ich brauchte diese Möglichkeit, wenn Baker überlebte und aussagte, wer ihn angegriffen hatte.

»Verstehe. Bleib vor Ort, alles andere ist verdächtig. Die werden dir erst mal keine Fragen stellen, sondern dafür sorgen, dass er nicht draufgeht. Ich beeile mich.«

Ich wollte nicht auf sie hören, schließlich wusste ich, wie das hier aussah. Aber sie hatte recht, dass es noch verdächtiger wirken würde, wenn ich jetzt verschwand: Die Frau am Empfang hatte mich gesehen und konnte mich ohne Probleme identifizieren. Also blieb ich bei Baker, kämpfte gegen die Übelkeit bei seinem Anblick an und gegen die Panik, die mich befallen wollte, weil mich das Gesicht dieses Mannes an die schrecklichsten Momente meines Lebens erinnerte. Stattdessen konzentrierte ich mich auf das Ziel: Er musste es schaffen. Er musste gegen Grant aussagen.

Es schien Stunden zu dauern, bis endlich Sirenen ertönten, wahrscheinlich waren es in Wahrheit nur ein paar Minuten. Ich hatte die Zimmernummer genannt und hörte bald darauf Schritte.

»Er ist hier im Badezimmer!«, rief ich und trat dann beiseite, um die beiden Rettungskräfte ihre Arbeit machen zu lassen. Mit eiligen, aber kontrollierten Bewegungen begannen sie damit, Baker zu untersuchen.

»Können Sie uns sagen, was mit ihm passiert ist?«, fragte man mich.

»Er lag bereits hier, als ich reinkam. Ich habe versucht, die Blutung zu stoppen, mehr konnte ich nicht machen.«

»Kennen Sie ihn?« Einer der Paramedics sah auf, während der andere einen Zugang legte und sie Baker dann gemeinsam aus dem Bad heraus auf die Trage hoben, die sie im Zimmer abgestellt hatten. Es war klar, dass die Lage ernst war. Aber mich interessierte nur, ob er noch gegen Grant aussagen konnte. Ob er überlebte, war mir völlig egal. Selten war eindeutiger gewesen, dass ich mein Trauma noch lange nicht verarbeitet hatte. Und das würde ich auch nicht, bevor Grant nicht seine verdiente Strafe bekam.

»Nein«, antwortete ich verspätet. »Nicht wirklich.«

Normalerweise hätte man sich nun fragen müssen, wie ich dann in dieses Zimmer gekommen war, aber die Rettungskräfte waren damit beschäftigt, Bakers Leben zu retten. Einer presste eine Kompresse auf die Wunde. Sie saugte sich binnen Sekunden voll und er nahm eine weitere.

»Wir müssen sofort in die Klinik. Jemand muss das NYPD verständigen, das ist eindeutig ein Verbrechen.«

»Das NYPD ist schon da.« Malia kam genau im richtigen Moment herein und zeigte ihre Marke. Ich war noch nie so erleichtert gewesen, sie zu sehen. »Wie stehen seine Chancen?«

»Schwer zu sagen, er hat viel Blut verloren, die Wunden sind tief. Wir bringen ihn ins Queens Hospital Center, dann schauen wir weiter.« Die Paramedics hoben die Trage an, bis sie einrastete und auf Rollen stand.

»Melden Sie sich bei mir, wenn Sie was wissen.« Malia gab

ihnen eine Karte mit und wir sahen zu, wie sie Baker aus dem Zimmer schoben.

Ich atmete aus, die Übelkeit drückte gegen meine Kehle, ich schmeckte Galle. *Bitte nicht übergeben*, flehte ich meinen Körper an. *Bitte nicht hier.*

Malia schien zu merken, dass ich mit dem Würgereiz kämpfte, denn sie legte mir mit festem Druck ihre Hand auf den Rücken. »Komm, wir gehen raus, je weniger Spuren wir verwischen, umso besser. Außerdem brauchst du frische Luft.«

Wir traten auf den Flur, liefen dann die Treppe hinunter zum hinteren Ausgang und standen bald draußen in der kühlen Märzluft. Ich spürte, wie es mir sofort etwas besser ging, auch wenn ich diesen Eisengeruch immer noch in der Nase hatte. Trotzdem ebbte die Übelkeit langsam ab.

Malia ließ mich kurz allein und kam dann mit mehreren angefeuchteten Papiertüchern zurück, die sie mir in die blutverschmierten Hände drückte. Ich wischte mich notdürftig sauber, ohne hinzusehen. Erst als ich fertig war, sprach sie mich wieder an.

»Was zum Teufel hattest du hier zu suchen? Wer ist der Typ?«

Ich ließ das Papiertuch sinken. »Tom Baker. Er war einer der drei Männer, die mich damals entführt und festgehalten haben.« Meine Hand wollte unwillkürlich zu einer meiner Narben wandern und ich ballte sie zur Faust, um mich daran zu hindern.

»Dein Ernst?« Ihre Augen wurden groß. »Aber du hast doch nicht …?«

»Was? Nein!« Ich schüttelte den Kopf. »Glaubst du echt, in dem Fall hätte ich den Rettungswagen gerufen?«

Malia machte für einen Moment ein Gesicht, als wollte sie sagen *Du wärst nicht der Erste, der Angst vor der eigenen Courage bekommt.* Dann entspannten sich ihre Züge jedoch wieder. Sie kannte mich schon so lange. Sie wusste, dass ich das nicht tun würde.

»Warum warst du dann hier?«

Ich schwieg, weil ich nicht wusste, was ich ihr erzählen konnte. Da ich sie angerufen und um Hilfe gebeten hatte, musste ich ihr etwas geben, ich war jedoch nicht sicher, wie viel. Sie war schließlich auch in Gefahr, wenn sie erfuhr, wer dahintersteckte. Klar, sie war Detective und damit auf mehrere Arten geschützt. Trotzdem wollte ich sie nicht in die Schusslinie bringen. Sie oder Thaz, mit dem sie zusammen war.

»Ich habe Baker gesucht«, rang ich mich endlich zu einer Antwort durch. »Nicht nur heute, sondern in den letzten vier Monaten, als ich nicht in der Stadt war. Gestern bin ich ihm aus England nach New York gefolgt.«

Malia brauchte nicht lange, bis sie die richtigen Schlüsse zog. »Du hast ihn also verfolgt? Helena hat immer rumgedruckst, wenn ich gefragt habe, wo du steckst … das ist es also? Du versuchst auf eigene Faust, deine Entführer zu finden? Gottverflucht, Elijah! Bist du wahnsinnig?«

Etwas an ihrem Vorwurf ließ meine Fassung endgültig verpuffen. »Ich muss das machen!«, rief ich. »Wenn ich denjenigen nicht zur Strecke bringe, der mir das angetan hat, dann werde ich nie wirklich frei sein, verstehst du das nicht? Das quält mich seit mehr als dreizehn verfluchten Jahren, Malia!«

»Das verstehe ich!« Sie hob beschwichtigend die Hände. »Wäre ich du, würde ich auch wissen wollen, wer es war, nachdem damals niemand gefunden werden konnte. Aber als du überlegt hast, das Ganze wieder aufzurollen, da bist du nicht auf die Idee gekommen, *mich* zu fragen, ob ich dir helfe?«

Ich presste die Lippen aufeinander. Vor sechs Jahren, als es um den Mörder von Valerie und Adam gegangen war, hatte

Helena Malia um Hilfe gebeten. Aber es hatte sie in Schwierigkeiten gebracht und was bei Grant passieren konnte, wollte ich gar nicht wissen.

»Das NYPD hat damals nichts rausfinden können. Die haben ja nicht einmal mich finden können.« Ich sagte es leise, als hätte ich noch nicht entschieden, ob ich sie wirklich vor den Kopf stoßen sollte, um sie zu schützen.

»Stimmt, haben sie nicht. Aber ich hoffe, dass du weißt, *ich* hätte damals nicht aufgegeben.« Malia schaute mich an, mit diesem Funkeln in den Augen, das mir verriet, wie sehr sie für ihren Beruf brannte. Wie sehr sie für Gerechtigkeit brannte.

Ja, und das hätte dich vermutlich umgebracht. Ich sprach es nicht laut aus.

»Hast du einen Verdacht?«, fragte sie, als ich nicht antwortete. »Hat der Typ da oben dir verraten, wer ihn angeheuert hat?«

»Nein«, log ich und entschied, ihr heute nichts darüber zu sagen. Wenn ich mich dazu entschloss, musste ich das vorher durchdacht haben und zu rationalen Gedanken war ich gerade nicht fähig. »Ich war deswegen hier, aber er hat das Bewusstsein verloren, bevor er ein Wort rausbringen konnte.«

Malia öffnete den Mund, bevor sie mir jedoch weiter auf den Zahn fühlen konnte, trafen vor dem Zaun mehrere Autos ein, zwei Streifenwagen und ein Zivilfahrzeug. Aus Letzterem stieg ein Mann in den Vierzigern, mit drahtiger Figur und Schnurrbart.

»Detective Williams«, sagte er zu Malia in einem Ton, der seine Missbilligung verriet. »Wie kann es sein, dass Sie mal wieder die Erste vor Ort sind?«

»Ich habe einen Tipp bekommen, Detective Healey.« Sie erwiderte seine unterschwellige Anschuldigung mit Gelassenheit.

»Ja, weil Sie die beste Freundin der Schönen und Reichen sind.« Sein Blick fiel auf mich und er schien zu überlegen, zu welcher Kategorie ich wohl zählte. »Ein Zeuge?«

»Keiner der Tat, nein.« Malia sah zu mir. »Mr Coldwell hat das Opfer gefunden, als es bereits schwer verletzt im Badezimmer lag. Er hat 911 gerufen und der Mann befindet sich nun auf dem Weg ins Queens Hospital Center. Sie melden sich, wenn sie wissen, ob er durchkommt.«

»In Ordnung. Was haben Sie in dieser Gegend gemacht, Mr Coldwell?«

Sein lauernder Tonfall ließ mich zögern, eine Antwort zu geben. Ich wusste, wenn ich verdächtigt wurde, konnte ich einen Rechtsbeistand verlangen. Es war nur die Frage, ob ich das tun sollte oder ob es ein schlechteres Licht auf mich warf. Vor allem wollte ich jedoch nicht aufs Revier für eine Aussage. Wer wusste, ob Grant nicht versuchen würde, Baker endgültig zu erledigen, wenn er erfuhr, dass man ihn ins Krankenhaus gebracht hatte? Ich musste zuerst dort sein.

»Du bist nicht verpflichtet, darauf zu antworten«, sagte Malia zu mir.

Healey schnaubte. »Sind Sie Polizistin oder seine Anwältin?«

»Gute Polizisten befolgen die Vorschriften, oder nicht?« Sie hob eine Augenbraue. »Und wir beide wissen, dass jemand wie er ein Dutzend Anwälte hat, die in drei Minuten hier sind, und Sie dann kein Wort mehr mit ihm reden dürfen.«

Der Detective stieß so etwas wie ein Knurren aus. »Gut, dann morgen.« Er gab mir seine Karte. »Melden Sie sich bei mir.« Es klang wie ein Befehl.

Ich nickte leicht und Malia schien zufrieden. »Oh, und wenn ich Sie wäre, würde ich zwei Kollegen zur Bewachung des Opfers abstellen. Wer immer es auf ihn abgesehen hatte, versucht es vielleicht noch mal.«

»Sie sind aber nicht ich«, blaffte Healey sie an. »Und ich muss mir von einem Grünschnabel wie Ihnen sicher nicht sagen lassen, wie ich meinen Job zu machen habe.«

Er warf uns noch einen angepissten Blick zu und ging dann mit den Leuten von der Spurensicherung zum Eingang des Hostels.

»Danke, Mal.« Ich stieß die Luft aus. »Das bedeutet, ich kann gehen, oder?«

»Ja, kannst du. Willst du nach Hause?«

»Nein, in die Klinik. Kommst du mit?« Mein Körper schrie nach Schlaf, ich hatte Hunger und wollte einfach nur unter die Dusche, um das Blut abzuwaschen, aber trotzdem wusste ich, dass ich noch nicht nach Hause konnte. Nicht, bevor ich nicht sicher war, dass Baker es schaffte und Grant als Täter identifizierte. Wenn er das vor Malia tat, würde es vor Gericht Bestand haben.

»Natürlich.« Sie nickte grimmig. »Wenn Healey ihn nicht bewachen will, werden wir das eben selbst tun.«

Wir gingen zur Straße und in Richtung meines Wagens, ließen den Tatort hinter uns. Aber das dumpfe Gefühl, heute erneut erlebt zu haben, wozu Grant fähig war, begleitete mich wie ein dunkler Schatten.

Und ich wusste, er würde nicht verschwinden, bis ich das Ganze beendet hatte.

Das Queens Hospital Center lag am anderen Ende des Stadtteils, aber wir brauchten trotzdem nur zehn Minuten dorthin. Malia folgte mir mit ihrem Wagen und wir parkten nebeneinander auf dem Vorplatz, bevor wir ins Innere gingen. Es war nicht viel los, einige Angehörige saßen auf den Besucherstühlen oder liefen auf und ab, große Hektik herrschte jedoch nicht. Ich hatte die Fahrt damit zugebracht, die Schreckensszenarien aus meinem Kopf fernzuhalten – mit mäßigem Erfolg. Wenn Grant gegen Baker in solch brutaler Weise vorging, damit der ihn nicht verriet, warum sollte er dann zurückhaltend sein, wenn er seine Drohungen mir gegenüber durchsetzen wollte?

Malia hatte erneut ihre Marke gezückt und trat auf den Empfangsschalter zu.

»Hi, Detective Williams vom NYPD. Hier wurde gerade eben ein Mann eingeliefert, mit einer schweren Stichverletzung. Können Sie mir sagen, wie es ihm geht?«

»Gerade eben?« Der Mann hinter dem Schalter schaute in seinen Computer und sah sie dann verwundert an. »Sie müssen sich irren, Detective. Der letzte männliche Patient kam vor eineinhalb Stunden rein und der hatte einen Herzinfarkt. Ist Ihr Opfer vielleicht woanders hingebracht worden?«

Malia wandte sich zu mir um. »Du hast doch auch gehört, dass die Rettungskräfte Queens Hospital Center gesagt haben, oder?«

Ich nickte. »Ohne Zweifel.«

Sie fluchte und fragte den Krankenhausmitarbeiter, welche Anlaufstellen es für einen Notfall dieser Art in Queens noch gab. Er nannte ihr drei und sie nahm ihr Handy, um eine Kollegin zu bitten, zwei davon abzutelefonieren. Die dritte rief sie selbst an, aber eine Viertelstunde später war klar, dass Baker in keinem Krankenhaus in der Nähe eingeliefert worden war. Und da offenbar keine Abweisung wegen Überfüllung stattgefunden hatte, konnte das nur eins bedeuten: Grant hatte dafür gesorgt, dass Baker endgültig verschwand.

Malia schien das Gleiche zu denken, denn sie ließ sofort eine Fahndung für den Krankenwagen rausgeben, dessen Kennzeichnen hoffentlich auf irgendeiner Überwachungskamera auftauchen würde, während ich meine rasenden Gedanken zu beruhigen versuchte. Wenn Baker nicht gefunden werden konnte, und zwar bald, würde er sterben – vielleicht war er sogar längst tot. Grant musste den Transport abgefangen haben, um sein Werk zu vollenden, nachdem er mitbekommen hatte, dass ein Rettungswagen alarmiert worden war. Allein die Tatsache, dass er davon erfahren hatte, schickte einen kalten Schauder meinen Rücken hinunter. Wie viel Einfluss hatte er? Und wie sollte ich es ohne Bakers Aussage schaffen, ihn zu überführen?

»Ich muss los, die Kollegen ziehen gerade zusätzliche Kräfte zusammen, um den Krankenwagen zu finden.« Malia tauchte an meiner Seite auf. »Kann ich dich allein lassen? Vielleicht sollte ich Jess anrufen, damit er –«

»Nein«, unterbrach ich sie. »Nicht nötig. Ich komme klar.« Das Letzte, was ich wollte, war, meinem Bruder erklären zu müssen, was passiert war.

»Ich hoffe, wir finden Baker rechtzeitig.« Sie schien sich allerdings keine großen Hoffnungen zu machen. Wie auch, sie hatte seinen Zustand gesehen, es war nicht einmal sehr wahrscheinlich gewesen, dass er es bis in den OP schaffte. Wenn Grant ihn erwischt hatte, war er tot. Und damit auch die Chance, meinem Entführer nachzuweisen, was er getan hatte.

Malia ging und ich folgte ihr langsam aus dem Krankenhaus zu meinem Wagen. An meinen Händen, die im Licht der Straßenlaternen bleich wirkten, klebten immer noch verblasste rote Schlieren. Ich musste nach Hause und duschen. Das Blut loswerden.

Ob ich es auch schaffen würde, die Bilder loszuwerden, die sich in meinen Kopf gebrannt hatten?

Ich bezweifelte es.

9
Felicity

»Also, ihr kennt das Thema: Facetten von New York. Ihr seid frei in dem Ausdruck, was das für euch bedeutet, aber ich will was sehen, das eine Aussage hat. Ich gehe nachher rum und schaue mir an, wie weit ihr seid.«

Zeke sprang von dem Palettenstapel, auf den er sich gestellt hatte, damit wir ihn alle gut hören konnten. Dann ging er zu seinem Team, das an einer der Wände auf ihn wartete. Die Studierenden zerstreuten sich und nahmen ihre Taschen mit Sprühdosen, um die ihnen zugeteilten Flächen zu besetzen.

Wir waren am heutigen Sonntag auf dem Gelände eines verlassenen Firmengebäudes in Queens, wo Zeke in der kommenden Woche eine Ausstellung seiner Werke plante. Uns hatte er in Aussicht gestellt, dass die fünf besten Entwürfe ebenfalls Teil davon sein durften, und zu diesem Zweck hatte jeder von uns eine Wand zugewiesen bekommen. Dass diejenigen Pieces, die er nicht auswählte, direkt nächste Woche wieder überstrichen wurden, sorgte für angespannte Stimmung bei uns Studierenden, und jeder spähte zum anderen hinüber, um die Konkurrenz abzuchecken. Uns alle setzte diese Art von Wettbewerb massiv unter Druck und ich spürte, dass meine Hände nicht so ruhig waren wie gewohnt, als ich meine Sprühdosen sortierte.

Seit ich nach New York gezogen war, hatte ich nie außerhalb der Uni gesprayt. Nicht nur, weil meine Tage mit Studium, Lernen und Arbeit derartig vollgepackt waren, dass kaum Zeit dafür blieb – es lag vor allem daran, dass ich uninspiriert war. Diese Stadt war so voller Input, dass mir eigentlich jeden Tag fünf neue Motive hätten einfallen müssen, aber es geschah … nichts. Oft saß ich sogar vor meinem Skizzenbuch und mir fiel nichts ein. Und das machte mir Sorgen. Denn immer öfter schlich sich der Gedanke in meinen Kopf, dass dieses Studium nicht das richtige für mich war. Dass das Sprayen ein Hobby hätte bleiben sollen, um mir weiterhin Freude zu machen.

»Hey, hast du zufällig royalblau dabei? Ich habe meins vergessen.« Einer meiner Kommilitonen, Josh, kam mit schiefem Grinsen zu mir. Ich mochte ihn, er war immer freundlich und fuhr niemals die Ellenbogen aus, um selbst besser dazustehen.

»Ich glaube schon, warte kurz.« Ich beugte mich zu meiner Tasche und suchte nach der richtigen Farbe, bevor ich ihm die Dose in die Hand drückte. »Und, was hast du vor?«

Er hob die Schultern. »Ich habe verschiedene Ideen und will mich spontan entscheiden. Es wird aber auf jeden Fall etwas, das sich um People of Color dreht.« Josh schlug sein Skizzenbuch auf und zeigte mir einen Entwurf mit mehreren Personen verschiedener Hautfarben, die sich ineinanderfügten, sodass keine Lücke blieb. Es war sehr anspruchsvoll und ich nickte beeindruckt.

»Das gefällt mir richtig gut.« Ich lächelte. »Gerade die Klarheit der Linien. Ich bin sicher, dass Zeke es mögen wird.«

»Ich hoffe es.« Josh schloss das Buch wieder und deutete auf meins. »Was machst du?«

»Oh, ich …« Ein wenig hilflos blätterte ich meine Skizzen durch. »Ehrlich gesagt ist mir noch nicht die zündende Idee gekommen.« Das Thema kannten wir schon seit zwei Wochen, aber alles, was mir eingefallen war, schien mir nicht originell genug. Die Vielfalt von New York war natürlich naheliegend, nur: welchen Aspekt davon sollte ich nehmen? In meinem Jahrgang waren nicht nur Schwarze, sondern auch Hispanics und Asiaten, es erschien mir anmaßend, mich als weiße Person diesen Themen zu widmen. Ich wollte einen Teil meiner Welt abbilden, aber die hatte nur wenig mit New York zu tun. Es sei denn …

Plötzlich kam mir etwas in den Sinn. Facetten der Stadt, das konnte schließlich alles sein. Auch etwas, mit dem man in so einer Ausstellung nicht rechnen würde. Ich griff nach meiner Tasche, dann ging ich zu der mir zugewiesenen Fläche.

Plötzlich wusste ich genau, was ich an diese Wand bringen wollte.

Ich begann konzentriert zu arbeiten, und zum ersten Mal seit Monaten versank ich völlig in meiner Kunst. Zunächst sprühte ich mit einem hellen Grau die Konturen, um das gesamte Bild einzuteilen, dann machte ich mit den größeren Flächen weiter, bevor ich mich den Feinheiten widmete. Die Farbdosen in meiner Hand, das Aufsetzen der verschiedenen Düsen, es war fast wie Meditation, nur ich und mein Motiv vor mir. Ich spürte, wie ein tiefes Glücksgefühl in mir aufstieg, das ich schon eine ganze Weile nicht mehr wahrgenommen hatte. Die Sonne war bereits ein gewaltiges Stück weitergerückt, als mich jemand ansprach.

»Felicity.« Ich drehte mich um und sah Zeke, der mit kritischem Blick musterte, was ich bisher an die Wand gebracht hatte. Eilig nahm ich die Maske runter. »Was stellt das dar?«, fragte mein Dozent. Ihn als Idol zu bezeichnen, war mir schon lange nicht mehr in den Sinn gekommen.

»Das ist meine Facette von New York«, sagte ich selbstbewusst, weil ich wirklich zufrieden damit war. Ich trat einen Schritt zurück und betrachtete mein Werk, das bei Weitem noch nicht fertig war, aber in den Grundzügen erkennbar. Die Eastie Boys sahen von der Wand herunter wie die vier Präsidenten von Mount Rushmore, Elijah und Alec im Vordergrund, Yates und Ezra außen an den Seiten. Elijah zu sprayen war die größte Herausforderung gewesen. Ihn an dieser Wand zu verewigen, hatte mir alles an Selbstbeherrschung abverlangt, denn jede Kante, jede Nuance seines Gesichts erinnerte mich daran, wie ich all das direkt vor mir gesehen hatte. Wie ich mich in diese Details verliebt hatte, in *ihn* verliebt hatte. Ich schluckte und wendete den Blick von ihm ab. Den Ausdruck seiner Augen hatte ich zu gut getroffen, um ihn weiter anzuschauen.

»Vier überdurchschnittlich attraktive junge Männer?« Zeke runzelte die Stirn und die Skepsis war ihm deutlich anzuhören. »Was soll das aussagen?«

»Das sind die vier Söhne sehr einflussreicher Familien aus Politik, Unterhaltung, Finanzen und Immobilien. Sie zeigen die Seite der Stadt, die vermeintlich privilegiert ist, aber genauso mit Problemen und Sorgen belastet wie der Rest von uns, nur eben auf andere Weise.« Als ich mit den Jungs im Rooftop Club gewesen war, hatte ich in den Gesprächen gemerkt, dass sie sich vielleicht keine Gedanken um Mietzahlungen oder Studiendarlehen machen mussten, dafür aber um Verantwortung für die Familie, um Erwartungen der Eltern und die Pflichten, die ihr Nachname mit sich brachte. Und sie mussten genau wie Normalsterbliche herausfinden, wo ihr Platz im Leben war. »Deswegen die Optik der Präsidenten, weil man auf sie ein besonderes Augenmerk wirft und jeden ihrer Schritte beobachtet.«

»Oh ja, das muss wirklich schlimm sein.« Zeke klang nicht einmal sarkastisch, aber ich hörte das Naserümpfen trotzdem heraus. »Ich bin sicher, dass ein Treuhandfonds in Millionenhöhe ein schweres Los ist.«

»Es geht nicht um Geld«, beharrte ich. »Es geht darum, wie frei ein Leben ist, das von der Familie vorgegeben wird.« Ich hatte mich genug mit Alec über seinen Vater unterhalten, um zu wissen, wie sehr es belasten konnte, zwischen den Ansprüchen der Eltern und den eigenen Wünschen gefangen zu sein. »Außerdem ist die High Society ein Teil dieser Stadt. Ich wüsste nicht, warum man ihr nicht auch Raum geben sollte, wenn man über die Facetten von New York spricht.«

Zeke verengte die Augen. »Vielleicht, weil diese Leute ohnehin sehr viel Aufmerksamkeit bekommen? Kunst ist dazu da, den Scheinwerfer auf die dunklen Ecken zu richten, Felicity. Auf die Menschen, die sonst niemand sieht. Das hier dreht einfach den Regler nur heller für Leute, die alles haben.« Er schüttelte den Kopf. »Nein, tut mir leid. Das überzeugt mich nicht. Wir werden es nicht in die Ausstellung aufnehmen.«

Seine Kritik war nur der letzte Tropfen, der das Fass zum Überlaufen brachte, der letzte Windhauch, der die Mauer einstürzen ließ. Vielleicht lag es an der Begegnung mit Elijah, dass ich nervlich so angespannt war, vielleicht hatte er auch gar nichts damit zu tun. Ich wusste nur, dass ich mich nicht länger so fühlen wollte, wie es in Zekes Gegenwart der Fall war.

»Weißt du was? Mir reichts.« Ich ging zu meiner Tasche und pfefferte die Farbdosen hinein, bevor ich sie über die Schulter warf und Zeke zornfunkelnd ansah. »Seit ich mit dem Studium angefangen habe, hast du kaum ein gutes Wort über meine Arbeit verloren. Du kritisierst meine Aussagekraft, meine Ideen, einfach alles. Ich weiß nicht, warum – ob ich einfach nicht deinen Geschmack treffe oder es daran liegt, dass ich tatsächlich kein Talent habe. Aber ich will mir nicht länger das Gefühl geben lassen, meinen Platz hier nicht zu verdienen. Also war es das für mich.«

Zekes Augen wurden groß, ich hatte ihn noch nie so überrascht erlebt.

»Du willst hinschmeißen? Nach allem …« Er brach ab und ich hatte keine Ahnung, was er hatte sagen wollen. »Ich fasse es nicht, dass du eine solche Chance mit Füßen trittst.«

»Welche Chance denn? Nachher mit einem mittelmäßigen Abschluss hier rauszugehen? Mit dem Prädikat *Nicht besonders wertvoll?* Nein, danke. Dieses Studium hat mir jede Freude an meiner Kunst verdorben und ich habe keine Lust mehr. Ich bin raus.«

Ich wandte mich ab, ging an meinen Kommilitonen vorbei, die unser Gespräch teils bestürzt, teils sensationsgierig verfolgt hatten, und steuerte die nächste U-Bahn-Station an. Dann besann ich mich jedoch eines Besseren. Laufen würde mir helfen, meine Wut und Enttäuschung loszuwerden. Oder immerhin zu mildern.

Das Areal wurde schon seit Jahren nicht mehr genutzt, deswegen war ich allein mit meinen Gefühlen, während ich mit schnellen Schritten die Betonfläche überquerte. Je länger ich lief, desto bewusster wurde mir, was ich gerade getan hatte. Dass ich meinen Dozenten angeschrien hatte. Dass ich ihm gesagt hatte, ich würde das Studium hinschmeißen. Und mit jedem Schritt mehr befiel mich Angst vor meiner eigenen Entscheidung. Natürlich hatte ich in letzter Zeit oft darüber nachgedacht, etwas anderes zu machen, aber heute war mir einfach der Kragen geplatzt. War das impulsiv gewesen oder richtig? Ich wusste es nicht. Also musste ich mit jemandem reden, der mich gut kannte. Der mir sagen konnte, ob ich soeben einen riesigen Fehler gemacht hatte.

»Hey Fel.« Ben tauchte auf dem Display meines Handys auf, seine Haare waren nass, offenbar kam er gerade aus der Dusche. »Alles okay bei dir?«

Meine Freunde waren ziemlich fürsorglich, seit ich Weihnachten zu Hause gewesen war. Auch wenn ich versucht hatte, mich zusammenzureißen, hatten sie alle gewusst, was mit Elijah passiert war und wie sehr es mich quälte, was er getan hatte. Nora und Alvaro waren sogar dafür gewesen, dass ich zurück nach L.A. zog, aber das war mir nicht richtig erschienen.

»Wie man es nimmt. Ich glaube, ich habe gerade mein Studium hingeschmissen.«

»Du hast *was?*« Ben hatte einen Becher an die Lippen gesetzt und begann nun zu husten. »Ist das gut überlegt gewesen?«

»Kein bisschen.« Ich schüttelte den Kopf.

»Was ist denn passiert?«

»Wir waren heute bei der Vorbereitung für diese Ausstellung.«

»Ja, davon hattest du erzählt, dieses Facetten-von-New-York-Ding. Dann hat er dein Piece nicht aufgenommen?«

Ich schnaubte. »Er hat es nicht nur nicht aufgenommen. Er hat es zerfetzt. Dabei wollte ich einfach etwas anderes machen, etwas Überraschendes. Aber er hat es überhaupt nicht verstanden.«

Ben lief in die Küche, im Hintergrund konnte ich den Herd erkennen. »Und was war das, was du gesprayt hast?«

»Moment, ich zeige es dir.« Ich suchte auf meinem Handy nach dem Foto, das ich vor meinem Streit mit Zeke gemacht hatte und schickte es an Ben.

Er schaute sich das Bild mit gerunzelter Stirn an. »Warum fand Zeke das nicht gut?«

Er sagte kein Wort darüber, dass ihm die Komposition gefiel, und das war auffälliger als sein Gesichtsausdruck. Ben mochte meine Arbeiten eigentlich immer, aber diese schien ihm nicht zu gefallen.

»Seiner Ansicht nach brauchen Leute wie die Eastie Boys keine weitere Aufmerksamkeit von der Allgemeinheit, weil sie eh schon im Mittelpunkt stehen. Dabei sollte das Thema doch Facetten sein, da kann man nicht nur die marginalisierten Gruppen nehmen. Zu denen ich außerdem nicht gehöre, deswegen kann ich sie auch nicht angemessen vertreten.«

»Du gehörst auch nicht zur Upper Class, Fel.« Die Art, wie Ben das sagte, ließ mich aufhorchen. Es klang, als wäre es eine Frage. Die Frage danach, wem ich mich eigentlich zugehörig fühlte. Das tat weh und ich gab keine Antwort. Ben brauchte allerdings auch keine, sondern sprach weiter. »Ich finde, Zeke hat nicht ganz unrecht. Diese Typen haben schon alles, wieso willst du ihnen zusätzlich eine Bühne geben?«

»Ich gebe ihnen keine Bühne, ich wollte nur zeigen, dass sie ...« Ich brach ab, es half ja doch nichts. Er verstand es genauso wenig wie Zeke und mich beschlich die Ahnung, dass Rhoda oder Nora das nicht anders sehen würden. »Weißt du was, vergiss es. Ich muss los, die Arbeit ruft. Wir hören uns.«

Ich legte auf, ohne auf Bens Verabschiedung zu warten, und lief weiter. Wenn nicht einmal einer meiner besten Freunde nachvollziehen konnte, was ich mit dem Bild hatte aussagen wollen, lag ich dann tatsächlich daneben? Hatte mich meine Zeit in New York verändert und ich war nun auch eines dieser privilegierten Mädchen, die jeden Bezug zum wahren Leben verloren hatten? Ich ging zwar arbeiten, wohnte aber in einer der besten Gegenden in einem Apartment, das meinem reichen Vater gehörte. Ich arbeitete für eine Agentur, deren Chefin alter Geldadel war. Und ich traf mich mit Leuten, die nicht wussten, was es bedeutete, auf jeden Cent achten zu müssen. Alec hatte vielleicht von seinem Vater den Geldhahn zugedreht bekommen, aber er lebte in Elijahs Luxus-Wohnung in Coldwell House, ohne Miete zu zahlen, und besaß immer noch genug, um in teure Restaurants und Clubs zu gehen. Das war seine Normalität.

War es etwa auch meine? Hatte ich einfach nicht gemerkt, dass ich Teil davon geworden war?

In Gedanken versunken steuerte ich nun doch die nächste U-Bahn-Station an und ging die Treppen nach unten. Während ich nach Turtle Bay fuhr, beobachtete ich die Leute um mich herum. Die Durchschnittsbevölkerung von New York, die auf dem Weg zur Arbeit oder nach Hause war. Und dann dachte ich an Alyssa oder Alec und versuchte zu erspüren, wem ich mich näher fühlte. Allerdings kam ich zu keinem abschließenden Ergebnis. Vielleicht gehörte ich einfach zu keiner von beiden Gruppen. Vielleicht war ich jetzt meine eigene, irgendwo dazwischen.

Noch während wir fuhren, beschlich mich ein merkwürdiges Gefühl – als würde mich jemand ansehen. Ich drehte mich unauffällig um, schließlich gab es öfter mal komische Leute in der Subway, die einen anstarrten. Aber da war niemand. Also, natürlich waren da viele Menschen – eine Frau mit Kinderwagen, ein junger Typ, der Kopfhörer trug, ein zeitungslesender Mann auf der Bank neben der Tür. Nichts an ihnen schien ungewöhnlich zu sein und doch hatte ich den Eindruck, beobachtet zu werden. Wurde ich langsam paranoid? Nachdem in unsere WG eingebrochen worden war, hatte ich eine Weile gebraucht, um mich wieder sicher zu fühlen, aber die neue Wohnung hatte dabei geholfen. In diesem Moment spürte ich, dass ich es dennoch nicht vergessen hatte.

»Hey, Felicity.«

Ich erschrak, als plötzlich jemand hinter mir auftauchte.

»Helena, hi.« Es war meine Chefin, die da in einer abgewetzten braunen Lederjacke neben mir in der U-Bahn stand. Ich atmete aus und entspannte mich. Wahrscheinlich hatte ich ihren Blick auf mir gespürt, aber sie in der Masse an Leuten nicht entdeckt. »Was tust du hier?« Ich hielt sie nicht für einen Snob, dass sie jedoch mit der Subway fuhr, war mir neu.

»Die Lage checken.« Sie grinste. »Unsere Gruppen sind ja oft mit der U-Bahn unterwegs und ich war schon Ewigkeiten nicht mehr hier unten. Also habe ich spontan beschlossen, zu meinem Abendtermin mit der Sub zu fahren. Ich glaube allerdings, das reicht mir erst mal für eine Weile.« Helena schaute sich um und fixierte dann wieder mich. »Und du? Bist du auf dem Weg nach Hause?«

»Ja, ich … ich hatte eine Veranstaltung von der Uni, aber ich bin früher gegangen. Es gab Streit mit meinem Dozenten und ich habe ihm gesagt, ich schmeiße alles hin.« Ich hob die Schultern und konnte nicht verhindern, das Gesicht zu verziehen. Wahrscheinlich hätte ich ihr das nicht erzählen sollen, aber Helena machte die meiste Zeit eher den Eindruck einer großen Schwester als den einer Chefin und ich neigte dazu, ihr mein Herz auszuschütten.

Sie schenkte mir einen mitfühlenden Blick. »War das nur so dahingesagt oder willst du wirklich alles hinschmeißen?«

»Keine Ahnung.« Ich sah auf den schmutziggrauen Boden. »Dieses Studium war mein großer Wunsch, aber mittlerweile fühlt es sich eher an wie ein Albtraum. Ich habe das Gefühl, es raubt mir jede Kreativität. Früher habe ich ständig gezeichnet und gemalt, aber seit ich hier bin, fast gar nicht mehr.«

Helena überlegte einen Moment. »Nach dem zu urteilen, was ich bisher von dir gesehen habe, bist du echt talentiert. Trotzdem kann es sein, dass es nicht dein Weg ist, die Kunst zu deinem Beruf zu machen. Wie lange denkst du schon darüber nach, das Studium abzubrechen?«

»Eine Weile«, gab ich ehrlich zu. »Vielleicht liegt es auch an meinem Dozenten, dem ich nichts recht machen kann, aber die anderen in meinem Kurs haben so gute, so bahnbrechende Ideen. Sie *leben* ihre Kunst, während ich froh bin, wenn die Uni vorbei ist und ich in die Agentur kommen kann.«

»Ich kann nicht behaupten, dass ich das nicht gerne höre.« Helena lächelte mich an. »Allerdings wünsche ich dir, dass du etwas studierst, das dir keine Bauchschmerzen bereitet.« Sie hielt kurz inne. »Wusstest du, dass ich über zwei Jahre Psychologie studiert habe, bevor ich zu Tourismus wechseln konnte?«

Überrascht sah ich auf. »Nein, ich hatte keine Ahnung.« Friends and the City war so sehr ihr Ding, dass ich geglaubt hatte, sie hätte diesen Traum schon immer gehabt. »Warum Psychologie? Dachtest du, es wäre das Richtige?«

»Nein, eigentlich nicht. Du hast ja mitbekommen, dass meine Schwester gestorben ist, als ich siebzehn war.«

Ich nickte. Die Geschichte von Valerie Weston und Adam Coldwell kannte jeder in der Agentur, vermutlich sogar jeder in New York. Und dass ihre jüngeren Geschwister sich ein paar Jahre danach ineinander verliebt hatten, hatte die Popularität der Story sicher noch befeuert.

»Friends and the City, das war Valeries und meine gemeinsame Idee, und nach ihrem Tod wusste ich nicht, ob ich das auch allein schaffen kann. Psychologie war nur ein Lückenfüller, bis ich endlich wieder wusste, was ich will. War nicht leicht, meinen Eltern das begreiflich zu machen, aber sie haben es am Ende akzeptiert.«

Als sie von ihren Eltern sprach, wurde mir bewusst, dass ich darüber noch gar nicht nachgedacht hatte. Wie sollte ich meinem Vater erklären, dass mich das Studium, für das er die

Gebühren zahlte, nicht erfüllte? Würde er das überhaupt verstehen oder von mir fordern, dass ich dranblieb? Ich konnte es nicht sagen.

»Dann hat Tourismus dich glücklich gemacht?«, fragte ich Helena.

»Ich glaube nicht daran, dass irgendetwas außerhalb von dir selbst dich glücklich machen kann. Aber es war genau das richtige Studium für mich und Friends and the City ist meine Bestimmung.« Helena hatte einen Ausdruck in den Augen, um den ich sie ein wenig beneidete. Sie wirkte angekommen, vor allem bei sich selbst. Ich hoffte, dass mir das eines Tages ebenfalls gelingen würde.

»Vielleicht ist das auch mein Ding. Eher als Kunst. Die Touren, die Arbeit bei dir, darin gehe ich richtig auf. Es fühlt sich richtig an.«

»Dann beschäftige dich doch einfach mal damit, ob es etwas für dich wäre. Aber lass dir Zeit. Und wenn du über das Tourismus-Studium an der NYU reden willst, sag mir Bescheid, okay? Es gibt kaum ein Thema, über das ich ausdauernder sprechen kann.« Helena grinste.

»Ich komm darauf zurück. Danke.« Wir schwiegen kurz, dann fiel mir ein, was sie zu Beginn gesagt hatte. »Was ist das für ein Abendtermin, zu dem du gehst? Ich dachte, am Sonntag esst ihr immer mit euren Familien und Freunden im Adam & eVe.«

»Oh, das machen wir auch. Ich hole nur E…« Sie unterbrach sich und sah einen Augenblick sehr betroffen aus. Dann fing sie sich wieder und schlug einen unbekümmerten Tonfall an. »Ich hole jemanden zu Hause ab.«

»Du fährst zu Elijah?« Die Frage war heraus, bevor ich darüber nachdenken konnte, ob es eine gute Idee war, sie zu stellen. Es hätte mich nicht interessieren sollen, aber bei dem Gedanken, dass sie einfach zu seiner Wohnung gehen und mit ihm reden konnte, zog sich mein Magen schmerzhaft zusammen.

»Ja. Entschuldige, ich wollte ihn vor dir nicht erwähnen.« Sie hob die Hand, als würde sie mich am Arm berühren wollen, bremste aber kurz vorher ab. »Jess hat mir erzählt, dass ihr euch begegnet seid.«

»Es war nicht der Rede wert«, murmelte ich. Dabei war es jeder Rede wert, verdammt. Wusste Helena etwa, warum er das getan hatte? Warum er sich auf die Art mit Matilda gezeigt hatte, nicht einmal einen Tag, nachdem er in meinem Bett aufgewacht war? Ich konnte sie nicht danach fragen. Vielleicht hatte Elijah ihr Details zu dem erzählt, was zwischen uns gewesen war, vielleicht auch nicht. So oder so war es nicht angemessen, mit ihr darüber zu sprechen.

Helena musterte mich, während ich sicher mal wieder ein offenes Buch war und sie ahnte, was in mir vorging. Dass Elijah mir das Herz gebrochen hatte und ich nicht wusste, warum. Dass ich immer noch damit kämpfte, obwohl ich längst darüber hätte hinweg sein müssen. Dann öffnete sie den Mund, schloss ihn jedoch rasch wieder und schien herunterzuschlucken, was sie hatte sagen wollen. Ich hatte keine Ahnung, ob ich froh sein sollte, aber eigentlich wollte ich nur noch weg. Und was das betraf, hatte ich immerhin Glück: Die Bahn hielt wenige Sekunden später.

Ich schaute auf die Anzeige. »Das ist meine Station«, brachte ich heraus. »Danke fürs Zuhören, Helena. Wir sehen uns morgen.«

»Ja, bis morgen.« Sie lächelte weich und es war zu viel. Es war einfach zu viel.

Ich flüchtete aus der Tür, die Stufen hinauf und die wenigen Meter bis zu meinem Wohnhaus, unendlich froh, dass ich es nicht weit hatte. Denn kaum hatte ich es geschafft, am Portier vorbeizulaufen und mit dem Aufzug nach oben zu fahren, kaum hatte ich es geschafft, die Wohnungstür hinter mir zu schließen, sank ich zu Boden und brach in Tränen aus.

10
Elijah

Als es Sonntag wurde, gab es immer noch keine Informationen darüber, wo Baker war oder ob man seine Leiche gefunden hatte. Ich hatte meine Aussage beim NYPD gemacht, die überraschend neutral verlaufen war – da das Opfer wie vom Erdboden verschwunden war, ebenso wie die Sanitäter, gab es im Grunde keinen Fall, bei dem man mich verdächtigen konnte. Archie hatte mir versichert, dass die Frau im Hostel schweigen würde, und wenn ich nichts darüber verlauten ließ, woher ich Baker kannte, hatte ich kein Motiv. Ich hatte also behauptet, dass ich zufällig an seinem Zimmer vorbeigekommen war und ihn um Hilfe hatte rufen hören und da die Tür aufstand, sei ich hineingegangen. Der Detective hatte das so akzeptiert. Trotzdem war ich nicht erleichtert, denn dass Baker verschwunden blieb, zeigte nur, wie viel Grant daran liegen musste, die ganze Sache zu vertuschen. Und das bedeutete, er wusste genau, dass ich ihm auf den Fersen war.

Dieser Gedanke verfolgte mich auf Schritt und Tritt, bis in die Nacht und darüber hinaus. Obwohl ich todmüde war, fand ich nur stundenweise Schlaf und verbrachte den Rest meiner Zeit damit, Lösungen zu finden, wieder zu verwerfen und von vorne anzufangen. Wie sollte ich Grant zur Strecke bringen, ohne all jene zu gefährden, die mir wichtig waren? Wie sollte ich sie beschützen? Bei Felicity war das möglich gewesen, indem ich mich von ihr distanzierte, so drastisch es nur ging. Auch von meinen Freunden konnte ich Abstand halten, um deutlich zu machen, dass sie kein lohnenswertes Ziel waren. Aber bei meiner Familie war das unmöglich. Sie waren untrennbar mit mir verbunden. Selbst wenn ich keinen von ihnen je wiedersah, würde Grant wissen, dass sie mir wichtig waren.

Als sich immer mehr Angst aufdrängte, beschloss ich, mir mit Bewegung zu helfen. Ich hatte mich gerade auf dem Laufband verausgabt und trank in der Küche eine ganze Flasche Wasser leer, als es an der Tür klingelte. Sofort sprang mein Nervensystem wieder auf Gefahr, aber als ich durch den Spion sah, beruhigte ich mich und öffnete.

»Hi, lost boy.« Helena lächelte. Als ich sie reinließ, umarmte sie mich fest trotz meines Hinweises, dass ich komplett verschwitzt war. Dann schaute sie mich prüfend an. Wieder spürte ich diesen unangenehmen Kloß im Hals, den ich bereits bei Jess bemerkt hatte. Ob ich nun Abstand von ihnen hielt oder nicht, sie waren meine Familie. Und Helena war so nah an einer großen Schwester, wie es möglich war, ohne tatsächlich mit mir verwandt zu sein.

»Geht es dir gut?«, fragte sie, weil ich außer einem »Hi« nichts gesagt hatte.

»Nein.« So weit konnte ich immerhin ehrlich sein. »Aber ich arbeite daran.«

»Okay, dann ist es ja gut, dass ich jetzt hier bin.«

»Warum?« Ich schaute an ihr vorbei in den Flur hinter meiner Wohnungstür, als würden dort eine Mariachi-Band oder ein paar Clowns warten.

»Weil ich dich jetzt mitnehme ins Adam & eVe. Euch beide.« Sie beugte sich zu Buddy hinunter, der gerade von seinem Nickerchen aus dem Fitnessraum kam, und streichelte ihn, während mein Hund begeisterte Quietschgeräusche von sich gab. Offenbar hatte er sich bei Jess und Helena sehr wohlgefühlt, was mein schlechtes Gewissen dämpfte, ihn so lange allein gelassen zu haben.

»Was? Nein, Len, bitte nicht.« Ich trat einen Schritt zurück. »Du kannst gern bleiben und wir essen hier was zusammen, aber zwing mich nicht dazu, dorthin zu gehen.«

Ihr Blick wurde sanfter. »Warum? Weil das deinem Plan in die Quere kommt, dich so weit wie möglich von den Leuten fernzuhalten, die dich lieben?«

Ich atmete aus, weniger genervt als resigniert. Helena hatte ein Talent dafür, die Dinge auf den Punkt zu bringen. Vor allem, wenn es um mich ging.

»Das ist es nicht«, wehrte ich dennoch halbherzig ab.

»Was dann? Keinen Hunger? Das kann ich mir nicht vorstellen. Du warst eine ganze Weile in England und ich wette, da gab es keine Burritos.«

Ich schüttelte den Kopf. »Es ist mir einfach zu viel. Die letzten Monate waren …« Ich brach ab.

»Das verstehe ich«, sagte Helena, ohne dass ich den Satz beenden musste. »Ich verstehe das verdammt gut. Aber denkst du nicht, dass es dir guttun würde, ein bisschen unter Leute zu kommen? Ich fürchte nämlich, sie tauchen sonst alle nacheinander in den nächsten Tagen hier auf und sehen nach, ob du noch lebst.«

Ich musste grinsen, wenn auch halbherzig.

»Da ich morgen in der Firma antreten muss, denke ich, dass meine Rückkehr von allein die Runde macht.« Ich hatte meine Mutter gestern angerufen und sie hatte mir zu verstehen gegeben, dass sie bisher sehr geduldig gewesen war, aber nun erwartete, dass ich wieder Präsenz zeigte. Sie wusste zwar, dass ich nicht zu meinem Privatvergnügen mit Matilda in Europa gewesen war – wenn sie das gedacht hätte, wäre ich vermutlich längst enterbt worden –, aber Details meiner Suche nach Baker kannte sie nicht. Nicht einmal Helena hatte ich gesagt, wonach ich genau fahndete. Sonst hätte sie nie die Füße stillgehalten und Jess auch nicht.

»Vorschlag«, sagte sie jetzt. »Du kommst mit und wenn es dir zu viel wird, gehst du wieder. Wir faken einfach einen Anruf, dass einer deiner Freunde leider im Gefängnis gelandet ist und dich für die Kaution braucht.«

Mir entfuhr ein Lachen, das erste seit einer gefühlten Ewigkeit. »Das traust du ihnen zu?«

»Ich traue denen eine Menge zu.« Sie grinste. »Okay, eigentlich nur Ezra, wenn ich ehrlich bin. Aber dem wirklich alles.«

»Ja, da könntest du recht haben.« Obwohl ich ihn noch nie aus dem Gefängnis hatte abholen müssen, wusste ich, dass mein Freund schon zweimal über Nacht dort gewesen war. Verdammt, ich vermisste die Jungs. Aber mich mit ihnen öffentlich zu zeigen, solange ich Grant nicht dingfest gemacht hatte, wäre leichtsinnig. Deswegen war ich Alec gegenüber auch zurückhaltend gewesen, als wir uns im Adam & eVe begegnet waren. Vermutlich glaubte er, es läge daran, dass er mit Felicity dort gewesen war. Dabei hatte ich ihn doch darum gebeten, ein Auge auf sie zu haben.

»Also?« Helena sah mich vorsichtig optimistisch an.

Ich gab mir einen Ruck. »Okay, ich komme mit. Aber ich muss kurz duschen und mich umziehen.«

»Kein Problem, ich warte. Buddy und ich finden sicher solange eine Beschäftigung.« Sie schaute meinem Hund nach, der schon auf dem Weg zu dem Behälter im Wohnzimmer war, in dem sich seine liebsten Spielsachen befanden.

Ich musste lächeln und ging zur Treppe. Vielleicht hatte

Helena recht. Vielleicht würde es mir guttun, für einen Abend unter Leute zu gehen.

Kurz darauf waren wir in meinem Wagen mit Frank unterwegs. Helena war offenbar mit der Subway zu mir gefahren, um etwas für Friends and the City zu recherchieren, daher konnte sie sich Buddy und mir anschließen.

»Wie läuft es in der Agentur?«, fragte ich, während wir in Richtung Village fuhren. Mein Hund lag zwischen uns und ließ sich von Helena kraulen. Dass er dabei schwarze Haare auf ihrer hellen Jeans hinterließ, schien sie nicht zu stören. »Jess meinte, du startest jetzt dein Franchise.«

Sie verzog das Gesicht. »Starten wäre zu viel gesagt. Ich versuche herauszufinden, was es braucht, um überhaupt ein Franchise aufbauen zu können. Eventuell wären auch Zweigstellen die bessere Idee, was allerdings bedeuten würde, dass ich dann wieder selbst verantwortlich bin. Und es ist schwer, gute Leute zu finden, die ein Büro in Boston, Los Angeles oder San Francisco leiten können. Aus New York will keiner weg.«

»Du meinst, abgesehen von Jess.« Ich grinste erneut. Das wurde ja langsam zur Gewohnheit. Aber Helena hatte schon immer etwas an sich gehabt, das mich entspannte. Das mir das Gefühl gab, die Welt wäre weniger schwer zu ertragen. Wenn sie das bei Jess auch schaffte, wusste ich, warum er sie nie wieder gehen lassen wollte.

Sie seufzte. »Ja, das wird sich wohl nie ändern. Allerdings glaube ich, die Abwechslung mit der Farm macht es erträglich für ihn. Sonst hätte er kaum den neuen Club gekauft.«

»Ich glaube, es ist auch nicht unerheblich, dass *du* hier bist und diese Stadt liebst. Er würde dich nie dazu überreden, wegzugehen. Es sei denn, du willst gerne mal eine Weile an die Westküste.«

»Immer, wenn ich darüber nachdenke, klingt es nicht schlecht. Aber ich kenne mich und weiß, ich würde New York zu sehr vermissen. Ein paar Monate wären okay, alles darüber hinaus … eher nicht. Auch wenn es Jess sicher gefallen würde, in Venice Beach jeden Tag surfen zu gehen.«

Die Erwähnung von Venice Beach löste eine beinahe gewohnte Welle an Bildern in meinem Kopf aus, Rückblicke auf die wenigen Momente, die Felicity und ich miteinander gehabt hatten. Da ich versuchte, meine Gefühle so gut wie möglich zu unterdrücken, erwischten mich diese Erinnerungen emotional nicht mit voller Wucht, aber der Druck in meinem Magen war schlimm genug. Buddy bemerkte es und sah auf. Ich grub meine Hand in sein Fell und spürte, wie ich mich wieder entspannte.

»Ich habe sie vorhin in der Subway getroffen.« Helena schien genau zu wissen, was sie mit ihrer Bemerkung in meinem Kopf ausgelöst hatte. »Es geht ihr nicht gut damit, das spürt man. Glaubst du nicht, dass sie eine Erklärung verdient?«

»Natürlich verdient sie die, aber ich kann ihr keine geben.« Ich senkte den Blick.

»Warum nicht? Du hattest doch nie Gefühle für die Prinzessin, das weiß ich. Und trotzdem hast du Felicity weggestoßen. Warum? Nur weil du Angst vor Nähe hast?«

»So war das nicht.« Ich schüttelte den Kopf und entschied mich, die Wahrheit zu sagen. Von Helena so angesehen zu werden, ertrug ich nicht. Und wenn ich nicht ins Detail ging, brachte sie dieses Wissen hoffentlich nicht dazu, sich bei meinen Ermittlungen einschalten zu wollen. »Was ich getan habe, war notwendig. Ich habe Felicity damit beschützt.«

»Beschützt wovor? Dir?«

»Gott, nein. Vor jemand viel Gefährlicherem als mir.« Vor Harrison Grant, wie ich mittlerweile zu wissen glaubte. In gut einer Woche würde ich hoffentlich endgültige Gewissheit darüber haben, denn dann veranstaltete Grant eine Jubiläumsfeier seiner Firma – und ich würde dort auftauchen. Wenn er kein kompletter Psychopath war, würde er auf meine Anwesenheit reagieren.

»Vor wem, Elijah?« Helenas Miene war todernst. Sie wusste genau, was es bedeutete, einen Mörder zu jagen, schließlich hatte sie das vor sechs Jahren ebenfalls getan.

Ich zögerte. Mein Wunsch, ihr davon zu erzählen, traf auf die Notwendigkeit, es für mich zu behalten. Was waren die Konsequenzen, wenn ich es ihr verriet?

Frank rettete mich.

»Wir sind da«, ertönte seine Stimme durch die Gegensprechanlage des Autos und ich wollte schon nach dem Türöffner greifen, da legte mir Helena die Hand auf den Arm und drückte auf den Knopf für die Anlage.

»Einen Moment noch, Frank«, bat sie und sah mich an. »Ich lasse dich hier nicht raus, bis du mir gesagt hast, was los ist.«

»Ich bin stärker als du, Len«, erinnerte ich sie mit einem halbherzigen Lächeln, aber sie verzog keine Miene. Und ich wusste, ich musste ihr irgendetwas geben, sonst würde sie nicht lockerlassen. »Ich habe es auch schon Jess gesagt – ich werde euch davon erzählen, wenn ich Genaueres weiß. Wichtig ist nur, dass Felicity in Sicherheit ist. Dafür habe ich gesorgt, indem ich mich mit Matilda gezeigt habe.«

»Du hast Felicity das Herz gebrochen.« Die Anklage in Helenas Stimme war kaum zu überhören. »Sie sagt kein Wort darüber, aber man sieht es ihr an, immer wenn es um dich geht. Und sie hat keine Ahnung, dass du das *für sie* getan hast. Findest du das fair?«

»Fair? Nichts an dieser ganzen Scheiße ist fair.« Ich schnaubte. »Aber es ist besser, sie denkt, ich wäre ein Arschloch – als

Angst zu haben, dass jemand ihr etwas antut, nur weil ich mich in sie verliebt habe.«

Schon in dem Moment, in dem ich diese letzten Worte aussprach, wusste ich, dass es ein Fehler war. Helenas Augen wurden groß vor Überraschung, dann vor Begeisterung.

»Du bist in sie –«

»Nein«, unterbrach ich sie hart. »Lass es. Das ist vorbei und kein Thema mehr. Wir sollten jetzt zum Essen gehen, die warten doch längst auf uns.«

In Helenas Blick zeigte sich Mitgefühl und das war schwerer zu ertragen als ihre Vorwürfe wegen Felicity. Ich wollte gar nicht wissen, wie oft Jess und sie über mich gesprochen und sich gewünscht hatten, ich würde mich nach der Trennung von Amelia vor über fünf Jahren wieder verlieben. Nun war es passiert und hatte in einer Katastrophe geendet, von der sie ahnte, wie weh sie mir tat. Bestimmt erinnerte sie das an die Ausweglosigkeit, mit der Jess und sie damals zu kämpfen gehabt hatten.

»Ich komme klar, okay?«, sagte ich. »Es gibt keinen Grund, mich zu bemitleiden.«

Helena lächelte leicht, als würde sie mir das nicht glauben. Dann atmete sie ein.

»Du weißt, dass du immer zu uns kommen kannst, egal mit was. Du musst uns nicht beschützen, so wie du es bei Felicity getan hast.«

Ich beugte mich zu ihr und küsste sie auf die Wange. »Danke, Len. Wirklich.«

Sie nickte und hatte schon die Seitentür geöffnet, da fiel ihr noch etwas ein.

»Kann ich es Felicity sagen? Natürlich keine Einzelheiten, nur dass du Gründe für dein Verhalten hast, die nichts mit deinen Gefühlen für sie zu tun haben? Ich glaube, es würde ihr helfen, damit abzuschließen.«

Ich zögerte. Wenn ich eine Möglichkeit gesehen hätte, Felicity aus der Schusslinie zu nehmen, ohne ihr wehzutun, dann hätte ich sie genutzt. Und ich wusste nicht, was sie machen würde, wenn ihr Zweifel an der Geschichte kamen, die ich mit Matilda präsentiert hatte.

»Nein, tut mir leid. Ich kann nicht riskieren, dass sie glaubt, ich hätte noch Gefühle für sie.« Denn nachdem ich ihr vor ein paar Tagen in die Augen gesehen hatte, war mir klar, dass sie nicht in erster Linie wütend auf mich war. Wenn auch nur ein winziger Funke zwischen uns entzündet wurde, weil Felicity Gewissheit bekam, dass mehr dahintersteckte, würde alles in Flammen aufgehen.

»Okay.« Helena nickte widerwillig. »Und du bist sicher, dass sie nicht mehr in Gefahr ist?«

»Ja. Ich bin sicher.«

Wir stiegen aus dem Auto. Buddy lief neben mir zur Tür des Restaurants und freute sich offenbar mehr auf den Abend als ich.

Der große Tisch hinten an der Bar, der jeden Sonntag für das Essen reserviert war, schien bis auf wenige Plätze besetzt zu sein. Ich erkannte nicht nur Lincoln und die Eltern von Helena, auch meine Nichte Lilly und ihre Mutter Thea waren da. Ich hatte den Eindruck, Lilly wäre seit unserem letzten Treffen vor einigen Monaten sehr viel größer geworden – und ihrem Vater, meinem verstorbenen Bruder, noch ähnlicher. Als sie aufsah und mich entdeckte, breitete sich Adams strahlendes Lächeln auf ihrem Gesicht aus und sie sprang auf, rannte zu uns und umarmte mich. Ich erwiderte es und ließ sie dann los.

»Du warst ewig nicht da«, sagte sie und zog die Stirn in Falten.

Wieder dieser verdammte Kloß in meinem Hals. »Tut mir leid, Lills. Es war einfach zu viel zu tun.«

»Du meinst mit der Prinzessin?« Sie verzog den Mund. »Ich mag sie nicht.«

»Jeder mag die Prinzessin«, gab ich zurück.

»Nein, ich nicht. Ich find sie hochnäsig.« Lilly packte mich an der Hand und zog mich mit zum Tisch, wo ich ihre Mutter begrüßte, während sie selbst sich auf Buddy stürzte.

»Deine Tochter ist offenbar kein Fan der Royals«, sagte ich, als ich mich zu Thea setzte und sie flüchtig umarmte. Helenas Bruder Lincoln saß neben seiner Frau Penelope am anderen Ende des Tisches, ihren neugeborenen Sohn auf dem Schoß, und ich winkte rüber, was alle bis auf das Baby erwiderten.

Thea lachte. »Ach, ich glaube, sie ist nur sauer, dass Matilda dich so lange in England behalten hat. Wie geht's dir?«

»Gut«, log ich, weil die Wahrheit wohl kaum für fröhliche Stimmung sorgen würde. »Und dir? Was macht die Stiftung?« Meine Mutter hatte vor fünf Jahren die Adam-Coldwell-Stiftung ins Leben gerufen, die rechtliche Beratung und Hilfe für strittige Kriminalfälle anbot und von Thea geleitet wurde. Nachdem der Mord an Adam und Valerie endlich aufgeklärt worden war, hatte Mom dazu beitragen wollen, dass so etwas nicht wieder passierte.

»Wir haben viel zu tun. Erst letzte Woche habe ich zwei weitere Anwälte eingestellt und wir bereiten gerade eine Spendengala vor. Aber es macht Spaß.« Thea lächelte und ich war froh, dass sie und Lilly am Ende doch so unkompliziert Teil der Coldwells geworden waren. Am Anfang hatte es nämlich nicht danach ausgesehen.

»Und was ist mit … Wie hieß er noch … Ryan?« Sie hatte im letzten Spätsommer jemanden mitgebracht, nach vielen Jahren als Single Mom das erste Mal überhaupt.

»Oh, das hat sich nach Weihnachten erledigt. Ich habe ihn gefragt, ob wir zusammenziehen wollen, und da hat sich rausgestellt, dass er zwar großes Interesse an mir, aber weniger an Lilly hat.« Sie hob die Schultern.

»Tut mir leid, dass er so ein Idiot ist«, sagte ich.

»Ja, mir auch. Aber ich bin darüber hinweg.« Sie lächelte halb.

»Da ist Grandma!« Lilly war gerade wieder neben uns aufgetaucht, da sah sie meine Mutter in der Tür und war erneut verschwunden. Ich schaute zu, wie die Gesichtszüge von Mom so weich wurden wie selten, als sie ihre Enkelin begrüßte und mit ihr zum Tisch kam. Dann entdeckte sie mich und ich erkannte Überraschung in ihren Augen.

»Elijah. Du hier.« Die Worte kamen etwas kühl heraus, fast so, als würde meine Anwesenheit sie beleidigen. Ich konnte mir denken, woher das kam – dass ich mit Helena Kontakt gehalten hatte und nicht mit ihr, wurmte sie sicherlich.

»Hey, Mom.« Ich stand auf und umarmte sie, als hätte sie mich herzlicher begrüßt. Sie war erst ein wenig steif, gab dann jedoch nach. Anschließend schaute sie mich an und ihr Blick war eher besorgt als tadelnd.

»Du siehst müde aus, mein Sohn.«

»Ließ sich nicht vermeiden.« Ich zuckte mit den Schultern.

»Dann solltest du heute Abend rechtzeitig ins Bett gehen.« Sie berührte mich kurz an der Wange. »Wir haben ab morgen einiges zu tun.«

Ich nickte und ignorierte meine innere Stimme, die mich fragte, wie zur Hölle ich Studium, Arbeit und das Überführen von Grant unter einen Hut bekommen sollte. Aber da nur noch meine Thesis anstand und ich keine Kurse mehr hatte, würde ich das hoffentlich irgendwie hinkriegen.

Meine Mutter setzte sich zu Lilly und ich entdeckte Jess, der offenbar gerade erst hereingekommen war, denn er trug noch seine Jacke. Helena ging zu ihm und als er ihr einen liebevollen

Kuss gab, meldete sich Neid in meinem Magen – und Scham, als ich es bemerkte. Ich hatte die beiden früher nie angesehen und gedacht, dass ich gerne das hätte, was sie hatten. Aber seit ich Felicity begegnet war, wusste ich, wie es sich anfühlte, wenn da dieser eine Mensch war, der tief in einem etwas berührte. Bei dem man sich angekommen und sicher fühlte. Ich hatte das nur wenige Augenblicke empfinden dürfen und trotzdem vermisste ich es. Ich vermisste *sie*.

So sehr.

»Hey, was möchtest du trinken?« Ich hatte nicht mitbekommen, dass eine von den Kellnerinnen neben mir aufgetaucht war.

»Eine Cola, danke.« Ich lächelte leicht und sie ging, während sich Jess mit an den Tisch setzte und Helena ebenfalls wieder Platz nahm. Als mein Blick den meines Bruders traf, war es wie ein verabredetes Zeichen, dass wir beide zu dem Bild hochschauten, das sich seit der Eröffnung des Adam & eVe an der Wand befand, direkt unter dem Schriftzug des Restaurants. Darauf zu sehen waren unser verstorbener Bruder und seine Verlobte, Helenas Schwester Valerie. Adam lachte auf dem Foto, das nur wenige Wochen vor seinem Tod aufgenommen worden war, und erinnerte Jess und mich daran, dass er nicht mehr da war. Dass es nur noch uns beide gab.

Zum ersten Mal seit langer Zeit wollte ich aufstehen, zu ihm gehen und ihm sagen, dass es mir leidtat, wie es die letzten Jahre zwischen uns gewesen war. Dass ich ihm hätte zuhören und ihm vertrauen sollen, dass er nur das Beste für mich wollte. Aber ich tat es nicht. Denn wenn ich diese Nähe zuließ, würde ich ihm auch erzählen müssen, was gerade bei mir los war – und dann würde er sich nicht davon abhalten lassen, mir zu helfen. Die Folgen konnte ich nicht kontrollieren und es machte mir Angst. Jess war schon einmal fast gestorben, weil er der Wahrheit zu nahe gekommen war. Das durfte kein zweites Mal passieren.

Also blieb ich, wo ich war, sprach mit Thea und dann auch mit Lincoln, der zu uns herüberkam und so müde aussah, wie ich mich fühlte. Aber es tat gut, über normale Probleme zu reden – schreiende Kinder mit Ohrenschmerzen, aktuelle Projekte oder die Frage nach der besten Grundschule. Es zeigte mir, dass es nicht nur Schlechtes auf der Welt gab.

Das Essen wurde gebracht, traditionell ein Mix aus allem, was auf der Karte stand, sodass sich jeder das heraussuchen konnte, was ihm schmeckte. Und während ich dasaß und diese Leute beobachtete, die alle auf irgendeine Art zur Familie gehörten, wurde mein Herz schwerer und schwerer. Je länger ich in ihrer Nähe war, desto mehr geriet mein Entschluss ins Wanken.

Konnte ich riskieren, dass einem dieser Menschen etwas passierte, nur damit ich Gerechtigkeit bekam? Dass einer von ihnen verletzt oder getötet wurde, weil ich den Mann hinter Gittern sehen wollte, der mein Leben zur Hölle gemacht hatte? Jetzt, wo ich hier saß und sie alle vor mir sah, kam mir der Preis zu hoch vor. Grant nicht weiter zu verfolgen, um sie vor Bedrohungen zu bewahren, erschien wie eine vernünftige Entscheidung.

Aber gleichzeitig bedeutete es, alle zukünftigen Opfer seiner Machenschaften im Stich zu lassen. Wenn er Baker und Miranda umgebracht hatte, war Grant weder geläutert noch ein anderer als vor über dreizehn Jahren. Er machte weiter, er mordete, schüchterte ein, bedrohte, um sich zu schützen, seine Geschäfte zu schützen. Er würde vielleicht wieder ein Kind entführen, wenn es seine Leute bei etwas beobachtete, das es nicht sehen sollte. Ein Kind, das wie ich traumatisiert oder sogar getötet wurde. Was, wenn ich der Einzige war, der ihn aufhalten konnte? Wenn es an mir war, dieser Gefahr ein Ende zu setzen? Die Polizei konnte es nicht, weil sie sich an die Gesetze halten musste. Ich nicht. Und auch wenn er von mir wusste, hatte ich die Chance, ihm das Handwerk zu legen. Ein für alle Mal.

Deswegen gab es kein Zurückschrecken, kein Zaudern, sondern nur einen Entschluss. Ich würde alle, die mir wichtig waren, so gut wie möglich beschützen, aber ich konnte Grant nicht davonkommen lassen.

Ich musste ihn aufhalten.

Und genau das würde ich tun.

11
Felicity

»Und, was denken Sie?«

»Ich bin mir nicht sicher. Vielleicht … das hier?«

»Eine gute Wahl. Am besten probieren Sie es gleich an. Ich hole die passenden Schuhe.« Die Stylistin namens Melissa hielt mir die breite Tür einer der Kabinen auf und hängte das lindgrüne Kleid von Alexander McQueen an den Haken.

Normalerweise hätte ich mich nie in den Personal-Styling-Bereich von Saks verirrt, aber da ich heute Abend zu der Jubiläumsfeier von Grant Industries gehen musste, hatte ich keine große Wahl. Mein Vater hatte mir vor ein paar Tagen Bescheid gegeben, dass er meine Anwesenheit bei dieser Veranstaltung erwartete, und den Termin mit Melissa für mich vereinbart. Offenbar war es ihm wichtig, dass ich entsprechend gekleidet bei seiner Feier auftauchte. Es war zwar angenehm, mir mal nichts von Alyssa leihen zu müssen, weil ich selbst kaum schicke Klamotten besaß. Trotzdem fühlte es sich falsch an, mir von einer persönlichen Stylistin Schuhe im Wert eines kompletten Monatslohns in die Hand drücken zu lassen. Vor allem, weil ich auch fünf Tage nach meinem Streit mit Zeke und dem Telefonat mit Ben noch an der Frage knabberte, ob ich mich verändert hatte, ohne es zu bemerken.

Da wegen der Ausstellung der reguläre Kurs bei Zeke die ganze Woche ausgefallen war, hatte ich meinen Dozenten nicht noch mal gesehen und auch nicht das Gespräch mit ihm gesucht. In meine anderen Kurse war ich gegangen wie üblich, denn ich hatte trotz meiner endgültigen Worte ihm gegenüber noch keine Entscheidung getroffen, was das Studium betraf. Erst einmal wollte ich mir Gedanken darüber machen, was ich alternativ studieren sollte. Und zum ersten Mal seit immer waren meine Freunde dabei keine Hilfe – denn die wollten nun unbedingt, dass ich zurück nach Los Angeles kam.

»Du kannst endlich bei uns einziehen, Fel«, hatte Rhoda gestern bei unserem abendlichen Video-Date gesagt. »Dein Zimmer wartet nur auf dich.«

»Und Tourismus gibt es auch hier an der Uni.« Alvaro hatte neben ihr gesessen und genickt. »Ich habe schon geschaut, du könntest dich direkt bewerben und nach dem Sommer einsteigen.«

Ich hatte die Hände gehoben. »Es ist lieb von euch, dass ihr das sagt. Aber noch weiß ich nicht, wie ich weitermachen will.«

»Ganz ehrlich: New York ist doch scheiße, Felicity.« Ben hatte den Kopf geschüttelt. »Seit du dort bist, passiert nur Mist. Erst der reiche Typ, dann das mit deiner WG und nun dein Studium. Vielleicht solltest du es als Zeichen sehen.«

Ich seufzte laut bei der Erinnerung an das Gespräch. Meine Freunde wollten nur das Beste für mich, das wusste ich. Nur wollte ich selbst entscheiden, was das Beste war, für mich und meine Zukunft. Denn es war so unendlich verlockend, wieder nach L.A. zurückzukehren, in meine Heimatstadt, und mich mit Menschen zu umgeben, die mich kannten und liebten. Gleichzeitig fühlte es sich nach Versagen an. Als würde ich zugeben, dass ich es woanders nicht packte.

»Alles in Ordnung, Miss Grant?«, fragte Melissa von außerhalb der Kabine. »Passt das Kleid nicht?«

Ich schreckte auf, vermutlich hatte sie mein Seufzen gehört. Bisher hatte ich nicht einmal meine Schuhe oder die Jeans ausgezogen. Schnell holte ich das nach und nahm das Kleid vom Bügel.

»Nein, das ist es nicht. Ich bin gleich so weit.« *Und ich heiße nicht Grant, sondern Everhart*, fügte ich in Gedanken hinzu. Aber ich wollte Melissa nicht in Verlegenheit bringen und vermutlich hatte der Assistent meines Vaters sich nicht die Mühe gemacht, meinen richtigen Namen anzugeben.

Es dauerte nur eine Minute, in das Kleid zu schlüpfen und den tief angesetzten Reißverschluss am Rücken zu schließen. Ich zog dazu die goldenen High Heels an, die mir Melissa gegeben hatte, und trat dann aus der Kabine. Normalerweise entschied ich allein darüber, was ich kaufte, aber in diesem Fall war eine zweite Meinung wohl angebracht. Außerdem schien es nicht gerade höflich, die extra gebuchte Stylistin außen vor zu lassen.

»Was denken Sie?«, fragte ich, als ich vor den großen Spiegel trat.

»Es steht Ihnen hervorragend. Der Ton passt perfekt zu Ihrer Haut und den blonden Haaren und der Schnitt betont die Figur, ohne zu sexy zu sein. Es muss allerdings vor allem Ihnen gefallen.« Melissa lächelte.

Ich schaute mich kritisch an. Mir sah eine junge Frau entgegen, die fremd auf mich wirkte in diesem teuren Kleid und den hohen Schuhen, vor allem aber mit dem ernsten Ausdruck im Gesicht. Ich kannte mich fast nur in Jeans und Shirt oder Pullover, mit Sneakers an den Füßen und irgendeinem Beutel über der Schulter. Das hier war … so erwachsen. Ich verspürte den Impuls, meinen Freunden ein Foto in die

WhatsApp-Gruppe zu schicken, aber er erstarb so schnell, wie er gekommen war. Sie würden das nicht gut finden. Sie fanden schließlich nichts von alledem gut.

»Heilige Scheiße, du siehst *heiß* aus.«

Melissa und ich fuhren herum und sahen zu dem Durchgang, der direkt in den Laden führte und von dem aus ich offenbar zu sehen gewesen war. Dort stand Ezra Bishop, das berüchtigtste Viertel der Eastie Boys, und sah mich begeistert an.

»Sir, Männer haben hier keinen Zutritt«, sagte die Stylistin streng zu ihm. Offenbar konnte man zu einer der wichtigsten Familien der Stadt gehören, hier durfte man trotzdem nicht rein.

»Das ist schon in Ordnung«, winkte ich ab. »Wir kennen uns.«

Ezra kam herein, schenkte Melissa ein strahlendes Lächeln, das sie direkt besänftigte, und nahm dann meine Hand, um mich einmal um meine eigene Achse zu drehen.

»Umwerfend, ohne Frage. Aber wir brauchen noch Schmuck.« Er schaute Melissa an. »Was habt ihr in Gold da? Am besten mit grünen Steinen, aber kräftige Farben.«

Melissa ging zu einem Schrank im hinteren Teil und ich fragte mich, ob Schmuck wohl auch vom Auftragsbudget meines Vaters abgedeckt wurde. Währenddessen setzte sich Ezra in einen Sessel und schlug die langen Beine übereinander.

»Erzähl, was ist der Anlass und warum gehst du nicht mit mir dahin?«

Ich musste lachen und es tat gut. »Die Jubiläumsfeier meines Vaters. Meine Schwester ist meine Begleitung.«

»Na, immerhin nicht Alec, der treulose Verräter, der dich uns ständig vorenthält. Wir müssen dringend mal wieder alle zusammen etwas machen.«

Bei dem Wort *alle* konnte ich nicht verhindern, dass meine Gedanken zu dem Teil der Eastie Boys wanderten, der schon seit einer Weile fehlte. Wusste Ezra überhaupt, dass Elijah zurück in der Stadt war? Hatte Alec es ihm erzählt?

»Ja«, antwortete ich etwas verzögert. »Sollten wir.«

Melissa kam wieder zu uns, in den Händen zwei Schachteln. »Ich habe hier etwas in Gelbgold mit Aventurinen, das sicher gut passen würde. Und dann noch eine Kette mit einem grünen Diamanten. Die ist allerdings hochpreisiger.«

Ezra ignorierte den Hinweis, nahm ihr die Kette ab und legte sie mir um. Der tropfenförmig geschliffene Diamant lag eine Handbreit über meinem Brustbein und passte perfekt zum Kleid. Dennoch griff ich in meinen Nacken, um sie wieder abzunehmen, als ich einen Blick auf das Etikett an der Schachtel erhaschen konnte. Sicherlich war mein Vater großzügig, aber dreitausendfünfhundert Dollar für eine Kette würde er kaum bezahlen. Mal abgesehen davon, dass ich das auch gar nicht wollte.

»Was machst du? Sie ist ideal für dieses Outfit.« Ezra schaute mich durch den Spiegel an.

»Ich fühle mich nicht wohl mit einer solch teuren Kette. Könnte ich die andere sehen?«

»Natürlich.« Melissa öffnete die zweite Schachtel. »Das ist ein echtes Trendstück, seit Prinzessin Matilda die Kette vor zwei Wochen getragen hat. Wir haben nur noch diese eine.«

Als sie Matilda erwähnte, verzog ich den Mund, ohne mich rechtzeitig davon abhalten zu können. Das war nicht überraschend, diese Reaktion zeigte ich jedes Mal, wenn ich die Prinzessin online irgendwo sah oder jemand über sie sprach. Dass allerdings auch Ezra ein Gesicht machte, als hätte man ihm gesagt, der Bottle Service im 1OAK wäre abgeschafft worden, wunderte mich.

»Was lief da zwischen dir und Matilda?«, fragte ich ganz direkt, als Melissa sich entfernte, um ein Telefonat anzunehmen.

»Zwischen mir und …? Gar nichts.« Ezras Mimik strafte seine Worte Lügen. Wahrscheinlich hatte er beim Pokern noch nie gewonnen.

»Komm schon, Ezra. Du hast gerade genauso geschaut wie ich, als Melissa sie erwähnt hat.«

»Ach, na ja. Da war mal was, ist eine Weile her. Hat nicht gut geendet und mehr gibt es dazu nicht zu sagen.« Er machte sich mit übertriebener Sorgfalt daran, die Diamantkette wieder in die Schachtel zu legen.

»Dann bist du nicht sauer? Auf … du weißt schon wen?«

»Elijah?« Ezra hob eine Augenbraue. »Ich bin stinksauer auf ihn, aber nur weil er sich ohne ein Wort aus dem Staub gemacht hat. Nicht wegen Matilda. Er hat viele Fehler, aber er würde niemals etwas mit einem Mädchen anfangen, das mal mit einem von uns anderen zusammen war. Bro-Code, du weißt schon.«

Jetzt war es an mir, eine Augenbraue zu heben. »Und daran hattest du keine Sekunde einen Zweifel, trotz des Videos?« Das Video, das mich seit Monaten verfolgte, teils sogar im Schlaf. Weil ich nicht wusste, was ich verpasst hatte. Was zwischen Elijahs Abschied und diesem Moment im Fahrstuhl passiert war.

»Felicious, ernsthaft.« Ezra warf mir einen langen Blick zu. »Weißt du, mit wie vielen Leuten ich schon rumgemacht habe, ohne dass es irgendetwas bedeutet hat? Ich erkenne eine Show, wenn ich sie sehe – und das war eine. Et Cetera muss Gründe haben, warum er das getan hat. Aber dass er Gefühle für Matilda hat, ist sicher keiner davon.«

Er sprach aus, was ich selbst längst wusste, weil dieses Verhalten nicht zu Elijah passte. Und das wiederum führte mich zu der Überlegung, dass es etwas mit *mir* zu tun hatte. Aber warum sollte er mir auf diese drastische Weise einen Korb geben? Es hätte auch gereicht, mir zu sagen, dass aus uns doch nichts wurde.

Himmel. Ich wurde noch wahnsinnig mit den Gedanken in meinem Kopf.

»Welche Gründe sollen das denn sein?«, fragte ich in der Hoffnung, dass Ezra vielleicht etwas ahnte, das Alec und mir verborgen geblieben war.

»Keine Ahnung.« Er zuckte die Schultern. »Elijah lässt sich nicht in die Karten schauen, hat er noch nie. Alec ist derjenige von uns, dem er sich am ehesten öffnet.«

Ich fragte mich, ob seine Freunde überhaupt von der PTBS wegen der Entführung und seinen Panikattacken wussten. Vielleicht hatte er ihnen auch das verschwiegen.

»Alec hat keine Idee«, sagte ich leise und nestelte an den Trägern meines Kleides herum. Obwohl er mir nichts von Elijahs Bitte gesagt hatte, glaubte ich ihm, dass er keine Erklärung hatte.

»Moment mal.« Ezra beugte sich auf seinem Sessel nach unten, um mir trotz meines gesenkten Blickes in die Augen zu sehen. »Dich hat es echt erwischt, oder? Verdammt, ich hatte keine Ahnung, dass du in ihn verliebt bist. Ich dachte, ihr hättet ein bisschen Spaß miteinander gehabt und fertig.«

Mir entfuhr ein Laut zwischen Schnauben und Lachen, weil das so weit von der Wahrheit entfernt war wie nur möglich. Was mich betraf, hatte ich noch nie für jemanden so schnell so intensiv empfunden. Und ich hatte in dieser Nacht in meiner Wohnung geglaubt, Elijah würde meine Gefühle erwidern.

»Nein«, stieß ich hervor. »So war das nicht.«

Ezra wollte noch mehr sagen, aber Melissa hatte ihr Telefonat beendet und kam zu uns zurück. Ich schaute auf die Uhr und sah, dass ich mich beeilen sollte – wenn ich vor der Feier duschen und mich vorzeigbar machen wollte, musste ich bald nach Hause. Ezra schien es zu merken und stand auf.

»Ich sollte los, heute Abend steigt was Großes im Cielo und da darf ich auf keinen Fall fehlen.« Er lächelte, seine eigene Mischung aus charmant und verschmitzt. »Ich hoffe, es dauert nicht wieder ein paar Monate, bis wir uns wiedersehen.«

»Nein, bestimmt nicht.« Ich wäre gern noch mal mit den Jungs losgezogen, auch wenn dabei sicherlich einer nicht mitkommen würde.

»Pass auf dich auf, Felicity.« Er küsste mich zum Abschied auf beide Wangen. »Und wer immer heute Abend anwesend ist, du wirst garantiert die bezauberndste Person im Raum sein.«

Ich musste grinsen. »Wenn du das sagst.«

»Allerdings.« Er verneigte sich leicht vor mir, dann vor Melissa und ging durch den Gang zurück ins Geschäft.

Ich sah ihm nachdenklich hinterher, im Kopf immer noch seine Worte. *Ich erkenne eine Show, wenn ich sie sehe – und das war eine.* Ja, natürlich war es eine gewesen. Nur blieb nach wie vor die Frage: Zu welchem Zweck hatte Elijah sie veranstaltet? Und warum zum Teufel konnte ich nicht aufhören, darüber nachzudenken?

»Also das Kleid und die Schuhe, Miss Grant?«, holte mich Melissa aus meinen Grübeleien. »Und auch die Kette?«

»Ja«, sagte ich nach einer kurzen Pause. »Ich nehme alles.«

Die Jubiläumsfeier der Firma meines Vaters fand im Villard Ballroom des Lotte New York Palace statt und war schon ziemlich gut besucht, als ich dort verspätet auftauchte. Das lag am nervigen New Yorker Verkehr, der die eigentlich kurze Fahrt mit dem Taxi von Saks nach Hause mitten in der Rush Hour um das Doppelte verlängert hatte. Danach war ich in Windeseile unter die Dusche gesprungen und hatte meine Haare gemacht, dennoch musste Hugh, Dads Chauffeur, auf mich warten. Nun war ich eine halbe Stunde zu spät und es war mir total unangenehm, aber ich konnte es nicht mehr ändern.

Mein Vater stand im hinteren Teil des Saals und sprach mit einigen Gästen, ein Glas mit Champagner in der Hand. Als er mich entdeckte, zogen sich seine Brauen für den Bruchteil einer Sekunde zusammen, bevor sich seine Stirn wieder entspannte.

Ich schluckte und spürte Scham. Er hasste Unpünktlichkeit, das wusste ich – und war trotzdem nicht rechtzeitig hier gewesen.

Geduldig wartete ich, bis er sein Gespräch beendet hatte, und ging dann zu ihm. Kaum war ich dort angekommen, öffnete ich den Mund für meine Entschuldigung.

»Hey, tut mir wirklich leid. Der Verkehr – «

»Wir können später darüber reden«, schnitt mir mein Vater das Wort ab. »Jetzt bin ich beschäftigt.« Er schenkte mir ein knappes Lächeln. »Geh doch zu deiner Schwester, ihr sitzt an Tisch sieben.« Damit widmete er sich zwei Männern in teurer Garderobe und ließ mich stehen.

Ich schob meine Enttäuschung über diese Begrüßung beiseite und schaute mich um, wo sich Tisch sieben befand. Zum Glück winkte Alyssa mir quer durch den Saal zu, sonst hätte ich sie bei all den Menschen nie entdeckt.

»Da bist du ja. Hattest du die falsche Uhrzeit?« Meine Schwester, in ein atemberaubendes mitternachtsblaues Kleid und eine Wolke aus Voce Viva von Valentino gehüllt, umarmte mich. Welches Parfüm sie trug, wusste ich nicht deswegen so genau, weil ich irgendeine Ahnung von Düften hatte. Sie hatte es mir bei unserem letzten Treffen erzählt.

»Nein, ich wurde auf dem Weg nach Hause aufgehalten.«

»Oh, stimmt, du warst bei Melissa.« Meine Schwester begutachtete mein Outfit. »Wahnsinnsteil, das steht dir unglaublich gut. Da hat sich die persönliche Stylistin gelohnt, oder?«

»Ja, vermutlich.« Ich lächelte. »Aber du siehst auch umwerfend aus.«

»Ach, der alte Fummel.« Sie strahlte und setzte sich wieder.

Ich nahm den Stuhl neben ihr und sofort tauchte ein Kellner mit einem vollen Tablett auf. Ich ließ mir, mehr aus Verlegenheit, ein Glas Champagner geben und nippte nur kurz daran, bevor ich es auf den Tisch stellte.

»Wo ist Rosalie?«, fragte ich. Nicht, weil ich ihr gerne begegnen wollte. Es war wohl vielmehr so, dass ich lieber wusste, wann mir Feindkontakt bevorstand.

»Irgendwo dahinten bei den Juristen. Nerd-Alarm.« Alyssa verdrehte die Augen. »Die reden bestimmt den ganzen Abend über Verträge und Klauseln und denken dann, es wäre eine super Party gewesen.«

Ich lachte. »Hey, sei nicht so abfällig. Es ist für Rosalie sicher schwer genug, jemanden zu finden, den sie nicht am liebsten umbringen würde.«

»Da hast du allerdings recht.« Alyssa hob ihr Glas und stieß mit mir an. »Diese Feiern sind meistens ein bisschen langweilig, aber wir machen das Beste draus. Wenn du nachher willst – ich gehe noch mit den Mädels ins Bossa Nova. Komm doch mit.«

»Ja, vielleicht.« Ich hatte mich in den vergangenen Monaten aus gutem Grund von Alyssas Freundinnen ferngehalten und vermutlich würde ich meine Meinung auch heute nicht ändern. Meiner Schwester jedoch ins Gesicht zu sagen, dass ich ihre Clique nicht mochte, erschien mir einfach zu hart.

Es dauerte nicht lange, bis eine Mitarbeiterin meines Vaters zu uns an den Tisch kam und Alyssa in ein Gespräch verwickelte, das sich um irgendeinen Betriebsausflug drehte, bei dem meine Schwester im Alter von fünf Jahren alle mit verrückten Tanzeinlagen unterhalten hatte. Ich stand bald auf und entschuldigte mich, um zur Bar zu gehen, damit ich etwas anderes trinken konnte als Champagner, den ich nicht besonders mochte. Um nicht auf den Saum zu treten, musste ich mein Kleid ein wenig raffen und schaute runter, danach wieder hoch.

Und da entdeckte ich ihn.

Elijah.

Er stand im Eingang des Saals wie ein gefallener Engel, wunderschön und düster bis in den letzten Winkel seines Seins. Der Anzug, das Hemd, die Krawatte, alles war pechschwarz und saß wie angegossen. Seine Miene war hart, die Kanten seines Gesichts traten deutlich hervor, sein Blick schweifte durch den Saal, er hatte mich noch nicht bemerkt. Ich versuchte, Luft zu holen, aber sie ging irgendwo auf dem Weg verloren. Elijah zu sehen, in genau der Aufmachung wie in jener Nacht, zog mir von einer Sekunde auf die andere den Boden unter den Füßen weg. Sämtliche Erinnerungen kamen zurück, so greifbar, als würde ich sie in diesem Moment durchleben.

Wie ich ihm hinter dem Vorhang das Sakko von den Schultern geschoben hatte.

Wie ich ihm in seinem Schlafzimmer das Hemd aufgeknöpft hatte.

Wie ich den Stoff zur Seite gestrichen und seine Tattoos gesehen hatte.

Wie wir uns so nah gekommen waren, wie es möglich war.

Ich erinnerte mich an jede Sekunde dieser Nacht.

Und ich hielt es nicht aus.

Wie ferngesteuert setzte ich mich in Bewegung. Als ich hereingekommen war, hatte ich einen Seitenausgang gesehen, von dem ich nicht wusste, wo er hinführte. Ich lief eilig dorthin und stieß die Tür auf, die sich am Ende des kurzen Gangs befand. Überraschenderweise lag dahinter jedoch kein Raum, sondern eine kahle Dachterrasse. Kalte Luft schlug mir entgegen, aber es kümmerte mich nicht. Hauptsache, ich musste nicht mehr in diesem Saal stehen und Elijah ansehen. Ihn ansehen und daran denken, auf welch grausame Art ich ihn verloren hatte. Verflucht noch mal. Wann hörte das denn endlich auf?

Es dauerte keine zwei Minuten, bis ich begann, zu frieren, aber ich konnte mich nicht bewegen. Ich konnte nicht zurück zu der Feier. Ich konnte das nicht. Nicht einmal, wenn die Alternative der Kältetod war.

Hinter mir ging die Tür auf und auch ohne hinzusehen, wusste ich genau, wer gerade auf die Terrasse getreten war. Ich konnte seine Präsenz spüren, obwohl das physikalisch vollkommen unmöglich war. Offenbar hatte er mich doch bemerkt.

»Felicity.« Seine Stimme war wie ein Messer, das man mir ins Herz stieß und dann auch noch herumdrehte. Nicht, weil er meinen Namen kühl oder distanziert aussprach. Sondern weil es das komplette Gegenteil war.

Ich sagte kein Wort, zeigte nicht einmal, dass ich ihn bemerkt hatte. Schritte waren zu hören, er kam näher, bis er direkt hinter mir stand. Ich spürte seine Wärme in meinem Rücken, aber es wäre mir lieber gewesen, weiterhin allein in der Eiseskälte zu stehen. Mir, nicht meinem Körper. Der reagierte genauso wie bei allen anderen Begegnungen mit Elijah – mit Hitze und Sehnsucht. Wut stieg in mir hoch, als ich es bemerkte. Ich sollte sauer sein, stinksauer. Und mir nicht wünschen, er würde mich berühren.

»Geht es dir gut?«, fragte er.

Ich schnaubte und schluchzte gleichzeitig. Dann drehte ich mich um, sah ihm in die grünen Augen – und meine Wut und Hilflosigkeit brachen sich Bahn.

»Ob es mir *gut geht?!*« Tränen stiegen in mir auf, es kümmerte mich nicht. Er sollte ruhig sehen, wie es mir ging. »Wie kannst du mich das fragen, als würde es dich interessieren? Wie kannst du das, nach dem, was du getan hast?!«

Es half kein bisschen, dass Elijah die Lippen aufeinanderpresste und so wirkte, als würde ihm das alles genauso wehtun wie mir. Er war für mich immer ein Buch mit sieben Siegeln gewesen, nun war es jedoch schon das zweite Mal, dass ich hinter seine Fassade sehen konnte, hinter diese umwerfende, aber meterdicke Fassade. Nur machte das nichts leichter, im Gegenteil.

»Weil ich es mich die ganze Zeit gefragt habe«, sagte er leise. »Jeden Tag, seit …«

»Seit was?« Meine laute Stimme wirkte gegen seine, als hätte ich ein Megafon vor meinen Mund gehalten. »Seit du nur ein paar Stunden, nachdem wir miteinander geschlafen haben, die verdammte Prinzessin geküsst hast, als hinge dein Leben davon ab?«

Er zuckte zusammen, als hätte ich ihn geschlagen. Dann nickte er.

»Ja. Seit genau diesem Moment.«

12
Elijah

Ich hatte keine Ahnung, wie ich auf die unfassbar dumme Idee gekommen war, Felicity nachzugehen. Meine Füße hatten sich einfach von allein in Bewegung gesetzt, nachdem sie so offensichtlich vor mir geflüchtet war, dass es wehtat. Etwas in mir hatte gegen jede Vernunft entschieden, ihr zu folgen, obwohl ich genau wusste, dass das alles gefährdete, was ich für ihre Sicherheit getan hatte. Dass ich *sie* damit gefährdete.

Und jetzt stand sie vor mir, so unendlich zauberhaft und so unendlich verletzt, dass ich ihr alles verraten wollte. Die ganze Wahrheit, nur um zu hoffen, dass sie mir verzeihen konnte. Dabei konnte ich mir das doch nicht einmal selbst verzeihen. Nicht, wo ich sie sah und wusste, ich hatte ihr Herz nicht nur gebrochen, sondern zertrümmert. So wie mein eigenes.

»Warum?«, flüsterte sie und ihre Wut schien sich in Luft aufgelöst zu haben. »Warum hast du das getan?«

Weil ich dich beschützen musste.

Weil du mir zu viel bedeutest, um dich in Gefahr zu bringen.

Es lag mir auf der Zunge, ihr das zu sagen, aber nachdem ich eingeatmet hatte, kehrte meine Vernunft zurück. Wenn ich ihr das offenbarte, machte ich alles kaputt. Und vor allem machte ich ihr Angst und zerstörte damit ihr Leben. Das wollte ich nicht. Aber ich konnte auch nicht gar nichts sagen. Ihr nichts geben. Sie erneut mit diesem Schmerz alleinlassen, für den ich verantwortlich war. Ich hatte nicht gewollt, dass sie sich noch vier Monate später fragte, warum ich ihr das angetan hatte. Offenbar hatte irgendein Teil von mir geglaubt, dass sie darüber hinwegkommen würde.

Und während ich nach Worten suchte, die etwas besser und nicht alles noch schlimmer machen würden, schaute ich sie an und wusste, ich hatte heute einen großen Fehler begangen. Ich hätte ihr nie folgen dürfen. Dieser ganze Abend hätte vollkommen anders verlaufen sollen. Ich hatte Grant die Hand schütteln und den allerletzten Beweis erbringen wollen, dass er der Täter war. Aber jetzt war mir Grant gerade egal, es gab nur Felicity. Felicity und ihren Schmerz, den sie mir so deutlich zeigte, dass ich ihn fühlte, als wäre es mein eigener. Ich wollte ihn ihr nehmen, wenigstens ein bisschen. Und gleichzeitig wusste ich, dass es mir nicht möglich war.

»Ich –«

Die Tür zur Terrasse ging auf und unterbrach mich in einem Satz, von dem ich keine Ahnung hatte, wie er zu Ende gehen sollte. Ich fuhr herum und erkannte Felicitys Freundin, die sie im Lestrange von unserem Tisch weggeholt hatte.

»Hier bist du, ich suche dich überall. Oh …« Sie stockte, als sie mich sah. »Tut mir leid, ich wusste nicht –«

»Ich komme.« Felicity straffte die Schultern und atmete durch, blinzelte ihre Tränen weg. Sie sah mich nicht mehr an, während sie an mir vorbeiging und eilig mit ihrer Freundin verschwand. Offenbar war sie mit ihr hier – mein Kopf war so voll mit der Frage gewesen, wie ich ihr gegenübertreten sollte, dass ich mir gar keine Gedanken darum gemacht hatte, warum sie zu so einer Veranstaltung ging.

Als die Tür hinter ihr zufiel, hatte ich das Gefühl, sie würde mich damit für alle Zeiten aus ihrem Leben verbannen. Und ich verdiente das. Ich hasste mich in diesem Moment so sehr, dass ich kaum atmen konnte – es war anders als bei einer Attacke, aber deswegen nicht weniger schrecklich. Die Gewissheit, wie stark Felicity immer noch unter dem litt, was ich getan hatte, wog tonnenschwer auf meiner Brust. Ich hatte bereits im Adam & eVe ihren Schmerz gesehen, aber dass er so tief ging, hatte ich nicht geahnt. Ziemlich dumm von mir, schließlich hatte ich genau gewusst, was da zwischen uns gewesen war. Etwas Wahres, Ehrliches, Echtes. Etwas, für das es sich zu kämpfen lohnte.

Und ich hatte es zerstört.

Irgendwann, nach zwei oder zwanzig Minuten, gab ich mir einen Ruck, ging zur Tür und lief zurück in Richtung Saal. Ich musste mein Vorhaben verschieben, ich konnte Grant jetzt nicht begegnen, dazu war ich nicht in der richtigen Verfassung. Es würde sich eine andere Gelegenheit ergeben.

Um nach draußen zu kommen, musste ich durch den Raum, in dem die Feier stattfand, und ich machte mich so schnell wie möglich auf den Weg zum Ausgang. Dabei bemühte ich mich, nur auf den Teppich zu meinen Füßen zu starren, damit ich mich nicht automatisch nach Felicity umsah …

… und rempelte prompt jemanden an.

»Oh, Verzeihung«, murmelte ich.

»Nichts passiert«, antwortete mein Gegenüber und ich sah auf.

Es war nur der Bruchteil einer Sekunde, in der sich unsere Blicke trafen – und ich wusste es. Ich wusste, dass er es gewesen war, der mich hatte entführen lassen. Dabei war es nicht mein Gehirn, das auf ihn reagierte. Sondern mein Körper. Als würde etwas abseits meines Verstandes begreifen, dass wir uns in diesem Kellerloch begegnet waren. Und dann nahm ich ihn bewusst wahr: den Duft nach teurem Aftershave. Eine seltene Marke, ganz sicher, denn ich hatte ihn seit mehr als dreizehn Jahren nicht gerochen. Nicht seit dem Tag, an dem ich eigentlich hätte sterben sollen.

Ich starrte Grant an, aber entdeckte kein Anzeichen dafür, dass er wusste, wer ich war. Was ihn eindeutig zum Psychopathen machte.

»Entschuldigen Sie mich«, sagte er in aalglattem Ton und ließ mich stehen, um zum vorderen Teil des Saals zu gehen, wo ein Podium aufgebaut war.

Ich sah ihm nach, starr vor Wut und dem Wunsch nach Rache. Nie hatte ich mehr das Bedürfnis gehabt, jemandem körperlich wehzutun, ihn leiden zu lassen, wie ich selbst gelitten hatte. Nur mit Mühe und sehr viel Disziplin blieb ich, wo ich war.

Grant stieg zum Podium hoch und nahm das Mikrofon, begrüßte seine Gäste und sprach dann weiter.

Ich bekam kein Wort von seiner Rede mit, denn in meinem Kopf hörte ich nichts außer meinem Puls, der auf Hochtouren lief und meinem Körper alles an Energie zur Verfügung stellte, was vorhanden war. Ich wollte ihn verletzen, ich wollte auf ihn zulaufen und ihn verprügeln. Nur weil ich jahrelang an meiner eisernen Kontrolle gearbeitet hatte, schaffte ich es, mich davon abzuhalten, den größten Skandal seit Jahren zu verursachen. Grant wehzutun würde nicht reichen. Ich musste ihn vernichten.

Ich zwang mich zur Ruhe, damit niemand merkte, was in mir vorging. Sobald es kein Aufsehen mehr erregte, würde ich gehen. Ich hatte die Antwort, nach der ich gesucht hatte. Jetzt konnte ich anfangen, ihn zu Fall zu bringen.

»Und nun möchte ich Ihnen jemanden vorstellen, eine junge Frau, die erst im letzten Jahr in mein Leben getreten ist, die mir aber alles bedeutet.« Grant sah hinunter in die Menge. »Meine dritte Tochter. Felicity, wo bist du?«

Wie in Zeitlupe erhob sie sich von einem der Tische, einen peinlich berührten Ausdruck im Gesicht, und mein Gehirn setzte das Puzzle zusammen. Der reiche Vater, den sie nie kennengelernt hatte. Von dem ihre Mutter sie immer ferngehalten hatte. Der ihr Studium und Wohnung bezahlte. Das war Grant. In der Sekunde, als mein Verstand begriff, was da gerade passierte, zerbrach etwas in mir.

Sie war seine Tochter.

Ausgerechnet sie.

Mir wurde schlagartig übel und mein Fluchtmodus sprang an. Ich verließ den Saal, so schnell ich konnte, ohne auf jemanden zu achten. Es interessierte mich auch nicht, ob einer der Anwesenden meinen Abgang bemerkte. Der Concierge hielt mir die Tür auf, ich stürzte hindurch und schaffte es gerade so zur Ecke des Hotels, bevor ich mich in einen Blumenkübel übergab. Panik mischte sich mit Fassungslosigkeit und Wut, eine Kombination, die mein Körper nicht verkraftete. Es war die Weigerung, die Wahrheit zu akzeptieren: dass das Mädchen, in das ich mich verliebt hatte, die Tochter des Mannes war, der mich entführt und beinahe getötet hatte.

»Sir?« Es war Franks Stimme, aber sie klang sehr weit weg. »Sir, kommen Sie.« Kräftige Hände fassten meine Schultern und schoben mich in Richtung Wagen. Ich wehrte mich nicht, als Frank mich auf den Rücksitz drückte und die Tür schloss. Er hatte das schon hundertmal mit mir durchgemacht, er wusste, was zu tun war.

»Soll ich Sie zu Ihrem Bruder bringen?«, fragte er und wie bereits nach der Entdeckung, dass Grant mein gesuchter Täter war, meldete sich dieser heftige Drang, Jess zu sehen. Seit ich neun war, stand er in meinem Leben für Sicherheit wie kein anderer Mensch, und in diesem Moment war mein innerer Neunjähriger am Zug. Außerdem war Buddy dort, weil ich nicht gewusst hatte, wie lange die Sache mit Grant dauern würde. Meinen Hund bei mir zu haben, würde helfen. Dennoch schüttelte ich den Kopf.

»Nein«, antwortete ich dünn. »Ich … will nach Hause.«

»Sind Sie sicher? Vielleicht wäre es gut, wenn Sie jetzt nicht allein wären, Elijah.«

Frank nannte mich nur noch selten beim Vornamen und es machte mir klar, dass auch er gerade nicht den erwachsenen Mann in mir sah, sondern den kleinen Jungen, dem er nach der Entführung das Vertrauen in einen Fahrer zurückgegeben hatte. Mein Hals war so eng, dass ich kaum Luft bekam, ich wollte vor Überforderung weinen, wie ich es so oft getan hatte, damals. Grant war Felicitys Vater. Er war ihr verfluchter Vater. Ich hatte keine Ahnung, was das wirklich bedeutete, aber mir war klar, dass es alles veränderte. Offenbar war da ein winziger Funke Hoffnung in mir gewesen, dass es für Felicity und mich noch nicht vorbei war. Der heutige Abend hatte ihn brutal erstickt.

Mir fiel auf, dass ich Frank keine Antwort gegeben hatte.

»Ich …« Meine eigene Stimme klang hohl in meinen Ohren. »Ich weiß nicht …«

Wir fuhren an Coldwell House vorbei, was nicht auf dem Weg lag, und deswegen sicher Franks Art war, mir einen unausgesprochenen Vorschlag zu machen. Nur für eine Sekunde dachte ich daran, mit meiner Mutter zu reden – ihr zu erzählen, was ich gerade erfahren hatte. Aber wenn ich das tat, würde sie höchstpersönlich einen Flammenwerfer besorgen und Grants Firma niederbrennen, und obwohl ich das einerseits begrüßt hätte, half es auf der anderen Seite nicht weiter. Es gab aber noch jemanden, der in diesem Haus wohnte, fiel mir ein.

Jemand, der verstehen würde, was diese Tatsache für mich bedeutete, ohne gleich zu den Waffen zu rufen.

»Frank, können Sie anhalten?«

»Natürlich, Sir.« Mein Fahrer bremste den Wagen ab. »Möchten Sie zu Ihrer Mutter?«

»Nein. Aber es wäre nett, wenn Sie warten. Ich weiß nicht, wie lange es dauert.«

»Das mache ich gern, Sir.«

Ich zog meine Brieftasche hervor und suchte nach der Zugangskarte für Coldwell House. Dann lief ich zum Eingang für die Dienstleister und betrat das Gebäude unbemerkt vom Empfangsteam. Es war besser, wenn die mich nicht sahen, denn ich wusste nicht, was für einen Eindruck ich machte. In den letzten Jahren hatte ich gelernt, meine Gefühle zu verbergen, aber ich konnte nicht sicher sein, dass es gerade auch funktionierte. Dafür hatte mich das, was ich erfahren hatte, zu sehr erschüttert.

Hektisch versuchte ich, alle Informationen, die mir Felicity über Grant gegeben hatte, zusammenzusuchen. Sie hatten keinen Kontakt gehabt, bis sie nach New York gekommen war, er bezahlte ihre Studiengebühren und seit dem Einbruch auch ihre Wohnung in Turtle Bay. Ihre Mutter hatte sie allein aufgezogen und verhindert, dass Felicity etwas mit Grant zu tun hatte. Die Gründe dafür kannte ich nicht, aber ich bezweifelte, dass Ms Everhart gewusst hatte, wie Grant wirklich war. Sonst hätte sie ihre Tochter sicherlich nicht herkommen lassen. Seinen Namen hatte Felicity mir gegenüber jedoch nie erwähnt. Ich hatte bis heute keine Ahnung gehabt, wer er war.

Der Personalaufzug fuhr bis in den vorletzten Stock und hielt dann an. Ich trat heraus und ging zu der hintersten der drei Türen, um zu klopfen.

Erst mal passierte nichts. Wir hatten Freitagabend, vielleicht war er gar nicht da. Vielleicht war er mit den Jungs unterwegs.

Dann jedoch öffnete sich die Tür und Alec stand im Rahmen, in Jogginghose und einem Hoodie von der NYU, an der er gar nicht studierte.

»Elijah.« Er sah mich überrascht an, aber nur für einen Moment. Im nächsten erfasste er offenbar, dass ich mich gerade im Ausnahmezustand befand, und trat zur Seite. »Komm rein.«

Ich betrat das große Wohnzimmer und bemerkte, dass Alec nicht allein war. Auf dem Sofa saß ein dunkelhaariges Mädchen und sah mich an, ohne etwas zu sagen. Vor ihr auf dem Tisch standen Schachteln vom Take-away, der Bildschirm zeigte das Standbild einer romantischen Komödie bei Netflix.

Irgendwo am Rand meines Bewusstseins meldete sich Erleichterung. Wenn Alec ein Date hatte, dazu eins in Jogginghose, bedeutete das sicherlich, dass zwischen Felicity und ihm nichts lief. *Als würde das noch eine Rolle spielen*, lachte die spöttische Stimme in meinem Kopf. *Oder denkst du, aus euch würde je wieder etwas werden, nach allem, was du jetzt weißt?*

»Ich … Ich wollte nicht stören«, brachte ich heraus und hatte mich selten mehr fehl am Platz gefühlt. Was wollte ich hier? Ich sollte nach Hause gehen und das mit mir selbst ausmachen, so wie sonst auch. »Besser, ich verschwinde wieder.«

»Nein, warte.« Alec wandte sich an das Mädchen. »Liebes, meinst du, wir könnten das hier auf morgen verschieben?« Er schenkte ihr seinen besten Hundeblick, auf den sogar Buddy neidisch gewesen wäre.

»Von mir aus.« Sie sah zu mir und klang nicht begeistert, aber Alec würde das sicherlich wiedergutmachen. Darin war er einsame Spitze – zumindest, bis sie ihm das Herz brach. Wie durch dicke Watte nahm ich wahr, dass sie ihren Mantel schnappte und die Tür hinter sich schloss.

»Was ist passiert?« Alec sah mich besorgt an, kaum dass sie weg war. Ich hatte im Adam & eVe bemerkt, wie verletzt er von meinem plötzlichen Abgang vor vier Monaten gewesen war. Dass er das nicht thematisierte, bedeutete, dass er merkte, wie es mir ging.

»Sie … Sie ist seine Tochter.« Kaum hatte ich es gesagt, presste ich die Hand auf den Mund, weil Verzweiflung und Hysterie mich durchschüttelten. Es laut auszusprechen, machte es wahr, und die mühsam beherrschten Gefühle brachen sich Bahn. Ich wollte schreien, weinen oder einfach nur mein Gedächtnis löschen, um nicht länger zu wissen, was ich erfahren hatte. Irgendwas, damit es sich nicht mehr anfühlte, als würde meine Welt über mir einstürzen.

Alec ging nicht sofort darauf ein. »Du hast eine Attacke, oder? Was kann ich tun, um dir zu helfen?«

»Ich … Ich hab keine, ich …« Es fühlte sich nicht an, als müsste ich sterben, sondern vielmehr, als würde ich es nicht aushalten, zu leben. Das war neu und ich begriff erst jetzt, wie tief mir Felicity unter die Haut gegangen war. Wie sehr sie mich berührt hatte. Wie stark ich für sie empfand. All die Wochen hatte ich mir eingeredet, sie zu beschützen, um heute zu merken, dass es vollkommen sinnlos gewesen war.

»Setz dich erst mal.« Alec dirigierte mich sanft zu seinem Sofa, schaltete den Fernseher aus und ging in die Küche. Als er zurückkam, drückte er mir ein Glas mit bernsteinfarbener Flüssigkeit in die Hand. »Trink, dann wird es besser.«

Alkohol war nicht das beste Mittel, um mich zu entspannen, aber ich stürzte den Bourbon trotzdem in einem Zug herunter. Ich hatte ohnehin keine Kontrolle mehr. Dann konnte ich mich auch betäuben.

Der Whiskey brannte im Magen, aber er wirkte schnell – ich spürte, wie ich ruhiger wurde, meine Gedanken dumpfer.

Alec holte die Flasche und schenkte mir nach, dann setzte er sich neben mich. »Und jetzt von vorne. Wer ist wessen Tochter?«

Ich brauchte trotz der beruhigenden Wirkung des Alkohols einen Augenblick, um mich zu sammeln. »Felicity«, brachte ich ihren Namen heraus. »Harrison Grant ist ihr Vater.«

»Ja, ich weiß. Er bezahlt ihr Studium, seinetwegen ist sie hier.« Alec wirkte verwirrt. »Warum wirft dich das so aus der Bahn?«

»Weil …« Ich holte tief Luft, stieß sie wieder aus. »Weil er es war, der mich entführt hat.«

Alec starrte mich an, fassungslos. Einige Augenblicke, die sich zu gefühlten Stunden ausdehnten, sagte er nichts. »Bist du sicher?«, fragte er dann so leise, dass ich ihn kaum verstehen konnte.

Ich nickte. »Ich bin ihm heute begegnet, er … er ist es. Kein Zweifel.« Zu erklären, warum ich mir dessen so sicher war, schien in diesem Moment unmöglich, aber Alec glaubte mir.

»Verfluchte Scheiße. Und jetzt?« Er sah mich an, die blauen Augen vor Schock geweitet, der Mund offen.

Ich hob die Schultern, hilflos und verzweifelt, aber immerhin kehrte langsam wieder Gefühl in meinen Körper zurück. Alecs Reaktion war auf merkwürdige Art tröstend. Auch wenn sie nichts einfacher machte.

»Keine Ahnung, was ich jetzt tun soll. Als ich angefangen habe, nach dem Schuldigen zu suchen, war mir klar, dass es schwierig wird, vielleicht auch gefährlich. Aber doch nicht, dass ich am Ende erfahre, dass ausgerechnet sie …« Ich brach ab, es hatte keinen Sinn, das schon wieder auszusprechen, als würde es sich irgendwann als Lüge herausstellen.

»Dann war das der Grund, aus dem du die letzten Monate weg warst?«, fragte er. »Weil du nach demjenigen gesucht hast, der dir das angetan hat?«

Ich nickte wieder knapp.

»Aber dann verstehe ich eins nicht: Wenn du erst heute erfahren hast, dass Felicity Grants Tochter ist, warum dann diese Nummer mit Matilda?«

Offensichtlich glaubte Alec, dass der einzige Grund für mein Manöver gewesen sein musste, dass ich mich so schnell und wirksam wie möglich von Felicity hatte trennen wollen. Aber da lag er vollkommen falsch.

»Weil er sie bedroht hat.«

»Er hat *was?*« Alec lehnte sich vor. »Okay, raus mit der Sprache, erzähl mir alles von Anfang an.«

»Das kann ich nicht«, wehrte ich ab. »Es ist zu gefährlich.«

»Du musst mit jemandem reden, Et Cetera«, beharrte er. »Wenn nicht mit mir, dann mit deinem Bruder oder Helena. Oder mit deiner Mutter. Am besten mit deiner Mutter. Ich kann sie holen, wenn du willst.«

»Damit sie direkt eine Privatarmee engagiert, um Grant auf offener Straße zu erschießen? Gute Idee.« Ich sah ihn an. »Ich würde wirklich gerne mit dir darüber sprechen, Alec. Aber wenn ich dir noch mehr sage, gerätst du vielleicht als Nächstes in seinen Fokus. Ich könnte mir nicht verzeihen, wenn dir was passiert.«

Er verengte die Augen. »Wir sind hier unter uns, niemand weiß, dass du es mir verraten hast. Und ich verspreche, ich werde nicht zu Grant fahren und ihn erschießen. Es sei denn, du bittest mich darum.«

Ich musste lachen, ein eher erbärmlicher Laut, aber es entlockte Alec ein Grinsen.

»Komm schon, lass es raus. Du wirst dich danach besser fühlen.«

Ich überlegte und kam zu dem Schluss, dass er vermutlich recht hatte. Niemand wusste, dass ich hier war, und Alec würde es weder weitererzählen noch sich zu irgendetwas hinreißen lassen, wie es sicher bei Jess der Fall gewesen wäre. Außerdem sehnte ich mich danach, jemanden einzuweihen, der mir nahestand. Also holte ich ein weiteres Mal tief Luft und beschloss, ihm die Wahrheit zu sagen.

Kaum hatte ich angefangen, konnte ich nicht mehr aufhören. Ich erzählte ihm alles, von der Entführung mit neun Jahren, über die Bilder, mit denen man mir so lange Zeit immer wieder gedroht hatte, bis zu Mirandas Tod und ihrem Geständnis. Dass sie mir fünf Namen gegeben hatte, von denen einer Grant war. Dass sich Vanderbilt in meiner Gegenwart merkwürdig benommen und ich ihn deswegen für schuldig gehalten hatte. Dass man mir Felicitys Foto geschickt hatte, nachdem ich bei ihr gewesen war und wir beschlossen hatten, es miteinander zu versuchen. Dass ich Baker gesucht und gefunden hatte, aber er nun vermutlich tot war. Dass ich heute Abend Gewissheit hatte bekommen wollen und am Ende mehr wusste, als mir recht war. Und dass ich mich in Felicity verliebt hatte, jedoch keinen anderen Ausweg gesehen hatte, als ihr wehzutun, um sie zu beschützen. Das Einzige, was ich ausließ, war – genau wie bei Felicity –, dass ich einen Mord beobachtet hatte. Das war die kritische Information. Und auch wenn es mich erleichterte, Alec einzuweihen, würde ich ihn nicht mehr gefährden als nötig.

Als ich fertig war, fühlte ich mich, als wäre ich einen Marathon gelaufen, vollkommen ausgelaugt und erschöpft, aber auch irgendwie entlastet. Alec hatte zugehört, keine Fragen gestellt, mich nur manchmal zum Weitersprechen ermutigt, wenn ich ins Stocken geraten war. Jetzt schaute er mich an, die Hände hinter dem Kopf verschränkt, eine ratlose Geste, keine entspannte.

»Wow. Ich meine … fuck.« Er schaute mich an. »Ich hatte

keine Ahnung, was du damals durchgemacht hast, nachdem du befreit wurdest. Das ist … Fuck.« Dann schien ihm etwas einzufallen und er schaute auf. »Aber wie krank ist der Typ bitte, dass er ein Bild von seiner eigenen Tochter benutzt, um dich in Schach zu halten?«

»Bei allem, was ich sonst noch über ihn weiß – sehr krank.« Ich hob das leere Glas vom Couchtisch und stellte es wieder ab. Mein Mund war trocken, nachdem ich so viel geredet hatte.

»Willst du noch einen?« Alec erhob sich.

»Nein, aber hast du Wasser da?«

»Klar.« Er ging in die Küche und kam dann mit einem vollen Glas zurück. Es war kühl in meiner Hand und ich trank den Inhalt gierig leer.

Zwischen uns breitete sich ein Schweigen aus, das ich nicht brechen konnte oder wollte. Alles, was ich nun hätte sagen können, steuerte darauf zu, dass ich Entscheidungen treffen musste. Und ich wusste nicht, ob ich dazu bereit war.

»Wirst du es ihr sagen?«, sprach Alec schließlich aus, was in meinem Kopf kreiste, seit ich Felicity auf diese Bühne hatte treten sehen.

Es war eine Frage, deren Beantwortung mir vollkommen unmöglich war. Felicity zu sagen, dass ihr Vater nicht nur ein Kindesentführer, sondern auch ein Mörder war, erschien mir unerträglich. Sie hatte gerade ein Verhältnis zu ihm aufgebaut, sie vertraute diesem Mann, sie teilte die Hälfte seiner DNA, ihr Studium hing von ihm ab, im Grunde ihr Leben in New York. Zu erfahren, was er getan hatte, würde ihr den Boden unter den Füßen wegziehen und sie für immer prägen. Es ihr jedoch zu verschweigen, fühlte sich nicht besser an. Ich konnte nicht einschätzen, ob er eine Gefahr für sie darstellte oder nicht. *Du denkst, Grant würde seiner eigenen Tochter etwas antun?* Ein normaler Vater sicher nicht, aber Grant war kein normaler Vater. Er hatte schließlich auch dieses Foto an mich geschickt, wahrscheinlich nachdem ihm vom Portier in seinem Haus gemeldet worden war, dass ich die Nacht bei ihr verbracht hatte. Ich wusste zwar nicht, ob die Drohung haltlos gewesen war und ich Felicity völlig umsonst wehgetan hatte. Aber ich traute ihm alles zu.

»Ich habe keine Ahnung.« Würde sie mir überhaupt zuhören, wenn ich es versuchte? Mir, der sie so verraten hatte? Ich hatte keinen Beweis, den ich vorlegen konnte, nichts außer meiner eigenen Gewissheit und dem Treffen mit Baker im Haus ihres Vaters. »Was würdest du tun?«

Alec zog die Schultern hoch. »Ich weiß es nicht. Es ihr nicht zu sagen, bewahrt sie vor allem, was das nach sich zieht. Aber ich würde es wissen wollen, du nicht? Auch wenn es schrecklich für sie sein wird. Außerdem können wir nicht mit Sicherheit sagen, dass er ihr nichts tun würde, denn er weiß von euch und dass sie dir etwas bedeutet. Mit deinem Auftritt heute hast du ihm eventuell verraten, dass sich an deinen Gefühlen nichts geändert hat. Wenn du weiter ermittelst, könnte er sie wirklich benutzen, um dich davon abzubringen.«

Mein Freund sprach nur aus, was ich selbst dachte, aber das machte es nicht klarer. Felicity in Grants Nähe zu wissen, würde mich keine einzige Nacht mehr schlafen lassen. Wie sollte ich sicher sein, dass er sie genug liebte, um sie zu verschonen? Vielleicht war er zu solchen Gefühlen gar nicht in der Lage.

»Denkst du denn, sie würde mir überhaupt glauben?«, fragte ich. »Nach allem, was ich ihr angetan habe?«

»Elijah, sie sucht seit diesem Video nach einer Begründung für dein Verhalten«, antwortete Alec weich. »Es quält sie, weil sie genau weiß, dass du Gefühle für sie hattest, und sie sich das alles nicht erklären kann. Ich glaube, sie wäre erleichtert, wenn –«

»Wenn ich ihr sage, was ihr Vater ist?«, unterbrach ich ihn und schnaubte. »Ja, sie wird ganz begeistert sein, wenn sie das erfährt. Hey Fairytale, hör zu, dein Vater ist ein Psychopath und ein Mörder, aber die gute Nachricht ist, dass ich dich nur verlassen habe, um dich vor ihm zu beschützen. So in etwa?«

»Nein, nicht so«, murrte Alec. »Aber wenn du ihr wenigstens sagst, dass du dieses Foto erhalten hast …«

»Das hätte ich bereits im November tun können und habe mich dagegen entschieden. Ich wollte nicht, dass sie Angst hat. Ich dachte, es wäre besser, wenn sie mich für ein Arschloch hält.« Ich strich mir die Haare aus der Stirn. »Wenn ich es ihr sage – und sie mir glaubt –, zerstöre ich ihr Leben hier in New York. Sie wird nicht bleiben, wenn sie es weiß.« Was bedeutete, sie würde zurück nach Los Angeles ziehen. Einerseits war das gut, denn das brachte sie mehrere Tausend Meilen weit weg von ihrem Vater und sie hatte dort ihre Mom und ihre Freunde. Andererseits würde ich sie dann nie wiedersehen. Gerade erschien mir das unvorstellbar, obwohl mir klar war, dass aus uns niemals wieder etwas werden konnte.

»Ich bin nicht sicher, ob du da allzu viel zerstören kannst«, gab Alec zu bedenken. »Sie ist unglücklich mit ihrem Studium und seit das mit dir zerbrochen ist, wirkt sie eigentlich ständig bedrückt. Selbst mein grenzenloser Charme kann sie nur ein bisschen aufheitern und das will was heißen. Ich glaube, das Einzige, was ihr wirklich Freude macht, ist die Arbeit bei Helena.«

»Ich wusste nicht, dass es so schlimm ist.« Ich hatte zwar ihren Schmerz gesehen, aber gedacht, er bezöge sich nur auf mich. Wenn sie jedoch auch sonst nicht glücklich in New York war, dann war es vielleicht das Beste … Gott, worüber dachte ich hier nach? Als hätte es irgendetwas Gutes, wenn sie die Stadt verlassen musste, weil ich ihr offenbart hatte, was ihr Vater für ein Mensch war. Sie hatte ihr Leben lang geglaubt, dass er nichts mit ihr zu tun haben wollte, um dann das Gegenteil zu erfahren und endlich eine Beziehung zu ihm aufzubauen. Sollte ich nun derjenige sein, der ihr das wieder wegnahm? Sollte ich *immer* derjenige sein, der sie unglücklich machte?

»Ich finde, du musst das nicht heute entscheiden«, sagte Alec, nachdem ich lange nur ins Leere gestarrt hatte.

»Doch, das muss ich. Und eigentlich habe ich das schon.« Ich konnte es ihr nicht verschweigen. Ganz egal, was sie dann von mir dachte oder ob es sie aus New York vertreiben würde, sie hatte ein Recht auf dieses Wissen. Sie hatte ein verdammtes Recht darauf, zu erfahren, dass ihr Vater ein Monster war.

»Dann sollten wir uns morgen überlegen, wie du das am besten anstellst.« Alec schien zu ahnen, was ich tun wollte, ohne dass ich es ihm gesagt hatte. Er schaute auf die Uhr. »Wo ist Buddy heute Abend, bei dir zu Hause?«

»Nein, er ist bei Helena und Jess«, murmelte ich.

»Gut, dann schläfst du hier.« Es klang nicht wie ein Vorschlag, aber ich wehrte mich dennoch dagegen.

»Das geht nicht. Du erinnerst dich, die Albträume.« Nur weil ich ihm erzählt hatte, was passiert war, bedeutete das nicht, dass ich ihn live an den Auswirkungen teilhaben lassen wollte. Und heute Nacht würde ich unter Garantie schreckliche Träume haben. Allein die Erinnerung an diesen Duft von Grant setzte bereits wieder Angst frei. Ich würde das nicht fernhalten können.

»Die sind mir egal«, sagte Alec bestimmt. »Du bleibst hier, Ende der Diskussion.«

Ich lächelte schief. »Nicht ganz der Abend, den du dir vorgestellt hattest, oder?« Ich dachte an die hübsche Brünette, die ich mit meinem Auftauchen vertrieben hatte.

»Nein, eigentlich wollte ich jetzt schon bei Runde zwei

sein«, gab mein bester Freund lapidar zurück und ich wusste, er versuchte die Stimmung auflockern. »Aber was tut man nicht alles für den Kumpel, der einen vier Monate hat hängen lassen, um dann mit einer so krassen Story wieder aus der Versenkung aufzutauchen?«

Mein Lächeln verschwand. »Es tut mir leid.«

»Ich weiß. Und deswegen verzeihe ich dir.« Er stand auf. »Ich sehe mal nach, ob das Gästezimmer vorzeigbar ist.«

»Alec?«, hielt ich ihn auf und er wandte sich um. »Danke.«

»Dafür nicht, Mann.« Er schüttelte den Kopf. »Dafür nie.«

13
Felicity

Der Samstag begann mit grauem, ekelhaftem Nieselwetter und ich hatte bereits nach dem Aufwachen beschlossen, mich auf dem Sofa in eine Decke zu wickeln und die Wohnung den Rest des Tages nicht zu verlassen. Einerseits, weil mein Bedarf an Menschen nach der gestrigen Feier und dem überraschenden *Hey, das ist meine uneheliche Tochter* von Dad gedeckt war. Andererseits wegen Elijah. Ihn im Adam & eVe gesehen zu haben, war schon schlimm genug gewesen, aber das gestern auf der Dachterrasse … Es hatte sämtliche Wunden wieder aufgerissen. Dieser Blick aus seinen grünen Augen, die mir alles gezeigt hatten, nur keine Gleichgültigkeit. Er war nicht gegangen, weil ich ihm egal war, das wusste ich mit absoluter Sicherheit. Genauso wie die Tatsache, dass ich ihm verfallen war, jetzt, morgen, ewig. Ich wollte ihn immer noch so sehr, dass es kaum auszuhalten war.

Mein Blick fiel auf die Seite in meinem Skizzenbuch, das aufgeschlagen in meinem Schoß lag. Darin befand sich eine unfertige Bleistiftzeichnung des Eastie-Boys-Motivs, das ich für Zekes Ausstellung entworfen hatte. Ich hatte es nach dem Streit mit meinem Dozenten festhalten wollen, aber immer, wenn ich Elijahs Gesicht zu vervollständigen versuchte, kam mir unsere gestrige Begegnung in den Sinn und die Linien verschwammen vor meinen Augen. Es war jedoch nicht nur der Moment auf der Terrasse, der mich beschäftigte, sondern auch Elijahs Abgang. Er war eindeutig verstört gewesen, als ich auf diese Bühne zu meinem Vater gegangen war. Und dann so schnell verschwunden, als wäre er geflüchtet. Warum? Wieso machte es ihm etwas aus, wessen Tochter ich war? Oder hatte ich das wieder einmal nur falsch interpretiert?

An meiner Tür klingelte es und das Geräusch riss mich aus meinen Erinnerungen. Ich legte das Skizzenbuch beiseite und ging hin. Als ich öffnete, stand mein Vater vor mir, eine Tüte in der Hand.

»Dad«, sagte ich überrascht. »Was tust du denn hier?«

»Ich war in der Gegend. Störe ich dich, Kleines?«

»Nein, ich habe aber nicht aufgeräumt.« Und ich wirkte wie gerade aus dem Bett gefallen, in meiner ältesten Jogginghose und mit dem ausgebleichten Hoodie. Hatte ich mir heute Morgen überhaupt die Haare gekämmt? Jetzt war es dafür wohl auch zu spät.

»Das macht nichts.« Er schenkte mir ein Lächeln, das ich schwach erwiderte, bevor ich ihn in die Wohnung ließ. »Ich dachte, ich schaue mal bei dir vorbei. Du bist ja gestern sehr früh gegangen.«

»Ja, mir … mir ging es nicht so gut. Regelschmerzen, du weißt schon.«

»Und ich dachte, es hätte vielleicht an einem besonderen Gast gelegen.«

»Was für ein Gast?« Natürlich wusste ich genau, von wem er sprach, aber ich wollte wirklich nicht mit ihm darüber reden. In dem Versuch, dem Thema auszuweichen, ging ich in Richtung Küche. »Möchtest du einen Kaffee?«

»Ja, gerne.« Er folgte mir und schaute neugierig in den kleinen Raum, in dem zum Glück nicht allzu viel dreckiges Geschirr herumstand. »Ich spreche von Elijah Coldwell. Dass er auftauchen würde, wusste ich nicht. Ich hatte zwar aus reiner Höflichkeit eine Einladung an seine Mutter geschickt, aber nicht damit gerechnet, dass sich jemand aus der Familie die Ehre gibt. Sonst hätte ich dich vorgewarnt.«

»Das mit Elijah und mir ist lange vorbei.« Ich wagte es nicht, meinen Vater offen anzulügen, und hoffte, dass ich mit dieser ausweichenden Antwort durchkam. Um seinem Blick zu entgehen, schaltete ich die Pad-Maschine ein, die ich mir kürzlich erst gekauft hatte, und holte zwei Tassen aus dem Schrank.

»Tatsächlich? Ich hatte den Eindruck, er wäre deinetwegen dort.«

Fast wäre mir die Tasse aus der Hand geglitten, aber ich fing sie rechtzeitig ab. »Das ist Unsinn. Ich arbeite für die Freundin seines Bruders. Wenn er mich sehen wollte, würde er dort auftauchen und nicht auf deiner Jubiläumsfeier. Bis gestern wusste er nicht einmal, dass ich deine Tochter bin.«

Der Blick meines Vaters wurde aufmerksamer. »Du hast es ihm nie gesagt?«

Ich kramte in meinen Erinnerungen, dann schüttelte ich den Kopf. »Nein, nicht dass ich wüsste. Wir haben mal über dich gesprochen, da ging es um Moms Lügen zu dem Thema, aber ich habe deinen Namen nie erwähnt. Ich dachte wohl nicht, dass es wichtig wäre. Milch? Zucker?« Ich deutete auf den Kaffee.

»Nein, danke. Ich trinke ihn immer schwarz. Das ist gesünder.« Er nahm den Becher entgegen und setzte ihn an die Lippen. Nach dem ersten Schluck verzog er das Gesicht. »Meine Güte, du brauchst dringend eine bessere Kaffeemaschine. Ich schicke direkt morgen Hugh mit einem italienischen Modell vorbei.«

»Ich brauche keine neue Kaffeemaschine, ich mag die hier.« Mir etwas für die Wohnung von meinem Lohn zu kaufen, machte mich stolz. Eine Siebträgermaschine für einen vierstelligen Betrag geschenkt zu bekommen nicht.

»Wie du meinst.« Mein Vater nickte knapp und ging dann zurück ins Wohnzimmer, setzte sich auf meine Couch. Sein Blick fiel auf das geöffnete Skizzenbuch und ich sah, wie sich sein Mund verzog. Schnell nahm ich das Buch an mich und klappte es zu. »Ist das etwas für dein Studium?«

»Nicht ganz. Es war ein Entwurf für die Ausstellung von Zeke, aber er war nicht zufrieden damit und hat ihn nicht ausgewählt.« Ich setzte mich mit meinem Kaffee auf den Sessel gegenüber.

»Das ist schade. Vielleicht beim nächsten Mal.« Mein Vater lächelte und trank noch einen Schluck Kaffee, während ich mich über seine Nachsicht wunderte. Er war bei mir nie so streng wie bei Rosalie oder sogar Alyssa und im Allgemeinen interessierte er sich dafür, was in meinem Studium passierte. Ich hätte erwartet, dass er nachfragen würde, warum Zeke meinen Entwurf abgelehnt hatte, aber er tat es nicht. Stattdessen sah er mich besorgt an.

»Du wirkst in letzter Zeit bedrückt auf mich, heute ganz besonders. Bist du sicher, dass die Sache mit dem Coldwell-Jungen vorbei ist?«

»Ja«, log ich und war überzeugt, dass er es bemerkte. »Du weißt, wie sehr er mich verletzt hat. Ich trauere niemandem nach, der mich schlecht behandelt.« Dass ich immer noch rätselte, warum er das getan hatte, sagte ich nicht. Mein Vater schien froh gewesen zu sein, als sich das zwischen uns erledigt hatte.

»Gut. Denn das erwarte ich auch von meinen Töchtern.« Er nickte. »Was ist es dann, was dir die Laune verdirbt? Dein Studium? Die Arbeit bei Helena Weston?«

»Der Job ist toll«, stellte ich hastig klar und überlegte, ob ich die Wahrheit sagen sollte. Dann nahm ich meinen Mut zusammen. »Das Studium allerdings, um ehrlich zu sein … ich denke in letzter Zeit häufiger darüber nach, es abzubrechen und stattdessen etwas anderes zu machen.«

»Und was soll das sein?« Mein Vater hatte diesen prüfenden Blick aufgesetzt, der seine Geschäftspartner vermutlich regelmäßig in Angst und Schrecken versetzte. Ich hielt stand.

»Tourismus. Die Arbeit bei Friends and the City macht mir mehr Spaß als alles an der SVA und Helena spricht immer wieder davon, eine Zweigstelle in Los Angeles eröffnen zu wollen. Vielleicht käme ich mit dem richtigen Studium eines Tages dafür infrage. Außerdem hat sie gute Kontakte zu ihren ehemaligen Dozenten an der NYU. Sie könnte mir sicher helfen, einen Platz zu bekommen.« Die Worte waren so schnell aus meinem Mund gesprudelt, dass ich erst mal Luft holen musste, als ich fertig war.

»Tourismus.« Mein Vater wiederholte es ganz neutral.

Ich hasse diesen nichtssagenden Tonfall, dachte ich in diesem Moment. Ich hasste es generell, wenn man sich nicht in die Karten schauen ließ, das hatte ich in den letzten Monaten festgestellt.

»Ja, richtig.« Auch ich bemühte mich um Neutralität, aber meine Hände waren so fest um meinen Becher gekrampft, dass die Hitze des Kaffees schmerzhaft wurde. Bis gerade hatte ich nicht gewusst, wie wichtig diese Sache für mich war. Mein Körper zeigte es mir nun ziemlich deutlich.

Mein Vater ließ sich Zeit mit einer Antwort. »Ich bezweifle nicht, dass dir dein Job in dieser Agentur Spaß macht, aber es ist nur ein Nebenjob, richtig? Du weißt nicht, ob er dir weiterhin Freude bringt, wenn du ihn als professionellen Beruf ausübst.«

»Das stimmt. Aber ich bin mir mittlerweile recht sicher, dass mir meine Kunst als Beruf keinen Spaß machen würde.« Ich hob ein wenig hilflos die Schultern, mein Mut verabschiedete sich langsam. »Ich habe schon seit Monaten nicht mehr mit Begeisterung gezeichnet und Zeke meint, ich hätte keine guten, keine aussagekräftigen Ideen.«

»Dann solltest du ihm zeigen, dass er sich irrt.«

Beinahe hätte ich geseufzt, weil mein Vater nicht verstand, dass Kunst sich nicht erzwingen ließ. Ich konnte mich nicht einfach mehr anstrengen und hoffen, dass ich dann in Zekes Ansehen stieg. So funktionierte das nicht. »Also bist du nicht damit einverstanden, dass ich wechsle.« Es war keine Frage.

»Nein. Was nicht bedeutet, dass ich dich zwingen werde, das Studium bis zum Ende durchzuziehen. Aber ich möchte, dass du erst mal dranbleibst. Du hast dich im Sommer aus guten Gründen für dieses Fach entschieden, du bist sogar zu mir gekommen, um mich um das Geld dafür zu bitten. Ich habe das sehr bewundert, Felicity, aber ich würde es nicht bewundern, wenn du jetzt aufgibst. In unserer Familie wirft man nicht gleich das Handtuch, wenn es mal ein wenig unbequem wird. Man bleibt dran und setzt sich durch, so habe ich es Rosalie und Alyssa beigebracht. Rose wollte dreimal ihr Jura-Studium abbrechen, nun arbeitet sie in der Firma und ist sehr glücklich damit.«

Ich bezweifelte, dass Rosalie zu einem Gefühl wie Glück in der Lage war – schließlich war sie rund um die Uhr damit beschäftigt, Anerkennung von unserem Vater zu bekommen. Vielleicht hätte sie viel lieber etwas anderes gemacht und niemand wusste davon.

»Okay.« Was sollte ich auch sonst sagen? Er bezahlte mein Studium und konnte somit darüber entscheiden, ob ich weitermachte oder wechseln durfte.

»Sehr schön. Wir können uns dann im Sommer noch mal darüber unterhalten.« Er schaute auf die Uhr. »Ich muss jetzt los. In einer Stunde fliege ich wegen eines Meetings nach Portland. Was hast du heute vor?«

»Nichts.« Ich stand auf. »Vielleicht kommt Lys nachher vorbei, um sich mit mir einen Film anzuschauen, aber sonst wollte ich mir einen entspannten Tag machen.« Das fand sicher auch nicht sein Wohlwollen, es war mir egal. In letzter Zeit fühlte sich alles sehr anstrengend an und mal einen Tag ohne Verpflichtungen zu verbringen, war eine schöne Aussicht.

Mein Dad lächelte. »Dann wünsche ich dir viel Vergnügen dabei. Grüß deine Schwester, wenn du sie siehst.«

»Mach ich.« Ich brachte ihn zur Tür und schloss sie hinter ihm, noch bevor er am Fahrstuhl angekommen war. Dann lehnte ich mich dagegen und seufzte endlich laut auf. Das war ja super gelaufen. Nicht.

Als ich zurück ins Wohnzimmer kam, vibrierte mein Handy auf dem Couchtisch und fiel dabei fast herunter, weil es so nah an der Kante gelegen hatte. Ich fing es ab und sah, dass Alecs Name auf dem Display stand. Eigentlich wollte ich mit niemandem reden, aber ich fand es unhöflich, Anrufe nicht zu beantworten. Gerade in unserer Generation, die nur zu diesem Mittel griff, wenn es wichtig war – und sich sonst auf Textnachrichten beschränkte.

»Hey, was gibt es?« Ich nahm den Becher meines Vaters und trug ihn in die Küche, das Telefon in der anderen Hand. Falls Alec heute ausgehen wollte, musste ich ihm leider sagen, dass sich meine Laune auf dem Tiefpunkt befand und er sich besser von mir fernhielt.

»Nichts Besonderes. Ich habe nur ein kleines Einrichtungsproblem und dachte, du könntest mir helfen.«

»Ein Einrichtungsproblem?« Ich runzelte die Stirn, weil

ich mir nicht vorstellen konnte, dass er dabei Unterstützung brauchte. Es gab keinen Menschen, der über einen besseren Geschmack verfügte als Alec. Von Elijah vielleicht abgesehen. »Und du denkst, *ich* könnte dir da eine Hilfe sein?«

»Ja, garantiert. Es geht nämlich um Kunst und das ist bekannterweise dein Metier. Ich habe ein paar Bilder zur Auswahl hier, damit die Wohnung etwas gemütlicher wird. Und ich bräuchte echt Unterstützung dabei, die richtigen auszusuchen.«

Ich hatte nicht vergessen, dass mein Plan für heute anders ausgesehen hatte. Trotzdem war ich bereit, zuzusagen. Der Tag würde allein auf der Couch sicher nicht schöner werden, vor allem nicht, wenn ich auf diese Zeichnung starrte.

»Gut, ich komme vorbei. Gib mir eine halbe Stunde, damit ich nicht aussehe wie eine Vogelscheuche auf Urlaub.« Es war eine Sache, dass mich mein Vater in diesem Aufzug überrascht hatte, aber bei Alec, den ich noch nie in etwas anderem gesehen hatte als einem maßgeschneiderten Hemd, kam das nicht infrage.

»Das ist eine Lüge, du siehst immer bezaubernd aus, Liebes.« Irrte ich mich oder klang seine Fröhlichkeit ein wenig aufgesetzt? Ich runzelte die Stirn, aber bevor ich nachfragen konnte, schob er ein »Bis gleich« hinterher und legte auf.

Ich schaute mein Handy an, irgendwie verwirrt. Dann zuckte ich mit den Schultern und machte mich auf die Suche nach gewaschenen und nicht vollkommen zerknitterten Klamotten.

14
Felicity

Coldwell House war ein wahnsinnig beeindruckender Bau und das nicht nur, weil das Gebäude so hoch war. Es strahlte eine Art unnahbarer Eleganz aus, mit den hell gestrichenen Stahlelementen und dem fast weiß wirkenden Glas. Sogar an einem grauen Tag wie heute reflektierte die Fassade das düstere Wetter eine ganze Spur leuchtender, als könnte das schlechte Wetter den Menschen im Inneren des Wolkenkratzers nichts anhaben. Ich war noch nie hier gewesen, aber natürlich hatte mir Alec dennoch keine Wegbeschreibung geben müssen. Jeder in der Stadt wusste, welche Adresse Coldwell House hatte.

Ich riss mich von dem Anblick los und betrat die Lobby. Hier war im Kontrast zur Fassade alles in Schwarz gehalten, vom Boden über die Möbel bis zur Kleidung der Concierge. Ich ging zu dem langen Tresen auf der rechten Seite.

»Guten Morgen, ich bin Felicity Everhart und möchte zu Alexis Wentworth«, sagte ich und lächelte. Die Concierge erwiderte es höflich.

»Natürlich, Miss Everhart. Mr Wentworth erwartet Sie bereits.«

Mittlerweile irritierte es mich nicht mehr, Sätze wie diese zu hören. Seit ich selbst in einem Haus mit Portier wohnte, waren sie Normalität geworden. Der Gedanke versetzte mir erneut einen kleinen Stich und ich stellte mir zum wiederholten Mal die Frage, ob ich meine Bodenständigkeit gegen dieses andere Leben eingetauscht hatte.

Der luxuriöse Aufzug brachte mich nach oben und gleichzeitig auf den Boden der Tatsachen zurück, als ich im Spiegel mein Outfit checkte: dunkle Jeans, ein graues Top und eine hellblaue Strickjacke. Außerdem hatte ich meine Haare einigermaßen gebändigt und in einen Fischgrätzopf geflochten. Das reichte für eine Kunstberatung, aber ich war weit davon entfernt, nur in Designerkleidung und mit perfekt gestylter Frisur das Haus zu verlassen. Und es beruhigte mich ein bisschen.

Alec wartete am Ende des Flures in seiner offenen Tür, ziemlich ungewohnt in Jogginghose und Sweatshirt.

»Hey, das ging schnell.« Er schloss mich kurz in die Arme.

»Wie du siehst, habe ich keinen großen Aufwand betrieben.« Ich grinste und folgte ihm in die Wohnung. »Wo sind die Bilder?«

Alec schaute mich an und sein zerknirschter Gesichtsausdruck weckte in mir den Verdacht, dass hier etwas lief, von dem ich nichts wusste.

»Okay, bitte sei nicht sauer auf mich.« Er hob die Hände. »Das mit den Bildern war nur ein Vorwand.«

»Ein Vorwand wofür?« Ich ging innerlich in Habachtstellung, als wüsste ich das längst. Und sobald Alec wieder den Mund aufmachte, bekam ich Gewissheit.

»Elijah möchte mit dir sprechen.«

Automatisch trat ich einen Schritt zurück, schmeckte Verrat auf der Zunge, erneut.

Alec schaute mich bittend an. »Halt, stopp. Du kannst sofort wieder gehen, niemand zwingt dich dazu, mit ihm zu reden. Aber es ist *wirklich* wichtig.«

Mir schoss durch den Kopf, dass ich nach vier Monaten Ungewissheit endlich eine Erklärung bekommen würde. Dass mir Elijah heute sagen würde, was all das zu bedeuten hatte.

»Es geht dabei nicht um euch«, schob Alec nach und meine leise Hoffnung auf Klarheit verpuffte.

»Dann glaube ich nicht, dass ich dieses Gespräch führen will«, entgegnete ich steif.

»Mir wäre es auch lieber, wir müssten es nicht führen«, ertönte da eine andere Stimme. Elijah hatte offenbar genug davon, zu warten, ob Alec mich überzeugen konnte, hierzubleiben.

Er kam mit den Händen in den Taschen herein, in einem schwarzen Hoodie und Jeans, und wirkte trotz der Pose sehr angespannt. Seine Ärmel waren hochgeschoben und die Linien der Tattoos offenbarten die verhärteten Muskeln an seinen Unterarmen. Dunkle Schatten zeichneten sich unter seinen Augen ab, so als hätte er die ganze Nacht nicht geschlafen. Schon gestern war mir aufgefallen, dass die Kanten seines Gesichts deutlicher hervortraten, aber heute sah er aus, als wäre er von den Toten auferstanden. Und trotzdem war er attraktiver denn je.

Ich verschränkte die Arme, hob das Kinn, um mir meine Gedanken nicht ansehen zu lassen.

»Dann sind wir uns ja einig. Bis dann, Alec.« Damit drehte ich mich um und lief zur Wohnungstür. Nur um einen Meter weiter von zwei Worten gestoppt zu werden, deren Tonfall mir mitten ins Herz schnitt.

»Bitte bleib.« Elijah klang weich, fast schon flehend. »Ich verstehe, dass du mich nicht sehen willst, und du musst danach auch nie wieder mit mir im gleichen Raum sein, aber bitte bleib und hör mich an.«

Ich wandte mich um und begegnete seinem Blick, der so gebrochen wirkte wie nie. Nicht einmal in der Nacht, als ich ihn aus seinem Albtraum geweckt hatte, war er so erschüttert gewesen. Kälte kroch mir in die Glieder, als hätte man die Klimaanlage ein paar Grad kühler gedreht. Was war hier los?

»Okay.« Ich blieb stehen, wo ich war, nur wenige Meter vom Ausgang entfernt. Eine Fluchtmöglichkeit war sicher nicht die schlechteste Idee.

»Wenn ihr mich braucht, ich bin nebenan.« Alec nahm eine Tasse vom Küchentresen, dann zog er die Schiebetür zu, die vermutlich zu den anderen Räumen der Wohnung führte. Elijah und ich blieben zurück.

Genau wie ich setzte er sich nicht. Seine Dunkelheit bildete einen scharfen Kontrast zu all der Helligkeit um uns herum. Obwohl er groß war, wirkte er in diesem riesigen Raum verloren. Vielleicht lag es auch nicht am Raum. Vielleicht lag es an ihm.

Er schien sich sammeln zu müssen, als wäre das, was er mir sagen wollte, so furchtbar, dass er es kaum über sich brachte. Es machte mir Angst, diesen Ausdruck auf seinem Gesicht zu sehen, aber ich war wie festgefroren und sagte kein Wort, um ihn zu ermutigen.

»Ich habe die letzten vier Monate damit verbracht, herauszufinden, wer mich damals entführt hat«, begann er schließlich. »Deswegen war ich in England, nicht wegen Matilda oder dem, was … was geredet wurde.«

Beinahe hätte ich geschnaubt, weil das wohl kaum *Gerede* gewesen war, befeuert von niemand anderem als ihm selbst. Aber ich schwieg, denn die Tatsache, dass er mir gerade offenbart hatte, warum er weg gewesen war, nahm mehr Platz in meinem Kopf ein als Matilda oder das Video von ihrem Kuss.

»Das heißt, du hast ihn in England gesucht?«

»Nein. Ich habe den Mann gesucht, der mir die hier zugefügt hat.« Elijah zog den Kragen seines Pullovers herunter und berührte sein Schlüsselbein – und obwohl man die Narben unter dem Tattoo nicht mehr sehen konnte, wusste ich, dass sie dort waren. Ich hatte sie gespürt, in den beiden Nächten, in denen wir … Ich stoppte meine eigenen Gedanken. »Und er hat mich zu demjenigen geführt, der dafür verantwortlich ist. Hier in New York.«

»Wer ist es?«, fragte ich leise. Wenn er solche Probleme damit hatte, es mir zu sagen – und es gleichzeitig für so wichtig hielt –, dann musste es jemand sein, den ich kannte. Und da ich in New York kaum Leute kannte, blieb nur …

»Dein Vater«, brachte Elijah heraus und ich hörte, wie er mit den Worten kämpfte. »Harrison Grant.«

Ich starrte ihn an und die ganze Welt schrumpfte auf diesen Punkt zusammen, auf diese eine Behauptung, deren Bedeutung nur sehr langsam in mein Bewusstsein vordrang. Sie stieß auf Widerstand, auf eine Mauer aus Unglauben, und ließ mich den Kopf schütteln, so heftig, dass mein Nacken schmerzte.

»Nein«, brachte ich hervor. »Das ist nicht wahr.«

Elijah machte einen Schritt auf mich zu, ich trat zwei zurück. »Ich kann mir vorstellen, dass dich das schockiert, aber –«

»Hör auf damit!«, unterbrach ich ihn hart. »Du redest hier über meinen Vater! Das ist völliger Schwachsinn!« Er war sicherlich nicht der warmherzigste Mensch auf dem Planeten, aber er würde doch niemals ein Kind entführen. Schließlich hatte er selbst welche.

»Glaubst du, ich würde dir das sagen, wenn ich mir nicht absolut sicher wäre?« Elijah sah mich an und die Verzweiflung in seinem Blick war so eindringlich, dass in mir alles taub wurde. »Ich weiß, was das für dich bedeutet, verdammt! Aber ich konnte es dir nicht verschweigen, ich –«

»Hast du irgendeinen Beweis dafür?«, fiel ich ihm erneut ins

Wort. »Irgendwas, das bestätigt, dass er das getan hat?« Vielleicht war es ein Irrtum, vielleicht deuteten irgendwelche Indizien auf Grant hin, am Ende war es jedoch ein anderer gewesen. Nach all der Zeit war das durchaus möglich.

»Nichts, was ich dir vorlegen kann. Aber ich habe den Typen aus England hierher verfolgt, nachdem er vor mir geflüchtet ist, und er ist auf direktem Wege zu deinem Vater gefahren.«

Ich hatte den Mund bereits für ein spöttisches »Das ist alles?« geöffnet, da kam mir etwas in den Sinn. Das Gespräch, das ich belauscht hatte, im Haus meines Dads, als Alyssa ihm Wade vorgestellt hatte. Da war dieser Typ gewesen, der davon gesprochen hatte, dass er verfolgt wurde. Der gesagt hatte, dass mein Vater es ihm schuldig war, ihn vor dieser Person zu beschützen. War es dabei um Elijah gegangen?

Oh Gott.

Ich wollte die Frage eigentlich nicht stellen, aber etwas in meinem Inneren schien entschieden zu haben, dass es sein musste. »Wie hieß der Mann, der dich damals verletzt hat?« Meine Stimme zitterte.

Auf Elijahs Gesicht zeigte sich Verwirrung. »Warum willst du das wissen?«

»Sag es mir einfach, verflucht!« Ungeduld mischte sich in meinen Widerwillen, zu akzeptieren, was er mir zu sagen versuchte. Aber ich musste es wissen. Ich brauchte Gewissheit.

»Tom Baker.«

Und plötzlich war da die Stimme meines Vaters in meinem Kopf.

Ich schulde dir gar nichts, Baker. Schließlich habe ich dich damals ziemlich gut für deine Dienste bezahlt, wenn du dich erinnerst.

Elijah hatte recht.

Mein Vater hatte ihn entführt.

Ich sank auf den nächstbesten Sessel, meine Beine trugen

mich nicht mehr. Diese Erkenntnis war einfach zu heftig. Sie drückte mich so herunter, dass es mich nicht gewundert hätte, wenn ich durch sämtliche Stockwerke bis in die Lobby von Coldwell House gefallen wäre. Ich bekam kaum Luft, war wie gelähmt, alles verschwamm vor meinen Augen. Auch Elijah, der vor mir auf die Knie ging und die Hände ausstreckte, mich aber nicht berührte.

»Felicity, es tut mir so leid.« Seine Stimme brach und ich spürte, wie mich ein Schmerz erfasste, der mit nichts zu vergleichen war, das ich bisher erlebt hatte. Aber da war immer noch eine Frage, die offen war. Eine, auf die ich eine Antwort brauchte, auch wenn mich das wohl endgültig zerstören würde.

»Was hat er getan?« Ich schaute auf, mein Blick stellte sich scharf. »Was hast du mit angesehen, dass er es für nötig gehalten hat, dich zu entführen?«

Elijah holte Luft und stand auf, entfernte sich von mir.

»Das kann ich dir nicht –«, begann er und in mir hakte etwas aus.

»*Was* hat er getan?!«, brüllte ich ihn an.

Elijah fuhr zu mir herum.

»Er hat jemanden töten lassen!«, rief er.

Stille trat ein. Eine Stille, die sich wie ein Vakuum anfühlte, in dem ich nicht existieren konnte. Dabei hatte ich das doch längst gewusst.

Ich hatte es gewusst, bereits in der Nacht, als er mir davon erzählt hatte und die Details ausließ. Der neunjährige Elijah hatte einen Mord mit angesehen und daraufhin war er entführt worden, um herauszufinden, ob er es jemandem verraten hatte. Ich war damals schon fassungslos gewesen angesichts dieser eiskalten Tat gegenüber einem unschuldigen Kind, aber das war nichts im Verhältnis zu dem, was ich jetzt empfand. Ich hatte Elijahs Albträume erlebt, ich wusste, wie sehr er unter dem litt, was passiert war – wie hart er dafür kämpfen musste, trotzdem ein Leben zu führen, das diese Bezeichnung verdiente. Und schuld daran war der Mann, der mich gezeugt hatte. Der Mann, der mir gegenüber den fürsorglichen Vater mimte, seit ich in New York war. Der sich angeblich nichts mehr gewünscht hatte, als mich kennenzulernen.

Ein Schluchzen entfuhr meiner Kehle und ein Teil von mir wollte auf diesem sauteuren Teppich zusammenbrechen und weinen. Der andere wusste jedoch, wenn ich das tat, würde ich nie wieder aufstehen. Also presste ich die Hand auf den Mund und unterdrückte die Tränen, während es mir mit meinem Schmerz nicht gelingen wollte. Elijah stand vor mir, ohne ein Wort zu sagen, und plötzlich wurde mir etwas klar.

»Deswegen das mit der Prinzessin, oder? Weil du es da schon geahnt hast und nicht ertragen konntest, mit der Tochter des Mannes zusammen zu sein, der dir das angetan hat.«

»Was? Nein!« Elijah sah mich ehrlich schockiert an, als wäre es absurd, auf eine solche Idee zu kommen. »Damit hatte es überhaupt nichts zu tun!«

»Warum sonst?« Es musste damit zusammenhängen, es musste. Denn dann ergab sein Verhalten endlich einen Sinn. Wenigstens das.

Er presste die Lippen aufeinander, schien aber zu dem Schluss zu kommen, dass diese Wahrheit im Vergleich zu allen anderen auch nicht mehr ins Gewicht fiel.

»Weil er dich bedroht hat.«

»Er hat … *was?*«

»Dich bedroht.« Elijah sagte es schlicht, aber seine Stimme bebte. »Ich habe dir von den Fotos erzählt, die ich bekommen habe. Die mit den Fadenkreuzen, erinnerst du dich? Die dazu dienen sollten, dass ich den Mund halte, weil sonst jemandem was passiert, der mir wichtig ist.«

Ich nickte nur, zu mehr war ich nicht in der Lage. Natürlich wusste ich das noch. Ich hatte nichts aus dieser Nacht vergessen.

Elijah atmete tief ein. »Kurz bevor ich … bevor dieses Video gemacht wurde, hat man mir ein weiteres Foto geschickt. Von dir.«

Ein Foto von mir? Und ich hatte geglaubt, es könnte nicht noch schlimmer werden. Was für ein Irrtum. Oder war das einfach ein schrecklicher Albtraum, aus dem ich irgendwann erwachen würde?

»Mein eigener Vater hat mich bedroht? Wozu das denn?«

»Wahrscheinlich aus ähnlichen Gründen wie damals.« Elijahs Gesicht war starr vor mühsam beherrschter Wut. »Ich war bereits auf der Suche nach meinem Entführer. Er hat dich benutzt, um mich davon abzubringen. Und ich habe keinen anderen Weg gesehen, um dich zu beschützen.«

»Deswegen hast du das getan«, flüsterte ich. »Deswegen hast du sie geküsst.«

»Ja«, antwortete er leise. »Zwischen Matilda und mir war nie etwas. Nichts außer der Abmachung, dass sie mir hilft, alle Welt glauben zu lassen, wir wären ein Paar. Sie ist als Mitglied der königlichen Familie unantastbar, ihr kann nichts passieren. Ganz im Gegensatz zu dir.«

Zwischen all diesen grauenhaften Enthüllungen blitzte ein winziger Funke Erleichterung auf, denn plötzlich war mir alles klar. Warum Elijah diesen krassen Cut gemacht hatte, nachdem ich geglaubt hatte, wir würden gemeinsam herausfinden wollen, was das mit uns war. Warum er es auf diese drastische Weise getan hatte, ohne mit mir zu reden. In aller Öffentlichkeit und mit Matilda, die so gut geschützt war, dass er sich um sie keine Sorgen machen musste.

Vielleicht lag es an diesem Funken, dass ich mich auf den

Aspekt konzentrierte, statt alles andere zuzulassen. Vielleicht war das meine Form von Selbstschutz.

»Warum hast du mir das nicht gesagt?«, fragte ich. Hatte Elijah nicht genug Vertrauen zu mir gehabt, um mich einzuweihen?

»Ich wollte nicht, dass du Angst bekommst.« Er schüttelte den Kopf. »Ich wollte nicht, dass dein Leben in New York zum Albtraum wird, nur weil du den Fehler gemacht hast …« Das Ende des Satzes blieb offen, aber ich wusste, wie er weitergehen sollte.

»Mich in dich zu verlieben?«

Er sah zur Seite, ich erkannte trotzdem, dass Tränen in seinen Augen schimmerten. Keine Antwort drang durch seine zusammengepressten Lippen, aber ich sah sie in seinem Blick. Ich konnte mir vorstellen, durch welche Hölle er gegangen sein musste, nachdem er dieses Bild von mir zugeschickt bekommen hatte. Niemand kannte Angst besser als er, niemand wusste so genau, was es bedeutete, wenn man sich niemals, nirgendwo sicher fühlte. Er hatte mir das ersparen wollen. Er hatte geglaubt, dass es besser wäre, wenn ich ihn verlor als meine Sicherheit. Und das alles nur wegen meinem Vater.

Mein Vater, der mir gesagt hatte, er würde sich für mich freuen.

Mein Vater, der mich in den Arm genommen hatte, nachdem ich das Video gesehen hatte.

Mein Vater, der mir versichert hatte, alles würde gut werden, während er genau wusste, warum Elijah diesen drastischen Weg gewählt hatte, um sich von mir zu trennen.

Er hatte das alles geplant.

Als mir das bewusst wurde, begann ich doch zu weinen, vor Schmerz, vor Schock, aber auch vor Wut und Scham, weil ich mein Leben lang gehofft hatte, er würde sich eines Tages für mich interessieren. Ich war darauf reingefallen, ich war auf ihn reingefallen. Und in diesem Moment wünschte ich mir, ich hätte mich nie in das Flugzeug nach New York gesetzt, um ihn um das Geld für mein Studium zu bitten. Wie viel Schmerz wäre mir erspart geblieben?

Mein Blick fiel auf Elijah.

Wie viel Schmerz wäre *uns* erspart geblieben?

15
Elijah

Zu sehen, wie Felicity unter all diesen fürchterlichen Wahrheiten zerbrach, war fast schwerer für mich zu ertragen, als es selbst erfahren zu haben. Ein Teil von mir hatte Angst gehabt, dass sie mir kein Wort abnehmen würde, aber ab dem Punkt, als sie nach Bakers Namen gefragt hatte, war mir klar gewesen, dass sie mir glaubte. Nicht, dass das besser war. Es tat mir unendlich weh, sie schon wieder verletzen zu müssen. Ihr sagen zu müssen, was ihr Vater getan hatte. Ihr sagen zu müssen, was ich getan hatte, um sie zu beschützen.

Als sie in Tränen ausbrach, hielt ich es nicht mehr aus, Abstand zu ihr zu halten. Ich lief zu ihr, ging vor ihr in die Hocke und als sie aufsah, berührte ich sie an den Schultern, genau wie damals im Lestrange – ein stummes Angebot, für sie da zu sein. Und auch diesmal nahm sie es an, erhob sich halb und schlang ihre Arme um meinen Hals, während ihr Schluchzen in meinen Körper überging. Nur mit Mühe schaffte ich es, nicht ebenfalls zu weinen, aber der Kloß in meinem Hals war hartnäckig und meine Augen längst feucht.

Für einen wundervoll schmerzhaften Moment ließ Felicity zu, dass ich sie festhielt. Aber dann machte sie sich los, brachte jedoch keinen Abstand zwischen uns, sondern sah mich an, ihr Gesicht nur wenige Zentimeter von meinem entfernt. Und plötzlich rückte alles in den Hintergrund, all die niederschmetternden Erkenntnisse und der Kummer, den sie verursacht hatten. Da waren nur sie und ich und diese Anziehung, die nicht von dieser Welt zu sein schien.

Ich hob die Hand, berührte ihre Wange, murmelte ihren Spitznamen und es klang eher verzweifelt als liebevoll. Ihre Lippen öffneten sich leicht, als wollte sie antworten. Und ich hoffte. Ich hoffte auf etwas, von dem ich wusste, dass es nicht passieren würde.

Denn im nächsten Augenblick unterbrach sie den Kontakt und es war vorbei.

Felicity wandte sich ab und entfernte sich von mir, auf jede Weise, die möglich war. Sie legte die Arme um ihren Körper, ging ans Fenster, von wo aus man einen atemberaubenden Blick auf New York hatte. Ich richtete mich auf, machte einen Schritt auf sie zu, aber sie hob die Hand.

»Nein«, wehrte sie ab, die Stimme rau vom Weinen. »Bitte lass mich.«

Ich wusste nicht, warum genau sie mich zurückwies, mir war jedoch klar, dass ich jedes Recht verwirkt hatte, für sie da zu sein. Trotzdem war es schrecklich, neben ihr zu stehen, ohne ihr helfen zu können. Vor allem, weil ich für ihren Kummer verantwortlich war.

»Ich habe dir nie wehtun wollen«, flüsterte ich erstickt. »Das war das Letzte, was ich wollte. Aber ich hatte keine Wahl.« Der Satz versetzte mich zu dem Moment zurück, als mir das bewusst geworden war. Und zu dem Gespräch mit der Prinzessin, das wir geführt hatten, nachdem ich sie angerufen hatte.

»Du willst was *tun?« Matilda starrte mich an. Sie war vor fünf Minuten in meiner Wohnung angekommen, gerade lang genug, um ihr zu erklären, was ich vorhatte.*

»Ich glaube, du hast es verstanden.« In der Zeit, die sie gebraucht hatte, um zu mir zu fahren, hatte ich mich umgezogen und dafür gesorgt, dass ich nicht mehr so aussah, als hätte ich soeben eine der schlimmsten Panikattacken meines Lebens gehabt. Allerdings war ich nicht sicher, ob das eiskalte Wasser und die frischen Klamotten etwas gebracht hatten, denn die Prinzessin schaute mich an, als würde sie ernsthaft an meinem Geisteszustand zweifeln.

»Warum? Und bitte keine dämlichen Ausflüchte.« Wenn sie in ihrem britischen Akzent fluchte, hatte mir das in der Vergangenheit immer ein Grinsen entlockt, aber jetzt verzog ich keine Miene. Das hier war todernst. Im wahrsten Sinne des Wortes.

Ich hatte keine Zeit zu verlieren, deswegen brachte ich es auf den Punkt. »Ich habe mich verliebt und nun muss ich das Mädchen beschützen, weil man sie bedroht. Dafür brauche ich deine Hilfe.« Mein Puls war immer noch zu hoch. Wenn ich daran dachte, dass ich vor einigen Stunden so entspannt wie selten in Felicitys Bett aufgewacht war, kam es mir vor, als wäre das ein anderes Zeitalter gewesen.

Matilda stieß die Luft aus und lief ein paar Schritte auf und ab. Ich sah ihr die Skepsis an.

»Und du denkst, das ist die einzige Möglichkeit? Du wirst ihr das Herz brechen, und zwar auf die grausamste Weise. Bist du sicher, dass du das willst? Wenn sie auch in dich verliebt ist, wird es sie zerstören, so ein Video von uns zu sehen.«

»Ich werde vor allem denen, die sie bedrohen, klarmachen, dass sie kein Thema für mich ist. Alles andere ist unwichtig.«

Sie zögerte immer noch. Aber ich hatte meine Gründe, genau sie darum zu bitten. Matilda war als Prinzessin von Großbritannien jederzeit von Security umgeben – das einzige Argument dafür, dass ihre beiden Beschützer gerade vor meiner Tür standen und nicht in der Wohnung, war mein Status als ihr sicherer Kontakt, den ich nach einem ausführlichen Backgroundcheck und mehreren Monaten Freundschaft erhalten hatte. Niemand würde sie bedrohen oder auch nur auf die Idee kommen, sie anzugreifen. Sie war meine beste Option. Eigentlich war sie meine einzige. Wenn ich mich mit ihr zeigte und unmissverständlich klarmachte, dass wir genau das Verhältnis hatten, das man uns bereits seit Jahren unterstellte … würde das Felicity aus dem Spiel nehmen. Ich wollte mir zwar nicht vorstellen, in welches Loch ich fallen würde, wenn mir bewusst wurde, dass dieser Plan auch uns beiden den Todesstoß versetzte. Aber das würde ich aushalten müssen.

Ich sah Matilda an. »Wenn du es nicht machen willst, wegen Ezra oder etwas anderem …«

»Das ist nicht der Punkt, Elijah.« Sie verengte die Augen. »Ich spiele mein ganzes Leben bereits eine Rolle und habe kein Problem damit, dich in aller Öffentlichkeit zu küssen oder so zu tun, als wären wir ein Paar. Und Ezra ist schon lange kein Thema mehr für mich. Ich bin nur nicht sicher, ob du *es bereuen wirst. Du befindest dich gerade im Ausnahmezustand und –«*

»Ich weiß, was ich tue«, unterbrach ich sie hart. Diese Aktion war etwas, das ich auf jeder Ebene verabscheute, aber sie war notwendig. Felicity war bedroht worden und da ich sie nicht rund um die Uhr beschützen konnte, musste ich dafür sorgen, dass sie aus der Schusslinie geriet. Meine Panikattacke war ein Zeichen gewesen, dass ich radikale Lösungen brauchte. Dieser Plan war eine solche Lösung und ich würde ihn durchziehen.

»Okay.« Matilda schien sich geschlagen zu geben. »Und wo willst du es machen?«

»Irgendein öffentlicher Ort, wo uns jemand sieht, der es sofort weitertratscht.«

»Da hätte ich eine Idee.« Sie nahm ihr Smartphone. »Ich habe

heute gepostet, während ich auf Shoppingtour war, und dabei erwähnt, dass ich am Abend im Mandarin Oriental zum Dinner verabredet bin. Sicherlich warten die Fotografen und Bloggerinnen schon dort auf mich. Wenn wir es da machen, wird es noch heute zur Sensation.« Ihre Stimme ging am Ende des Satzes eine Nuance hoch und ich hörte die unausgesprochene Frage, ob ich wirklich keinen anderen Weg sah.

»Lass uns fahren«, antwortete ich nur.

Ich ließ Buddy in der Wohnung, weil ich sicher war, nach unserer Show schnell wieder zu Hause zu sein, und stieg in der Tiefgarage in Matildas Wagen. Während der kurzen Fahrt zum Mandarin Oriental, das nur einige Blocks entfernt lag, dachte ich daran, wie dumm ich gewesen war. Wie hatte ich glauben können, dass ich tatsächlich eine Beziehung haben konnte? Dass ich mit einem Mädchen wie Felicity zusammen sein konnte, ohne dass es Konsequenzen haben würde? Nun hatte ich sie mit da reingezogen und würde ihr furchtbar wehtun. Und das nur, weil ich nicht diszipliniert genug gewesen war, meine Gefühle unter Kontrolle zu halten. Ich hätte es besser wissen müssen.

»Du weißt, dass diese Sache einiges nach sich ziehen wird, oder?« Matilda sah mich von der Seite an. »Bisher war das zwischen uns nur ein Gerücht ohne Beweise, aber wenn wir den liefern, werden alle Blicke auf uns gerichtet sein, hier und in der ganzen Welt. Du hasst so etwas mehr als jeder andere Mensch, den ich kenne. Wirst du damit zurechtkommen?«

Ich nickte nur. Sie hatte recht mit ihren Bedenken und ich wusste, sie meinte es gut. Matilda war kein bisschen oberflächlich, anders als die Medien es behaupteten, und sie sorgte sich um die Menschen, die ihr wichtig waren – ihre Eltern, ihre Geschwister, ihre Freunde. Aber auch dafür hatte ich einen Plan.

»Das ist kein Problem«, antwortete ich. »Denn ich plane ohnehin, eine Weile aus New York zu verschwinden.« Vanderbilt hatte

seinen Firmensitz in Chicago und auch wenn sein merkwürdiges Verhalten keine eindeutige Spur war, würde ich bei ihm anfangen. Ich musste endlich herausfinden, wer mich damals entführt hatte, denn sonst würde ich nie Frieden in mir finden. Nichts war mir heute klarer geworden als das. Ich konnte die Ängste im Zaum halten, ich konnte mit ihnen umgehen, aber ich würde sie nie loswerden, wenn ich nicht das loswurde, was sie ausgelöst hatte. Und das war der Mann, der dafür gesorgt hatte, dass ich eingesperrt und misshandelt worden war.

»Was wird deine Mutter dazu sagen?« Matilda klang besorgt mit einem Hauch Spott.

»Das ist mir scheißegal.« Auch in der Firma hatte ich keine Zukunft, wenn ich meine Probleme nicht endlich in den Griff bekam. Mom würde das verstehen, wenn ich es ihr erklärte, sobald ich den Täter gefunden hatte.

Der Wagen hielt vor dem Hotel und wir stiegen aus, gingen zur Vordertür. Wie Matilda vermutet hatte, waren bereits Paparazzi vor Ort, die wie wild fotografierten und der Prinzessin und mir Fragen zuriefen, von denen wir nicht eine einzige beantworteten. Als sich die Türen zur Lobby hinter uns schlossen, wurde das Geschrei leiser – das Hotel erlaubte nicht, dass die Typen hier reinkamen. Aber ich setzte ohnehin auf etwas anderes. Denn nichts verbreitete sich schneller als ein Video, das von jemandem aus der Upper Class aufgenommen wurde. Und von denen saßen einige in der Lobby, vermeintlich bei einem Kaffee oder einem frühen Drink. Ich erkannte mindestens fünf junge Frauen, die uns verstohlene Blicke zuwarfen und dann ihre Handys zückten, um zu filmen. »Das ist Elijah Coldwell«, sagte die eine zur anderen und ich wusste, ich würde bekommen, was ich wollte.

Ich nahm Matildas Hand und zog sie mit sanftem Druck zu einem der Aufzüge. Wenn ich wollte, dass man uns das abkaufte, brauchte ich das richtige Setting. Und den Leuten vorzumachen, dass wir es nicht abwarten konnten, aufs Zimmer zu gehen und Sex zu haben, war das wirksamste Szenario überhaupt.

Matilda folgte mir in die Kabine und lehnte sich gegen die verspiegelte Wand. »Letzte Chance«, raunte sie so, dass man es ihr nicht von den Lippen ablesen konnte.

Ich schüttelte leicht den Kopf. »Ziehen wir es durch«, antwortete ich in gleicher Manier.

Ich atmete ein, ignorierte die Leute, sah nur Matilda an. Dann zog ich sie an mich und besiegelte mit einem Kuss das Ende von Felicity und mir.

Ich kehrte in die Gegenwart zurück, zu dem Mädchen, dem ich das Herz gebrochen hatte. Felicity schien mich jedoch gar nicht gehört zu haben, denn sie starrte immer noch aus dem Fenster.

»Was soll ich denn jetzt machen?«, fragte sie, mehr an sich gewandt als an mich, und ich ahnte, welche Gedanken ihr durch den Kopf gingen: Wie sie ihrem Vater je wieder unter die Augen treten sollte. Wie sie weiterhin in New York leben sollte, wenn er auch hier war.

Hinter mir öffnete sich die Schiebetür.

»Hey, kann ich etwas tun?« Alec schien die plötzliche Stille beunruhigt zu haben, davon zeugte sein zutiefst besorgter Gesichtsausdruck. Garantiert hatte er Felicity gehört, wie sie mich anbrüllte, was ihr Vater getan hatte, und sicher auch meine Erwiderung darauf. Die Türen in dieser Wohnung waren massiv, aber nicht schalldicht.

Ich holte tief Luft, meine Schultern hoben sich und senkten sich dann wieder nach unten. Ich hatte keine Antwort für ihn. Denn was sollte man schon für jemanden tun, der gerade erfahren hatte, dass sein Vater ein Monster war?

Felicity sah zu uns, entdeckte Alec und schluchzte erneut,

bevor sie auf ihn zulief und die Arme um ihn schlang, wie sie es vorhin noch bei mir getan hatte. Nur, dass sie diesmal nicht nach kurzer Zeit losließ, sondern bei ihm blieb, während er ihr über den Rücken strich und murmelte, dass alles wieder gut werden würde.

Der Anblick der beiden war quälender, als ich es mir je hätte ausmalen können, aber auch nachvollziehbar. Alec war in den letzten Monaten für sie da gewesen, nachdem ich sie im Stich gelassen hatte. Daran änderte die Tatsache, dass sie nun meine Beweggründe kannte, rein gar nichts. Ihr Vertrauen zu mir war zerstört. Endgültig.

Ich überlegte, einfach die Wohnung zu verlassen, weil ich so offensichtlich nicht mehr gebraucht wurde und mich wie ein Eindringling fühlte. Da löste Felicity sich von Alec.

»Ich muss hier weg«, sagte sie leise zu ihm. »Ich muss nach Hause.«

Alec warf mir einen Blick zu, bevor er sich wieder ihr zuwandte. »Ich kann dich fahren.« Er griff nach einer Taschentuchbox auf dem Couchtisch. Ich hätte auch Frank bitten können, sie zu bringen, war mir aber sicher, dass sie das Angebot nicht annehmen würde.

»Nein, nicht in meine Wohnung.« Sie nahm ein Tuch und drückte es sich auf die Augen. »Ich muss nach L.A. zu meiner Mom. Sie fragen, ob sie etwas davon geahnt hat. Ob sie deswegen nicht wollte, dass Grant Kontakt zu mir hat.«

»Wenn sie so etwas geahnt hätte, dann hätte sie dich doch niemals in seine Nähe kommen lassen«, beschwichtigte Alec und sprach damit aus, was ich selbst auch schon überlegt hatte.

»Aber sie muss doch Gründe gehabt haben.« Felicity unterdrückte sichtbar bemüht weitere Tränen. »Sie wollte mich beschützen und ich war deswegen böse auf sie. Das … Das war schrecklich unfair von mir.«

»Ich bin sicher, dass sie dir das verzeihen wird«, sagte ich sanft und brachte sie so dazu, mich anzusehen. Es dauerte nur kurz, dann schaute sie wieder weg. Als könnte sie es nicht aushalten.

»Er darf es nicht erfahren«, murmelte sie. »Er darf nicht erfahren, dass ich es weiß. Ich brauche einen Flug nach L.A., ich …« Sie kramte ihr Smartphone aus der Tasche, aber Alec hielt sie mit einer leichten Bewegung zurück.

»Wir regeln das«, sagte er und hatte sein eigenes Telefon bereits in der Hand. »Ich rufe Ezra an.«

»Ezra weiß es auch?« Felicitys tränennasse Augen wurden groß.

»Nein, er weiß nichts.« Alec brachte es fertig, zu lächeln, mir gelang das nicht. Ich wusste nicht, ob es mir ihr gegenüber je wieder gelingen würde. »Aber seine Eltern haben einen Jet und die fliegen ständig zwischen Los Angeles und hier hin und her, wegen Filmproduktionen. Auf die Art kommst du schnell dorthin, ohne Aufsehen zu erregen.«

»Oh ja, ein Flug mit dem Privatjet ist ja so was von wenig aufsehenerregend.« Sie lachte traurig auf. »Nein, kommt nicht infrage. Ich fliege Linie. Und ich buche den Flug selbst. Mein Vater … er darf nicht mitkriegen, warum ich gehe. Ich brauche einen Grund, am besten einen sehr guten.«

Es brach mir das Herz, dass sie so weit dachte, obwohl sie gerade wahrscheinlich kaum einen klaren Gedanken fassen konnte. Ihre Hände zitterten, als sie den Saum ihrer Strickjacke umfasste und zusammenrollte. *Meine* Hände schmerzten, weil ich sie so unbedingt auf ihre legen wollte. Stattdessen ballte ich sie zu Fäusten.

»Sag, dass deine Mutter dich braucht«, schlug Alec vor. »Oder einer deiner Freunde. Ich kann mir nicht vorstellen, dass er das nachprüfen wird.«

»Nein, vermutlich nicht.« Sie strich sich fahrig durch die Haare, die sich aus dem Zopf gelöst hatten. »Ich müsste mal kurz ins Bad.«

»Klar. Gleich da vorne, zweite Tür rechts.«

Ich sah ihr hinterher, beobachtete jeden einzelnen Schritt, um abschätzen zu können, wie stabil sie nach allem, was sie erfahren hatte, war. Das Ergebnis war nicht sonderlich beruhigend. Mir wäre es lieber gewesen, sie wäre nicht Hals über Kopf aus der Stadt geflüchtet, aber auch wenn sie Alec offensichtlich vertraute, brauchte sie jetzt Menschen um sich, die mehr waren als gute Bekannte. Sie brauchte ihre Familie. Nur lebte die dummerweise sechs Flugstunden entfernt.

Alec sah mich skeptisch an. »Glaubst du, wir können sie in dem Zustand allein fliegen lassen?«

»Keine Ahnung, aber haben wir eine Wahl? Sie hat recht, wenn Grant Wind davon bekommt, dass ich es ihr gesagt habe … das wäre nicht gut.«

»Und mit *nicht gut* meinst du eigentlich, es wäre eine Katastrophe.«

»Ja, allerdings.« Wie Grant reagieren würde, war schwer einzuschätzen – ich wollte nach wie vor nicht daran glauben, dass er seiner eigenen Tochter tatsächlich etwas antun würde, um seine Interessen zu wahren. Aber möglich war es. Schließlich gab es viele Kriminelle, die nicht vor Mord oder Raub zurückschreckten, aber niemals den Tod eines Kindes befehlen könnten. Er hatte es getan.

»Ich denke immer noch, sie mit Ezra nach L.A. fliegen zu lassen wäre die beste Idee«, sagte Alec. »Wenn ich oder du sie begleiten, wirft das Fragen auf, aber er hat bestimmt irgendein Happening dort, das er unbedingt besuchen muss.«

»Dann müssten wir ihn einweihen.« Ich schüttelte den Kopf, um klarzumachen, dass das keine Option war. »Er ist nicht der

Sensibelste von uns, aber selbst er würde merken, wie beschissen es ihr geht. Und wir beide wissen, dass er nichts für sich behalten kann.« Ezra war eine Seele von Mensch, allerdings nicht gerade ein guter Geheimniswahrer. Wenn ich ihm davon erzählte, war kaum zu kontrollieren, vor wem ihm etwas darüber rausrutschte. Deswegen kam er als Begleitung nicht infrage.

»Okay, dann sollte sie aber wenigstens Business buchen. Yates' Meilen reichen dafür locker. So hätte sie immerhin ihre Ruhe.«

Ich nickte. »Sie muss nur den Flug überstehen. Wenn sie erst mal dort ist, wird es ihr besser gehen.«

»Und dir?« Alec hob eine Augenbraue und ich konnte mir denken, was für einen Eindruck ich gerade auf ihn machte. »Wie geht es dir, kommst du klar?«

»Ich habe keine andere Wahl, schätze ich.« Schließlich hatte ich eine Mission, die ich zu vollenden gedachte. Grant hatte zu viele Leben zerstört. Ich musste ihn aufhalten, ganz egal, was es mich kostete.

Alec suchte meinen Blick. »Es gäbe immer noch die Möglichkeit, Jess –«

»Nein«, unterbrach ich ihn. »Ich werde Jess da nicht auch noch mit reinziehen.«

»*Reinziehen* impliziert, du tust es gegen seinen Willen. Und so wie ich ihn kenne, wäre es kein bisschen gegen seinen Willen.«

»Ja, und genau das ist das Problem. Er –«

Ich wurde von Felicitys Rückkehr daran gehindert, den Satz zu beenden. Sie sah ein wenig frischer aus, auch wenn ihre Augen vom Weinen eindeutig gerötet waren. Immerhin wirkte sie einigermaßen gefasst.

»Ich habe nachgesehen, in drei Stunden geht ein Flug.«

»Dann fahre ich dich zum JFK. Buchen kannst du unterwegs.« Alec nahm seinen Autoschlüssel von der Anrichte. »Wir können vorher bei dir zu Hause vorbei und deine Sachen holen.«

»Danke, das ist lieb von dir.« Sie warf mir einen Blick zu, als fragte sie sich, ob ich ebenfalls mitkommen würde. Vielleicht wünschte ich mir das aber auch nur. Ich hatte nicht vergessen, dass sie sich nicht von mir hatte trösten lassen wollen, was ich immer noch sehr gut verstand. Abgesehen davon war es gefährlich, wenn man uns zusammen sah. Wenn ihr Vater uns zusammen sah. Nachdem er herausgefunden hatte, dass ich über Nacht bei ihr gewesen war, hatte er mir dieses Foto geschickt. Was würde er tun, falls sich das wiederholte?

Schweigen breitete sich zwischen uns aus, trieb uns voneinander weg und gleichzeitig zueinander hin. Alec schien es zu merken.

»Ich habe was vergessen, komme gleich.« Er verschwand in Richtung Schlafzimmer und Felicity und ich waren wieder allein. Nie hatte sich das fürchterlicher angefühlt als in diesem Moment.

Sie räusperte sich. »Danke, dass du es mir gesagt hast. Du hast recht, ich … ich musste das wissen.«

»Ich wünschte, ich hätte es nicht tun müssen«, antwortete ich ehrlich.

»Ja, ich auch.« Ein trauriges Lächeln, das so wunderschön war, dass in mir das Bedürfnis aufstieg, noch etwas hinzuzufügen. Etwas über meine Gefühle für sie, etwas Bedeutsames, etwas, das es besser machte. Aber das gab es auch jetzt nicht, also sagte ich das Einzige, was mir einfiel.

»Bitte pass auf dich auf.« Sie würde in Los Angeles viel sicherer sein als hier, trotzdem war es mir wichtig, dass sie auf sich achtgab.

»Das sollte ich besser dir raten, denke ich.«

»Können wir los?«, fragte Alec, der zurückgekehrt war. Er schien nicht dazwischenfunken zu wollen, aber es gab nichts weiter zu besprechen oder zu tun – außer sie gehen zu lassen.

Felicity nahm ihre Tasche, zog ihren Mantel über, ging zu Alec, der an der Tür auf sie wartete. Sie drehte sich nicht mehr zu mir um, kein Wort des Abschieds kam über ihre Lippen, genauso wenig wie über meine.

Und als sie die Wohnung verließ und die Tür leise hinter ihr ins Schloss glitt, fragte ich mich, ob ich sie wohl jemals wiedersehen würde.

16
Felicity

Bei der Ankunft nach meiner sechsstündigen Flugreise begrüßte mich Los Angeles mit strahlendem Sonnenschein. Die Temperaturen waren angenehm, aber das hatte ich kaum registriert, als ich den LAX verlassen hatte. Vielleicht war das ab jetzt so, vielleicht würde da immer eine gewisse Kälte in mir sein. Vielleicht war es Grants DNA, die das auslöste. Ich war die Tochter eines Psychopathen. Was machte das aus *mir?*

Ich hatte die Fahrt mit Alec und den ganzen Flug über in einer Art Schockstarre gesteckt, was mir merkwürdige Blicke meiner Sitznachbarn in der Business Class eingebracht hatte, da ich weder las noch einen Film schaute, sondern einfach nur vor mich hin stierte, als könnte ich auf diese Art begreifen, was ich erfahren hatte. Aber spätestens, nachdem ich der Stewardess von einem Todesfall in der Familie erzählt hatte, wurden die Reaktionen meiner Mitreisenden eher mitfühlend. Ich versuchte es zu ignorieren, weil ich genau wusste, wenn jetzt nur ein Mensch freundlich zu mir war, würde ich losheulen und nicht mehr damit aufhören können.

Meiner Mom hatte ich nichts davon gesagt, dass ich nach Hause kommen würde, deswegen nahm ich mir ein Taxi vom Flughafen bis zu unserer Wohnung und hoffte darauf, dass sie keinen Dienst hatte, wenn ich ankam. Mir war klar, dass ich es zwar ihr verraten durfte, aber niemandem sonst, auch nicht meinen Freunden. Und ich würde mich daran halten, obwohl ich keine Ahnung hatte, wie ich ihnen das verheimlichen sollte. Mein Vater war ein Krimineller. Er hatte jemanden ermorden lassen und daraufhin Elijah entführt, weil der den Mord beobachtet hatte. Mein Vater war dafür verantwortlich, dass Eltern Tochter oder Sohn verloren hatten – und dass ein Mann, dem die ganze Welt zu Füßen gelegen hatte, nun für sein Leben gezeichnet war.

Wir tauchten in die vertrauten Straßen ein, aber meine Gedanken waren noch bei Elijah. Er glaubte vielleicht, dass ich mich von ihm losgemacht hatte, weil ich seine Nähe nicht wollte. Das Gegenteil war jedoch der Fall. Ich hatte es getan, weil ich sonst in meine Einzelteile zerfallen wäre. Zu wissen, warum er sich im November so abrupt von mir abgewendet hatte, hatte zwar kurz für Erleichterung gesorgt, aber in dem Moment, als wir uns angesehen hatten, war all das, was wir hätten sein können, vor meinem inneren Auge vorbeigezogen. Die Erkenntnis, dass wir es verloren hatten, war zu viel gewesen. Ich hatte in einem Stück bleiben müssen, um die Stadt zu verlassen.

Ich seufzte tief und nahm dann mein Smartphone. Im Flugzeug hatte ich meinem Vater eine kurze Nachricht geschickt, dass meine Mom sich den Fuß gebrochen hatte und ich nach L.A. musste, um ihr zu helfen. Alec hatte das vorgeschlagen und ich hoffte, dass niemand nachprüfen würde, ob es stimmte. Grant war jedenfalls nichts anzumerken gewesen. Er hatte mir geantwortet, dass ich meiner Mutter gute Besserung wünschen sollte – und mich melden, wenn ich irgendetwas brauchte. Aber obwohl sich seine Nachricht nicht von denen unterschied, die er mir sonst schickte, war mir eine Gänsehaut die Arme hochgekrochen.

Unser Haus kam in Sicht und ich holte meine Kreditkarte hervor, um das Taxi zu bezahlen. Der Fahrer wünschte mir einen schönen Tag, sein Blick war mitleidig. Wahrscheinlich dachte er, ich wäre von meinem Freund verlassen worden oder so etwas.

Ich schulterte meine Reisetasche, die ich hastig mit ein paar Sachen gefüllt hatte, und ging zur Haustür. Es fühlte sich vertraut an, meinen Schlüssel zu benutzen und den Knauf dabei zu mir ziehen zu müssen, weil sie klemmte. Aber ansonsten kam es mir vor, als wäre es Ewigkeiten her, dass ich das zuletzt getan hatte. Als wäre ich um Jahre gealtert, seit dieser Ort mein Zuhause gewesen war.

Während ich die Treppe nach oben stieg, war nur ein Mantra in meinem Kopf: *Bitte sei da. Bitte sei da. Bitte sei da.*

Dann klopfte ich an die Wohnungstür, weil ich meine Mom nicht zu Tode erschrecken wollte, indem ich einfach aufschloss. Darauf zu warten, ob sie öffnete, war unerträglich, und fast gab ich die Hoffnung schon auf, da hörte ich Schritte. Eine Sekunde später stand sie vor mir.

»Felicity?« Sie sah mich mit großen Augen an. »Was machst du denn hier, meine Süße?«

»Mom, ich …« Mehr brachte ich nicht heraus. Ich fiel ihr um den Hals und brach nach Stunden eiserner Disziplin in Tränen aus. »Es tut mir so leid«, weinte ich, während sie mich an sich drückte. »Es tut mir so leid.«

»Was meinst du denn, ist etwas passiert?« Sie hielt mich von sich weg und scannte mich, wie nur eine Mutter es konnte. Als sie feststellte, dass ich weder verletzt noch krank war, legte sie einen Arm um mich und schob mich in die Wohnung. »Komm erst mal rein, okay? Wir sollten nicht hier im Flur reden. Ich mache Tee.«

Die vertraute Umgebung war tröstlich, auch wenn sie mich

nicht dazu brachte, mit dem Heulen aufzuhören, eher im Gegenteil. Alles, was sich seit meiner Abreise aus New York angesammelt hatte, brach jetzt aus mir heraus. Meine Mutter kochte Wasser auf, setzte sich zu mir auf die Couch und nahm mich in die Arme, bis ich mich endlich etwas beruhigte.

»Willst du mir sagen, was los ist, Fay?« Sie strich mir eine Strähne aus dem verweinten Gesicht. »Geht es um diesen Kerl? Hat er dir wieder wehgetan?«

»Nein.« Ich schüttelte den Kopf. »Es … Es geht um Dad. Um Grant, meine ich.« Wie konnte ich ihn noch Dad nennen, nach allem, was er getan hatte? Es erschien mir vollkommen falsch.

»Was ist mit ihm?« Meine Mutter sah mich an, einen glühenden Ausdruck in den Augen, und ich wusste, dass sie mich mit ihrem Leben verteidigen würde, auch gegen Harrison Grant. Es brachte mich erneut zum Weinen, weil mir klar war, dass ich ihr so schrecklich Unrecht getan hatte. Ich war sauer auf sie gewesen, dass sie ihm den Kontakt zu mir verboten hatte. Dabei hatte sie sich vermutlich nur auf ihren Instinkt verlassen.

»Bevor ich es dir sage, muss ich etwas anderes wissen.« Ich bemühte mich um Fassung und wischte mir über die Wangen. »Warum wolltest du nicht, dass er Anteil an meinem Leben hat? War es nur wegen seiner Familie?«

Meine Mom überlegte kurz. »Vor allem deswegen, ja. Und weil ich kein gutes Gefühl dabei hatte, jemandem wie ihm ein Mitspracherecht bei deiner Erziehung einzuräumen. In meiner Gegenwart hat er immer mit einer gewissen Gleichgültigkeit von seinen beiden Töchtern gesprochen, obwohl sie noch in dem Alter waren, wo man seine Kinder ohne jede Einschränkung vergöttert. Ich dachte, es wäre besser, wenn wir beide das allein machen.« Sie seufzte. »Aber dann warst du im Sommer bei ihm und er war freundlich und fürsorglich, also dachte ich, er hätte sich geändert und wäre nun an einem guten Verhältnis zu dir interessiert. Also habe ich es dir nicht ausgeredet. Ich dachte, du hättest ein Recht darauf, ihn kennenzulernen. Was hat er denn getan? Hat er dich schlecht behandelt? Wenn ja, wird es ihm leidtun.«

»Nein, er hat jemanden …« Ich brachte es nicht direkt über die Lippen und brauchte einen zweiten Anlauf. »Er hat jemanden umgebracht. Nicht selbst, er hat es andere für ihn tun lassen, aber es ist auf seinen Befehl hin passiert. Und dann hat … dann hat er einen kleinen Jungen, der das Ganze zufällig mit angesehen hatte, entführt, um herauszufinden, ob er es jemandem erzählt hat.«

Meine Mutter starrte mich an, so schockiert, dass ich wusste, sie hatte keine Ahnung gehabt.

»Bist du dir sicher?«, stieß sie hervor. »Woher weißt du das?«

»Von dem kleinen Jungen, der mittlerweile kein Junge mehr ist.« *Und in den ich mich verliebt habe.* Das sprach ich nicht aus. Es schien nicht länger eine Rolle zu spielen. Auch wenn ich jetzt wusste, warum Elijah im November dieses Video mit Matilda inszeniert hatte, erschien es vollkommen unmöglich, dass je wieder etwas aus uns werden konnte. Dazu war zu viel passiert. Und diese Sache würde immer zwischen uns stehen. Wie sollte er denn mit dem Mädchen zusammen sein, dessen Vater für das größte Trauma seines Lebens verantwortlich war?

»Ist es … Ist das Elijah?« Ich hatte meiner Mom nicht verraten, dass er als Kind entführt worden war, als wir an Weihnachten über ihn gesprochen hatten, aber sie war gut darin, eins und eins zusammenzuzählen.

Ich nickte nur. »Er hat seit letztem Jahr ermittelt und dann hat Grant mich bedroht, um ihn davon abzubringen.« Ich erzählte ihr von den Fotos mit den Fadenkreuzen, von dem Gespräch mit Baker, das ich mit angehört hatte, und mit jedem Satz verstärkten sich Schock und Wut in ihrem Gesicht. Nachdem ich fertig war, sagte sie einige Augenblicke nichts, so fassungslos war sie.

»Oh Gott, ich hatte keine Ahnung. Ich hätte dich doch nie dorthin gehen lassen, wenn ich davon gewusst hätte.« Sie schloss mich erneut in die Arme.

Ich musste wieder heulen und sie weinte mit. Es dauerte eine Weile, bis wir beide in der Lage waren, einander loszulassen, aber ich spürte, dass zwischen uns etwas heil geworden war, das monatelang geschmerzt hatte. Immerhin ein Gutes hatte das ganze Desaster also.

»Okay, wir müssen uns überlegen, wie wir vorgehen.« Meine Mutter sprang in den typischen Aktionsmodus, den ich von ihr kannte. »Eins ist klar: Du musst so schnell wie möglich aus New York weg und wieder hierherziehen. Entweder zu mir oder in Bens Haus, wenn sie dein Zimmer noch freigehalten haben.«

Erst in diesem Augenblick begriff ich, dass ich bisher gar nicht darüber nachgedacht hatte, wie es weitergehen sollte. Aber natürlich hatte sie recht. Ich konnte nicht in der gleichen Stadt leben wie Grant. Ich konnte ihm nie wieder begegnen, weil ich eine so miese Lügnerin war, dass er mir sofort am Gesicht ablesen würde, was ich von Elijah erfahren hatte. Und was würde er dann tun? Vielleicht kam ich als seine Tochter ungeschoren davon, aber das galt nicht für all diejenigen, die er schon früher bedroht hatte. Was, wenn er Helena etwas antat? Oder Jess? Oder wenn er beschloss, dass Elijah für ihn die größte Gefahr war? Ich wusste, dass er eine Waffe hatte und Kampfsport machte, aber würde das reichen? Bei der Vorstellung begannen meine Hände zu zittern.

Später. Beschäftige dich später damit.

»Ja, ich … ich weiß.« Das bedeutete, ich würde mein Studium aufgeben, die Wohnung, meinen Job in der Agentur und New York den Rücken kehren. Allem in New York. Auch Elijah. Es tat verdammt weh, mir vorzustellen, dass ich ihn nie wiedersehen würde. »Aber meine Sachen sind noch dort.«

»Gibt es jemanden, der sie dir schicken kann? Eine Freundin oder eine Kollegin aus der Agentur?«

Bestimmt würde Alec das erledigen, wenn ich ihn bat, aber etwas in mir bremste den Elan meiner Mutter. Ich hatte noch nicht verarbeitet, was ich erfahren hatte, und würde Zeit brauchen, bis ich mich um die Zukunft kümmern konnte.

»Kann ich erst einmal ein paar Tage hierbleiben und das alles sacken lassen?« Ich sah sie an. »Ich fühle mich gerade nicht bereit für Pläne.«

»Natürlich kannst du das.« Mom lächelte. »Ich habe heute frei – wenn du willst, koche ich uns etwas. Was möchtest du gerne?«

Ich hatte keinen Appetit, aber mein Magen knurrte bei dem Gedanken an etwas zu essen trotzdem. »Mir ist alles recht.«

»Gut, dann einmal alles.« Sie beugte sich zu mir und drückte mir einen Kuss auf den Scheitel. »Du weißt, dass ich dich über alles liebe, oder? Dass ich dir nichts von deinem Vater gesagt habe –«

»Spielt keine Rolle mehr. Es tut mir leid, dass ich dich so mies deswegen behandelt habe. Ich war verletzt und wütend und habe es nicht verstanden.« Ich lächelte müde.

»Und damit hattest du auch recht. Ich hätte dir viel früher die Wahrheit sagen müssen und dich nicht im Dunkeln lassen sollen. Aber ich hatte irgendwann den Zeitpunkt verpasst, dann warst du plötzlich erwachsen und vermutlich war ich einfach feige.«

Ich stand auf und umarmte sie fest. »Schon okay. Ich bin

einfach nur froh, dass du da bist.« Das machte, was Grant anging, nichts besser, aber ich fühlte mich immerhin nicht mehr so allein.

»Gut, dann kümmere ich mich mal ums Essen. Weiß deine Crew eigentlich, dass du da bist?«

»Nein, ich habe niemandem was gesagt.«

Ich hatte schon auf dem Flug darüber nachgedacht, welchen Grund ich ihnen für meinen spontanen Besuch nennen sollte. Meine Freunde kannten mich so gut, sie würden ganz sicher nicht irgendeine lahme Ausrede akzeptieren. Erst hatte ich überlegt, ihnen eine halbe Lüge aufzutischen und zu sagen, dass ich etwas über kriminelle Machenschaften meines Vaters erfahren hatte. Aber dann war mir eingefallen, dass ich auch die Sache mit dem Studium vorschieben konnte – und behaupten, ich hätte mit Grant gesprochen, um zu wechseln, er wäre jedoch nicht einverstanden gewesen.

»Wirst du das noch tun?«, fragte meine Mutter.

»Ja. Aber nicht jetzt.« Jetzt wollte ich mich fühlen wie ein kleines Mädchen, das darauf vertraute, dass ihre Mom sie beschützen würde. Die von ihr etwas gekocht bekam und in den Arm genommen wurde. In meinem Bett zu schlafen und bei ihr zu sein würde helfen. Zu wissen, dass sie da war, würde helfen.

Ganz bestimmt.

Denn wenn es nicht half, dann wusste ich nicht, was es sonst geben konnte, das es besser machte.

17
Elijah

»Tut mir leid, ich bin zu spät.« Meine Stimme klang kratzig. Das lag daran, dass ich am heutigen Freitag außer mit Buddy noch mit niemandem geredet hatte. Eigentlich hätte ich an meiner Thesis arbeiten sollen, stattdessen war ich vollkommen in den Ermittlungen versunken. Alec meinte, ich wäre besessen, wahrscheinlich hatte er recht. Grant den Mord an dieser Frau nachzuweisen war mein oberstes Ziel. Momentan mein einziges. Und die Zeit lief gegen mich, deswegen hatte ich sie vermutlich vergessen.

Die drei Menschen, die an dem Ecktisch im Restaurant saßen und auf mich gewartet hatten, bedachten mich mit sehr unterschiedlichen Blicken. Jess wirkte besorgt, meine Mutter angesäuert – und der Fremde, der neben ihr saß, lächelte freundlich. Er war groß, schlank, trug einen dunklen Anzug und hatte grau melierte Haare. Das war also ihr neuer Freund, Alan de Luca.

»Das macht doch nichts«, sagte er und stand auf. »Wir wissen alle, wie tödlich der Verkehr in dieser Stadt sein kann.«

»Richtig.« Ich reichte ihm die Hand und verschwieg, dass ich nicht wegen des Verkehrs zu spät war, sondern weil ich mit Archie telefoniert hatte. Wir hatten immer noch keine Spur zu der Frau und ich musste deswegen nach diesem Essen jemanden um Hilfe bitten, den ich lieber außen vor gelassen hätte. »Schön, dass wir uns endlich kennenlernen.«

»Ganz meinerseits, Elijah. Ist es in Ordnung, wenn wir einfach Du sagen? Mit Jess habe ich das schon geklärt. Ich bin Alan.«

»Sicher«, nickte ich und setzte mich neben meinen Bruder. »Wo ist Helena?«

»Sie konnte nicht. Bei einer Führung ist was schiefgegangen und sie muss Schadensbegrenzung betreiben.«

»Was Schlimmes?«

»Ach was.« Jess winkte ab. »Nur ein paar angepisste Investment-Banker, die angeblich nicht auf ihre Kosten gekommen sind. Sie regelt das schon.«

»Na, dann sind es wohl nur wir vier«, murmelte ich, während Mom und Alan miteinander kicherten, als wären sie noch in der Schule.

»Was denn, du hast dich nicht auf diesen Abend gefreut?« Jess klang sarkastisch und ich musste grinsen. Seit ich zurück war, hatte ich ihn nur selten gesehen, aber es fühlte sich weniger verkrampft an als sonst. Vielleicht, weil ich wusste, dass er in manchen Dingen recht gehabt hatte. Vielleicht auch, weil ich Angst hatte, dass ihm etwas passieren könnte, wenn ich mit meinem Plan weitermachte.

»Doch, schon die ganze Woche«, antwortete ich im gleichen Ton. Das Letzte, worauf ich heute Lust hatte, war ein Essen mit dem neuen Freund meiner Mutter, aber sie hatte Jess, Helena und mich gebeten, ihn kennenzulernen, und nachdem ich so lange weg gewesen war, hatte ich keine Ausrede parat gehabt. Immerhin aßen wir in einem von Jess' Restaurants, dem Emperor, das machte es einfacher. Hier waren die Tische mit großem Abstand zueinander aufgestellt, weil der Laden maximalen Wert auf Privatsphäre legte, und man konnte alles gut überblicken.

»Genau wie ich. Helena war die Einzige, die Bock auf die Verabredung hatte, und jetzt ist sie nicht einmal hier.« Jess zupfte an seinem Kragen, als wäre er zu eng. Ich vermutete, dass er sehr viel Geld dafür bezahlt hätte, an einem seiner Food Trucks zu stehen und einen Hot Dog zu essen. Und das, obwohl ihm dieser Laden gehörte.

»Immerhin hat er uns nicht gebeten, ihn *Dad* zu nennen«, raunte ich ihm zu.

»Noch nicht«, gab Jess mit Grabesstimme zurück. »Warte ab, nach dem Essen steckt er dir einen Zehner zu und ermahnt dich, nicht alles auf einmal auszugeben.«

Wir lachten beide und es bescherte uns wohl den entspanntesten Bruder-Moment des letzten Jahres. Damit zogen wir allerdings auch die Aufmerksamkeit unserer Mutter auf uns.

»Was tuschelt ihr da?«, fragte sie neugierig.

Ich hatte sie selten so gelöst gesehen und freute mich für sie. Alan tat ihr offenbar gut und er schien nett zu sein, wenn auch ganz anders als ihre beiden letzten Männer. Jess' und Adams Vater hatte ich nicht mehr richtig in Erinnerung, aber er war ein echter Lebemann gewesen. Und mein Dad war vor allem *jung* gewesen, als er Mom kennengelernt hatte. Alan war weder noch, er wirkte wie ein Typ, der zu Hause eine Bibliothek mit Ledereinbänden hatte und am Wochenende zur Jagd ging. Dabei war er einer der erfolgreichsten Zeitungsverleger des Landes und hatte sicher wenig Zeit für das Töten von Tieren oder die Lektüre von Büchern.

»Gar nichts.« Jess lächelte. »Eli hat mir nur gerade was von Buddy erzählt.«

Mein alter Spitzname ließ einen gewohnten Hauch Abwehr in mir aufsteigen, aber ich wusste, dass er das nicht mit Absicht gemacht hatte. Außerdem war ich es leid, ihn daran zu erinnern, dass ich nicht mehr so genannt werden wollte. Viele Dinge relativierten sich, wenn man erfuhr, was ich in letzter Zeit erfahren hatte.

»Buddy ist mein Hund«, erklärte ich Alan, als der ein wenig ratlos in die Runde sah.

»Oh, du hast einen Hund, wie schön. Ich hatte mal einen Dackel, Gunther. Die meiste Zeit habe ich damit verbracht, ihm im Wald hinterherzurennen, damit er nicht in jedes Hasenloch kriecht. Ich habe ihn nicht besonders gut erzogen, fürchte ich.«

Meine Mutter lachte. »Buddy ist hervorragend erzogen, glaub mir. Schließlich ist er ein –«

»Labrador«, unterbrach sie Jess, der geistesgegenwärtiger war als ich und bemerkt hatte, dass sie offenbar Buddys Ausbildung als Assistenzhund hatte erwähnen wollen. Ich dankte meinem Bruder mit einem schnellen Lächeln. Zwar hatte ich keine Ahnung, wie viel Alan über meine Entführung wusste, aber mir war es lieber, das nicht zum Thema zu machen.

Die Kellnerin kam und wir bestellten, was länger dauerte als gewohnt. Ich kannte kaum eine effizientere Esserin als meine Mutter, normalerweise orderte sie keine Vorspeise und nahm nach dem Hauptgang höchstens einen Espresso. Dass sie nun die Speisekarte rauf und runter bestellte, fiel nicht nur mir auf. Ich sah, dass Jess beide Augenbrauen hob, als Mom zur nächsten Seite blätterte, bevor er den Blick wieder abwendete und ihn auf mich richtete.

»Schläfst du momentan schlecht?« Es klang weniger forschend als sonst, vielleicht nahm ich es auch nur so wahr. Vermutlich war mein Tonfall deswegen weniger defensiv, als ich antwortete.

»Nein, das kann man so nicht sagen.« *Ich schlafe im Grunde gar nicht.* Denn wenn ich die Augen schloss, überfielen mich entweder Erinnerungen an meine Entführung oder Horrorfantasien von Menschen, die mir wichtig waren. Felicity war am häufigsten Protagonistin dieser Albträume, in denen sie mir meist gewaltsam von ihrem Vater entrissen wurde. Also ließ ich das mit dem Schlafen und dachte stattdessen im Wachzustand an sie. Alec hatte mir berichtet, dass sie gut in Los Angeles angekommen war, aber sonst hatte ich nichts gehört.

Du musst sie vergessen, das weißt du. Oder zumindest die Vorstellung von euch beiden, denn daraus wird nie wieder etwas werden.

Mühsam riss ich mich zusammen und richtete meine Aufmerksamkeit auf Alan, der etwas gesagt hatte, das an mir vorbeigegangen war.

»Sorry, was?«, fragte ich etwas unhöflich nach.

»Trish hat mir von deinem Museumsprojekt erzählt.« Alan sah mich über sein Wasserglas hinweg interessiert an. »Wie geht es voran?«

»Momentan warten wir auf die Baufreigabe der Behörde. Es wird bis zum Spatenstich also noch eine Weile dauern.« Was gut war, weil ich mich aktuell niemals darauf hätte konzentrieren können, wenn ich es schon bei meiner sonstigen Arbeit nicht schaffte. Das Museum schien unendlich weit weg, als würde es im nächsten Leben auf mich warten. Und irgendwie stimmte das auch. Wenn ich Grant nicht hinter Gitter brachte, würde ich mich nie von meinen Ängsten befreien können. Von diesem Gefühl, zu fallen, ins völlige Nichts.

»Ich habe den Artikel im Forbes Magazine gelesen.« Alan lächelte und sah dann zu Mom. »Offenbar ist diese Familie an allen Fronten erfolgreich. Wann eröffnest du noch mal den neuen Tower?«

Meine Mutter begann über das Bürogebäude zu sprechen,

bei dem aktuell die letzten Innenarbeiten vorgenommen wurden, und ich war froh, dass die Aufmerksamkeit nicht mehr auf mir lag.

Wir hatten bereits die Vorspeise hinter uns gebracht, da wandte sich Alan an meinen Bruder.

»Das ist ein wirklich schönes Restaurant, Jess.« Er nickte anerkennend und es war ziemlich offensichtlich, dass er versuchte, sich für uns zu interessieren. Es war nicht unangenehm, kam aber ein bisschen gewollt rüber. »Wie lange hast du es schon?«

»Seit ich achtzehn bin und das Erbe meines Vaters antreten konnte. Allerdings muss ich zugeben, dass ich immer wieder darüber nachdenke, es zu verkaufen. Es ist nicht ganz meine Linie.«

Alan hakte nach, was er damit meinte, aber ich wurde abgelenkt, weil ich eine Nachricht auf mein Handy bekam, das ich auf dem Tisch abgelegt hatte. Sie war von Alec.

Es geht ihr gut, ich hab gerade mit ihr gesprochen. Dachte, das solltest du wissen.

Das Gespräch zwischen Alan und Jess über das Emperor verschwamm in meinen Ohren zu einem dumpfen Rauschen, dessen Inhalt ich nicht mehr mitbekam. Seit Felicity vor fünf Tagen in Los Angeles gelandet war, hatte ich nichts darüber gehört, wie es ihr ging, und es war eine große Erleichterung, dass Alec mit ihr geredet hatte.

Mich verfolgte ihre Reaktion immer noch, ihr Schock und ihre Tränen, aber auch ihre Verabschiedung und wie sie sich dafür bedankt hatte, dass ich es ihr gesagt hatte. Die meiste Zeit verdrängte ich es, weil es mir nicht weiterhalf, darüber nachzudenken, ob sie in L.A. bleiben oder zurückkommen würde. Es änderte schließlich nichts. Ihr Vater war mein Entführer und auch wenn sie nicht er war und nichts für seine

Taten konnte, war es aus Hunderten Gründen absurd, an eine Zukunft für uns zu glauben. Und es tat weh. Es tat weh, obwohl ich mit aller Macht versuchte, jegliche Emotionen von mir fernzuhalten. Dieser Kummer schaffte es immer wieder durch die Mauer, die ich zwischen mir und der Welt errichtet hatte. Genau wie Felicity es geschafft hatte. Ich wollte gar nicht wissen, was geschah, wenn ich den Schmerz zuließ.

Zum Glück bemerkte diesmal niemand, dass ich abgeschweift war, und wir brachten das Essen mit oberflächlichen Gesprächen zu Ende. Meine Mutter schien sehr zufrieden mit dem Verlauf zu sein, als Alan und sie sich vor dem Restaurant verabschiedeten und zu ihrem Wagen gingen.

»Sie wirkt glücklich, oder?«, fragte ich Jess.

»Ja.« Er nickte. »Alan scheint ein netter Kerl zu sein. Auch wenn ich ihn nicht Dad nennen werde, niemals.«

Mir entfuhr eine Mischung aus Schnauben und Lachen, als er dieses Thema wieder aufbrachte.

»Ich schätze, spätestens wenn er im Weihnachtspulli am Kamin sitzt, wirst du deine Meinung ändern«, zog ich ihn auf. Die Feiertage verbrachten normalerweise alle gemeinsam auf der Farm, eine Extended Version der Sonntagsessen im Adam & eVe – wer Lust hatte, kam vorbei, für einen Abend oder die ganze Woche. Ich war schon eine Weile nicht mehr dabei gewesen, sondern meist mit den Jungs weggefahren. Und letzten Dezember hatte ich bereits in England nach Baker gesucht. Das war das erste Mal gewesen, dass ich es vermisst hatte.

»Wo wir gerade davon sprechen«, sagte mein Bruder jetzt. »Könntest du dir vorstellen, irgendwann demnächst mal mit auf die Farm zu kommen? Ich muss das Dach und ein paar andere Dinge in Ordnung bringen und könnte dabei Hilfe gebrauchen.«

Früher hatten wir das oft gemacht, Wochenenden auf der

Farm verbracht, mit Lagerfeuer, Holzhacken und Wanderungen in der Natur. Mein jüngeres Ich hatte die Auszeiten von der hektischen Großstadt geliebt, allerdings war das eine ganze Weile her. Helena und Jess verbrachten regelmäßig Zeit dort und nahmen manchmal Buddy mit, aber ich erinnerte mich nicht einmal mehr an meinen letzten Besuch.

»Gibt es … irgendeinen Grund dafür?« Mein Bruder hatte die finanziellen Mittel, um die komplette Farm zehnmal niederreißen und neu aufbauen zu lassen. Und auch wenn er gerne selbst Hand anlegte, war es merkwürdig, dass er ausgerechnet mich um Hilfe bat. Wollte er mich aushorchen, weil er wusste, dass ich nicht zum Vergnügen in England gewesen war?

»Nein.« Er schüttelte den Kopf und ich sah ihm an, dass er nicht die volle Wahrheit sagte. Trotzdem wirkte sein Blick nicht forschend und ich kam zu keinem logischen Schluss, was das Ganze sollte. »Ich dachte einfach, wir könnten mal wieder etwas Zeit miteinander verbringen, das ist alles. Und Buddy freut sich bestimmt.«

»Ja, wieso nicht«, hörte ich mich sagen und war selbst überrascht davon. Hatte ich gerade wirklich zugesagt, ein komplettes Wochenende mit Jess unter einem Dach zu verbringen? Ihm die Chance zu geben, mich über die Ermittlungen auszufragen oder alternativ meinen Lebenswandel zu kritisieren? Wow. Ich war echt neben der Spur.

Bevor ich meine Entscheidung revidieren konnte, klopfte mir Jess jedoch schon strahlend auf die Schulter. »Super. Ich schick dir ein paar Termine zur Auswahl, okay?«

Und dann ließ er mich stehen, lief zu seinem Pick-up und fuhr so schnell davon, als wüsste er, dass ich sonst doch noch einen Rückzieher machen würde.

*

Schwarzer Teppich, rote Vorhänge, Samtmöbel – die Tech-Firma von Carter Fields wirkte eher wie ein exklusives Bordell als wie ein seriöses Unternehmen. Allerdings passte sie deswegen wie die Faust aufs Auge zu ihm. Als ich um kurz nach zehn aus dem Aufzug direkt in das Penthouse trat, waren außer dem Chef nur noch zwei Frauen in knappen Outfits anwesend, die nicht so aussahen, als würden sie hier Daten analysieren. Ich nickte dennoch höflich und ging auf Carter zu, der mir mit weit geöffneten Armen entgegenkam.

»Ich kann es kaum glauben: Elijah Coldwell in meinen lasterhaften Hallen, welch Ehre.« Carter verzichtete zum Glück dann doch auf die Umarmung und musterte mich stattdessen grinsend. »Bist groß geworden, muss ich sagen. Wie lange ist das her, drei Jahre?«

»Eher vier.« Ich hatte ihn bei irgendeiner Party getroffen, die von Thaz veranstaltet worden war. Ansonsten berührten sich unsere Kreise nicht und ich war ganz froh darüber. Carter hatte einen guten Kern, aber war vor allem selbstverliebt, großkotzig und zog Ärger an wie ein Magnet. Ich hatte es nicht vermisst, ihm zu begegnen. Nur hatte ich keine anderen Optionen. Archie hatte alle Register gezogen und dennoch nichts über die ermordete Frau herausfinden können. Nun brauchte ich die Hilfe von jemandem, der sich nicht scheute, die Grenzen des Legalen zu überschreiten.

»Ja, kann sein. Wie geht es deinem Bruder und der schönen Helena?« Carter ließ sich auf ein monströses schwarzes Sofa fallen. »Die beiden lassen nicht oft von sich hören, was mich ein bisschen enttäuscht. Schließlich habe ich ihnen damals quasi das Leben gerettet.«

»Sie sind sehr beschäftigt, schätze ich.«

»Ja, das sind sie alle.« Carter schnalzte mit der Zunge und winkte dann eine der Frauen heran, die sich mit uns im Raum befanden. Er schaute mich an. »Was willst du trinken? Ich habe einen Single Malt da, der mehr kostet als mein Flugzeug, und glaub mir, er ist jeden Cent wert.«

»Verzichte, danke.« Ich setzte mich trotzdem auf den Samtsessel ihm gegenüber, weil ich nicht unhöflich sein wollte.

»Ah, klar, du trinkst nicht, wenn es um Geschäfte geht. Das respektiere ich.« Er schickte das Mädchen wieder weg. »Also, worum geht es? Du meintest, du musst jemanden digital aufspüren.«

Mein Blick folgte seiner Angestellten, als die ich sie in Ermangelung eines besseren Begriffs bezeichnete, und ich fragte mich, ob sie wohl vertrauenswürdig war.

»Ohh, ist es so delikat?« Carter sah begeistert aus. »Cassie, Roxy, ihr Süßen, lasst ihr uns allein?« Kaum waren die beiden verschwunden, beugte er sich vor. »Dann lass mal hören. Versteckt sich irgendeine Frau vor dir und du musst sie finden? Darin bin ich Experte.«

Angewidert schaute ich ihn an. »Dein Ernst? Das ist dein Geschäft?«

»War nur ein Witz, Mann. Du hast echt genauso wenig Humor wie dein Bruder.«

Ich konnte nicht mit Sicherheit sagen, ob Carter wirklich kein Geld damit machte, irgendwelche Leute aufzutreiben, die nicht gefunden werden wollten. Nur hatte ich kaum eine Wahl. Wie lautete dieses Sprichwort noch? Wer sich mit Hunden ins Bett legt, wacht mit Flöhen auf? Da war mir Buddy aber wesentlich lieber als Carter Fields. Der hatte, nachdem er Helena und Jess zu Hilfe gekommen war, aus seinem Hobby ein Business gemacht und damit begonnen, Software für das Erkennen von gefälschten Bildern und Videos zu entwickeln. Dazu brauchte er allerdings Vergleichsdaten und an die kam er nach allem, was man so hörte, nicht nur auf legalem Weg. Mir war nicht unbedingt wohl bei dem Gedanken, ihn zu beauftragen, aber wenn ich Grant nicht noch weiter aufschrecken wollte, dann musste ich diskret sein. Und egal, was man über Carter sagte – diskret war er wie kein Zweiter.

»Ich verrate dir in deinem eigenen Interesse nur so viel, wie du wissen musst.« Ich griff in die Innentasche meines Mantels und holte das Foto der Frau heraus, das ich in Mirandas Wohnung gefunden hatte. »Ich bin auf der Suche nach ihr.«

»Hübsches Ding«, sagte Carter anerkennend, als er das Bild entgegennahm. »Woher kennst du sie?«

»Ich kenne sie nicht. Sie ist vor über dreizehn Jahren gestorben.« Dass ich ihren gewaltsamen Tod beobachtet hatte, verschwieg ich. Es spielte keine Rolle für das, was ich von ihm wollte.

»Okay, das ist lange her.« Er warf mir einen aufmerksamen Blick zu, den ich mit meinem besten Pokerface beantwortete. »Was soll ich über sie herausfinden?«

»Wer sie ist, in erster Linie. In zweiter, ob es Verwandte gibt, die ich kontaktieren könnte.« Wenn die junge Frau Eltern oder Geschwister hatte, die nicht wussten, was mit ihr geschehen war, würde ich hinfahren und ihnen Gewissheit verschaffen, so schmerzhaft sie auch sein mochte. Vielleicht konnten sie mir im Gegenzug die Frage nach einer Verbindung zu Grant beantworten. Wenn sie ihm ein solcher Dorn im Auge gewesen war, dass er sie umbringen ließ, musste sie irgendetwas über ihn gewusst haben, das diesen Preis wert war.

»Alles klar. Dann setze ich mich mal ran.« Carter nickte. »Zahlst du einen Aufschlag für Expressdienste?«

»Jeden, den du willst. Aber das Ganze muss absolut unter uns bleiben. Niemand darf erfahren, dass du dieses Foto von mir bekommen hast. Oder dass du nach ihr suchst. Auch in deinem eigenen Interesse.«

»Keine Sorge, solche Sachen mache ich nur in meinen privaten Räumen. Schon in meinem eigenen Interesse.« Er wiederholte meine Worte leicht spöttisch, seine Miene war jedoch ernst. Ich war froh, dass mich mein Bauchgefühl beruhigte, keinen Fehler gemacht zu haben. Carter war vielleicht ein Poser, aber er war genau der Richtige für diesen Job.

Er stand auf. »Ich melde mich, wenn ich etwas habe. Vermutlich willst du die Ergebnisse nicht per Mail, richtig?«

»Nein.« Ich erhob mich ebenfalls. »Ruf mich an, wenn du so weit bist, dann komme ich wieder her.«

»Trinkst du *dann* wenigstens was mit mir?«

»Hängt davon ab, ob ich zufrieden mit deinen Diensten bin«, sagte ich leichthin.

Carter grinste. »Verstehe, du bist nicht leicht zu knacken. Aber immerhin hast du nicht gedroht, mich vom Dach zu werfen. Das macht dich zu meinem Lieblings-Coldwell.«

»Freu dich nicht zu früh. Was nicht ist, kann noch werden.« Ich schenkte ihm ein schiefes Grinsen, dann ging ich zum Aufzug und war froh, als sich die Türen schlossen und ich diesen Ort verlassen konnte. Hoffentlich fand Carter etwas. Denn wenn nicht … dann hatte ich keine Ahnung, wie ich weitermachen sollte.

18
Felicity

Das Haus von Bens verstorbener Grandma war eines der älteren in der Wilson Avenue, die nur ein paar Straßen vom Beach entfernt lag. Es hatte eine Fassade aus Backsteinklinker, dunkelbraun umrandete Fenster und wirkte eher wie ein verwunschenes Hexenhäuschen, das in den Wald gehörte. Trotzdem löste es in mir eine Welle aus Heimatgefühlen aus. Schon als Jugendliche hatten wir hier oft im Garten gezeltet, Übernachtungspartys gefeiert und uns von Barbra bekochen lassen. Ich war wirklich traurig gewesen, als sie vor eineinhalb Jahren gestorben war.

Als ich jetzt zur Haustür ging und klopfte, öffnete daher nicht Bens Großmutter in ihrer blauen Schürze, sondern Rhoda, die ich heute Morgen angerufen hatte, um Bescheid zu geben, dass ich da war. Sie hatte nicht viele Fragen gestellt, stattdessen jedoch direkt verlangt, dass ich sie besuchte. Alle anderen waren in der Uni, nur sie hatte frei.

»Oh, ich freu mich so.« Sie umarmte mich und ich hielt meine Tränen zurück, als ich die Geste erwiderte. Seit ich angekommen war, hatte ich viel zu viel geweint. Ich wollte nicht schon wieder damit anfangen. »Komm rein in die gute Stube.«

Ich betrat das Haus und zog meine Schuhe aus, bevor ich Rhoda ins Wohnzimmer folgte. Nora, die ein Händchen für Inneneinrichtung hatte, war hier ganz in ihrem Element gewesen: Honigfarbener Dielenboden, pastellgraue Wände und helle Polstermöbel, die aufgrund des begrenzten Budgets ein bisschen zusammengewürfelt waren, aber hier wirkten wie Designerstücke. Ich hatte das Haus schon an Weihnachten gesehen und mich in die gemütliche Atmosphäre verliebt, die die anderen geschaffen hatten. Im Grunde hatte ich mir damals gewünscht, hier einziehen zu können, nachdem das mit Elijah passiert war und mir New York kälter und grauer vorgekommen war denn je. Jetzt fühlte ich mich merkwürdig verloren, als wäre ich gefangen zwischen zwei Welten, ohne eine davon tatsächlich zu erreichen.

Rhoda ging zur Küchenzeile. »Willst du einen Kaffee?«

»Gerne, danke.« Ich lächelte und schaute mir die Bilder auf dem Kaminsims an, während meine Freundin an der Kaffeemaschine hantierte. Da war eines, das sicherlich schon sechs oder sieben Jahre alt war, wir saßen alle auf der Mauer am Skatepark. Ben hatte grausam blond gefärbte Haare, Nora eine Zahnspange und ich trug ein ausgeleiertes Shirt mit Ramones-Aufdruck, obwohl ich keine Ahnung gehabt hatte, wer die waren. Es war eine sorglose Zeit gewesen, eine, in der nachmittags nach der Schule nichts anderes geplant gewesen war als Freizeit und Spaß. Gerade wünschte ich mir, ich könnte einfach dorthin zurückspringen.

»Was ist los, Süße?«, sprach Rhoda mich an und ich drehte mich zu ihr um. Ich hatte ihr noch nicht gesagt, warum ich in L.A. war. »Was machst du hier, so außer der Reihe. Es ist doch mitten im Semester.«

Ich nahm ihr den Kaffeebecher ab und setzte mich auf die Couch.

»Ich hatte Streit mit meinem Vater.« Obwohl ich ihr liebend gern die Wahrheit gesagt hätte, hielt ich mich an meinen Plan. Denn ich vertraute Rhoda mehr als kaum einem anderen Menschen, aber ich hatte keine Ahnung, was passierte, wenn ich mein Wissen mit ihr teilte. »Er hat mir verboten, das Studienfach zu wechseln, weil eine Grant nicht einfach so hinschmeißt, wie er es genannt hat. Deswegen musste ich da raus. Ich habe es in New York nicht mehr ausgehalten.«

»Verstehe ich gut. Willst du denn wirklich hinschmeißen?«

Ihre Frage erinnerte mich an Helena und ich merkte, dass ich die Agentur und die Menschen dort vermisste. Ich hatte meiner Chefin Bescheid gegeben, dass ich wegen meiner Mom nach Hause musste, und sie hatte uns alles Gute gewünscht und gesagt, ich solle mich melden, wenn sie helfen könnte. Ich wusste nicht, ob Elijah ihr die Wahrheit über Grant verraten hatte oder nicht, also hatte ich mich an die Ausrede gehalten, die ich meinem Vater aufgetischt hatte.

»Ich denke immer öfter darüber nach. Es ist nicht das, was ich mir darunter vorgestellt habe, und ich glaube auch nicht, dass es noch besser wird.« Mich das sagen zu hören, war, als würde ich mich von außen beobachten. Als würde ich da vorne am Kamin lehnen und mir dabei zusehen, wie ich meine beste Freundin belog. Was interessierte mich mein verfluchtes Studium, wenn ich gerade erfahren hatte, dass mein Vater ein Monster war? Zeke konnte von mir aus mit der gesamten SVA nach Hawaii ziehen, es wäre mir völlig egal.

»Bedeutet das, du willst zurückkommen?« In Rhodas Augen leuchtete Hoffnung auf.

»Keine Ahnung. Vielleicht.« Diese Antwort war unsinnig, weil ich überhaupt keine Wahl hatte und auch die Grübeleien der letzten Tage nichts daran änderten. Aber ich war noch nicht bereit, New York loszulassen.

Oder geht es hier um Elijah?

Seit er aufgeklärt hatte, was wirklich geschehen war, klammerte sich ein kleiner, unendlich naiver Teil von mir an die Hoffnung, dass aus uns doch noch einmal etwas werden konnte. Vielleicht sollte ich Rhoda *davon* erzählen. Dann konnte sie eines der Sofakissen nehmen und mich so lange damit hauen, bis ich wieder klar im Kopf war. Elijah hatte mich angelogen und obwohl es nachvollziehbar war, änderte das nichts an der Tatsache, dass ich ihm nie mehr vertrauen durfte. Selbst wenn der unwahrscheinliche Fall eintrat und wir das alles überstehen würden, wie konnte ich sicher sein, dass er nicht erneut über meinen Kopf hinweg entschied – und mir dabei noch einmal das Herz brach?

»Was hält dich denn noch dort?«, fragte meine Freundin sanft. »Etwa Elijah?«

»Nein«, presste ich hervor. »Das mit ihm ist vorbei.« Es war keine Lüge, auch wenn Rhoda sicher glaubte, dass es etwas mit der Prinzessin zu tun hatte. Wenn ich daran dachte, mit wie viel Abscheu ich in den letzten Monaten über Matilda nachgedacht und gesprochen hatte, schämte ich mich. Sie hatte ihm nur geholfen, einer ausweglosen Situation zu entfliehen. Sie hatte geholfen, mich zu beschützen. Ich würde ihr dafür nie persönlich danken können, aber es tat mir leid, dass ich mit Rhoda und den anderen über sie gelästert hatte. Matilda war offenbar eine gute Freundin und keine egoistische Ziege.

»Ist es nicht.« Rhoda sagte das so direkt, wie es ihre Art war. Und obwohl ich das vermisst hatte, war es kein angenehmes Gefühl, dass sie die Wahrheit sagte, ohne zu wissen, wie gewaltig sie war.

»Es ist … schwierig«, gab ich zu.

»Dann habt ihr wieder Kontakt?« Rhodas Blick wurde sehr besorgt.

»Ja, ich meine Nein. Nicht so richtig. Wir haben uns vor ein paar Tagen wiedergesehen und ich habe jetzt verstanden, wieso er das getan hat.«

»Okay, wow, stopp.« Sie machte das Time-out-Zeichen. »Fel, wie oft haben wir darüber gesprochen, dass toxische Typen niemals –«

»Er ist nicht toxisch«, entgegnete ich heftiger als beabsichtigt. »Wenn du wüsstest, was er durchgemacht hat … was er immer noch durchmacht, würdest du so etwas nicht sagen.«

Sie hob die Hände, aber in ihren Gesichtszügen zeigte sich Verärgerung. »Gut, dann erklär es mir. Erklär mir, wieso du, die nach dem Desaster mit Beverly-Hills-Reed geschworen hatte, sich nie wieder mies behandeln zu lassen, nun einen Kerl verteidigst, der dich in aller Öffentlichkeit betrogen hat. Mit einer verdammten Prinzessin!«

Ich öffnete den Mund und wollte zu genau dieser Erklärung ansetzen, aber dann schloss ich ihn wieder, presste die Lippen aufeinander. Ich konnte es ihr nicht sagen, selbst wenn ich meinen Vater außen vor ließ. Elijahs Geschichte jemandem zu erzählen, nachdem er sie mir anvertraut hatte – noch dazu jemandem, der ihn nicht kannte –, das war falsch.

»Siehst du, du kannst es nicht erklären«, sagte Rhoda. »Weil es keine Erklärung dafür gibt.«

»Natürlich gibt es eine!« Wütend starrte ich sie an. »Aber ich kann nicht –«

Die Haustür bewahrte uns davor, richtig in Streit zu verfallen.

»Hey, ich bin wieder da, mein Kurs ist ausgefallen … Felicity?« Ben starrte mich an, als er ins Wohnzimmer kam und mich auf der Couch entdeckte. Dann begann er zu strahlen. »Was machst du denn hier?«

Ich stand auf und umarmte ihn, schloss kurz die Augen, weil

das so angenehm vertraut war. »Überraschung«, sagte ich, als ich ihn wieder losließ. »Ich hoffe, eine gute.«

»Die allerbeste.« Er umarmte mich noch mal und schien nicht zu bemerken, dass Rhodas Gesichtsausdruck wie versteinert wirkte. Ich wusste, sie machte sich Sorgen, und ich liebte sie dafür. Aber ihr mangelndes Vertrauen nagte an mir. Als Reed mich betrogen hatte, war ich sechzehn gewesen. Dachte sie wirklich, ich hätte gar nichts dazugelernt?

»Wie lange bist du schon da?«, fragte mich Ben.

»Seit Samstag«, antwortete ich ehrlich und wusste sofort, dass es ein Fehler gewesen war.

»Seit Samstag schon? Das sind fünf Tage.« Rhoda sah mich an. »Und da meldest du dich erst heute?« Es schwang kein Vorwurf in ihrer Stimme mit, sondern Unverständnis, und das war viel schlimmer, als wenn sie beleidigt gewesen wäre.

»Sie wird ihre Gründe gehabt haben, richtig?« Ben lächelte vorsichtig. Er war immer schon der Verständnisvollste von uns allen gewesen, manchmal sogar ein bisschen harmoniesüchtig. Und obwohl ich das an ihm mochte, ertrug ich es gerade nicht, zwischen Rhoda und ihm zu stehen, ohne ihnen erklären zu können, was los war.

»Ich hau mal ab, ich wollte noch aufs Wasser.« Bisher war ich nicht surfen gewesen, aber vielleicht sollte ich es endlich tun. Schließlich half es mir immer, wenn ich auf dem Brett stand.

Ben zeigte nach draußen. »Soll ich mitkommen? Ich habe den Rest des Tages frei.«

Ich lächelte und es strengte mich mehr an, als wenn ich geweint hätte. »Sei mir nicht böse, aber ich gehe lieber allein. Lass uns das in den nächsten Tagen nachholen, okay?«

»Klar.« Er streckte die Hand aus und streichelte mir über die Wange. »Du weißt, dass ich für dich da bin. Wir alle sind es.«

Ich schluckte gegen die Enge in meinem Hals an. »Das weiß ich. Danke, Ben.« Dann schaute ich Rhoda an. »Danke für den Kaffee. Ich finde allein raus.«

Sie nickte nur und ich ging zur Tür, zog mir meine Sneakers an und musste einen Knoten im Schnürsenkel lösen, bevor ich sie zubinden konnte. Deswegen hörte ich, dass die beiden im Wohnzimmer über mich sprachen.

»Was ist denn mit ihr los?«, fragte Ben. »Sie wirkt durch den Wind.«

»Keine Ahnung, aber es hat was mit diesem Typen zu tun. Elijah.« Rhodas Stimme war abfällig und es tat mir weh. Trotzdem blieb ich stehen, weil ich wissen wollte, was sie noch über mich sagte. Oder ihn.

»Ich dachte, das wäre vorbei«, wunderte sich Ben.

»Ja, ich auch. Aber sieht so aus, als wäre er zurück. Mich würde es nicht wundern, wenn sie seinetwegen so aussieht, als wäre jemand gestorben.« Das Klappern eines Bechers erklang, sie musste ihn in die Spüle gestellt haben.

»Das Leben in New York hat sie verändert. Das ist normal, wenn man woanders hingeht, und es war uns vorher bewusst.« Die Weichheit in Bens Stimme war ein großer Kontrast zu der Härte in Rhodas.

»Ich weiß. Aber war es New York … oder er?«

Beinahe wäre ich wieder reingelaufen und hätte ihr gesagt, wie ungerecht sie war. Wie wenig sie eigentlich wusste. Aber ich tat es nicht. Ich konnte allerdings auch nicht länger hier stehen und mir anhören, wie sie über mich redeten, als wäre ich ein Fall für eine Intervention. Also trat ich hinaus, zog die Tür hinter mir zu und stieß die Luft aus.

Strand, Wellen, Surfen.

Das war es, was ich nun dringend brauchte.

Was soll ich jetzt machen?

Das war die Frage, die in meinem Kopf gekreist war, als ich Bens Haus verlassen hatte und zum Strand gelaufen war. Die mich nicht losgelassen hatte, während ich eine Welle nach der anderen genommen hatte, bis ich so erschöpft war, dass es unverantwortlich gewesen wäre, weiterzumachen. Jetzt saß ich schon seit einer gefühlten Ewigkeit im Sand, mein Board neben mir, und sah auf das Meer hinaus, als könnte es mir Antworten geben. Aber es blieb stumm, abgesehen von dem rhythmischen Rauschen, wenn die Brandung an den Strand spülte.

Was soll ich jetzt machen?

Eigentlich hätte ich froh sein können, dass mir die Entscheidung für oder gegen mein Studium abgenommen wurde. Ich konnte in mein altes Leben zurückkehren, ohne hadern oder ein schlechtes Gewissen haben zu müssen. Nur stellte sich bei diesen Gedanken keine Erleichterung ein. Im Gegenteil. Es kam mir falsch vor, New York den Rücken zu kehren. Nicht nur, weil es eben nicht so einfach war, wieder hier zu leben. Das Gespräch mit Rhoda hatte mir gezeigt, dass Geheimnisse Menschen voneinander entfernten, und ich hatte mittlerweile eine ganze Menge davon. Ich war nicht mehr das Mädchen, das letztes Jahr im September mit ihren Freunden hier gesessen und sich gefragt hatte, ob ihre Entscheidung für New York ein Fehler gewesen war. Ich hatte mich durchgekämpft, mich verliebt, war verletzt worden und hatte ungeheuerliche Dinge über meinen Vater erfahren, den ich mein ganzes Leben vermisst hatte. Wie sollte mich das nicht verändert haben?

»Hab ich doch richtig gesehen.«

Eine Stimme hinter mir ließ mich erschrocken herumfahren. Ich war so sehr in Gedanken gewesen, dass ich niemanden hatte kommen hören, aber auf Sand waren Schritte auch nahezu lautlos.

»Jay, hallo.« Ich wollte lächeln, brachte es jedoch nicht fertig. Stattdessen sammelten sich schon wieder Tränen in meinen Augen, als ich seinen fürsorglichen Blick bemerkte. Mit Müh und Not schaffte ich es, sie in Schach zu halten.

»Hi Fel. Ich habe dich vom Laden aus beobachtet und war mir nicht sicher, ob das wirklich du bist.« Mein ehemaliger Chef vom Bike-Verleih setzte sich neben mich und legte locker die Arme auf die Knie. »Was sagen dir die Wellen heute?«

»Gar nichts, fürchte ich. Vielleicht sind sie beleidigt, weil ich sie verlassen habe und nach New York gezogen bin.« Ich hob die Schultern.

»Ich bezweifle, dass sie dir das übel nehmen.« Jay lächelte leicht. »Aber wo wir davon sprechen, was machst du hier, wenn du doch eigentlich an der Ostküste sein solltest?«

Und wieder diese Frage, auf die ich keine ehrliche Antwort geben konnte. »Ich musste dort mal weg«, sagte ich vage.

»Das kann ich gut nachvollziehen. Aber es erklärt nicht, warum du hier seit über einer Stunde sitzt und aufs Meer starrst.« Sein Tonfall war mitfühlend, dennoch klang er im Gegensatz zu Rhoda und Ben nicht so, als hätte man mich in New York einer Gehirnwäsche unterzogen. »Willst du drüber reden?«

Ich lachte auf. »Ja, will ich unbedingt. Nur kann ich das leider nicht.«

»Warum nicht?«, fragte Jay schlicht.

»Weil die Konsequenzen nicht absehbar wären.« Elijah hatte mir nicht verboten, über die Wahrheit in Bezug auf meinen Vater zu sprechen, aber mir war bewusst, dass diese Informationen auf keinen Fall in falsche Hände geraten durften. Meine Mutter einzuweihen, war ein kalkuliertes Risiko, ansonsten konnte ich es jedoch niemandem verraten.

»Das verstehe ich. Manchmal sind Geheimnisse aus gutem Grund welche.«

»Sag das mal meinen Freunden.« Die glaubten schließlich, ich würde einem toxischen Kerl hinterherlaufen, der mich schlecht behandelte. Ich konnte ihre Haltung nachvollziehen, aber es tat trotzdem weh, dass sie mir nicht vertrauten. Dachten sie wirklich, ich hätte mich in wenigen Monaten so sehr verändert, dass ich nicht mehr wusste, wer gut und wer böse war?

»Ich wette, was immer sie sagen, es ist liebevoll gemeint.« Jay stieß mich leicht mit der Schulter an. »Dann läuft es nicht so toll in New York, oder?«

»Nein. Und alle wollen, dass ich zurückkomme … meine Mom, Rhoda und die anderen.«

»Aber du möchtest das nicht?«

»Ein Teil von mir schon. Es wäre einfach, nicht wahr? Zurückkommen, bei Ben einziehen, wieder hier leben und alles. Nur fühlt sich das nicht gut an. Nicht richtig.«

Jay schwieg einige Augenblicke und ich merkte, dass ich vergessen hatte, wie angenehm seine Gegenwart war. Auf den ersten Blick wirkte er wie der tätowierte, trainierte Typ, der Fahrräder an Touristen vermietete und immer nur gute Laune versprühte, aber er hatte auch eine andere, eine nachdenkliche Seite. Früher hatten wir oft gute Gespräche geführt, wenn im Laden nicht viel los gewesen war.

»Das klingt, als wüsstest du gerade nicht, wo du hingehörst.«

»Ja, genauso ist es«, sagte ich perplex, weil er es auf den Punkt gebracht hatte. »New York ist nicht meine Heimat, aber als ich vor ein paar Tagen hierher zurückgekommen bin, hat sich auch L.A. nicht mehr wie mein Zuhause angefühlt. Ich bin in irgendeiner Zwischenwelt gefangen.«

Jay legte den Kopf schief. »Was denkst du, woran das liegt?«

»Ich habe keine Ahnung.« Natürlich tauchte zuallererst Elijah in meinen Gedanken auf, denn die Vorstellung, ihn nicht wiederzusehen, löste in mir eine ganze Armada an widersprüchlichen Gefühlen aus, von Angst bis Erleichterung. Aber etwas sagte mir, dass es nicht an ihm lag, dass ich mich so fühlte.

»Vielleicht gibt es in New York noch etwas für dich zu erledigen, um damit abzuschließen«, schlug Jay vor. »Du bist offenbar sehr überstürzt hergekommen und hast deswegen etwas von dir dort gelassen, das deine Aufmerksamkeit verdient.«

Nun war ich es, die schwieg und über seine Worte nachdachte. Wahrscheinlich hatte er recht. Ich hatte gedacht, meinem ersten Impuls zu folgen und nach Los Angeles zu flüchten, würde mir Sicherheit geben. Mich mit meiner Mutter zu versöhnen war ein wichtiger Schritt gewesen, aber auch sie konnte meine Wunden nicht mit einem Pflaster und einem Slushy-Eis wieder kitten, so wie früher, wenn ich mir als Kind beim Surfen wehgetan hatte. Es gab keine Sicherheit mehr für mich. Es gab keine heile Welt mehr für mich.

Es sei denn, ich sorgte dafür.

Alle sagten, ich sollte wieder nach Venice zurückkehren. Aber wie sollte ich hier weitermachen, wenn ich wusste, was mein Vater getan hatte? Ich konnte das nicht einfach ausblenden, in Bens Haus ziehen und mir einen Studienplatz in L.A. suchen, als wäre nichts von diesen Taten real. Grant hatte Menschen wehgetan, wer wusste schon, wie viele es gewesen waren und wie viele noch folgen würden. Und auch wenn Elijah sicherlich eine Strategie hatte, ihm das Handwerk zu legen, ging er damit ein gewaltiges Risiko ein. Mein Vater hatte alle Leute bedroht, die ihm wichtig waren. Niemand konnte wissen, ob er nicht eine dieser Drohungen wahr machte. Die Vorstellung, dass Helena, Jess oder Elijah etwas geschah, während ich hier war, mein Leben genoss und surfen ging, war für mich kaum auszuhalten.

Also musste ich selbst etwas unternehmen. Ich musste ihn

zur Strecke bringen. Danach konnte ich zurückkommen und mein Leben leben. Aber nicht, ohne vorher mein Möglichstes zu tun, damit er nicht noch mehr Menschen verletzte. Oder Schlimmeres.

»Jay? Du hast mir sehr geholfen, aber ich muss jetzt los. Wir sehen uns bald.« Ich drückte ihm einen Kuss auf die Wange, stand dann auf und klopfte mir den Sand ab, schnappte mir mein Board und lief in Richtung Promenade, um nach Hause zu kommen.

Denn nun wusste ich, was ich zu tun hatte.

Und ich musste es sofort tun.

19
Elijah

Carter rief mich bereits am nächsten Morgen an, weil er etwas über die getötete Frau gefunden hatte. Ich traf ihn nach meinem Spaziergang mit Buddy am Pool seiner privaten Wohnung in der Nähe des Times Square. Carter saß im Bademantel an einem Tisch auf seiner vollverglasten Dachterrasse und hatte ein opulentes Frühstück vor sich, als ich hereinkam. Mein Hund warf begehrliche Blicke in Richtung Becken. Als Labrador liebte er grundsätzlich alles, was mit Wasser zu tun hatte. Dafür ließ er sogar die Speckstreifen unbeachtet, die sich auf dem Teller türmten.

»Lass ihn ruhig reinspringen und eine Runde schwimmen«, sagte Carter mit einer großzügigen Geste. »In dem Pool gab es schon Dreckigeres als einen Hund, wenn du verstehst, was ich meine.«

Und ob ich das verstand. »Bud, komm her«, rief ich ihn zu mir und bedeute ihm, in der Nähe der Tür Platz zu machen. Es war nicht so, dass ich ihm das Vergnügen nicht gönnte, aber ich hätte ihn eher in einen von den komplett mit Algen verschmutzten Teichen im Central Park gelassen als in Carters Pool.

»Was hast du für mich?«, fragte ich dann und setzte mich ihm gegenüber an den runden Tisch.

Carter schob mir eine Akte aus schwarzer Pappe zu. »Ich hab es dir ausgedruckt, weil ich dachte, du stehst auf diesen oldschool Scheiß. Also, die junge Dame hieß Sissy Goldsteen, stammte aus New Orleans und wurde vor dreizehn Jahren und acht Monaten als vermisst gemeldet. Ich habe die Mitteilung nur gefunden, weil das NOPD ein bisschen schlampig mit seiner Datenverwaltung ist, sie befand sich in einem Haufen Müll. Offenbar hat jemand dafür gesorgt, dass keiner die Anzeige findet.«

Sissy Goldsteen also. Das war ihr Name. Der Name der Frau, die Grant vor meinen Augen hatte töten lassen. Ich spürte eine merkwürdige Mischung aus Erleichterung und Trauer. Immerhin wusste ich jetzt, wer sie gewesen war, auch wenn ich ihr Leben nicht hatte retten können. Und ich konnte dafür sorgen, dass ihr Gerechtigkeit zuteilwurde, genau wie mir.

»Wer hat ihr Verschwinden gemeldet?« Ich schlug die Akte auf und sah mich dem Bild gegenüber, das ich Carter gegeben hatte. Darunter entdeckte ich die Vermisstenanzeige.

»Ihr Vater, Milo Goldsteen. Ich habe direkt einen kompletten Check der Familie gemacht, ich schätze, das war in deinem Sinne.«

Ich nickte nur und forderte ihn mit einer Handbewegung zum Weitersprechen auf.

»Die Familie hat ein Haus in der Vorstadt, der Vater arbeitet am Hafen, die Mutter ist Krankenpflegerin auf der Intensivstation. Außer Sissy haben sie noch zwei Söhne, beide jünger als ihre Schwester. Einer arbeitet als Arzt in New Orleans, der andere ist IT-Entwickler im Valley.«

Als Carter mir davon erzählte, wurde meine Kehle ganz trocken. Ich wusste selbst, wie schrecklich es war, seinen Bruder zu verlieren. Und die Goldsteens lebten seit mehr als dreizehn Jahren mit der Frage, ob ihre Tochter und Schwester noch irgendwo war oder nicht, weil Grant sie spurlos hatte verschwinden lassen. Das war nicht fair.

»Die Adresse steht drin, nehme ich an.«

»Ja, Seite drei, glaube ich. Warum, willst du dorthin?«

»Ich würde sagen, das geht dich nichts an.« Ich schenkte ihm ein schmales Lächeln.

»Richtig. Aber wenn du dich mit demjenigen anlegen willst, der sie getötet hat, dann –«

»Woher weißt du, dass sie getötet wurde?«, fragte ich und erkannte im gleichen Moment, dass er mich in eine Falle gelockt hatte.

»Wusste ich nicht.« Carter grinste breit. »Aber du hast es mir soeben verraten. Und da ich nicht ganz dumm bin, auch wenn es Leute gibt, die anderes behaupten, habe ich ein bisschen gerechnet. Da diese Sache fast vierzehn Jahre her ist, nehme ich an, es hat etwas mit dem zu tun, was mit dir passiert ist, oder? Die Entführung?«

Ich gab keine Antwort und das war Antwort genug. Carter blies die Backen auf.

»Meine Güte, ihr Coldwells habt echt ein Talent, in Schwierigkeiten zu geraten. Weiß Jess von deinem kleinen Feldzug? Das wäre doch sicher genau sein Ding.«

»Er hat keine Ahnung«, knurrte ich. »Und es wäre mir recht, wenn das so bleibt.«

»Klar, kein Problem. Verschwiegenheit ist meine oberste Devise.« Carter deutete auf die Akte. »Ich habe eine Abfrage zu Miss Goldsteen laufen lassen, da kam allerdings sehr wenig raus. Sie war im Schwimmteam ihrer Schule und ist danach an ein Community College gegangen. Außer ein paar Jahrbuchfotos gibt es kaum Belege für ihre Existenz.«

»Dann hast du keinen Hinweis darauf gefunden, was sie hier in New York gemacht hat?«, fragte ich und blätterte einmal durch die Dokumente, ohne jedoch richtig zu sehen, was drinstand. Ich würde das später in Ruhe lesen.

»Nicht einen.«

Das bedeutete, dass Grant gründlich gewesen war, als er den Mord an ihr zu vertuschen versucht hatte. Aber ich war ihm auf den Fersen und diese Tatsache löste grimmige Zufriedenheit in mir aus.

»Danke, Carter.« Ich stand auf. »Das mit der Zahlung regeln wir so, dass es nirgends auftaucht, richtig?«

»Natürlich. Aber ich gebe dir einen Rat, Elijah: Sei vorsichtig, mit wem du dich anlegst. Ich weiß, aus welcher Familie du kommst, aber in dieser Stadt gibt es verdammt viele Menschen, die keinen Funken Ehre im Leib haben. Es wäre schade um dein hübsches Gesicht, wenn du der Nächste wärst, nach dem ich suchen muss.«

Mein rechter Mundwinkel hob sich ein wenig. »Du machst dir Sorgen um mich? Das ist rührend, Mann.«

»Ja, so bin ich. Ach, und grüß die Prinzessin, wenn du sie das nächste Mal siehst. Die Kleine ist wirklich … meine Güte.« Er tat so, als hätte er sich verbrannt.

Seine Bemerkung erinnerte mich daran, warum ich dieses Video hatte machen müssen, und ich wusste, es war Zeit zu verschwinden. Ich nahm meine Akte vom Tisch, verabschiedete mich und ging mit Buddy zum Ausgang. Wenn ich es heute noch nach New Orleans schaffen wollte, musste ich mich beeilen. Sicherlich hätte ich auch bis morgen oder nächste Woche warten können – wahrscheinlich sogar sollen, weil ich mit der Uni so weit hintendran war, dass ich bald eins dieser unangenehmen Gespräche mit meinem Prof vor mir hatte. Aber es war mir egal. Das hier hatte Priorität. Ich musste mit den Goldsteens sprechen und ihnen die Nachricht vom Tod ihrer Tochter überbringen. Und hoffentlich hatten sie einen Hinweis für mich, warum Grant geglaubt hatte, Sissy Goldsteen töten zu müssen.

Den Privatjet buchte ich bereits auf dem Weg nach Hause, also musste ich nur noch meine Sachen zusammensuchen, als ich wieder in der Wohnung war. Ungewohnt wahllos warf ich meinen Reisepass zusammen mit einem Shirt zum Wechseln in einen Rucksack, zog mein Hemd aus und tauschte es gegen entspanntere Kleidung, mit der ich weniger als ich selbst wahrgenommen werden würde. Es war nicht wahrscheinlich, dass mich Grant bis nach New Orleans verfolgen konnte, aber dennoch blieb ich lieber unter dem Radar.

Mein Telefon klingelte, als ich auf dem Weg ins Arbeitszimmer war, um meinen Laptop zu holen. Es war Malia.

»Hey, gibt es etwas Neues von Baker?«, fragte ich. Es war ein wenig unhöflich, nicht zuerst danach zu fragen, wie es ihr ging, und etwas Small Talk zu halten, wie man das unter Freunden tat. Aber Malia war ein sehr effizienter Mensch, von daher störte es sie hoffentlich nicht.

»Von ihm nicht«, sagte sie. »Allerdings haben die Kollegen in Brooklyn den Krankenwagen entdeckt. Er stand vollkommen ausgebrannt am Hafen. Da wollte jemand auf keinen Fall Spuren hinterlassen.«

»Und die beiden Paramedics?«

»Werden noch vermisst. Ihre Familien hoffen darauf, dass sie wieder auftauchen, aber ich bin da weniger optimistisch.«

Ich atmete aus. »Das heißt, sie sind tot?«

»Entweder das oder sie wurden für den Job bestochen und haben sich dann aus dem Staub gemacht. Ich habe mir den Fall jetzt geholt, weil sowieso niemand mehr nachhaken will. Also kann ich dich auf dem Laufenden halten, wenn sich etwas Neues ergibt.«

»Danke, Malia. Ich weiß das zu schätzen.«

»Dienen und beschützen ist unser Motto, weißt du doch.« Sie rief jemandem etwas zu. »Ich muss Schluss machen, aber wenn du nicht bald mal zum Essen bei uns vorbeikommst, gibt es Ärger, Little Coldwell.«

Ich grinste leicht, weil ich genau wusste, dass sie eigentlich nur Infos darüber wollte, ob es etwas Neues von meinem Entführer gab. »Kriegen wir sicher hin. Ich melde mich.«

Sie legte auf und ich beeilte mich, mit dem Packen fertig zu werden. Als ich in meinem Arbeitszimmer den Laptop in meine Tasche steckte, fiel mein Blick auf die Ausgabe von »The Heart is a Lonely Hunter«, die etwas angestaubt auf dem Tischchen neben meinem Lesesessel lag, den ich schon seit gefühlten Jahren nicht mehr benutzt hatte. Ich dachte an mein Gespräch mit Eden in Windsbury und an den Brief-Buchclub, von dem er erzählt hatte. Vielleicht würde ich ihm eines Tages tatsächlich schreiben, weil ich endlich dazu gekommen war, mit dem Buch anzufangen. Aber das lag alles in meinem Danach, von dem ich nicht wusste, wann es eintreten würde.

Ich nahm noch etwas Bargeld aus dem Safe und war fertig, als es an meiner Wohnungstür klingelte. Verwundert runzelte ich die Stirn. Ich hatte mit Jess abgesprochen, dass ich ihm Buddy auf dem Weg zum Flughafen vorbeibringen würde – denn obwohl ich ihn im Jet mit in die Kabine hätte nehmen können, bedeutete ein Flug immer Stress für einen Hund. Und auch sonst erwartete ich niemanden. Wer konnte das also sein?

Buddy blieb auf dem Teppich vor meinem Bett liegen, weil er grundsätzlich beleidigt war, wenn ich ohne ihn verreiste. Er hatte einen sechsten Sinn dafür, wann er mitdurfte und wann nicht. Und jetzt war ihm klar, dass dieser Trip ohne ihn stattfinden würde.

Ich ging daher allein die Treppe hinunter und es klingelte bereits ein zweites Mal, noch bevor ich an der Tür ankam. Als ich sie öffnete, blieb kurz mein Herz stehen, um dann heftig wieder anzulaufen.

»Felicity«, sagte ich überrascht. »Was –«

»Ich will dabei sein«, unterbrach sie mich mitten in meiner Frage, warum sie schon zurück in New York war. Warum sie *überhaupt* in New York war. Ihre Stimme vibrierte förmlich und ich konnte sehen, wie angespannt sie war. Die Haare hatte sie zu einem unordentlichen Zopf geflochten, ihr Sweatshirt war verknittert, hinter ihr stand eine Reisetasche im Gang. Sie musste direkt vom Flughafen kommen.

»Dabei sein?«, wiederholte ich etwas verspätet und drängte das dumpfe Ziehen weg, das sich immer dann in meinem Magen meldete, wenn ich ihr begegnete. »Was meinst du damit?«

»Bei dem Plan, meinen Vater zu Fall zu bringen.« Sie wippte auf den Fußballen, als könnte sie die wütende Energie, die ihr aus jeder Faser drang, nicht aushalten. »Du hast doch einen Plan, oder?«

Ich stieß so etwas wie ein empörtes Lachen aus. Dann trat ich zur Seite und ließ sie in die Wohnung, weil ich dieses Gespräch nicht auf dem Flur führen wollte. Eigentlich wollte ich es gar nicht führen. Was zur Hölle machte sie hier? Es war noch keine Woche her, dass Alec sie zum Flughafen gebracht hatte. Sie sollte in L.A. bei ihrer Mutter und ihren Freunden in Sicherheit sein, nicht hier in New York absurde Forderungen an mich stellen.

»Das kommt überhaupt nicht infrage.« Ich schüttelte den Kopf.

»Warum nicht?« Sie reckte angriffslustig das Kinn. »Siehst du nicht, wie wertvoll ich dafür wäre? Ich komme nicht nur in sein Haus, sondern auch in die Firma, ohne Aufsehen zu erregen. Außerdem bin ich seine Tochter, also wird er mir nichts tun.«

»Ach, und da bist du ganz sicher?« In mir stieg Angst auf, als sie das so selbstverständlich sagte, ohne zu wissen, was sie da eigentlich behauptete. Grant hatte vielleicht bis zu diesem Zeitpunkt den fürsorglichen Vater gegeben, aber niemand wusste, ob sich das nicht änderte, wenn er herausfand, dass sie die Wahrheit kannte. »Vergiss es. Ich habe nicht alles dafür getan, damit du in Sicherheit bist, um dich jetzt in Gefahr zu bringen.«

»Ich brauche deine Erlaubnis nicht, um nachzuforschen«, sagte sie hart. »Ich kann das auch ohne dich tun.«

Ich hatte sie noch nie so erlebt. Felicity war ein durch und durch freundlicher, oft zurückhaltender, sehr liebevoller Mensch. Aber jetzt wirkte sie wie ausgewechselt – wütend, beinahe schon aggressiv. Und es war komplett unangebracht, dass ein Teil von mir diese Entschlossenheit verflucht heiß fand.

»Felicity, warum zur Hölle willst du das denn?«, fuhr ich sie an, um es zu überspielen. »Du solltest in L.A. sein und dort dein Leben leben, verdammte Scheiße. Das hier ist meine Sache, nicht deine.«

»Er ist *mein* Vater, verflucht!«, rief sie. »Hast du eine Ahnung, wie es sich anfühlt, mit jemandem wie ihm verwandt zu sein? Zu wissen, dass ich die Hälfte meiner DNA von ihm habe? Er hat *dich* entführt und *mich* hat er verraten. Das hier ist genauso meine Sache wie deine und ich will, dass er dafür bezahlt.«

Ich verstand langsam, wieso sie hier war. Aber das bedeutete nicht, dass ich sie mitmachen lassen würde. Wenn ihr dabei etwas zustieß … Ich konnte diesen Gedanken nicht einmal in meinem Kopf zu Ende bringen, ohne durchzudrehen. »Er wird dafür bezahlen, vertrau mir.«

»Ja, und ich kann dafür die entsprechende Munition liefern. Ich kann Unterlagen besorgen, Gespräche mithören. So nah wie ich kommst du niemals an ihn ran.«

Da hatte sie recht, aber deswegen war das noch lange keine gute Idee. Abgesehen davon, dass ich mir die Sorgen meines Lebens machen würde, wenn sie auch nur eins dieser Vorhaben in die Tat umsetzte … war da ein entscheidender Faktor, der es unmöglich machte, dass sie mir half. »Das geht nicht. Es tut mir leid, dir das sagen zu müssen, aber: Du bist eine wirklich schlechte Lügnerin, Felicity. Er würde dich innerhalb von Minuten durchschauen und dann geht alles zum Teufel.«

»Du kannst es mir beibringen«, sagte sie und in ihren Augen flackerte etwas auf, das ich nicht sehen wollte. »Bring mir bei, wie man so undurchsichtig wird wie du.«

Ihre Worte taten weh, aber ich ignorierte es. »Das ist nichts, was du in einem Wochenendkurs lernst, Herrgott!« Langsam wurde ich wirklich wütend. »Ich habe Jahre gebraucht, um es zu beherrschen, und du bringst die Voraussetzungen dafür gar nicht mit.«

»Die da wären?« Sie hob eine Augenbraue.

»Misstrauen, an allererster Stelle. Gegenüber jedem Menschen, dem du begegnest.«

Sie sah mich herausfordernd an. »Nach allem, was in den letzten Monaten passiert ist, würde ich sagen, dass ich in der Hinsicht auf einem guten Weg bin.«

Es sollte mich treffen, das wusste ich, aber wehren konnte ich mich trotzdem nicht dagegen. Ich hätte dafür auch gar keine Zeit gehabt, denn ich flog zwar nicht Linie, aber die Startzeiten für private Flugzeuge waren am JFK eng getaktet. Von Teterboro, das näher lag und sehr viel mehr Diskretion versprach, hatte ich leider nichts mehr bekommen.

»Wir reden darüber, wenn ich zurück bin.« Ich deutete auf

den Rucksack, der neben mir stand. Eine andere Lösung hatte ich in diesem Moment nicht, denn offenbar weigerte Felicity sich, wieder nach L.A. zu fliegen, und ich konnte nicht den Rest des Tages damit verbringen, mit ihr zu streiten.

»Verreist du beruflich?«, fragte sie, als würde sie die Antwort bereits kennen.

»Nein.« Ich blieb ehrlich. »Es gibt einen Hinweis, dem ich nachgehen will.« Dass ich die Familie der Frau besuchen würde, deren Tod ich mit angesehen hatte, verschwieg ich.

»Dann komme ich mit. Gepackt habe ich ja schon.« Felicity zeigte zur geschlossenen Tür, hinter der sie ihre Reisetasche zurückgelassen hatte. Dann sah sie mich wieder an, in ihren Augen jede verfluchte Emotion so klar, als hätte sie jemand mit schwarzem Stift in ihr Gesicht gemalt. Wut, Hilflosigkeit und außerdem diese verdammte Sehnsucht nach mir, auf die ich lieber keine Resonanz in meinem Körper gespürt hätte. Wir beide in der Kabine eines Privatjets, auf einem Drei-Stunden-Flug mit dieser Mixtur aus angestauten Gefühlen? Es hatte nie eine dämlichere Idee gegeben.

»Nein«, sagte ich und lief an ihr vorbei zur Tür. »Ruf Alec an und geh zu ihm. Es wäre besser, wenn du in dem Zustand nicht auf deinen Vater triffst.« Und bei seiner Überwachungstaktik war es nicht unwahrscheinlich, dass er bei ihr in der Wohnung auftauchen würde, sobald er davon hörte, dass sie zurück war.

»Bitte, Elijah.«

Felicitys Stimme war plötzlich nicht mehr wütend, sondern flehend und ging mir direkt ins Herz. Ich hatte ihr den Rücken zugedreht und schickte ein stummes Gebet an einen Gott, an den ich nicht glaubte.

Dann wandte ich mich um, schaute sie an, sah in ihre grauen, stürmischen Augen, deren Blick mich noch nie kaltgelassen hatten. Sie brauchte das, sie brauchte das Gefühl, nicht machtlos zu sein gegen all die Tatsachen, die auf sie eingeprasselt waren. Und ich verstand das. Ich verstand es so gut.

»Okay«, hörte ich mich sagen. Es konnte auch eine Chance sein, sie davon abzubringen, wenn sie mich begleitete. Zu dem Besuch bei den Goldsteens würde ich sie nicht mitnehmen und was konnte in zehn Kilometern Höhe schon passieren?

Kommt drauf an, wie du passieren *definierst*, erinnerte mich eine boshafte Stimme. Sie traf auf eine Wand aus Willenskraft und Zielstrebigkeit. Ich würde nicht nachgeben. In keiner Hinsicht.

»Okay?« Felicity konnte offenbar nicht glauben, dass ich tatsächlich eingewilligt hatte. Um ehrlich zu sein, konnte ich das selbst nicht.

»Ja. Gehen wir.« Ich hatte sechs Stunden Zeit, ihr klarzumachen, dass sie in Los Angeles besser aufgehoben war. Sechs Stunden Zeit, um *mir* klarzumachen, dass sie keine Option für mich war, was immer mein Herz sich auch wünschte.

Fuck. Ich war so was von am Arsch.

20
Felicity

Als ich vor Elijahs Tür aufgekreuzt war, um ihn davon zu überzeugen, dass ich bei seinen Ermittlungen gegen meinen Vater helfen wollte, hatte ich mit vielem gerechnet. Aber nicht damit, eineinhalb Stunden später in dem bequemen Sessel eines Privatjets zu sitzen, mir gegenüber der Mann, nach dem ich mich seit Monaten sehnte. Und noch weniger damit, dass diese Sehnsucht nicht mein vorherrschendes Gefühl sein würde, sondern vor allem Aufregung und Angst vor meiner eigenen Courage.

Elijah hatte nicht viel gesagt, weder auf dem Weg zum Flughafen in seinem Wagen noch beim Einsteigen in den Jet. Ich hatte ihm jedoch seine Anspannung angemerkt, die mit uns gefahren war wie ein blinder Passagier. Was das für ein Hinweis war, dem er nachgehen wollte, hatte ich bisher nicht erfahren. Ich war zu beschäftigt damit gewesen, meinen eigenen Entschluss zu verarbeiten. Elijahs Reaktion hatte mir vor Augen geführt, dass diese Sache gefährlich werden konnte, auch für mich. Zwar wollte ich nicht daran glauben, dass mein Vater mir etwas antun würde, aber ausschließen konnte ich es genauso wenig.

»Wo fliegen wir hin?«, fragte ich, als der Jet bereits gestartet war. Ich hatte der Umgebung bisher kaum Beachtung geschenkt, obwohl sich der Luxus förmlich aufdrängte. Allerdings sah ich nirgendwo das Logo von CW Buildings, also war es wohl nicht der Firmenjet, sondern ein gemieteter. Ob Trish Coldwell wusste, auf welcher Mission sich ihr Sohn befand? Waren Helena und Jess im Bilde, was Elijah tat? Oder hielt er seine Familie aus allem raus?

»New Orleans. Das sind etwa dreieinhalb Stunden.« Er sah auf und ließ mich in seinen Augen nichts lesen. Mit seinem dunklen Hoodie und der Jeans wirkte er nahbarer als in seinen üblichen Klamotten, aber es war nur eine Illusion: Sein Gesicht war verschlossen wie so oft.

Ich versuchte, mich davon nicht beirren zu lassen. »Gut, das sollte reichen, damit du mich auf den aktuellen Stand deiner Ermittlungen bringen kannst.«

»Reden wir lieber darüber, warum du nicht in Los Angeles geblieben bist«, entgegnete Elijah.

»Das habe ich dir bereits in deiner Wohnung gesagt. Ich will helfen, meinen Vater hinter Gitter zu bringen.«

»Ja, richtig. Aber das ist nicht alles.« Etwas Forschendes mischte sich in seinen Blick und ich gab mir alle Mühe, nicht daran zu denken, dass er mich bei unserer allerersten Begegnung auch so angesehen hatte. »Was ist in L. A. passiert?«, fragte er. »Hat deine Mutter nicht gut reagiert?«

»Meine Mom war fantastisch«, wehrte ich ab. Das war sie wirklich gewesen, obwohl sie etwas besorgt gewirkt hatte, dass ich wieder nach New York fliegen wollte. Ich hatte behauptet, ich würde nur meine Sachen holen, alles regeln und dann zurückkehren. Bis sie merkte, dass das nicht der Wahrheit entsprach, würde mir hoffentlich eine Ausrede einfallen, warum ich noch bleiben musste.

Elijah ließ sich nicht beirren. »Was ist es dann?«

Woher wusste er das? Wieso konnte er mir vom Gesicht ablesen, dass die Reaktion meiner Freunde mir zu schaffen machte? *Ganz einfach – weil es genauso ist, wie er sagt: Du bist eine wirklich schlechte Lügnerin.* Bisher hatte ich das meist als etwas Gutes angesehen, aber jetzt hätte ich alles dafür gegeben, meine Empfindungen und Gedanken vor anderen verschließen zu können.

»Es ist nichts.« Wenn er mich lesen konnte, sollte er doch selbst seine Schlüsse ziehen. Ich würde ihm nicht sagen, dass Ben und Rhoda sich seinetwegen Sorgen machten.

»Okay.« Er nickte und sein Tonfall spülte eine warme Welle in mein Inneres, obwohl ich das nicht wollte. »Du musst es mir nicht verraten. Wie du schon sagtest, habe ich dein Vertrauen verspielt. Ich habe kein Recht darauf, dass du ehrlich zu mir bist, nachdem ich es nicht war.«

Etwas an diesen Worten berührte mich auf eine Weise, dass ich es mir anders überlegte. Kurz suchte ich vergeblich nach der richtigen Formulierung, bevor ich schließlich einfach das sagte, was mir in den Kopf kam. »Meine Freunde denken, du bist ein toxisches Arschloch.«

Für eine Sekunde konnte man erkennen, dass Elijah diese Bezeichnung traf. Dann hob er die Schultern und sah aus dem Fenster, wo New York immer kleiner wurde. »Das ergibt Sinn.«

»Nein, tut es nicht«, widersprach ich.

Er stieß einen leisen Laut der Skepsis aus. »Bei allem, was sie über mich wissen? Ich bitte dich.«

»Trotzdem sollten sie mir vertrauen. Wenn ich …« Beinahe hätte ich gesagt, dass ich noch Gefühle für ihn hatte, aber ich schluckte es herunter. »Wenn ich ihnen erkläre, dass du deine Gründe hattest, sollten sie mir glauben. Auch ohne deine Geschichte zu kennen.«

»Du hast ihnen nicht erzählt, was mir damals passiert ist?« Elijah wirkte überrascht.

»Nein. Du hast es mir im Vertrauen gesagt und ich würde es niemals verraten, ganz egal, wie ich zu dir stehe.«

In seinen Augen erkannte ich eine Weichheit, die er sofort vor mir verbarg, indem er auf den Tisch sah, der unsere Sitze voneinander trennte. »Danke. Ich verdiene es nicht, dass du so nachsichtig bist, aber ich bin froh, dass du es für dich behalten hast.«

Ich schaute ihn an, antwortete nicht direkt. War es so? War ich zu nachsichtig? Als ich Weihnachten in L.A. verbracht hatte, da hatte Rhoda zu mir gesagt, ich wäre bei Elijah schon immer ein wenig blind gewesen – dass er sich doch nie wirklich geöffnet und mich häufig zurückgewiesen hatte. Sie war der Ansicht gewesen, dass ich zu wenig forderte und zu viel nachgab. Zu der Zeit hatte das plausibel geklungen und ich hatte mich selbst dafür verurteilt, dass ich die Zeichen nicht erkannt hatte. Dass ich nicht geahnt hatte, irgendwann von Elijah verletzt zu werden. Aber nun wusste ich mehr und ich war geneigt, diese Fähigkeit, Menschen ihren Freiraum und ihr Tempo zu lassen, als etwas Gutes zu betrachten. Ich hatte mich nicht in Elijah getäuscht. Ich hatte nur nicht das ganze Bild gesehen. Falls man ihm etwas vorwerfen konnte, dann das: Er hatte über meinen Kopf hinweg entschieden, dass ich beschützt werden musste. Wenn ich mir jedoch seine Geschichte ansah, wie konnte ich ihm das ankreiden? Er hatte viel zu oft die Erfahrung gemacht, dass nichts auf der Welt sicher war. Und dann hatte er ein Bild von mir bekommen, eine offene Bedrohung meines Lebens, und eine Entscheidung treffen müssen. Mir wäre lieber gewesen, er hätte mir davon erzählt, aber nach allem, was er erlebt hatte, verstand ich, warum er es nicht getan hatte.

Ich schaute auf, begegnete seinem Blick, und ich war sicher, dass er einiges von meinen Gedanken in meinen Augen erahnen konnte. Und da war wieder diese Verbindung, die sich offenbar nicht von unserem krassen Bruch einschüchtern ließ. Ich spürte die Anziehung, die von der ersten Begegnung mit Elijah an existiert hatte. Sie hatte nur einen sehr zarten Pulsschlag, geschwächt von allem, was geschehen war. Aber sie war da und der Innenraum des Jets schien sich langsam mit ihr zu füllen, während wir einander ansahen. Ich räusperte mich, schaute weg und der Moment zerbrach.

»Mein Verständnis musst du dir nicht verdienen«, sagte ich schließlich. »Auch wenn du mir wahnsinnig wehgetan hast … immerhin weiß ich jetzt, warum.«

»Es tut mir leid«, antwortete er leise. »Du hast keine Ahnung, wie sehr.«

»Das war nicht deine Schuld. Es war *seine*.« Meine Wut kehrte zurück und für den Moment war sie mir willkommener als die verworrenen Gefühle, die mit jedem Augenkontakt mit Elijah stärker wurden. »Also sag mir, wie du ihn zu Fall bringen willst, damit ich weiß, was ich dazu beitragen kann.«

»Offenbar liegt hier ein Missverständnis vor.« Mit einem Mal hatte Elijah seine Mauer wieder hochgezogen, denn sein Tonfall war hart und kühl. »Ich habe eingewilligt, dass du mitkommst. Ich habe nicht eingewilligt, dass du bei der Mission gegen deinen Vater an Bord bist.«

Ich holte tief Luft. »Vielleicht habe *ich* es nicht deutlich genug gesagt, aber ich bin dabei, ob du das willst oder nicht. Wenn du mich ausschließt, versuche ich eben auf eigene Faust, Beweise für seine Verbrechen zu finden.«

Elijah stieß den Atem aus und öffnete den Mund. Da ertönte eine Stimme über Lautsprecher.

»Mr Coldwell, wir befinden uns jetzt auf Reiseflughöhe.«

Er drückte einen kleinen Schalter an der Wand. »Danke, Nigel.« Dann schnallte er sich ab, blieb aber dennoch sitzen, schaute mich auf diese ernste, eindringliche Art an, die er perfektioniert hatte.

»Felicity, bitte. Ich könnte es nicht ertragen, wenn dir etwas passiert.«

»Und ich könnte es nicht ertragen, wenn er davonkommt und ich das hätte verhindern können. Er hat mich benutzt, um dich in Schach zu halten. Ich will, dass er das bereut.« Ich schüttelte den Kopf. »Du hast mich im November beschützt und ich verstehe, warum du es tun musstest. Aber jetzt ist die Lage eine andere. Wir beide wissen, dass ich mit dem Mann verwandt bin, der dir das angetan hat. Also lass mich dabei helfen, es wiedergutzumachen.«

»Und wie stellst du dir das vor? Willst du heimlich nach Unterlagen suchen, die eine Verbindung zwischen ihm und der verstorbenen Frau beweisen?«

»Zum Beispiel.« Ich löste meinen Sicherheitsgurt und verschränkte die Arme. »Oder glaubst du, dass *du* einfach so in sein Haus oder die Firma spazieren kannst, um diese Unterlagen zu finden?« Wenn es solche Nachweise überhaupt gab. Sicherlich war versucht worden, das Ganze so gut wie möglich zu vertuschen.

»Da gibt es andere Möglichkeiten. Ich weiß noch gar nichts darüber, wie die Verbindung zwischen Grant und der Frau ausgesehen hat. Ob sie geschäftlich oder privat war. Bevor ich keine Ahnung habe, wonach ich suche, besteht jedenfalls kein Grund, bei ihm einzubrechen.« Er warf mir einen langen Blick zu.

Ich ließ mich davon nicht beirren. »Bisher nicht, aber das kann sich schnell ändern. Kennst du ihren Namen?«

»Erst seit heute. Sie heißt … hieß Sissy Goldsteen, ihre Familie lebt in New Orleans. Wir sind auf dem Weg dorthin, weil ich mit ihnen sprechen will.«

Ich erinnerte mich an den Abend in Grants Haus, als Baker vor der Tür gestanden hatte. *Ich soll Ihnen ausrichten, Sie hätten eine gemeinsame Bekannte. Miss Goldsteen.*

»Baker hat diesen Namen genannt«, murmelte ich. »Als er bei uns im Haus war.«

Elijah starrte mich an. »Du warst dort, als er Grant aufgesucht hat?« Ihm schien etwas klar zu werden. »Deswegen hast du mir geglaubt, oder? Weil du was davon mitbekommen hast.«

Ich nickte. »An dem Abend habe ich sie belauscht. Baker hat gefordert, dass Grant ihm hilft, weil jemand hinter ihm her wäre. Ich wusste nicht, dass es um dich geht, weil dein Name nicht gefallen ist, aber als du mir gesagt hast, wie er heißt, habe ich eins und eins zusammengezählt.«

Elijahs Ausatmen war hörbar. »Man hat dich aber nicht erwischt, oder?«

»Nein. Keine Sorge.« Ich dachte an die getötete Frau und ihre Familie, die er besuchen wollte. »Wissen die Eltern von Sissy Goldsteen denn, dass ihre Tochter …«

»Nein, ich glaube nicht.« Er senkte den Blick.

»Und du willst es ihnen sagen?«

»Natürlich«, bestätigte er dunkel. »Sie haben lange genug mit der Ungewissheit gelebt und verdienen die Wahrheit. Ich habe mich all die Jahre nicht darum gekümmert, ihre Identität herauszufinden, sonst hätte ich das schon viel eher tun können.«

Ich wusste nicht, ob ich dazu in der Lage gewesen wäre, Eltern eine solche Nachricht zu überbringen. Moms letzter Freund war Officer beim LAPD gewesen und hatte mir mal erzählt, dass es die schlimmste Aufgabe überhaupt wäre, Angehörige vom Tod eines geliebten Menschen zu unterrichten. Trotzdem wollte ich Elijah damit nicht allein lassen.

»Gut, dann werde ich dich dorthin begleiten.«

»Das ist keine gute Idee. Man könnte uns zusammen sehen. Und außerdem weiß ich nicht, was es mit dir macht, wenn du …«

»Wenn ich den Menschen begegne, deren Tochter von meinem Vater ermordet wurde?«, hakte ich ein.

»Denkst du etwa nicht, dass das schwierig für dich sein könnte?«

Ich hob eine Augenbraue. »Schwieriger als den Eltern der Frau zu begegnen, deren Tod man im Alter von neun Jahren mit angesehen hat?«

Elijah schluckte, seine Finger ballten sich auf dem Tisch zu Fäusten, sein gesamter Körper verspannte sich. Ich wusste, dass er jetzt die Bilder aus der Vergangenheit vor sich sah. Und das war meine Schuld. Ohne nachzudenken, lehnte ich mich vor und legte meine Hände auf seine, strich sanft darüber. Ich hätte wissen müssen, dass es mich nicht kaltlassen würde, seine Haut zu berühren, aber ich war nicht darauf gefasst, dass mein Körper so heftig reagierte. Hitze durchflutete mich, meine Finger begannen zu kribbeln, mein Puls beschleunigte. Als ich es bemerkte, zog ich meine Hände eilig zurück, faltete sie in meinem Schoß.

»Bitte entschuldige«, sagte ich leise. »Ich hätte dich nicht daran erinnern sollen.«

»Das musstest du nicht.« Er rieb sich über den Handrücken, wo ich ihn berührt hatte. Ob es ihm unangenehm gewesen war oder das Gegenteil, wusste ich nicht. »Ich sehe es ständig vor mir, seit ich erfahren habe, wer sie ist.«

»Wirst du ihnen denn sagen, wer *du* bist?«

»Nein, das ist zu gefährlich. Wenn sie es jemandem sagen würden, könnte alles in Gefahr geraten, deswegen werde ich mich als Privatdetektiv ausgeben, der die Informationen über den Tod ihrer Tochter von einem Dritten bekommen hat. Falls mich dein Vater überwacht, ist das am sichersten.«

Ich verspürte ein leises Schaudern bei den Worten *dein Vater*. »Könntest du … könntest du ihn vielleicht Grant nennen, wenn du über ihn sprichst? Ich muss nicht ständig vor Augen geführt bekommen, dass er mein Vater ist. Er verdient diesen Titel nicht, nachdem er mich benutzt hat, um dir wehzutun. Geschweige denn nach allem anderen, was er getan hat.«

»Natürlich. Tut mir leid.« Elijahs Mundwinkel zuckten zu einem schnellen Lächeln und die Kälte in meinem Inneren wurde für eine Sekunde durch Wärme ersetzt. »Allerdings glaube ich mittlerweile, dass er mir dieses Foto auch deswegen geschickt hat, um mich von dir fernzuhalten. Schließlich hat er es direkt an dem Morgen getan, nachdem ich bei dir war.«

Das war mir auch schon aufgefallen.

»Denkst du, er überwacht mich?« Ich erinnerte mich an einige Gelegenheiten in den letzten Wochen, wo ich dieses Gefühl gehabt hatte, beobachtet zu werden. Zuletzt in der Subway. Zwar hatte ich geglaubt, es wäre Helena gewesen, aber im Nachhinein war ich da nicht mehr so sicher.

»Er lässt sich zumindest Bericht erstatten, wer in deiner Wohnung ein- und ausgeht. Sonst hätte er nicht so schnell reagieren können.« Elijah schaute mich ernst an.

»Dann werde ich mir wohl sehr bald eine andere Bleibe suchen.« Ich liebte die Wohnung in Turtle Bay, aber ich würde mich dort nie wieder wohlfühlen, nachdem ich wusste, dass ich unter permanenter Beobachtung stand. Außerdem wollte ich sicher nicht mehr von Grant abhängig sein.

Elijah verengte die Augen. »Du meinst es wirklich ernst, dass du erst mal in New York bleiben willst?«

Ich nickte mit Nachdruck. »Warum, wäre es dir lieber, ich würde verschwinden?«

»Verdammt noch mal, ja.« Seine Miene zeigte Verärgerung. »Ich habe wesentlich besser geschlafen, als ich wusste, dass du in Sicherheit bist.«

»Ach, dann hast du plötzlich keine Albträume mehr?« Kaum hatte ich es ausgesprochen, tat es mir schon wieder leid, aber ich war gerade einfach sehr dünnhäutig und Elijahs abwehrende Haltung zerrte an meinen Nerven. Natürlich brachte ich Verständnis dafür auf und an seiner Stelle hätte ich vermutlich nicht anders reagiert. Aber Fakt war, es würde mich wahnsinnig machen, aus der Schusslinie zu treten und am Ende dabei zuzusehen, wie sich Grant aus dieser Sache herauswand.

»Das ist nicht der Punkt.« Elijah holte tief Luft. »Was, wenn er erfährt, dass wir wieder Kontakt haben, und dann zu drastischeren Mitteln greift als bisher, um das zu verhindern?«

»Dann darf er es eben nicht erfahren.« Es ging hier doch schließlich nur darum, Grant zu Fall zu bringen, oder nicht? Das war meine Motivation gewesen, als ich vor Elijahs Tür gestanden hatte, aber je länger ich mich in seiner Nähe aufhielt, desto weniger sicher war ich, ob ich mir nicht etwas vormachte.

»Und wie stellst du dir das vor?«

»Keine Ahnung, ich … keine Ahnung.« Meine Entscheidung war impulsiv gewesen, ich hatte mir keine weitergehenden Gedanken darum gemacht, wie das klappen konnte. Ich wusste nur, dass ich etwas unternehmen musste.

Elijah sah auf sein Smartphone, dann legte er es wieder weg. »Wir reden darüber, wenn das hier vorbei ist.« Es klang so, als würde er nicht wirklich mit mir darüber reden wollen – sondern mir vielmehr weitere Argumente dafür präsentieren, warum meine Beteiligung keine Option war. Aber ich hatte dem nichts entgegenzusetzen, also schwieg ich und er tat es auch.

»Möchtest du etwas essen?«, fragte Elijah, nachdem einige Minuten verstrichen waren. »Ich habe keinen Service angefordert, aber im Kühlschrank sind immer ein paar Snacks und Sandwiches.«

»Nein danke. Ich hatte auf dem Rückflug aus L.A. etwas.« Und außerdem hätte ich keinen Bissen runterbekommen, bei dem, was uns bevorstand. »Aber wenn eine Cola da wäre … ich bin ein bisschen müde.«

»Ich schaue nach.« Er erhob sich und im gleichen Moment ging eine Nachricht auf meinem Handy ein. Ich hatte mich vor dem Start mit dem WLAN verbunden, auch wenn ich es verrückt fand, dass ich in dieser Höhe tatsächlich Empfang hatte.

Als ich jedoch das Symbol meiner Messenger-App anwählte, wurde mir kalt. Sie war von ihm.

Hallo Kleines, wie geht es deiner Mom? Kommst du bald zurück nach New York? Wir vermissen dich. Liebe Grüße, Dad.

»Was ist los?« Elijah setzte sich wieder, in den Händen zwei kleine Dosen Cola.

»Er … Er hat mir geschrieben.« Es war eine normale Nachricht, aber meine Finger bebten trotzdem, als ich das Telefon vor mir auf den Tisch legte. Seit ich wusste, dass hinter diesen netten, fürsorglichen Worten ein Psychopath steckte, war es beinahe unerträglich, sie zu lesen.

Elijah sah mich auf eine Weise an, die einerseits Mitgefühl ausdrückte, andererseits aber auch: *Und du denkst wirklich, dass du mir dabei helfen willst, ihm seine Verbrechen nachzuweisen?* Was mich an etwas erinnerte, um das ich ihn bereits vorhin gebeten hatte.

»Es wäre gut, wenn wir die Zeit nutzen, um mir das Lügen beizubringen. Zumindest ein bisschen.« Mein Entschluss stand fest, aber das bedeutete nicht, dass mir nicht angst und bange wurde, wenn ich daran dachte, meinem Vater wiederzubegegnen.

Elijah stellte die Dosen auf dem Tisch ab, lehnte sich vor

und kam mir damit nahe genug, dass ich den braunen Ring um seine grüne Iris erkennen konnte.

»Okay, lüg mich an«, forderte er. »Erzähl mir irgendetwas, das nicht wahr ist.«

Ich sammelte mich und holte Luft, kam aber gar nicht dazu, ihm meine Lüge aufzutischen.

»Das ist schon der erste Fehler«, sagte er. »Wenn du auf diese Art einatmest, weiß jeder, dass etwas nicht stimmt. Wahrheiten spricht man spontan und gelassen aus, zumindest wenn es nicht um schwierige Dinge geht.«

»Gut, verstanden.« Ich sah ihn erneut an und unterließ diesmal das Einatmen. »Ich hasse das Meer.«

Elijah schüttelte den Kopf und machte damit jede Hoffnung darauf, mich bei meinem ersten Versuch nicht total dämlich angestellt zu haben, zunichte. »Du siehst mir zu fest in die Augen.«

»Aber ich dachte, wenn man einem Blick ausweicht, deutet das eher auf eine Lüge hin.« Das hatte ich zumindest irgendwo gelesen. Bloß nicht wegschauen, sonst macht man sich verdächtig.

»Das kommt darauf an, *wie* du wegschaust. Wenn Menschen etwas erzählen, gucken sie oft weg, weil man sich besser erinnern kann, wenn man den Blick schweifen lässt. Wenn du deinem Gegenüber starr in die Augen siehst, wirkt das nicht ehrlich.«

Ich bemühte mich, ihn so anzusehen, wie ich es normalerweise auch tat, aber als ich sein Gesicht musterte – die Kanten, die ich mir besser eingeprägt hatte als bei jedem anderen Menschen, seine Lippen, von denen ich genau wusste, wie sie sich auf meinen eigenen anfühlten –, fiel mir weder eine Lüge noch eine Wahrheit ein. Erst als ich den Blick senkte, war ich wieder in der Lage, vollständige Sätze zu bilden. »Ich hasse das Meer.«

»Ganz wegzusehen ist auch nicht die richtige Strategie«, sagte Elijah ruhig und es machte mich wütend.

»Du versuchst gar nicht, es mir beizubringen«, warf ich ihm vor. »Du willst mir nur klarmachen, dass ich es eh nicht schaffe.«

»Ich will dir klarmachen, wie schwierig es ist, die eigenen Empfindungen zu verbergen, wenn man daran nicht gewöhnt ist. Grant wird merken, dass etwas anders ist, wenn er dir das nächste Mal begegnet. Und wenn er daraufkommt, dass du Bescheid weißt – was denkst du, was dann passiert?« Erneut blitzte Sorge in seinen Augen auf, die ich mit Trotz abwehrte.

»Gut, dann zeig mir doch, wie eine perfekte Lüge aussieht. Vielleicht lerne ich es dann.«

»Okay.« Er schaute mich an und ließ eine kleine Pause, bevor er wieder sprach. »Ich hatte *nicht* meine erste Panikattacke nach über drei Jahren – an dem Tag, als man dich bedroht hat.«

Seine Lüge war vollkommen überzeugend, ich sah nicht ein verräterisches Zucken, sein Tonfall war gelassen, seine Hände lagen locker auf den Armlehnen seines Sitzes. Und trotzdem wusste ich, dass es nicht die Wahrheit war. Die Worte hatten zu viel Gewicht und zogen mich zu sehr nach unten, um gelogen zu sein. Das war also geschehen, nachdem er aus meiner Wohnung verschwunden war. Er hatte dieses Foto von mir bekommen – und die Kontrolle verloren. Nur nicht auf die gute Art, wie in der Nacht, als wir miteinander geschlafen hatten. Sondern auf die schlimmste, die ihm widerfahren konnte.

»Ich hatte keine Ahnung«, sagte ich leise und bedauernd.

»Wie solltest du auch? Ich habe es dir schließlich nicht erzählt.« Er stand auf. »Entschuldige mich kurz.« Damit ging er zur hinteren Tür und ließ mich zurück.

Ich nahm einen Schluck von meiner Cola, die sich kalt in

meinem leeren Magen sammelte, richtete den Blick auf den verlassenen Sitz mir gegenüber. Was wären Elijah und ich jetzt, wenn mein Vater dieses Foto nicht an ihn geschickt hätte? Trotzdem getrennt, weil er zu seiner Mission aufgebrochen wäre und Angst gehabt hätte, ich könnte mit hineingezogen werden? Oder zusammen, vielleicht sogar glücklich, falls das unter den gegebenen Umständen überhaupt möglich war? Ich wusste es nicht.

Wahrscheinlich würde ich es niemals erfahren.

21
Elijah

Ich war schon öfter in New Orleans gewesen, im Gegensatz zu den meisten anderen Menschen mochte ich die Stadt allerdings nicht besonders. Mir war es dort zu laut, zu chaotisch, zu bunt. Natürlich konnte man sagen, dass New York auch nicht gerade ein Ort der Entspannung war, aber in meiner Heimatstadt funktionierte alles nach bestimmten Regeln und die waren mir vertraut. Das hier war etwas, mit dem ich mich nicht auskannte. Ich würde jedoch ohnehin nicht lange bleiben.

Felicity saß neben mir in dem Mietwagen, den man mir direkt zum Flugzeug gebracht hatte, und schaute aus dem Fenster, während wir durch die Stadt fuhren. Ihrem Blick war deutlich anzusehen, dass sie bisher nie hier gewesen war, und mein Herz machte einige schmerzhafte Schläge, als mir ihr Staunen auffiel. Nicht nur, weil ich immer noch in sie verliebt war, denn das war mir seit dem Moment bewusst, als sie mir im Adam & eVe begegnet war. Es lag in erster Linie daran, dass ich alles daransetzen musste, sie dazu zu bringen, New York zu verlassen. Ich verstand ihre Beweggründe für die Rückkehr, aber sie riskierte zu viel, wenn sie sich meiner Mission anschloss. Nur mit großem Widerwillen hatte ich Archie eingeweiht, mit deutlich mehr Bauchschmerzen Alec. Felicity nicht nur die Wahrheit über ihren Vater zu verraten, sondern sie auch noch bei seiner Überführung helfen zu lassen, war völlig unmöglich. Was ich vorhatte, konnte übel enden. Wieso verstand sie nicht, dass ich es nicht überleben würde, wenn ihr etwas passierte?

Den Rest des Fluges hatten wir kaum noch gesprochen, nachdem ich ihr das mit meiner Attacke gesagt hatte. Es auf diese Weise zu tun war nicht besonders feinfühlig gewesen. Ich wusste jedoch nicht, wie ich ihr sonst begreiflich machen sollte, dass sie keine Ahnung hatte, worauf sie sich einließ. Vielleicht konnte ich den Rückflug dafür nutzen. Wenn das auch nicht klappte, würde ich Alec um Unterstützung bitten müssen.

»Woher weißt du eigentlich, dass die Goldsteens zu Hause sind?«, fragte Felicity, als das Navi nur noch wenige Minuten Fahrtzeit anzeigte. Wir hatten kurz nach sechs, die Abendsonne tauchte die Straßen in sattes Orange.

»Ich weiß zumindest, dass sie nicht verreist sind. Jemand hat für mich den Dienstplan von Mr Goldsteen gecheckt.« Carter war wirklich ein praktischer Verbündeter in diesem Spiel, auch wenn es mir lieber war, seine Firma nie wieder betreten zu müssen.

Wir kamen an der richtigen Adresse an und ich parkte den Wagen am Straßenrand, einige Häuser von dem der Goldsteens entfernt. Als ich mich abschnallte, schaute ich Felicity an.

»Würdest du hier warten? Es ist besser, wenn niemand uns zusammen sieht. Oder dich in diesem Haus.«

Sie runzelte die Stirn. »Glaubst du wirklich, dass Grant mehr als dreizehn Jahre lang jemanden beschäftigt, der die Familie im Auge behält, um herauszufinden, ob du sie eines Tages besuchst?«

Das klang weit hergeholt, meine Paranoia hatte jedoch neue Höhen erreicht, seit ich meinem Entführer auf der Spur war.

Vielleicht bezahlte Grant niemanden regelmäßig dafür, hatte aber jemandem in der Nachbarschaft eine Einmalzahlung versprochen, wenn er ungewöhnliche Besucher meldete. Sicher konnte ich niemals sein.

»Ich weiß es nicht, aber möglich ist alles.«

Felicity schien zu überlegen, dann schlang sie ihren Zopf um die Hand und kramte in ihrer Tasche, um eine Beanie hervorzuholen. Die stülpte sie über ihre Haare und sorgte dafür, dass das Blond beinahe vollständig verschwand.

»Siehst du, schon bin ich absolut unauffällig.«

Ich war kurz davor, sie noch mal darauf hinzuweisen, dass es keine gute Idee war, wenn sie mich begleitete, blieb aber stumm. Denn Fakt war – ich wollte sie nur zu gerne bei mir haben, wenn ich den Goldsteens die Nachricht vom Tod ihrer Tochter überbrachte. Felicitys Nähe tat mir gut, das war von Anfang an so gewesen. Andererseits, wenn ich zuließ, dass wir füreinander da waren, öffnete ich eine Tür, die ich seit November fest verschlossen hielt. Und trotzdem lag meine Hand bereits auf dem Türhebel.

»Du darfst ihnen auf keinen Fall sagen, wer du bist. Und wenn du merkst, dass es dir zu viel wird, gehst du raus, versprich es mir.«

»Versprochen.« Felicity nickte.

Wir stiegen aus und machten uns auf den Weg zur richtigen Adresse, während ich die Umgebung scannte und zum Glück keinen Verfolger oder Beobachter entdeckte. Die Goldsteens wohnten in einem typischen Haus für die Gegend – es war in einem salbeigrünen Ton gestrichen, hatte eine von Säulen gestützte Veranda und weiße Fensterläden. Im Vorgarten buddelte ein kleiner schwarzer Hund in einem Erdloch herum und kam zum Zaun, als wir uns näherten.

»Hey du«, begrüßte ihn Felicity freundlich und er kläffte

nur einmal anstandshalber, dann begann er freudig mit dem Schwanz zu wedeln. Bevor ich jedoch das Tor öffnen konnte, trat jemand aus dem Haus. Eine Frau, groß und schlank, mit dunklen Locken, in die sich bereits einige graue Strähnen gemischt hatten.

»Kann ich Ihnen helfen?«, fragte sie in neutralem Ton, der offen ließ, ob sie uns willkommen hieß oder eher mit Skepsis betrachtete.

Ich wollte ihr nicht durch den Vorgarten hinweg zurufen, dass ich wegen ihrer Tochter hier war, also lächelte ich und hob zur Begrüßung die Hand. »Mrs Goldsteen? Wir hätten etwas mit ihnen zu besprechen. Es ist wichtig.«

Sie maß mich mit prüfendem Blick und ich wusste, was sie sah – einen jungen Typen in schwarzen Klamotten und mit Basecap, der sich mit einem leeren Satz Zutritt zu ihrem Haus verschaffen wollte. Vielleicht war es wirklich gut, dass Felicity mit mir ausgestiegen war. Denn sie stand neben mir, immer noch ihr freundlichstes Lächeln auf den Lippen, und ich war nicht der Einzige, der sich davon in den Bann ziehen ließ. Mrs Goldsteens Gesicht wurde bei ihrem Anblick weicher und sie nickte.

»In Ordnung, kommen Sie rein. Aber passen Sie bitte auf, dass Brutus nicht abhaut. Der kleine Schlingel ist diese Woche schon dreimal ausgebüxt.«

»Brutus, wirklich? So siehst du gar nicht aus.« Felicity öffnete vorsichtig das Tor und wir schoben uns hindurch. Brutus beschnüffelte mit Feuereifer unsere Schuhe und für einen Moment war ich von dem Grund meines Besuchs abgelenkt.

»Nehmen Sie ihn ruhig hoch und bringen ihn mit. Mir ist es lieber, wenn er nicht allein draußen ist.«

Ich befolgte die Bitte und hob den kleinen Hund auf meinen Arm. Er wedelte noch begeisterter mit dem Schwanz und versuchte dann, mein Gesicht abzulecken.

»Brutus, hör auf damit!«, schimpfte Mrs Goldsteen, während sie uns die Tür aufhielt.

»Lassen Sie nur, ich habe selbst einen«, beruhigte ich sie und folgte ihr ins Haus, bevor ich den Hund absetzte. Er wuselte davon, vermutlich in Richtung Küche, und der unbeschwerte Augenblick war vorbei. »Ist Ihr Mann auch da?«, fragte ich vorsichtig.

»Ja, er ist hinten im Garten und grillt. Worum geht es denn?«

»Um …« Ich nahm mein Cap ab und wappnete mich innerlich. »Um ihre Tochter.«

»Meine …« Sie starrte mich an, dann lief sie eilig davon und rief ihrem Mann zu, dass er sofort ins Haus kommen sollte. Nur wenige Sekunden später trat ein sicher zwei Meter großer Hüne durch die Hintertür ein.

»Wer sind Sie?«, fragte er. »Was machen Sie in meinem Haus?«

Seine Frau legte die Hand auf seinen Arm. »Sie sind wegen Sissy hier.« Ihre Stimme brach, als sie den Namen ihrer Tochter aussprach.

Meine Kehle schnürte sich zu, ich spürte Angst in mir aufsteigen, mein Fluchtreflex wollte auslösen. Ich konnte das nicht. Ich konnte diesen Menschen nicht sagen, dass sie tot war.

»Du schaffst das«, sagte da Felicity leise neben mir und ihre Finger strichen sanft über meinen Rücken. Sie musste gespürt haben, dass ich mich komplett verkrampft hatte. »Ich bin hier, wir kriegen das hin.«

Ihre Nähe sorgte dafür, dass sich meine Angst zurückzog, wenn auch nicht mein Bedauern über das, was ich zu tun hatte.

Die Goldsteens baten uns in ihr Wohnzimmer, das klein, aber gemütlich wirkte, und boten uns etwas zu trinken an. Ich wollte schon den Kopf schütteln und ablehnen, Felicity bedankte sich jedoch, nahm ihre Mütze ab und bat für uns beide um ein Glas Wasser.

Nachdem es gebracht worden war, setzten wir uns auf die schmale Couch, die Goldsteens uns gegenüber auf die Fernsehsessel. Brutus sprang auf den Schoß seines Herrchens und rollte sich dort zusammen. Ich riss meinen Blick von dem Hund los und wusste, dass es jetzt kein Zurück mehr gab. Also holte ich tief Luft.

»Ich arbeite als Privatdetektiv und habe einen Klienten, der mir Informationen über Ihre Tochter gegeben hat.« Ich nannte mit Absicht nicht den Fake-Namen, den ich mir für meine Tarnung überlegt hatte. Je weniger sie über mich wussten, desto sicherer war es für sie.

»Und, was wissen Sie über Sissy?« Mrs Goldsteen schaute mich so flehend an, als erwartete sie, dass ich ihr eine Adresse gab, an der sie ihre Tochter antreffen konnte. Ich zögerte. Natürlich hatte ich versucht, mir passende Worte zurechtzulegen, aber für diesen Anlass gab es so etwas nicht.

»Sie ist tot, oder?« Mr Goldsteen erlöste mich von der Suche nach dem richtigen Satz, seine Augen schimmerten verdächtig. Er kannte die Wahrheit, wahrscheinlich schon seit Jahren, das konnte ich deutlich erkennen.

»Ja«, brachte ich heraus. »Es tut mir unendlich leid.«

Mrs Goldsteen brach in Tränen aus und ihr Mann nahm sie in den Arm, drückte sie liebevoll an sich.

Ich presste die Lippen aufeinander, um es Sissys Mutter nicht gleichzutun, weil mich diese Szene auf so viele Arten tief berührte. Zu gut erinnerte ich mich an den Tag, an dem ich von Adams Tod erfahren hatte. Wie es sich anfühlte, jemanden zu verlieren, der ein Teil von einem selbst war. Aber der Zusammenhalt zwischen den beiden war etwas, um das sie zu beneiden waren. Wahrscheinlich hatte diese Verbindung sie die jahrelange Ungewissheit ertragen lassen.

Felicity schob ihre Hand in meine und drückte sie. Ich erwiderte die Geste, weil ich wusste, dass die Trauer der Goldsteens auch für sie nicht leicht auszuhalten war. Wir warteten, bis die beiden sich ein wenig beruhigt hatten. Und für diese kurze Zeitspanne waren wir eine Einheit, von der ich nie erwartet hätte, sie noch einmal zu spüren.

»Wissen Sie, wie es passiert ist? Wie Sissy …« Mr Goldsteen brach ab.

Ich schluckte und löste meine Hand aus Felicitys. »Mein Klient hat beobachtet, wie es geschehen ist. Sie wurde von zwei Männern getötet, die er nicht kannte. Es ging sehr schnell, sie hat nicht gelitten.« Warum ich das sagte, wo ich doch genau mitbekommen hatte, welche Todesangst Sissy ausgestanden hatte, wusste ich nicht. Wahrscheinlich wollte ich es leichter machen. »Er war zu der Zeit noch ein Kind und hatte viele Jahre große Angst, dass man ihm etwas antun würde, wenn er versucht, ihre Identität herauszufinden. Deswegen kommt die Nachricht erst jetzt. Ich soll Ihnen ausrichten, dass es ihm sehr leidtut, nicht eher für Gewissheit gesorgt zu haben.« Ich wählte extra nüchterne, distanzierte Worte, um das Gefühl zu haben, tatsächlich nur ein unbeteiligter Dritter zu sein und nicht der Junge, der diesen Mord mit angesehen hatte.

»Aber wenn es jemand beobachtet hat, gibt es doch einen Zeugen.« Mr Goldsteen schaute uns an. »Sollte er etwas wissen, das helfen könnte, die Mörder zu fassen, muss er uns das sagen.«

»Wäre es möglich, mit ihm zu sprechen?« Mrs Goldsteen sah mich flehentlich an und mein Magen verkrampfte sich.

»Er möchte gern anonym bleiben«, sprang Felicity ein und lächelte entschuldigend. »Er hat immer noch Angst, da er nach der Sache lange Zeit bedroht wurde. Aber was er gesehen hat, wird nicht weiterhelfen. Diese Männer wurden beauftragt. Und wir wissen momentan nicht, wer sie angeheuert hat.« Ich sah ihr die Lüge an, die Goldsteens bemerkten es jedoch nicht, verständlicherweise.

»Wir würden gerne Licht ins Dunkel bringen«, sagte ich und räusperte mich, weil meine Stimme belegt klang. »Dazu bräuchten wir jedoch mehr Informationen. Können Sie uns sagen, was Sissy in New York gemacht hat?«

Die Goldsteens sahen einander an.

»Sie ist in New York gestorben?«, fragte dann Sissys Vater verwundert.

Langsam verstand ich, warum Carter die Vermisstenanzeige hier in New Orleans gefunden hatte.

»Wussten Sie nicht, dass sie dort war?« Ich hatte bisher nicht erwähnt, wo ich herkam.

»Doch, natürlich, sie hat dort ein Praktikum gemacht. Aber das war beendet und sie war längst wieder zurückgekehrt. Eher als erwartet, sie meinte, dass man sie dort nicht mehr gebraucht hätte. Meine Frau und ich sind dann in den Urlaub gefahren, eine lange gebuchte Reise, und als wir wiederkamen, war sie … nicht mehr hier.«

Sissy war also noch einmal nach New York geflogen, vermutlich um ihr Wissen an jemanden weiterzugeben – was sie das Leben gekostet hatte. Ich hielt die Luft an, nicht in der Lage, die Frage zu stellen, die in meinem Kopf ihre Kreise drehte.

Felicity tat es für mich. »Wo hat sie ihr Praktikum denn gemacht?«

»Bei einer Bank. Der Sallinger Private Bank. Sissy hat … Sie *hatte* eine besondere Begabung, wenn es um Zahlen ging. Sie hat Mathematik und Informatik studiert und wollte ihren

Master machen.« Wieder kamen Mrs Goldsteen die Tränen und Felicity stand auf, um ihr eine Taschentuchbox zu geben, die sie offenbar auf der Anrichte entdeckt hatte.

»Danke, Miss …«

»Fay«, sagte sie und setzte sich wieder. »Einfach nur Fay.«

Ich konnte ihr ansehen, wie angespannt sie war, aber trotzdem war sie freundlich und mitfühlend – und ich derartig dankbar, sie bei mir zu wissen, dass mein Herz völlig ungeschützt war und vor Zuneigung überfloss. Ich wünschte mir so sehr, die Dinge wären anders gelaufen. Dass ich nicht alles zwischen uns zerstört hätte. Aber die Zeit ließ sich nicht zurückdrehen.

»Sie sagten, Ihre Tochter hat sich gut mit Mathe ausgekannt?«, fragte Felicity, weil ich immer noch Schwierigkeiten damit hatte, mich als unbeteiligter Dritter zu verkaufen.

»Ausgekannt wäre eine Untertreibung. Sie konnte in kürzester Zeit hochkomplexe Aufgaben lösen, hatte ein unglaubliches Verständnis für Zahlen und Computer. Ihr Traum war es, Software für Banken zu entwickeln.«

Ein ungewöhnlicher Berufswunsch für jemanden Anfang zwanzig, aber es brachte mich der Wahrheit ein Stück näher. Wenn Sissy bei der Bank gearbeitet hatte, dann war sie vielleicht in der Abteilung gewesen, die Unregelmäßigkeiten in Transaktionen aufdecken sollte. Das erledigten hauptsächlich Programme, aber die Leute, die was zu verbergen hatten, kannten deren Algorithmen. Sissy musste etwas gefunden haben, das dem System entgangen war.

»Dann war sie vermutlich auch deswegen bei Sallinger, oder?« Endlich hatte ich meine Stimme wiedergefunden.

»Sie hat uns nicht viel darüber erzählt, aber soweit ich weiß, ging es bei dem Praktikum um das Aufdecken von Geldwäsche. Es tut mir leid, ich verstehe zu wenig davon.« Mr

Goldsteen wirkte etwas überfordert, sicherlich nicht nur von der Thematik, die seine Tochter interessiert hatte. Er hatte gerade die Wahrheit über etwas erfahren, mit dem er sich jahrelang gequält hatte, und nun stellten wir auch noch Fragen, die er nicht wirklich beantworten konnte.

»Wir lassen sie jetzt besser allein«, sagte ich. »Aber wir werden dem nachgehen, um rauszufinden, wie es dazu kommen konnte.« Ich fragte nach Sissys Vorgesetztem in der Bank und Felicity tippte sich den Namen ins Handy. Dann standen wir auf und wandten uns zum Gehen.

»Danke, dass Sie es uns gesagt haben.« Mrs Goldsteen hielt uns die Haustür auf. Ich warf einen Blick die Straße entlang, entdeckte jedoch nichts Ungewöhnliches. Niemanden in einem Wagen, der uns beobachtete, oder einen aufmerksamen Nachbarn, der über den Zaun spähte.

»Das war das Mindeste«, antwortete ich und reichte ihr und ihrem Mann die Hand.

»Können wir Sie irgendwie erreichen?«, fragte sie mich dann. Ihr war bis hierher noch nicht aufgefallen, dass ich keinen Namen genannt hatte, und ich hoffte, dass es dabei blieb. »Wir würden es gerne erfahren, wenn Sie … wenn Sie etwas herausfinden.«

»Am besten wäre es, wenn ich mich bei Ihnen melde.« Ich versuchte mich an einem Lächeln. »Ich habe Möglichkeiten, es so zu tun, dass niemand es nachverfolgen kann, und das wäre in Anbetracht der Umstände für Sie sicherer.«

»In Ordnung.« Mr Goldsteen nickte. »Kommen Sie gut nach Hause. Und danke noch mal.«

Wir verließen das Grundstück, ohne dass Brutus entwischte, und gingen schweigend die Straße hinunter. Es gab gerade nichts zu sagen und ich hielt die Umgebung im Blick, aber da war immer noch niemand Verdächtiges.

Als wir wieder im Auto saßen, fuhr ich nicht direkt los, sondern gab uns beiden einen Moment, um durchzuatmen und zu verdauen, was soeben geschehen war. Dann sah ich Felicity an.

»Danke, dass du mitgekommen bist. Ohne dich hätte ich das nicht geschafft.«

»Natürlich hättest du das.« Sie lächelte leicht.

Da war ich mir nicht so sicher. Genau wie beim Umgang mit den Goldsteens. »Ich weiß nicht, ob ich es richtig gemacht habe. Ob es nicht falsch war, ihnen zu verschweigen, dass ich es war, der ihre Tochter hat sterben sehen.«

»Was hätte das denn gebracht?« Felicity schüttelte den Kopf. »Du hast diesen Menschen Gewissheit über etwas gegeben, mit dem sie sich viele Jahre gequält haben. Du solltest stolz auf dich sein und dich nicht fragen, ob du es hättest besser machen können.«

Ich rang mir ein Lächeln ab. »Was ist mit dir? Das muss auch für dich hart gewesen sein.« Eigentlich wusste ich, dass es so war, aber sie hatte das bewundernswert gemeistert. In erster Linie hatte sie mich unterstützt und ich konnte gar nicht ausdrücken, wie viel mir das bedeutete.

»Keine Ahnung. Mir vorzustellen, dass Grant derjenige ist, der für den Kummer dieser Leute verantwortlich ist … es ist kein besonderes angenehmes Gefühl.« Sie sah auf ihre Hände.

»Du bist nicht er«, erinnerte ich sie. »Mit dem, was er verbrochen hat, hast du nichts zu tun.«

»Ja. Ich weiß.« Es klang nicht so, als wäre sie überzeugt, aber ich wusste, im Moment konnte ich nichts sagen, das es besser machte.

»Wir sollten los. Je eher wir am Flughafen sind, desto eher schaffen wir es zurück nach New York.« Ich drückte auf den Knopf, der den Wagen startete.

Während ich ausparkte, sah ich zu Felicity, die jedoch wie

auf der Hinfahrt aus dem Fenster schaute. Meine Gefühle für sie durchfluteten mich ohne Vorwarnung, genau wie die irrsinnige Hoffnung, dass es doch noch eine gemeinsame Zukunft für uns gab. Und für den Moment brachte ich es nicht fertig, sie zu unterdrücken. Also erlaubte ich mir diese Gefühle, denn sie halfen mir, mit dem zurechtzukommen, was gerade passiert war.

Zumindest, solange ich nicht darüber nachdachte, dass wir am Ende keine Chance hatten.

22 Felicity

Der Jet startete nur eine Viertelstunde, nachdem wir ihn betreten und uns angeschnallt hatten, und wir hingen beide unseren Gedanken nach, bis wir in der Luft waren. Diesmal saßen wir nebeneinander, nicht gegenüber. Ich fragte mich, ob es eine bewusste Entscheidung von Elijah gewesen war. Ob er nach dem, was wir gerade zusammen überstanden hatten, meine Nähe suchte. Ich war jedenfalls froh, dass er bei mir saß, auch wenn ich wusste, dass ich es nicht sein sollte.

In meinem Kopf war ich immer noch bei den Goldsteens und ihrer Trauer über den Tod ihrer Tochter. Ich hatte dort gesessen und Mitleid empfunden, aber ein Teil von mir hatte sich sehr weit weg angefühlt, als wäre ich gar nicht mit ihnen in einem Raum. Vielleicht hatte ich das von Grant geerbt. Vielleicht waren das seine Gene.

»Was ist los?«, fragte Elijah leise. »Was beschäftigt dich?«

Ich spürte seinen Blick auf mir, trotzdem sah ich ihn nicht an.

»In … In den letzten Tagen habe ich öfter darüber nachgedacht, ob ich das auch irgendwie in mir habe. Grants völlig fehlgeleiteten Moralkompass. Es gibt schließlich Studien, dass die Kinder gewalttätiger Eltern ebenfalls eine höhere Neigung dazu haben. Vielleicht gilt das genauso für Mörder.«

Elijah sah mich nach wie vor an, doch ich schaute erst hoch, als er seine Hand auf meine legte und damit den Bann brach. Er musterte mich so ernst aus seinen grünen Augen, wie ich es von ihm gewohnt war. Aber da war noch etwas anderes. Etwas, von dem ich geglaubt hatte, dass es nicht mehr existierte, bis ich erfahren hatte, warum er sich von mir getrennt hatte. Ich hielt es nicht aus und senkte schnell wieder den Blick.

»Du könntest nicht weiter davon entfernt sein, Fairytale«, sagte er jetzt und mir fuhr ein Stromschlag in den Magen, als ich seinen Spitznamen für mich hörte.

»Ich wünschte, ich wäre so überzeugt wie du.« Ich entzog ihm meine Hand – sanft, nicht abrupt, weil ich mir nicht traute, wenn wir weiterhin auf dieser Ebene blieben. Er hatte meinetwegen seine erste Panikattacke nach mehreren Jahren gehabt. Er würde das nie wieder riskieren und er besaß die nötige Disziplin, um Abstand von mir zu halten. Ich tat gut daran, mich ebenfalls darauf einzustellen. Daher wechselte ich das Thema. »Denkst du, dass wir mit den Informationen, die uns die Goldsteens gegeben haben, etwas anfangen können?«

»Hoffentlich.« Elijah nickte und ließ sich nicht anmerken, was er von meinem Rückzug hielt. »Ich schätze, dass sie in der Betrugsabteilung war, wo Unregelmäßigkeiten bezüglich Geldwäsche aufgedeckt werden. Und dass sie dort etwas entdeckt hat, das Grant gefährlich werden konnte. Wenn ich herausfinden kann, was das war, bin ich seiner Überführung einen gewaltigen Schritt näher.«

Ein Teil von mir wollte ihn daran erinnern, dass ich an dieser Sache beteiligt sein würde – ganz egal, was er davon hielt –, aber ich blieb stumm. In meinem Kopf war zu viel los, um mit seiner Ablehnung umzugehen, die sicherlich folgen würde. Und ich war zu müde, um zu streiten. Die Anspannung des Besuchs bei den Goldsteens fiel in dünnen Schichten von mir ab wie Rinde von einem toten Baum. Und zurück blieb nichts als Erschöpfung.

»Hast du was dagegen, wenn ich ein bisschen die Augen zumache?«, fragte ich Elijah. »Ich habe letzte Nacht nicht besonders gut geschlafen und das heute war ziemlich anstrengend.«

»Du willst hier in dem Sitz schlafen?« Er schaute mich an und erhob sich. »Ich weiß dafür einen besseren Ort. Komm mit.«

Ich wunderte mich, stand jedoch auf und folgte ihm zu dem Durchgang, der ins großzügige Badezimmer des Jets führte. Aber dann öffnete er eine Schiebetür dahinter, die mir gar nicht aufgefallen war, als ich während des Hinflugs auf der Toilette gewesen war. Ein weiterer Raum kam zum Vorschein, mit einem frisch bezogenen Bett, das eine Tagesdecke mit dem Logo der Charterfirma zierte.

»Nicht dein Ernst«, brachte ich heraus. »Es gibt tatsächlich ein *Schlafzimmer* in diesem Ding?«

»Der Jet kostet achttausend Dollar die Stunde, also kann man das wohl erwarten, oder?« Elijah grinste schief. »Ich weiß, wie dekadent das wirkt – und dass es ökologisch ziemlich übel ist –, aber ich konnte nicht riskieren, auf einer Passagierliste aufzutauchen, und eine kleinere Maschine hatten sie nicht. Also kannst du das Zimmer genauso gut nutzen. Hier schläfst du sicher besser als in dem Sitz vorne. Und wir haben noch knapp drei Stunden bis New York.«

Mein Blick traf seinen und die Erwähnung unseres Ziels warf in mir die Frage auf, wie es dort weitergehen würde. Elijah hatte alle Hebel in Bewegung gesetzt, um mich zu beschützen, und würde sicherlich nicht davon abweichen, wenn ich ihm keine guten Argumente lieferte. Ich verstand ihn ja sogar, das tat ich wirklich. Aber was er vorhatte, war gefährlich. Sollte ihm dabei etwas zustoßen und ich erfuhr es erst, wenn es zu spät war … Ich wusste nicht, wie ich damit leben sollte.

Elijahs Mundwinkel hob sich zu dem Schatten eines Lächelns.

»Du musst dir keine Sorgen um mich machen«, sagte er leise und bewies ein weiteres Mal, dass er mir meine Gedanken vom Gesicht ablesen konnte.

»Wenn jemand das behauptet, gibt es immer einen Grund, sich Sorgen zu machen«, antwortete ich kaum lauter.

Plötzlich ruckte der Boden unter unseren Füßen, ich verlor für eine Sekunde das Gleichgewicht und hielt mich an Elijah fest, der instinktiv nach meinen Armen gegriffen hatte. Ich schaute auf, direkt in seine Augen, und mein Magen machte einen Satz, als würde er die Turbulenz erst jetzt verarbeiten. So nah war ich ihm nicht mehr gewesen, seit er an diesem schicksalhaften Tag im November meine Wohnung verlassen hatte. Seit er mich das letzte Mal geküsst hatte. Der wenige Raum zwischen uns wurde gefüllt mit drängender Sehnsucht und dem Verlangen, ihr nachzugeben. Und ich wusste, dass ich den Kampf verlieren würde, noch bevor Elijahs Blick von meinen Augen zu meinem Mund wanderte.

Ich konnte nicht sagen, wer die Grenze überschritt, vielleicht waren wir es auch beide gleichzeitig, und nur einen Wimpernschlag später spürte ich Elijahs Lippen auf meinen. Das war der Moment, in dem mir bewusst wurde, dass es egal war, was passierte – ich würde ihn immer wollen.

Nachzugeben und meinen Mund für ihn zu öffnen, war keine Option, sondern eine Notwendigkeit. Aber es war nicht einfach nur heiß, ihn zu küssen. Es war vor allem so verdammt befreiend. Meine Hände über die Haut in seinem Nacken streichen zu lassen, von ihm an die Zwischenwand des Jets gedrückt zu werden, während mir seine Zunge in meinem Mund ein Geräusch entlockte, das mir unter anderen Umständen unangenehm gewesen wäre … Es war die pure Erlösung. Erlösung von diesem schrecklichen Zustand, in dem ich mich die letzten Monate befunden hatte, dem Hadern und Zweifeln und der fürchterlichen Ungewissheit. Es endete in diesem Moment. Alles schien in diesem Moment zu enden und gleichzeitig zu beginnen.

Meine Finger fanden den Weg unter seinen Pullover und berührten die warme Haut, die Muskeln, die Tattoos, die ich nicht sehen konnte, aber zu fühlen glaubte. Wir hatten das hier nicht oft genug getan, um es ein vertrautes Gefühl zu nennen, aber ich hatte so häufig daran gedacht, wie es gewesen war, ihn zu berühren, dass es mir vertraut vorkam.

»Felicity.« Elijah stieß meinen Namen aus, aber nicht auf eine Art, die mich hindern sollte, weiterzumachen. Es war vielmehr das Gegenteil und weckte in mir genug Mut, um ihm seinen Hoodie über den Kopf zu streifen und unseren Kuss für einen Augenblick zu unterbrechen. Ich nutzte den Moment, um ihn ein Stück nach hinten zu dirigieren, und er schien zu ahnen, was ich wollte. Mit einem wissenden Lächeln zog er mich auf seinen Schoß, noch bevor er sich ganz auf der Kante des Bettes niedergelassen hatte. Ich presste meine Hüften gegen sein Becken, spürte seine Erektion durch die Jeans hindurch und entlockte ihm mit meiner Bewegung einen lustvollen Laut. Bis heute hatte ich die Vorstellung von Sex in zehn Kilometern Höhe absurd gefunden, aber gerade wurde sie aufregend real.

Ich trug ebenfalls einen Hoodie, jedoch mit Reißverschluss, den Elijah jetzt nach unten zog, um mir anschließend den Pullover von den Schultern zu schieben. Seine Hände strichen unter dem Shirt über meinen Rücken und ich seufzte, bevor sein Mund meinen wiederfand. Gedanken wollten sich in meinen Kopf drängen, vernünftige Gedanken, aber ich ignorierte sie. Ich wollte jetzt nicht über die Konsequenzen nachdenken, nicht über das, was auf uns zukam, wenn wir nicht aufhörten. Ich wollte nur fühlen, spüren, den Kopf ausschalten. Nach allem, was heute passiert war, brauchte ich das so sehr. Ich brauchte Elijah. Ich brauchte uns.

Zum Glück schien er das genauso zu sehen. Er zog mir mein Top aus und packte mich dann, um mich auf dem Bett wieder abzulegen. So war er über mir und damit in der Lage, die Situation zu kontrollieren, und ich überließ sie ihm bereitwillig. Solange er nicht aufhörte, mich zu küssen … erst meinen Hals, dann den Weg hinunter zum Schlüsselbein und tiefer. Er stützte sich mit einem Arm auf, aber die freie Hand reichte völlig aus, um mich jeden zusammenhängenden Gedanken vergessen zu lassen. Gott, ich hatte das so vermisst, ich hatte *ihn* so vermisst. Seine Fähigkeit, genau das zu tun, was mich erregte. Als er den Träger meines BHs von einer Schulter streifte, fiel mir auf, dass er noch sein T-Shirt trug.

»Du hast zu viel an«, murmelte ich und schob den Stoff nach oben, bis ich ihm das Shirt ausziehen konnte. Elijah ließ sich ein Stück weiter auf mich sinken und ich spürte seinen Oberkörper an meinem. Unsere Jeans rieben aneinander, als sich unsere Beine verschlangen.

»Wir beide, schätze ich.« Er küsste mich noch einmal, dann löste er sich von mir und richtete sich auf, so gut das auf diesem Bett ging. Als seine Finger über meine Brüste und meinen Bauch strichen, seufzte ich auf. Aber das war nichts gegen das Verlangen, das sich in mir breitmachte, als er meine Hose öffnete und mich davon befreite. Ich war gefangen zwischen dem Wunsch, ihn endlich wieder zu küssen, und ihn tun zu lassen, was er vermutlich vorhatte. Die Erinnerung an das letzte Mal war plötzlich sehr präsent. Trotzdem setzte ich mich auf, schlang meine Arme um seinen Hals, fand seine Lippen, ließ meine Zunge in seinen Mund gleiten. Elijah stöhnte leise und vertiefte unseren Kuss, bis keiner von uns mehr Luft bekam.

Und dann war die Realität plötzlich wieder da.

Der Jet ruckte, diesmal heftiger, und es reichte, dass wir beide innehielten. Danach schaltete sich der Lautsprecher ein und die Stimme des Piloten drang durch unseren hektischen Atem und das Pochen in meinen Ohren hindurch. »Mr Coldwell, wir haben einige kleinere Turbulenzen vor uns. Es gibt keinen Grund zur Sorge, aber ich bitte Sie und Ihre Begleitung, sich auf ihre Plätze zu begeben und anzuschnallen, bis wir das entsprechende Gebiet verlassen haben.«

Elijah stieß einen stummen Seufzer aus, gab mir meine Jeans und nahm seinen Pullover und das Shirt, um beides überzuziehen. Ich schlüpfte in meine Hose und beeilte mich mit dem Rest meiner Klamotten, dann gingen wir schweigend nach vorne, nahmen nebeneinander Platz und schnallten uns an. Gerade rüttelte es nicht am Flugzeug, aber vermutlich konnte es jederzeit wieder passieren, wenn man uns extra vorwarnte.

Ich schaute Elijah an und erkannte ausnahmsweise eine deutliche Regung in seinem Gesicht.

»Du bereust es«, sagte ich. »Das eben.«

»Nein«, widersprach er. »Ich bereue nur, mich nicht besser im Griff zu haben, wenn es um dich geht.« Er presste die Lippen aufeinander. Genau die Lippen, mit denen er mich gerade noch geküsst hatte, als würden wir in der nächsten Minute abstürzen, und trotzdem kam es mir mit einem Mal so vor, als wäre das Ewigkeiten her.

»Vielleicht solltest du damit aufhören, Dinge im Griff haben zu wollen.« Die Worte waren heraus, bevor ich richtig darüber nachgedacht hatte. Aber ich war gerade zu aufgewühlt, um meinen Filter anzuwerfen, der ohnehin nur mäßig funktionierte.

Elijah warf mir einen langen Blick zu. »Ist das ein ernst gemeinter Rat?«

»Keine Ahnung.« Ich sah auf meine Hände, die ich in meinem Schoß verschränkt hatte, die Hitze in meinem Körper legte sich langsam. »Aber *ich* bereue es nicht.« Meine Aussage ließ offen, was genau ich nicht bereute, aber ich vertraute darauf, dass Elijah wusste, ich meinte den Kuss gerade eben. *Das war ein bisschen mehr als ein Kuss, oder nicht?* Ja, sehr viel mehr. Aber was es bedeutete, wusste ich nicht. Wenn er sich wenigstens einmal in die Karten hätte schauen lassen, nur ein einziges Mal.

»Felicity.« Er sagte meinen Namen auf eine Art, dass ich sofort aufsah. »Ich habe dir im November wehgetan, mit voller Absicht, und auch wenn ich gedacht habe, es wäre die richtige Entscheidung, hasse ich mich dafür. Das Mindeste, was ich jetzt tun sollte, ist Abstand zu halten, aber nicht einmal das schaffe ich und dafür hasse ich mich noch mehr.«

Es tat mir weh, was er da sagte, auch wenn ich es verstehen konnte. Für mich war es aber eher eine Erleichterung, dass er sich vorwarf, so grausam zu mir gewesen zu sein. Weil es das Bild bestätigte, das ich die ganze Zeit von ihm gehabt hatte. Weil ich Frieden spürte, nachdem dieser Widerstreit in meinem Inneren – zwischen dem Elijah, in den ich mich verliebt hatte, und dem, der Matilda vor aller Augen geküsst hatte – beendet war.

»Was möchtest du jetzt von mir hören?«, fragte ich. »Dass ich dich ebenfalls dafür hasse? Dass du ein schlechter Mensch bist, der diesen Hass verdient?«

Elijah schnaubte. »Du solltest mir für den Scheiß nicht auch noch die Absolution erteilen.« Es hätte spöttisch klingen können, kam jedoch todernst heraus.

»Das tue ich auch nicht.« Ich wollte ehrlich sein und dass er mir wehgetan hatte, war Fakt. Es ging mir nicht um einen Freispruch, es ging mir darum, dass ich nicht der Grund für seinen Selbsthass sein wollte. »Du hast etwas Falsches getan, aber aus den richtigen Gründen. Dafür kann ich dich nicht hassen. Ich hasse zwar, dass du mich ausgeschlossen hast, aber ich kann es nachvollziehen.« *Außerdem bin ich immer noch wahnsinnig in dich verliebt und ich glaube, dass du das weißt*, fügte ich still hinzu.

Elijah atmete hörbar aus, lehnte den Kopf an die Nackenstütze und schloss für einen Moment die Augen. »Ich bin froh, dass du das sagst. Auch wenn es nichts leichter macht.«

»Warum? Weil du das zwischen uns nie wollen wirst?« Ich hatte keine Ahnung, woher ich plötzlich den Mut nahm, so direkt auszusprechen, was ich dachte. Vielleicht war ich es einfach leid, um den heißen Brei herumzureden. Vielleicht war dies das einzig Gute an allem, was passiert war.

Elijah öffnete seine Augen wieder und sein Blick fühlte sich beinahe so intensiv an wie seine Berührungen vorhin.

»Nein, weil ich das zwischen uns *immer* wollen werde.«

Die aufkommende Stille vermischte sich mit der bedeutungsvollen Schwere seiner Worte und es hätte mich nicht gewundert, wenn der Jet in diesem Moment abgesackt wäre, weil das, was Elijah gerade gesagt hatte, so viel Gewicht besaß. Monatelang hatte ich mich mit der Frage gequält, ob er das Gleiche für mich empfand wie ich für ihn. Nun wusste ich es. Nur hatte ich keine Ahnung, was es bedeutete. *Es ging nie um ein* Nicht genug, *Felicity*, kam mir seine Aussage aus der Limousine wieder in den Sinn. *Es ging immer um ein* Zu sehr.

»Ich werde es immer wollen«, wiederholte er, »aber solange die Sache mit Grant nicht abgeschlossen ist, kann ich nicht –«

Er wurde von einer erneuten Turbulenz unterbrochen, diesmal einer sehr starken, und ich bemerkte, dass er seine Finger um die Armlehne des Sitzes krallte. Als wir miteinander beschäftigt gewesen waren, hatte er keine Angst gezeigt, aber jetzt war eindeutig zu erkennen, dass ihm der unruhige Flug nicht behagte. Und auch wenn ich unser Gespräch an diesem Punkt nicht unterbrechen wollte, wusste ich, dass wir später darüber reden mussten. In Ruhe.

»Hey. Es wird alles gut.« Meine Hand griff automatisch nach seiner und unsere Finger verschränkten sich miteinander. »Du hasst Turbulenzen, nehme ich an.«

»Niemand mag Turbulenzen«, entgegnete er düster, aber ich wusste, dass es nicht mir galt, sondern der Situation.

»Das stimmt, manchen Leuten machen sie allerdings nichts aus.« Mir zum Beispiel. Ich vertraute der Technik von Flugzeugen und dem Können des Piloten. Aber für jemanden wie Elijah war das hier die Hölle. Er musste es hassen, keine Kontrolle zu haben und sein eigenes Leben in die Hände von anderen zu legen.

»Wir hätten dahinten weitermachen sollen«, sagte ich betont heiter, als wäre es keine große Sache, dass wir miteinander geschlafen hätten, wenn der Wettergott nicht dagegen gewesen wäre. »Das hätte dich sicher ausreichend abgelenkt.«

»Nicht witzig«, antwortete er, aber lächelte schief dabei.

Ich wollte mich schon beglückwünschen, als uns ein neues Luftloch ein Stück absacken ließ. Elijahs Finger schlossen sich fester um meine. Ich tat so, als wäre nichts, und plauderte weiter. Ich wollte, dass er spürte – ich konnte nicht nur ein Grund für seine Panik sein. Sondern auch ein Mittel dagegen.

»Was denn, glaubst du etwa nicht, dass der Mile High Club eigentlich nur gegründet wurde, weil die Leute ihre Flugangst verdrängen wollten?«

»Eine gewagte Theorie.« Er klang belustigt. »Vor allem, weil Sex während Turbulenzen ein bisschen gefährlich sein dürfte.«

»Das hängt vermutlich ganz von der Stellung ab«, überlegte ich laut. »Im Stehen könnte riskant sein, aber da Jets offenbar Betten haben … Was ist?«

Elijah hatte eine Braue gehoben. »Du glaubst ernsthaft, es lenkt mich ab, über Sex zu reden, während du neben mir sitzt? Nach dem, was wir gerade getan haben? In dem Wissen, was wir getan *hätten*, wenn nicht die Turbulenzen dazwischengekommen wären?«

Mir wurde unter seinem Blick warm und wärmer und mir war nicht klar, ob er eigentlich wusste, welche Wirkung er auf mich hatte. Es hätte mich gewundert, wenn nicht.

»Scheint doch zu funktionieren, oder?« Ich deutete auf seine Finger, die nun locker in meinen lagen.

Elijah musste lachen und diesmal hatte *ich* vergessen, welche Wirkung das auf mich hatte. Ich schluckte und fragte mich, ob es noch mal jemanden geben würde, der mich mit einem simplen Lachen dazu bringen konnte, alles um mich herum zu vergessen. Der mich mit einem Kuss dazu bringen konnte, mir zu wünschen, es hätte diese letzten vier Monate nicht gegeben. War es klug, mich wieder zu öffnen? Wahrscheinlich nicht. War ich in der Lage, es zu verhindern? Noch viel weniger.

Elijah strich mit dem Daumen sanft über die Haut an meiner Hand und ich sah auf, begegnete seinem Blick. Und als wäre es ein verdammtes physikalisches Gesetz, rückten wir näher zueinander, nur durch die Armlehnen der Sitze getrennt. Aber bevor sich unsere Lippen berühren konnten, ging wieder der Lautsprecher an.

»Mr Coldwell, wir haben die Turbulenzen hinter uns gelassen. Es sind noch zweieinhalb Stunden bis New York City. Wir wünschen Ihnen beiden einen angenehmen Flug.«

Nun lachte ich, Elijah fiel mit ein und irgendwie war ich erleichtert, dass solche Momente zwischen uns offenbar noch möglich waren. Die Erleichterung überwog sogar die Enttäuschung darüber, dass der Pilot ein fürchterliches Timing hatte.

»Alles okay?«, fragte Elijah, nachdem wir für einige Augenblicke in Schweigen verfallen waren. Die Anziehung war gebrochen, zumindest für diesen Moment. Vielleicht war es gut, schließlich wusste ich immer noch nicht, wie es weitergehen würde. Ich spürte dennoch Bedauern darüber.

»Ja, klar.« Ich lächelte über die vielen Wunden in meinem Inneren hinweg, die sich in nächster Zeit nicht schließen würden. Da war mein Vater und was er getan hatte, da waren meine Freunde, die ich vermisste, aber nicht einweihen konnte, bis das alles vorbei war. Und dann Elijah – um dessen Gefühle ich jetzt wusste, was es jedoch kein bisschen einfacher machte, damit umzugehen. In diesem Augenblick fragte ich mich, ob es nicht besser gewesen wäre, wenn ich nie nach New York gekommen wäre. Wenn ich nie meinen Vater um Hilfe gebeten, niemals die Entscheidung getroffen hätte, in die Stadt zu ziehen. Dann wäre ich jetzt in L.A., das Verhältnis zu meiner Mutter wäre unangetastet geblieben, ich hätte mit den anderen zusammengewohnt und alles wäre in Ordnung. Aber dann sah ich zu Elijah hinüber und wusste, dass ich mich nicht anders entscheiden würde, wenn ich die Wahl hätte.

Ich würde es immer wieder tun.

23
Elijah

Der Rest des Fluges verlief in jeder Hinsicht ruhig und Felicity nutzte die Zeit, um tatsächlich zu schlafen, allerdings in ihrem Sitz. Ich beobachtete sie, während sie mit geschlossenen Augen am Fenster lehnte, und hoffte, dass wenigstens sie keine Albträume hatte.

Was sie von mir erfahren hatte, würde ihr Leben für immer verändern. Sie würde nie wieder die gleiche, unbeschwerte Felicity sein, die ich kennengelernt hatte, und das machte mich noch wütender, was ihren Vater betraf. Er hatte sie da mit reingezogen, nicht nur sie, sondern auch seine anderen beiden Töchter. Sie alle drei würden ihr Leben lang damit zurechtkommen müssen, dass er Menschen umgebracht hatte, um … ja, was? Das würde ich herausfinden. Aber wahrscheinlich ging es um Geld oder Macht. Genau wie bei Adam und Valerie. Der Mord an ihnen hatte dazu gedient, ein angebliches Kräfteverhältnis von New York im Gleichgewicht zu halten. Für wie wenig Menschen zu töten bereit waren, würde mir nie einleuchten. Erst recht nicht, wenn sie so viele andere dadurch für immer schädigten. Ich würde meinen Bruder nie wiedersehen, genau wie Helena nie wieder mit ihrer Schwester sprechen oder die Eltern von Sissy Goldsteen ihre Tochter nie wieder in die Arme schließen konnten. Und das alles nur aufgrund von Gier. Dummer, sinnloser Gier.

Als wir uns schließlich im Landeanflug auf den JFK befanden, weckte ich Felicity, damit sie noch ein bisschen Zeit zum Wachwerden hatte, bis wir das Flugzeug verlassen mussten. Nachdem der Jet weich auf dem Boden aufgesetzt hatte und in den Hangar der Charterfirma gerollt war, bedankte ich mich beim Piloten und seinem Co, bevor wir die Kabine verließen. Schnell checkte ich die Halle, ob jemand da war, der nicht da sein sollte. Es wartete jedoch nur ein Mitarbeiter der Firma auf mich, um mir den Schlüssel zu meinem Wagen zu geben. Mittlerweile war es nach zehn abends und draußen stockdunkel.

»Ich kann dich nicht bis vor deine Haustür bringen«, sagte ich schließlich, als wir im Auto saßen und das Flughafengelände bereits verlassen hatten. Zwischen uns hing trotz der albernen Ablenkungsmanöver von meiner Angst nach wie vor das Gespräch, das wir unterbrochen hatten. Da war immer noch der Satz, den ich nicht beendet hatte, der mit der Erklärung, warum ich gerade nicht darüber nachdenken konnte, das mit uns wieder aufleben zu lassen. Felicitys Sicherheit war meine oberste Priorität und solange ich ihren Vater nicht überführt hatte, durfte sie auf keinen Fall mit mir in Verbindung gebracht werden. Allein diese Fahrt war schon riskant genug, von dem Ausflug nach New Orleans ganz zu schweigen. Dennoch war ich froh, dass sie mitgekommen war. Nicht nur, weil sie eine riesige Unterstützung gewesen war. Sondern auch, weil ich mir nicht verbieten konnte, gerne in ihrer Nähe zu sein. Das, was wir im Schlafbereich des Jets beinahe getan hätten … ich musste dankbar sein, dass es Turbulenzen gegeben hatte, denn sonst hätte ich sicher nicht aufhören können. Und Sex hätte das alles nur noch schwieriger gemacht.

»Okay«, antwortete sie nur. »Du kannst mich ein paar Blocks entfernt rauslassen und ich laufe den Rest.«

»Kommt gar nicht infrage. Ich bringe dich zu einem Taxi und das wiederum fährt dich zu deiner Wohnung.«

Sie öffnete den Mund, schien eindeutig protestieren zu wollen, aber dann schloss sie ihn wieder und nickte. Sie wusste, was in meinem Kopf vorging, und nahm Rücksicht darauf. Mein Herz schmerzte bei der Erkenntnis, dass sie mich so gut verstand wie kaum eine andere Person auf der Welt. Dass es mit ihr hätte funktionieren können, dass *wir* hätten funktionieren können. Aber nun war da meine Mission und es wäre Wahnsinn gewesen, nur daran zu denken, es zu versuchen. Vielleicht irgendwann, wenn Grant hinter Gittern saß. Vielleicht war es dann möglich.

»Eigentlich möchte ich gar nicht in meine Wohnung«, sagte Felicity leise, während sie rausschaute. »Sie gehört schließlich ihm und ich habe das Gefühl, dort zu wohnen macht mich zu seiner Komplizin.«

Ich wollte widersprechen und ihr versichern, dass sie damit komplett unrecht hatte, aber die Bilder in meinem Kopf machten mich stumm, als ich mir vorstellte, dass wir auch einfach zu mir fahren könnten. Während dieses Trips war ich permanent hin- und hergerissen, schwankte zwischen Herz und Verstand. Ich hatte solche Sehnsucht nach ihr, so fürchterliche, alles auslöschende Sehnsucht. Und ein Teil von mir wollte uns diese Nacht geben, aber der andere wusste genau, wenn wir das taten, würde es sich morgen früh rächen.

Nach einer viel zu langen Pause antwortete ich ihr und meine Stimme war rau von den vielen ungesagten Worten in meinem Hals.

»Felicity, wir können nicht – « Weiter kam ich nicht.

»Oh Gott, nein«, unterbrach sie mich mit erschrockener

Miene. »Ich wollte nicht vorschlagen, mit zu dir zu kommen. Es war nur … es war nur ein Gedanke von mir, das mit meiner Wohnung. Aber ich schaffe das schon. Und ich kann mir ja so bald wie möglich etwas anderes suchen.«

Ich nickte und schüttelte gleich darauf den Kopf. »Vielleicht solltest du damit noch warten. Grant darf keinen Verdacht schöpfen, dass du Bescheid weißt, und wenn du nun hastig eine neue Wohnung suchst, wird er vermutlich misstrauisch.«

»Ja, wahrscheinlich.« Wieder schwieg sie und mir lag der Vorschlag auf der Zunge, dass sie jederzeit nach Los Angeles zurückgehen konnte. Aber während ich vor Kurzem noch alles daran gesetzt hätte, blieb mir die Aufforderung nun im Hals stecken. Weil ich nicht wollte, dass sie ging. Was ekelhaft egoistisch war, aber ich konnte es nicht ändern.

»In zwanzig Minuten sollten wir da sein«, sagte ich, als mir das Schweigen zu laut wurde. Vor uns tauchte bereits die Skyline von Manhattan auf, wir fuhren gerade auf der 495 durch Brooklyn.

Ich checkte den Verkehr vor und dann hinter mir. Ein Blick in den Rückspiegel ließ mich die Stirn runzeln. Da waren die charakteristischen Lichter eines BMW, und zwar schon, seit wir den Flughafen verlassen hatten. Dass zwei Autos vom JFK Richtung Manhattan fuhren, war nicht ungewöhnlich, aber der Wagen blieb für meine Begriffe etwas zu gleichmäßig an mir dran – immer zwei Autolängen entfernt, auch wenn andere überholten. Ich drosselte das Tempo, setzte den Blinker und nahm die nächste Abfahrt, bevor wir in den Queens Midtown Tunnel hineinfahren konnten.

»Was ist los?«, fragte Felicity, die sich zu wundern schien, dass wir die Route änderten. Sie wusste durch die Arbeit bei Helena genug über die Stadt, um zu erkennen, dass das nicht der direkte Weg nach Manhattan war.

»Vielleicht nichts, das sehen wir gleich.« Ich wollte sie nicht beunruhigen, anlügen wollte ich sie jedoch auch nicht. Paranoia war schon lange ein Teil meines Lebens, leider konnte ich nicht behaupten, dass sie immer unbegründet war. Ich hatte bei diesem BMW ein schlechtes Gefühl. Und es lohnte sich, darauf zu hören.

Fast hoffte ich, dass ich unrecht behalten würde, aber der Wagen bog ebenso wie wir von der Interstate ab und folgte uns in einigem Abstand durch Brooklyn. Wenn Felicity nicht im Auto gewesen wäre, hätte ich vermutlich angehalten, um den Typen zu stellen, aber so musste ich versuchen, ihm zu entkommen.

»Werden wir verfolgt?«, fragte sie, als ich an der nächsten Kreuzung abbog.

»Wenn, dann werde *ich* verfolgt«, antwortete ich und hoffte, dass ich damit richtig lag. Wenn mich Grant im Auge behielt und dabei mitbekam, dass Felicity mit mir unterwegs war, konnte ich die Konsequenzen nicht abschätzen. Dass er wusste, wo ich heute gewesen war, glaubte ich nicht. Ich hatte dafür gesorgt, dass mein Flugziel verschleiert wurde. Trotzdem konnte er jemanden darauf angesetzt haben, mir zu folgen, sobald ich zurückkam. »Ich werde jetzt etwas schneller fahren müssen, okay? Ich versuche, ihn abzuhängen.«

»Ja, okay.« Ich sah, wie sie ihre Hände im Schoß verkrampfte. »Was will der denn? Nur wissen, wo du hinfährst, oder …?«

»Wahrscheinlich überwacht er mich im Auftrag von Grant. Keine Sorge, es wird alles gut.« Keine Ahnung, warum ich das sagte, schließlich wusste ich es nicht. Aber ich war zuversichtlich, dass ich Grants Handlanger abschütteln konnte.

Bei der nächsten Möglichkeit bog ich ab und steuerte erneut die Interstate an. Hier in Brooklyn würde ich ihm nicht entkommen können und mein Wagen hatte vermutlich mehr PS als seiner, also standen die Chancen auf der Schnellstraße besser. Meine Finger legten sich fester um das Lenkrad, ich spürte, wie sich meine Sinne schärften. Mein Körper war den Kampf- oder Fluchtreflex so gewohnt, dass er in brenzligen Situationen ohne Probleme darauf zugreifen konnte. Aber mit etwas Glück war das Ganze in ein paar Minuten erledigt.

Kaum waren wir zurück auf der 495, trat ich aufs Gas und überholte einige andere Autos, bevor ich wieder auf der rechten Spur einscherte und in den Rückspiegel sah.

»Ist er noch da?« Felicity wandte sich um, die Hände um den Sicherheitsgurt gelegt.

»Ja«, antwortete ich düster. Jetzt war der BMW nur noch ein weiteres Auto von uns entfernt und er ließ sich auch nicht abschütteln, als ich meinen Wagen weiter beschleunigte. Wir waren gleich am Tunnel, dort drin würde ich ihn sicher nicht loswerden können.

Es trat sogar das Gegenteil ein. Kaum waren wir in den Tunnel hineingefahren, setzte der BMW zum Überholen an und befand sich danach direkt hinter mir. Da vor uns zwei Lastwagen beide Spuren blockierten, musste ich bleiben, wo ich war. Mein Adrenalinspiegel stieg, die typische Angst klopfte an. Ich hielt sie in Schach, um zu funktionieren.

Hinter uns heulte der Motor des Verfolgers auf. Als der BMW immer näher kam, wurde mir klar, was er vorhatte.

»Achtung, halt dich fest!«, rief ich, gerade noch rechtzeitig, und hielt das Lenkrad umklammert. Im nächsten Moment knallte der BMW mit einem ohrenbetäubenden Geräusch gegen die Stoßstange meines Wagens. Ich hatte Glück, dass die G-Klasse sehr robust war – dem Geländewagen machte so ein Kontakt wenig aus. Aber was es bedeutete, ließ meine Angst zu Hochtouren auflaufen. Der Typ war nicht hinter mir her, um herauszufinden, wo ich hinfuhr.

Er wollte mich einschüchtern. Vielleicht sogar töten.

Und ich war nicht allein im Wagen.

»Alles okay?«, fragte ich hastig Felicity, die ihre Finger in die Lehne an der Mittelkonsole gekrallt hatte und im Licht des Tunnels leichenblass aussah.

»Geht schon«, stieß sie hervor und klang zumindest halbwegs gefasst. »Soll ich die Polizei rufen? Die könnten uns helfen und ihn aus dem Verkehr ziehen, so wie bei Derek.«

Einen von Grants Leuten aus dem Spiel zu nehmen war riskant, weil ich keine Ahnung hatte, wie er reagieren würde. Aber ich konnte nicht darauf hoffen, dass der Typ von uns abließ.

»Nimm mein Telefon.« Ich entsperrte es schnell mit dem Daumen und gab es ihr. »Ruf Malia Williams an, gib ihr das Nummernschild durch und sag ihr, dass ich dich drum gebeten habe. Sie ist eine Freundin und Detective.«

»Mach ich.« Noch bevor Felicity das Handy ans Ohr hob, setzte der BMW zu einem weiteren Angriff an. Es krachte wieder, mein Mercedes schlingerte in der Spur, ich fing ihn ab, das Lenkrad rutschte leicht durch meine Hand. Mein Blick fiel auf das Handschuhfach, in dem sich meine Waffe befand. Aber gerade hatte ich keine Chance, sie einzusetzen.

Wir fuhren aus dem Tunnel heraus und nach Manhattan hinein, links und rechts tauchten die Gebäude der 1st Avenue auf, ein Klingeln schallte durch den Wagen. Felicity legte mein Telefon weg und nahm ihr eigenes. *Dad* stand auf dem Display und sie starrte darauf, bevor sie den Finger in Richtung des Buttons bewegte, der das Gespräch annahm.

»Was *tust* du?«, fragte ich, aber sie brachte mich mit einer Handbewegung zum Schweigen.

»Dad?« Ihre Stimme klang ängstlich und ich ging davon aus, dass es nicht gespielt war. »Ja, ich bin zurück, aber gerade ist es schlecht. Ich bin hier mit Elijah im Auto unterwegs und ein Typ hinter uns hat seinen Wagen nicht unter Kontrolle, vielleicht ist er betrunken oder auf Drogen. Er hat uns schon zweimal gerammt und ich weiß nicht, was ich tun soll!« Sie brach in Tränen aus und ich war mir sicher, dass sie das nicht spielen konnte. Das war jedoch nicht der Grund, aus dem ich sie schockiert ansah. Sie hatte ihrem Vater gerade verraten, dass wir wieder Kontakt hatten – sogar, dass wir gemeinsam unterwegs waren.

»Ruf die Polizei an«, riet Grant, ich konnte es hören, obwohl das Handy nicht auf Lautsprecher geschaltet war. »Du musst jetzt auflegen und das NYPD rufen, hörst du? Die kümmern sich darum. Und dann komm so schnell wie möglich hierher.«

Sie legte auf und stieß die Luft aus, beinahe wütend. Offenbar waren die Tränen doch nicht echt gewesen.

»Jetzt werden wir sehen, ob er mich als Kollateralschaden betrachtet oder nicht.« Ihr harter Tonfall schien nicht zu ihr zu passen, aber vielleicht brachte ihr Vater Seiten an ihr zum Vorschein, die sie nicht einmal selbst kannte.

Meine Angst schnürte mir die Kehle zu, sonst hätte ich sie angefahren, was sie sich dabei gedacht hatte. Stattdessen starrte ich in den Rückspiegel und beobachtete, wie der BMW zurückfiel und schließlich an der nächsten Kreuzung abbog. Grant hatte ihn also tatsächlich geschickt – und ihn zurückgepfiffen, als ihm klar geworden war, dass Felicity in meinem Wagen saß.

Er hatte davon erfahren und seine Mission abgebrochen. Die Mission, mich einzuschüchtern oder zu töten – beides lief auf das Gleiche hinaus. Grant war hinter mir her. Und nun wusste er, dass Felicity und ich wieder miteinander zu tun hatten. Das war eine Katastrophe. Eine riesige, beschissene Katastrophe.

Ich sagte nichts, bis ich eine Stelle gefunden hatte, an der ich anhalten konnte. Es war eine Parkbucht direkt am Hudson, voller Müll und Unrat. Der Wagen stoppte, mein Herz raste weiter. Ich war nicht fähig, meine Gedanken zu Worten zu formen. Im Grunde war ich nicht einmal fähig, meine Gedanken zu Gedanken zu formen.

»Der Typ ist weg, es ist alles gut«, sagte Felicity und ihr Tonfall brachte etwas in mir zum Kippen.

»Hast du nicht mitbekommen, was gerade passiert ist?!« Ich bemerkte erst, dass ich sie anbrüllte, als sie zusammenzuckte. Schnell mäßigte ich meinen Ton. Sie brauchte in ihrem Leben nicht noch einen Mann, der ihr Angst machte. »Der hat erst aufgegeben, als er wusste, dass du im Auto sitzt! Das heißt, Grant weiß jetzt, dass du bei mir bist!«

Sie schaute mich grimmig an, obwohl sie nach wie vor blass war. »Es heißt vor allem, dass er mir nichts tun wird. Was wiederum bedeutet, dass ich dir bei dieser Sache helfen kann!«

Wie konnte sie das als etwas Positives verbuchen? Nach allem, was gerade passiert war?

»Bist du irre? Ich würde dich niemals dabei mitmachen lassen, nicht nach dem, was hier eben los war!«

»Das heißt, du schließt mich aus.« Jede Silbe traf mich ins Herz. »Schon wieder.«

»Das ist nicht fair«, knurrte ich, weil sie diese Karte zog.

»Nein, *nicht fair* ist es, dass du denkst, du wärst der Einzige mit einem Interesse daran, Grant zu Fall zu bringen! Dass du immer alle Leute vor deine verdammten Mauern rennen lässt, weil du nicht kapierst, dass du es viel leichter hättest, wenn du ab und zu ein bisschen Hilfe annehmen würdest!« Sie schnaubte, dann griff sie nach dem Türhebel. »Aber weißt du was? Wenn du ihm unbedingt einsam und allein nachjagen willst, weil du glaubst, damit alle zu beschützen, die dir was bedeuten, dann mach das! Ich kann auch ohne dich dafür sorgen, dass er im Knast landet.« Sie stieg aus und entfernte sich mit schnellen Schritten.

Ich beeilte mich, aus dem Wagen zu kommen.

»Felicity!«, rief ich, aber sie lief weiter, ohne auch nur zu zeigen, dass sie mich gehört hatte. »Felicity, bleib stehen, verfluchte Scheiße!«

Keine Ahnung, ob es der Kraftausdruck war, aber sie stoppte und ich überwand die Distanz bis zu ihr. Sie funkelte mich wütend an.

»Willst du mich immer noch raushalten?«, fragte sie fordernd.

»Natürlich will ich das! Ich möchte nicht, dass dir etwas passiert, verstehst du das nicht?«

»Doch, allerdings. Nur verstehst *du* nicht, dass ich von allen Personen um dich herum am wenigsten in Gefahr bin! Du hast es doch gerade eben gesehen – Grant würde nie zulassen, dass mir etwas zustößt. Das heißt, ich bin sicher. Und du auch: Wenn ich in deiner Nähe bin, wird er dir nichts tun.«

»Nein, mir vielleicht nicht. Das bedeutet jedoch nicht, dass alle anderen auch sicher sind, verdammt!« Die abflauende Anspannung suchte ein Ventil, aber ich konnte gerade weder joggen gehen noch war Buddy hier. Also ballte ich die Hände zu Fäusten und entspannte sie wieder, damit sich der Druck wenigstens ein bisschen löste.

Felicity stieß einen frustrierten Laut aus. »Sie werden nie sicher sein, bevor er nicht seine gerechte Strafe bekommen hat! Und deswegen müssen wir dafür sorgen, dass das so schnell wie möglich passiert. Nur kannst du das nicht allein.« Sie machte sich groß und auch wenn sie trotzdem noch ein ganzes Stück kleiner war als ich, wirkte es. »Du kannst uns nicht alle raushalten, was diese Sache angeht, und wenn du ehrlich zu dir selbst bist, weißt du das auch. Helena, Jess, deine Mutter, die Jungs – du musst sie einweihen. Wenn sie Bescheid wissen, dann kann Grant ihnen nichts tun, weil sie vorbereitet sind. Wenn du sie im Dunkeln lässt, werden sie vielleicht erst etwas merken, wenn es schon zu spät ist!«

Ihr Appell erwischte mich so eiskalt, dass mir kurz die Luft wegblieb. Ich hatte die ganze Zeit gedacht, dass ich das mit Grant regeln konnte, ohne jemanden einbeziehen zu müssen. Dass die Menschen um mich herum weiterhin in Frieden leben konnten, während ich im Hintergrund die Bedrohung ausschaltete. Aber Felicity hatte recht, das war nicht möglich. Und auch nicht fair.

Ich atmete ein, atmete aus, dann traf ich eine Entscheidung.

»Steig wieder ein«, befahl ich mehr, als darum zu bitten.

Felicity schien zu spüren, dass ich es ernst meinte, denn sie folgte mir zum Wagen zurück und nahm auf dem Beifahrersitz Platz, ohne sich gegen meine Aufforderung zu wehren. Erst als wir schon wieder auf der Straße waren, fragte sie etwas.

»Wo willst du hin?«

»Zu Helena und Jess.« Wenn Grant hinter den Leuten her war, die mir etwas bedeuteten, dann standen die beiden ganz oben auf seiner Liste. Heute Abend war eine Grenze überschritten worden. Es war fahrlässig, Jess nicht einzuweihen, auch wenn es mir davor mehr graute als vor einem neuen Angriff. Ich hatte ihm nie davon erzählt, dass man mir nach der Entführung noch lange gedroht hatte. Er würde nicht verstehen, warum ich das für mich behalten hatte.

»Kannst du mich dann vorher auf der Upper West rauslassen?« Felicity sah mich an. »Ich muss zu Grant. Er hat gesagt, ich soll zu ihm kommen, nachdem ich die Polizei gerufen habe.«

»Du willst *jetzt* zu ihm?« Ich starrte sie an, bis mir wieder einfiel, dass ich mich besser auf die Straße konzentrieren sollte. »Du bist viel zu aufgewühlt, er wird sofort merken, dass etwas nicht stimmt.«

»Nein, er wird gar nichts merken, *weil* ich so aufgewühlt bin.« Sie schüttelte den Kopf. »Ich werde behaupten, dass es falscher Alarm war. Dass es wohl wirklich ein Betrunkener war, der uns versehentlich gerammt hat, und uns nichts passiert ist. Er wird nicht unterscheiden können, warum ich im Ausnahmezustand bin. Es ist die perfekte Gelegenheit und wenn ich ihn dann nächste Woche wiedertreffen muss, habe ich mich sicherlich im Griff.«

»*Perfekt* ist nicht das Wort, das mir dazu einfällt«, murrte ich. »Eher wahnsinnig.« Ich sparte mir den Hinweis, dass ich sie am liebsten direkt wieder zum Flughafen gefahren hätte, damit sie eine Maschine Richtung L.A. nahm. Mir war klar, dass sie sich nie darauf einlassen würde. Nicht einmal die Bedrohung von gerade eben schien sie davon abbringen zu können, hierzubleiben.

»Ich kriege das hin. Vertrau mir.«

Mein Blick schweifte kurz zu ihr und die Entschlossenheit in ihren Augen war gleichermaßen sexy wie beunruhigend. Es wirkte, als hätte Felicity entschieden, eine andere Version von sich selbst zu werden. Und obwohl ich wusste, dass das sicher kein Prozess von einer halben Stunde war und sie das morgen vielleicht anders sah, konnte ich mich nicht über ihren Willen hinwegsetzen. Vielleicht wollte ich es auch gar nicht. Schließlich hatte ich längst vor mir zugegeben, dass ich sie gerne in meiner Nähe wusste.

»Okay.« Das Wort war sperrig und scharfkantig in meinem

Mund, weil es alles andere als okay war, dass sie ausgerechnet jetzt zu ihrem Vater wollte. »Aber dann musst du ihm auch sagen, dass das zwischen uns kein Thema mehr ist. Wir beide waren nur deswegen im gleichen Auto, weil wir uns zufällig am Flughafen begegnet sind und die Gelegenheit genutzt haben, die Sache vom vergangenen November zu klären. Ich habe mich bei dir entschuldigt, du hast das akzeptiert und bist darüber hinweg. Unser Treffen war eine einmalige Sache und du wirst mich nicht wiedersehen.«

»Gut.« Felicity sagte es mit Nachdruck.

Wir schwiegen, bis wir in der Straße ankamen, in der Grant sein Haus hatte. Ich fuhr an den Rand und hielt an.

»Bist du sicher, dass du das willst?«, fragte ich ganz ruhig. »Du kannst mit zu Jess und Helena kommen und wir besprechen erst mal, wie es weitergehen soll.«

»Ich bin sicher, dass ich Grant bestraft sehen will.« Ihr Ton war beinahe flehend, auch wenn die Wut noch da war. »Heute diese Leute zu sehen, die um ihre Tochter trauern … die jahrelang keine Ahnung hatten, was mit ihr passiert ist. Dann du, den man so lange bedroht hat und dessen Angst immer wieder aufs Neue heraufbeschworen wurde, obwohl du ein *Kind* warst … Ich kann das nicht ignorieren, Elijah. Ich werde nie wieder ruhig schlafen, wenn ich ihn damit davonkommen lasse. Wenn ich nicht wenigstens irgendetwas dazu beitragen kann, dass er dafür bezahlt. Und dazu muss ich das jetzt durchziehen.«

»Das verstehe ich.« Ich sah sie an und wusste, was sie quälte – und dass es nicht zuletzt mit dem zu tun hatte, was sie für mich empfand. Das Gleiche, was ich für sie empfand. Und endlich rang ich mich dazu durch, ihr das zu sagen, was ich im Flugzeug begonnen hatte. »Das mit uns … ich will es, aber ich kann es nicht zulassen, solange ich diese Sache nicht abgeschlossen habe.«

»Ich weiß.« Felicity lächelte traurig. »Und du wärst nicht du, wenn du etwas anderes entscheiden würdest. Aber ich hoffe trotzdem, dass da ein *Vielleicht* in deinem Kopf ist, für den Tag, an dem das alles vorbei sein wird.«

Mein Hals wurde eng bei der Vorstellung, dass wir tatsächlich das sein konnten, was ich mir schon gewünscht hatte, als ich morgens in ihrem Bett aufgewacht war. Ein Wir, eine Einheit, die weder durch meine Ängste noch durch ihren Vater bedroht wurde. Aber ich konnte mir diesen Wunsch nicht erlauben. Nicht jetzt, wo meine Welt jederzeit kurz davorstand, in Flammen aufzugehen.

»Wenn es ein solches Vielleicht gibt, dann nur mit dir«, sagte ich leise, hob die Hand und berührte sie sanft an der Wange. Der Drang, sie zum Abschied zu küssen, stieg in mir auf, aber ich hielt ihn in Schach. Das im Flugzeug konnte man als Handlung im Affekt einstufen, wenn ich jedoch erneut die Grenze überschritt, bedeutete das etwas. Es war ein Versprechen, von dem ich nicht wusste, ob ich es halten konnte, und es war nicht meine Art, so was zu tun.

Felicity schien meine Gedanken zu lesen, denn sie lächelte leicht, beugte sich dann zu mir vor und drückte ihre Lippen auf meine, nur sehr kurz, beinahe flüchtig.

Ich wollte sie festhalten, den Kuss ungeachtet meines Vorsatzes nun doch vertiefen, auch, weil es bedeutet hätte, sie noch ein paar Minuten daran zu hindern, zu ihrem Vater zu gehen. Aber wir standen in der Straße, in der er lebte, und es war leichtsinnig, der Versuchung nachzugeben. Also akzeptierte ich, dass sie sich zurückzog, und sah sie ernst an.

»Wenn irgendetwas ist –«, begann ich.

»Dann rufe ich dich an, versprochen.« Sie nickte. »Aber es wird alles gut gehen. Bitte fahr vorsichtig, okay? Falls der Typ noch mal auftaucht.«

»Mach ich.«

Sie lächelte schief, stieg dann aus und verschwand mit ihrer Reisetasche in der Dunkelheit zwischen dem Licht zweier Straßenlaternen – und ließ mich mit der Gewissheit zurück, dass Kontrolle immer nur eine Illusion gewesen war.

24
Felicity

Grant wartete bereits auf mich, als ich die Stufen zum Haus hinauflief, und öffnete hastig die Tür. In der Sekunde, als ich ihm gegenüberstand, verstand ich, warum sich Elijah Sorgen gemacht hatte, man könnte mir ansehen, dass ich alles über seine dunklen Machenschaften wusste. Ich war so wütend, ich hätte meinem Vater am liebsten eine reingehauen.

»Felicity, ist alles in Ordnung?«, fragte er und zog mich in seine Arme. Es kostete mich sämtliche Selbstbeherrschung, mich nicht loszumachen. »Ich habe mir solche Sorgen gemacht.«

Ja, natürlich hast du das, wollte ich schnauben. *Und, wolltest du Elijah nur Angst machen, damit er nicht weiter nachforscht, oder hattest du vor, ihn doch gleich umzubringen?!*

»Alles gut, ich habe überreagiert. Das war tatsächlich nur ein Betrunkener, der seinen Wagen nicht mehr unter Kontrolle hatte. Ich glaube, er hat selbst gemerkt, dass er besser anhalten sollte.« Ich brachte die vorbereitete Lüge recht souverän über die Lippen, während ich einen Schritt zurücktrat. Mein gesamter Körper vibrierte, vor Wut und sich abbauendem Adrenalin. Was wäre mit Elijah passiert, wenn ich nicht mit im Wagen gewesen wäre? Er war ein souveräner Autofahrer, aber hätte er es geschafft, den Typen abzuhängen?

»Dir geht es gut!« Alyssa stürzte die Treppe herunter. Beim Anblick meiner Schwester wäre ich fast in Tränen ausgebrochen, weil ich so erleichtert war, dass ich nicht mit Grant allein sein musste. Und zum Glück trug sie einen Pyjama und kein Ausgehoutfit, sodass zu erwarten war, dass sie für heute keine Pläne mehr hatte.

Sie fiel mir um den Hals, drückte mich an sich. Bei ihr konnte ich es ohne Vorbehalte zulassen. Alyssa hatte keine Ahnung, was unser Vater getan hatte, sie war genauso ein Opfer wie ich. Irgendwann würde ich es ihr erzählen und darauf hoffen, dass wir weiterhin eine Beziehung zueinander haben würden, auch wenn er keine Rolle mehr in meinem Leben spielte.

»Was ist denn passiert? Dad hat gesagt, du wärst auf dem Rückweg vom Flughafen von einem Auto gerammt worden?«

Grant ging dazwischen. »Komm doch erst mal rein und leg den Mantel ab, Felicity. Und dann sage ich Myra, sie soll uns einen heißen Kakao machen.«

Ich schaute ihm in die fürsorglichen Augen und musste an die Goldsteens denken. Daran, dass sie nie wieder mit ihrer Tochter heißen Kakao trinken würden. Daran, was er dieser Familie an Kummer zugefügt hatte. Schnell senkte ich den Blick. Elijah hatte recht, das mit dem Lügen war nichts, das man in einer Stunde lernte. Aber ich würde es hinkriegen. Grant konnte schließlich nicht wissen, dass er es war, der mich so aufgewühlt hatte, und nicht der Angriff auf unseren Wagen.

»Alles okay, keine Sorge«, sagte ich zu Alyssa. Wir gingen ins Wohnzimmer und ich ließ mich neben ihr auf die Couch fallen, verbarg meine zitternden Hände, indem ich nach einem Kissen griff und es vor meinem Körper knautschte. »Das war nur ein Fehlalarm, der Typ war einfach nicht mehr Herr seiner Sinne und hat uns mit dem Auto touchiert. Aber er hat dann von uns abgelassen, zum Glück.«

»Und was war mit dem Fahrer deines Taxis?«, fragte Alyssa. Unser Vater kam aus der Küche zurück. »Geht es ihm auch gut?«

»Es war kein Taxi«, sprach ich die Wahrheit aus. »Ich war mit Elijah im Auto.«

»Mit *Elijah Coldwell?*« Sie riss die Augen auf und ich fühlte mich an das letzte Gespräch dieser Art erinnert, als ich ihr erzählt hatte, dass ich ein Date mit Elijah hatte. Es kam mir vor, als wäre das Jahrhunderte her.

Ich nickte nur zur Antwort, weil ich meiner Stimme gerade nicht traute. In meinem Kopf stritten so viele Reaktionen – ein Teil von mir wollte weinen, ein anderer schreien, der dritte weglaufen. Nichts davon war möglich. Und langsam bekam ich eine Vorstellung, wie sich Elijah oft fühlte.

»Ja, er hat mich vom JFK mitgenommen.«

Alyssa wirkte weniger sensationsgierig als ratlos. »Warum? Der Arsch hat dir dermaßen wehgetan und dann spielt er plötzlich Uber für dich?«

Mir entging nicht, dass Grant bei ihrer Frage sichtbar aufmerkte. Es war gut zu wissen, dass er seine Regungen vor mir nicht versteckte. Offenbar vertraute er mir immer noch und ahnte nichts davon, dass ich über ihn Bescheid wusste.

Ich zog meine nächste Lüge aus dem Hut. »Wir sind uns zufällig am Flughafen begegnet, nachdem ich aus L.A. zurückgekommen bin. Er hat angeboten, mich mit in die Stadt zu nehmen, damit wir miteinander reden können. Offenbar wollte er sich für das entschuldigen, was er im November getan hat.«

»Okay.« Alyssa dankte Myra, die ein Tablett mit Tassen hereingebracht hatte und auf dem Couchtisch abstellte. In der heißen Schokolade schwammen kleine Marshmallows und ich hätte das sicher süß gefunden, wenn ich nicht dermaßen unter Strom gestanden hätte. Ich hatte nie in meinem Leben auf so umfassende Art lügen müssen und es stresste mich, als würde sich mein Körper dagegen wehren. Aber ich musste das jetzt durchziehen.

»Und, nimmst du seine Entschuldigung an?«, fragte nun Grant, der uns gegenübersaß.

Ich überlegte, was die richtige Antwort darauf war. Welche Antwort Elijah am wenigsten gefährdete.

»Ich weiß es nicht. Er hat mir echt wehgetan und auch wenn es ihm sehr leidtut, fällt es mir schwer, das einfach zu verzeihen.« Ich hätte noch anfügen können, dass wir uns nicht wiedersehen würden, ich war jedoch nicht sicher, ob das die beste Strategie war.

»Aber er wollte das mit euch nicht wieder aufwärmen, oder?« Alyssa schnaubte. »Dann würde ich ihm echt einen Vogel zeigen, nach allem, was er mit der Prinzessin abgezogen hat.«

»Nein, sicherlich nicht. Wenn ich das richtig verstanden habe, sind sie noch zusammen. Matilda ist allerdings momentan in England, weil sie ein paar Termine mit ihrer Familie wahrnehmen muss.« Das hatte Elijah mir nicht vorgegeben, ich fand es jedoch eine gute Idee, meinem Vater klarzumachen, dass eine Beziehung zwischen uns ausgeschlossen war. »Aber es ist okay. Ich bin darüber hinweg. Wenn sie die Richtige für ihn ist, dann sollen sie glücklich werden.«

Ich fand meine Vorstellung ganz gelungen, aber als ich den Blick von Grant sah, erkannte ich, dass er skeptisch war. Mit ein bisschen Glück bezog sich das jedoch nicht darauf, dass er etwas von meinem Wissen über ihn ahnte, sondern darauf, dass er noch Gefühle meinerseits für Elijah vermutete.

»Dad, es geht mir gut, wirklich.« Ich brachte sogar die Anrede ohne Zögern über die Lippen, obwohl es mich schüttelte, wenn ich daran dachte, dass dieser Mann mein Vater war. Aber

Elijah hatte recht, ich war nicht wie Grant. Und das würde ich auch beweisen.

»Du solltest trotzdem besser hier übernachten«, sagte er. »Vielleicht hast du von der Kollision doch irgendwelche Schäden davongetragen, dann ist es gut, wenn du nicht allein in deiner Wohnung bist.«

Von der Kollision, die du verursacht hast, hätte ein Teil von mir ihm am liebsten ins Gesicht geschrien. Es war nie anstrengender gewesen, zu lächeln und mich für den Vorschlag zu bedanken.

»Klingt gut.« Ich griff nach meiner Tasse und verbarg das Zittern meiner Hand diesmal, indem ich direkt die zweite zu Hilfe nahm. Alyssa bemerkte von meiner Verfassung jedenfalls nichts, denn sie plauderte munter über Wade und ihre Pläne, im Sommer nach Europa zu reisen, und ich war froh, dass sie mich ablenkte, weil ich sonst alle fünf Minuten aufs Handy gesehen hätte, ob Elijah mir geschrieben hatte.

»Was ist eigentlich mit dir und Alexis?«

Beinahe hätte ich den Schluck Kakao in meinem Mund auf dem cremefarbenen Sofa verteilt, als meine Schwester mich das aus dem Nichts heraus fragte. Ich hatte ihr schon vor Wochen erzählt, dass Alec und ich befreundet waren und uns manchmal trafen, es aber nicht mehr war. Wieso wollte sie das ausgerechnet jetzt wissen?

»Alexis Wentworth?«, fragte ich nach, um Zeit zu gewinnen.

»Ja, oder kennst du noch einen anderen?« Sie grinste und hielt mir dann ihr Smartphone hin, auf dem ein Bild von Alec und mir zu sehen war, aufgenommen am Flughafen. Ich hatte ganz vergessen, dass er mich dorthin gefahren und darauf bestanden hatte, meine Tasche für mich ins Gebäude zu tragen. Normalerweise hätte ich das abgewehrt, aber ich war froh gewesen, dass er noch ein bisschen länger bei mir blieb, nach allem, was ich an dem Tag erfahren hatte. Offenbar waren wir dabei fotografiert worden. Man erkannte weder mein Gesicht richtig scharf noch das von Alec, aber wer immer das Bild geleakt hatte, wusste, wer wir waren.

Alexis Wentworth Jr. und Felicity Grant madly in love, titelte die Überschrift der Gossip-Seite, darunter gab es noch mehr Bilder, hauptsächlich von unserer Umarmung vor dem Sicherheitscheck. Und selbst ich, die wusste, dass wir nur Freunde waren, konnte die Körpersprache nicht eindeutig als harmlos einstufen. Auf den Fotos wirkte es, als wäre da mehr.

Ich wollte es schon abstreiten, aber dann dachte ich nach, ob es nicht sogar ein Vorteil sein konnte, wenn man glaubte, dass zwischen Alec und mir etwas lief. Er lebte in Elijahs Wohnung in Coldwell House, also war es dort gefahrlos möglich, uns zu treffen, wenn es wegen des Falls nötig wurde. Schließlich konnte niemand sagen, ob er nicht seine Mutter besuchte, sie wohnte nur ein Stockwerk über Alec.

»Na ja«, begann ich also und rieb meine Hände aneinander. Es war mir unangenehm, das zu tun, ohne Alec zu fragen, ob er damit überhaupt einverstanden war.

Alyssa schien meine Unsicherheit allerdings als Beleg dafür zu verstehen, dass ich ihr gleich etwas Spektakuläres erzählen würde, denn sie rutschte auf dem Sofa ein Stück nach vorne und sah mich erwartungsvoll an. Ich suchte nach Worten.

»Wir haben der Sache bisher keinen Namen gegeben, aber – «

Weiter kam ich nicht, weil meine Schwester einen quietschenden Laut von sich gab und mir um den Hals fiel. »Du und Alexis! Das ist so krass! Er ist wirklich ein Hauptgewinn, oder nicht?«

Ich warf einen Blick zu meinem Vater hinüber, der auf dem Sessel saß, sein Tablet in der Hand, und so tat, als würde ihn das Thema nicht groß interessieren. Aber ich wusste, dass er sehr aufmerksam zuhörte.

»Ja, ist er«, sagte ich. »Alec ist unglaublich. Fürsorglich, liebevoll, einfühlsam … es gibt wohl kaum einen netteren Kerl als ihn.« Um das zu sagen, musste ich nicht lügen. Alec war einer der besten Menschen, die ich kannte. Ich war nur nicht in ihn verliebt.

Das Quietschen meiner Schwester wiederholte sich und tat weh in meinen Ohren. Hoffentlich schaffte ich es bald, mich loszueisen und ins Bett zu verschwinden. Der Rückflug von Los Angeles hierher und die Reise mit Elijah nach New Orleans hatten mich ausgelaugt und nun, wo auch das Adrenalin des Angriffs und des Aufeinandertreffens mit meinem Vater abflaute, überfiel mich bleierne Müdigkeit.

»Das ist so toll, Felicity.« Alyssa strahlte mich an. »Und, wann seht ihr euch wieder?«

»Mal sehen. Ich habe ihm Bescheid gesagt, dass ich wieder zurück bin, vielleicht ja schon morgen. Aber jetzt bin ich echt müde. Ich glaube, ich sollte schlafen.«

Unser Vater sah auf.

»Wann genau, sagtest du, wäre dein Flugzeug gelandet?«, fragte er und mir wurde sofort heiß und kalt. Ich hoffte, dass ich nicht augenblicklich rot wurde, obwohl es sich verdächtig danach anfühlte.

Was sagte ich jetzt? Die tatsächliche Uhrzeit oder eine spätere? Wenn Grant irgendwie Zugriff auf die Passagierlisten hatte, war es gefährlich, ihn anzulügen. Hatte er das gerade auf seinem Tablet gecheckt?

»Heute Mittag«, blieb ich bei der Wahrheit und wühlte in den Untiefen meines Hirns panisch nach einer Erklärung, warum ich noch so lange am Flughafen geblieben war.

»Und dann bist du erst so spät mit Elijah zurück in die Stadt gekommen?« Auch Grant schien aufzufallen, dass das eine sehr lange Zeitspanne war.

»Ja, das war superärgerlich.« Ich verdrehte gespielt genervt die Augen. »Die hatten mein Gepäck verschlampt, es war auf irgendeinem anderen Band und wurde ewig nicht gefunden. Und dann durfte ich auf Kosten der Fluggesellschaft in deren Lounge was essen und bin glatt eingeschlafen, weil mein Flug so früh ging.« Erst als ich es schon ausgesprochen hatte, fiel mir ein, dass ich auch einfach hätte sagen können, Elijah und ich wären irgendwo hingefahren und ein Stück spazieren gegangen. Ich brauchte wirklich mehr Übung im Lügen, wenn das hier auf Dauer funktionieren sollte. Vor allem, weil mit dem Gedanken an Elijah auch die Erinnerung an unseren Fast-Sex im Jet zurückkam und ich nun wohl tatsächlich rot wurde. Schnell holte ich mein Smartphone aus der Tasche und tat so, als hätte es vibriert. »Alec hat geschrieben, wir treffen uns morgen.«

»Du bist ja wirklich *madly in love*«, grinste Alyssa und ich war ihr unglaublich dankbar, dass sie mir unwissentlich half, dieses wackelige Lügengerüst vor meinem Vater zu kaschieren. Wie machte Elijah das und wirkte dabei auch noch total gelassen?

»Ich gehe dann mal ins Bett«, sagte ich und erhob mich, ging zur Tür.

»Ach, Felicity, eine Frage noch«, hielt Grant mich auf und ich blieb stehen, drehte mich um, erinnerte mich ans Atmen.

»Ja?« Das kurze Wort bebte leicht.

»Weißt du, wo Elijah war?« Er lieferte mir keine Erklärung für sein Interesse an dem Flugziel, als wäre ich es nicht wert, dass man mir wenigstens eine gute Geschichte präsentierte, wenn man mich für die eigenen Zwecke aushorchte. Stattdessen war sein Tonfall fast schon beiläufig. Beinahe hätte ich gesagt, dass ich es nicht wusste, aber dann entschied ich mich für eine falsche Fährte. Grant durfte nie erfahren, dass wir die Goldsteens besucht hatten, und ich konnte wenigstens ein bisschen dazu beitragen.

»Ich glaube, es war Chicago, wegen eines Projekts seiner Mutter.« Alec hatte mir neulich erzählt, dass Trish Coldwell dort ein neues Gebäude plante, also war das hoffentlich nicht zu weit hergeholt.

»Ah, ja. Ich habe davon gehört.« Grant nickte. »Gute Nacht, Felicity.«

»Gute Nacht.« Ich lächelte Alyssa noch zu, nahm meine Tasche, lief die Treppe nach oben und schloss die Tür des Gästezimmers hinter mir. Dann sank ich aufs Bett und atmete aus. Es fühlte sich an, als hätte ich keinen Funken Kraft mehr in meinem Körper.

Für heute war ich aus dem Schneider, aber wie sollte das weitergehen? Wie sollte ich mich regelmäßig mit Grant treffen und mich dabei nicht irgendwann verraten? Ich hatte keine Ahnung.

Ich wusste nur, dass ich es hinbekommen musste.

Denn wenn ich es nicht schaffte, gefährdete ich damit alles.

25
Elijah

Meine Fahrt von der Upper West Side ins Village verlief ohne irgendwelche weiteren Zwischenfälle und das war auch gut so, denn ich war mit meinen Gedanken nicht auf der Straße, sondern bei Felicity. Natürlich erschien es auf eine Art beruhigend, dass Grant seinen Handlanger zurückgepfiffen hatte, sobald ihm klar geworden war, dass seine Tochter in meinem Wagen saß. Aber trotzdem war sie nicht gut darin, jemandem etwas vorzumachen. Und wenn er herausfand, dass ich ihr die Wahrheit gesagt hatte, waren die Konsequenzen kaum absehbar. Vielleicht würde er wütend auf sie sein, wahrscheinlich jedoch auf mich, und dann nahm er jemanden ins Visier, der mir wichtig war. Deswegen musste ich meinem Bruder dringend Bescheid geben.

Der in die Jahre gekommene Ford Pick-up von Jess stand direkt vor dem Haus, dahinter war eine freie Parklücke. Ich warf nur einen schnellen Blick auf meine hintere Stoßstange, die ein bisschen was abbekommen hatte, bevor ich zu dem Backsteinbau ging, in dem Helena und Jess ihre Wohnung hatten. Die Eingangstür war wie so oft unversperrt und ich lief die Treppen nach oben, an den dunklen Büroräumen von Helenas Agentur im zweiten Stock vorbei in den letzten. Die Wohnungstür stand offen. Mein Bruder war gerade dabei, sich eine Jacke überzuziehen, Buddy angeleint neben ihm.

»Hey«, machte ich mich bemerkbar. Wollte er um diese Uhrzeit noch irgendwo hin oder einfach nur meinem Hund etwas Auslauf verschaffen?

Jess schaute hoch. »Eli, gut, dass du da bist«, sagte er und ich sah ihm an, dass er aufgewühlt war. »Ich wollte dich gerade anrufen, ob du schon wieder in der Stadt bist und Buddy nehmen kannst.«

»Was ist denn los? Ist was passiert?« *Bitte nicht, bitte nicht, bitte nicht.* Hatte Grant gleich auf mehreren Ebenen zugeschlagen? Wenn ja, würde ich mich direkt wieder ins Auto setzen und zu ihm fahren, um ihm wehzutun.

Jess antwortete nicht, weil er fluchend nach seinem Autoschlüssel suchte. Mein Hund trottete zu mir und begrüßte mich, aber ich merkte ihm an, dass er nicht auf mich fixiert war, sondern auf meinen Bruder. Was bedeutete, Jess hatte Angst – und das kam so gut wie nie vor. Eigentlich gab es nur eine Person, die dieses Gefühl in ihm auslösen konnte, und das war …

»Ist mit Helena alles in Ordnung?«, hakte ich nach.

Er hatte den Schlüssel noch nicht gefunden, hielt aber dennoch inne und ich sah in seinem Blick vollkommene Hilflosigkeit. Intuitiv machte ich einen Schritt nach vorne, während in mir selbst Panik aufstieg. Helena war nicht nur der wichtigste Mensch in seinem Leben, sondern auch einer der bedeutendsten in meinem. Wenn ihr etwas zugestoßen war … Wenn Grant ihr was angetan hatte …

»Ich weiß es nicht«, brachte Jess hervor. »Sie war zu einem Abendflug mit dem Helikopter eingeladen, ganz spontan. Die Aktion sollte allerdings schon vor zwei Stunden beendet sein, also habe ich angerufen und sie sagen, sie hätten den Kontakt zum Heli verloren.« Er holte Luft, weil er so schnell gesprochen hatte, und als er mich anschaute, erkannte ich Tränen in seinen Augen. »Was, wenn sie abgestürzt sind, Eli? Was, wenn Helena etwas passiert ist?« Seine Stimme brach und ich überwand den letzten Meter bis zu ihm, umarmte ihn, was wohl das erste Mal seit Monaten war, wenn nicht seit über einem Jahr. Mein Bruder ließ es zu, allerdings nur kurz, bevor er sich von mir freimachte und über die Augen wischte.

»Bestimmt ist alles in Ordnung«, sagte ich, so beruhigend ich konnte. Meine eigenen Gefühle waren in der Sekunde unwichtig geworden, in der ich Jess' Angst bemerkt hatte. Aber das war sicher nur ein Zufall, Helena ging es bestimmt gut. »Der Funkverkehr in New York ist ein Desaster, würde mich nicht wundern, wenn ständig die Verbindung abreißt.«

»Ja, vielleicht. Ich will jedenfalls zu der Firma fahren, die diese Flüge veranstaltet. Wenn es neue Infos gibt, dann kriegen die sie zuerst.« Er atmete zittrig aus und Buddy drückte sich an sein Bein. »Danke, mein Junge.« Jess streichelte ihn kurz.

»Ich fahr dich.« Ohne seine Bestätigung abzuwarten, griff ich nach dem Schlüssel des Pick-up, der unter ein paar Rechnungen auf dem Küchenblock lag. Nach dem Angriff vorhin wäre es wohl besser gewesen, mich nicht noch mal an das Steuer eines Wagens zu setzen, aber ich wollte mich nicht von den Geschehnissen einschüchtern lassen. Außerdem war es unwahrscheinlich, dass mir Grant heute erneut seinen Handlanger hinterherschicken würde. Wir würden zu der Firma fahren und darauf warten, dass Helena wohlbehalten auftauchte, und dann konnte ich meine weiteren Schritte planen.

Jess schwieg, bis wir in seinem Auto saßen und ich den Ford aus der Parklücke lenkte. Buddy lag auf der Rückbank, aber ich merkte, dass er uns beide genau im Blick behielt.

»Die Heli-Firma liegt am East River Pier«, sagte Jess.

»Okay, dann kenne ich den Laden.« Die boten Rundflüge über New York und Touren in die Hamptons an. Ich war zwar nie mitgeflogen, aber Ezra hatte mir davon erzählt, dass seine Eltern öfter Werbemaßnahmen mit ihnen planten.

»Warst du eigentlich wegen Buddy bei mir oder wolltest du etwas anderes?«, fragte mein Bruder.

»Wegen Buddy.« Ich konnte ihm in diesem Zustand nicht erzählen, was ich über Grant herausgefunden hatte, sonst würde sich Jess nur noch mehr Sorgen machen. Wenn es Entwarnung für Helena gab, würde ich es später ansprechen. Denn es würde Entwarnung geben, ganz sicher. Das hier hatte nichts mit meinem Feldzug gegen Grant zu tun, es war nur Zufall. Es musste Zufall sein.

Während der kurzen Fahrt runter zum Pier behielt ich die Umgebung im Blick, ob sich doch ein Verfolger zeigte, aber da war niemand. Die Straßen waren um diese Uhrzeit relativ frei und wenn Autos hinter uns auftauchten, dann bogen sie bald wieder ab.

»Was war das für ein Flug?«, fragte ich, als wir schon fast da waren.

»Irgendein Charity-Gewinn. Lincoln und Penny haben bei einer Tombola von Lillys Schule mitgemacht und das war einer der Preise. Aber dann wurden die Kids krank, Penny musste zu Hause bleiben und Helena ist eingesprungen.«

»Dann ist Linc mit ihr unterwegs gewesen?«

Jess nickte. »Immerhin waren nicht Penny und er an Bord. Was würde aus ihren Kindern, wenn sie –«

»Hey, stopp«, unterbrach ich harsch, weil ich es nicht ertragen konnte, wie er mit dieser kummervollen Stimme sprach. »Hör auf damit, dir irgendwelche Katastrophen auszumalen. Helena geht es gut, Lincoln geht es gut. Wir werden da jetzt hingehen und nach Informationen fragen und vielleicht können wir dann etwas tun, um bei der Aufklärung zu helfen.«

Ich hatte keine Ahnung, wie ich es schaffte, das zu sagen, während ich mir selbst die größten Sorgen machte, dass es meine Schuld war, falls Helena und ihrem Bruder etwas zustieß. Vielleicht sollte ich die Sache mit Grant nach heute doch aufgeben. Vielleicht war es das alles nicht wert, wenn am Ende jemand zu Schaden kam.

»Helena ist mein Leben, Eli.« Mein Bruder sah mich an, ich bemerkte es aus dem Augenwinkel, schaute aber weiterhin auf die Straße. »Ich habe keine Ahnung, was ich tun soll, wenn ihr etwas geschieht.«

Das wusste ich auch nicht, deswegen konnte ich keine Antwort geben und hatte Glück, dass wir nur eine Minute später bereits am Gebäude der Rundflug-Firma zum Stehen kamen. Vermutlich war es nicht erlaubt, direkt davor zu parken, aber es war mir egal.

Wir stiegen aus und gingen zur Eingangstür – und mir fiel auf, dass es das erste Mal seit sehr langer Zeit war, dass mein Bruder und ich als Einheit auftraten und nicht als Beteiligte eines Konflikts, den wir einfach nicht lösen konnten. Wäre der Anlass dafür nicht von solcher Sorge belastet gewesen, hätte ich mich vielleicht darüber freuen können. So allerdings hoffte ich nur, dass meine Unterstützung für Jess heute der Anfang für etwas war und nicht ein Ende.

Die Räumlichkeiten der Firma waren nicht gerade groß – es gab ein paar mit dunklem Kunstleder bezogene Stühle im Vorraum, einen Empfangstresen und zwei Schreibtische, an denen niemand saß. Hinter dem Tresen lief allerdings hektisch ein junger Mann auf und ab, der etwa in meinem Alter war, und sprach in sein Telefon. Als er uns hereinkommen sah, würgte er seinen Gesprächspartner ab und wandte sich uns zu.

»Mr Coldwell, wir tun alles, um uns Klarheit zu verschaffen«, sagte er zu Jess und ich sah Schweißperlen auf seiner Stirn. Offenbar war der Verbindungsabbruch mit dem Heli nichts Alltägliches – oder Jess hatte ihm bereits bei seinem ersten Anruf die Hölle heißgemacht. Mein Bruder war eigentlich von der verträglichen Sorte, aber wenn es um Helena ging, kannte er keine Zurückhaltung.

»Das ist ein Heli, keine verdammte Kontaktlinse!«, fuhr er den Typen jetzt an. »Wie könnt ihr das Ding einfach vom Radar *verlieren?*«

»Der Transponder sendet kein Signal mehr und daher wissen wir nicht genau –«

»Es ist mir scheißegal, was irgendein Transponder sendet, ich erwarte von euch, dass ihr das Ding findet, und wenn ihr dafür persönlich durch den East River schwimmen müsst!« Jess' Augen funkelten wütend und ich hielt es für angebracht, mich einzuschalten.

»Lass mich das machen, okay?«, sagte ich zu meinem Bruder. Wenn er den Kerl nur anbrüllte, dann würde aus ihm sicher nichts Vernünftiges mehr herauszubekommen sein. Er sah ohnehin schon aus, als würde er gleich in Tränen ausbrechen, und ich vermutete, dass er nicht der Chef dieses Ladens war.

»Wo ist Ihr Boss momentan?« Das war erst mal die wichtigste Frage, denn wir mussten mit jemandem reden, der etwas zu sagen hatte – und dementsprechend auch Ahnung, was mit dem Helikopter passiert sein könnte.

»Mr Walker ist nicht erreichbar«, stammelte der Angestellte. Er trug ein Namensschild, auf dem *Adrian* stand. »Ich versuche es schon die ganze Zeit, aber er geht nicht an sein Handy.«

Ich nickte. »Okay, Adrian. Gab es einen solchen Fall schon einmal?«

»Das weiß ich nicht, Sir. Ich arbeite erst seit dem letzten

Monat hier.« Sein Blick huschte zu Jess, der damit begonnen hatte, auf und ab zu laufen. Sein gesamter Körper strahlte Angst aus, aber komischerweise machte mich das eher ruhig. Ich musste jetzt derjenige sein, der die Nerven behielt. So wie er früher für mich da gewesen war, war ich es nun für ihn.

»Jess?«, sprach ich ihn an. »Könntest du Buddy aus dem Auto holen? Es ist besser für ihn, wenn er nicht allein dort drin sitzt.« Eigentlich wollte ich, dass mein Hund ihn beruhigte, das musste ich ihm jedoch nicht auf die Nase binden.

»Netter Versuch, Kleiner«, antwortete Jess sarkastisch, nahm aber dennoch den Schlüssel von mir entgegen und lief hinaus.

Ich wandte mich wieder Adrian zu. »Ist denn auch sonst niemand erreichbar, der mehr wissen könnte?«

»Leider nicht. Unser Chefpilot ist im Urlaub und den, der unterwegs ist, erreiche ich ebenfalls nicht. Ich habe mit der Flugsicherung telefoniert, aber ohne Autorisierungscode dürfen die mir nichts Genaueres sagen – außer dass der Transponder offline ist. Und den Code habe ich nicht.«

Also hing im Grunde alles an dem Chef, der sich taub stellte. Ich hatte eine Idee, bedeutete Adrian, dass ich kurz telefonieren würde, und nahm dann mein Smartphone, um eine Nummer zu wählen, die ich zuletzt im vergangenen November angerufen hatte.

»Na sieh mal an, wer sich da meldet«, drang Ezras beleidigte Stimme aus dem Telefon. »Hattest du vielleicht Amnesie und jetzt ist dir wieder eingefallen, dass es mich gibt? Das wäre nämlich die einzige Erklärung, die ich gelten lasse, du Arsch.«

Ich ließ seine Tirade ungeduldig über mich ergehen. »Du darfst mich gerne zu einem späteren Zeitpunkt runtermachen, Ez, jetzt brauche ich deine Hilfe. Oder vielmehr Jess.«

»Jess helfe ich immer sehr gerne«, sagte mein Freund steif. Es versetzte mir einen Stich, aber aktuell wollte ich nicht unsere angeschlagene Beziehung kitten, dafür war dies nicht der richtige Augenblick.

»Du bist doch mit dem Typen von dem Heli-Charter unten am Pier befreundet, oder?«, fragte ich.

»Du meinst Jackson Walker? Ja, wir kennen uns. Was ist mit ihm?«

»Einer seiner Helis wird vermisst und sein Mitarbeiter kann ihn nicht erreichen. Ich hatte gehofft, dass du vielleicht weißt, wie man an ihn rankommt. Helena war auf diesem Flug.« Was Jess mit Walker machen würde, wenn der hier auftauchte, war noch mal ein anderes Thema. Aber ich hoffte darauf, dass mein Bruder seine pazifistische Grundhaltung bis dahin wiederfand.

»Was haben wir heute für einen Wochentag?« Ezra schien es sofort selbst einzufallen, denn er sprach weiter, bevor ich ihm eine Antwort geben konnte. »Er müsste im Setai an der Fifth zur Afterwork Wellness sein. Ich kenn den Betreiber, ich rufe an und sag Bescheid, dass er ihn aus seinem Bademantel holt und zu euch schickt. Seid ihr am Pier?«

Ich atmete erleichtert aus. »Sind wir. Danke, Mann. Du hast –«

»Wenn du jetzt sagst, ich hätte was gut bei dir, komme ich höchstpersönlich vorbei und hau dir eine rein. Du hast Scheiße gebaut, Et Cetera. Wenn du das wiedergutmachen willst, braucht es etwas mehr als ein paar warme Worte.« Damit legte er auf und ich nahm das Telefon vom Ohr.

»Ein Freund von mir weiß, wo Walker steckt, er schickt ihn her«, erklärte ich dem schweißgebadeten Adrian, der vermutlich noch mehr als wir hoffte, dass mit dem Heli alles in Ordnung war.

Jess kam mit Buddy an der Leine herein und ich berichtete ihm, was ich von Ezra erfahren hatte. Dann schlug ich vor, dass wir am Pier ein wenig spazieren gingen, weil frische Luft besser war als die hier drinnen – vor allem, da sie nach einem dieser Duftzerstäuber roch, die so etwas Authentisches wie Dschungelwunder oder exotische Frische verströmten. Adrian schien darüber froh zu sein, sein Blick zuckte immer wieder beunruhigt zu Jess, bis wir aus der Tür waren.

Das Wasser des East River spiegelte die Lichter der Wolkenkratzer wider, die sich im Financial District dicht an dicht drängten. Ansonsten war es tiefschwarz und schwappte leise gegen die Mauern der Plattform.

»Der Kerl ist völlig inkompetent, wahrscheinlich ist an der Sache gar nichts dran«, beruhigte ich Jess, während wir am Pier entlanggingen. Auf den Boden waren große Markierungen für die Helis gemalt und Buddy schnüffelte wie wild daran herum.

»Er wäre kaum so nervös, wenn nichts dran wäre«, erwiderte mein Bruder.

»Nein, er arbeitet erst seit Kurzem dort, er hat keine Ahnung. Ezra sorgt dafür, dass sein Chef so schnell wie möglich auftaucht, und dann wird der sicherlich alles klären. Helena ist bald wieder hier.«

Jess schnaubte traurig. »Weißt du, was mir völlig lächerlich vorkommt? Dass ich sie immer noch als meine *Freundin* bezeichne. Sie ist seit über sechs Jahren meine große Liebe, wir hätten längst heiraten sollen.«

»Ich dachte, die Verlobung damals war nur Fake, um Adams Mörder aus der Reserve zu locken«, warf ich ein – in dem kläglichen Versuch, die Stimmung ein wenig aufzulockern.

»Die Idee dazu ja. Aber ich habe jedes Wort ernst gemeint.« Er stieß die Luft aus und schüttelte den Kopf. »Ich hatte demnächst was geplant, aber wenn sie heil zu mir zurückkommt, werde ich sie fragen. Gleich hier.«

Ich sah mich an dem kalten, feuchten, nach Benzin stinkenden Pier um. »Es wäre besser, wenn du damit bis zu Hause wartest, glaube ich«, sagte ich trocken.

Jess blieb stehen und starrte mich an.

»Wie kannst du das? Wie kannst du so ruhig bleiben?«

»Indem ich meine Gefühle unter Kontrolle halte, das weißt du doch.« Ich sagte es nicht provozierend, das Letzte, was er jetzt brauchte, war ein Streit. »Helena bedeutet mir viel und ich mache mir Sorgen um sie, aber wenn ich meine Angst zulasse, hilft ihr das nicht. Und dir auch nicht.«

Er schien kurz nachzudenken, dann schüttelte er den Kopf. »Ich habe immer gedacht, dass ich dich für diese Haltung bedauern müsste, aber gerade beneide ich dich darum.«

»Solltest du nicht.« Die Worte überraschten mich selbst, vermutlich noch mehr als ihn. »Ich wäre froh, wenn ich einfach so geradeheraus fühlen könnte wie du. Aber das geht nicht, wenn man …«

»Das durchgemacht hat, was dir passiert ist?« Jess' Tonfall war nachgiebig und erinnerte mich an die Zeiten, als ich ihn angerufen hatte, wenn ich auf der verzweifelten Suche nach Hilfe gewesen war. Zuletzt hatte mich sein Mitgefühl immer wütend gemacht, jetzt jedoch löste es eine merkwürdige Art von Wehmut aus und ich wünschte mir, dass wir uns nie voneinander entfernt hätten. Wenn ich vorhin nicht zufällig vor seiner Haustür aufgetaucht wäre, hätte er mir dann überhaupt erzählt, was passiert war? Oder hätte er mir nur Buddy vorbeigebracht und wäre einfach wieder gegangen?

»Ja«, antwortete ich und meine Stimme klang belegt. »Wenn man einmal jede Sicherheit verloren hat, ist es sehr schwer, wieder Vertrauen zu fassen. Allerdings gab es auch für dich genug Momente, in denen du es hättest verlieren können, und trotzdem bist du nie in Panik verfallen. Ich wüsste gern, wie das geht.«

Jess stieß die Luft aus, sein Atem wurde sichtbar vor uns in der kalten Luft. Ich hatte das Gefühl, dass auch etwas anderes gerade wieder sichtbar wurde, und zwar unsere Verbindung zueinander. Sie war nicht mehr dieses stabile, dicke Tau, das einmal zwischen uns gespannt gewesen war, aber sie existierte noch.

»Ich habe keine Ahnung, wie das geht. Du denkst, ich hätte dieses Vertrauen, aber im Grunde will ich einfach nur daran glauben, dass die Dinge in Ordnung kommen.« Er sah auf den schmutzigen Betonboden und ich wusste, er dachte an Helena und sich selbst, an die vielen Hürden, die ihre Beziehung genommen hatte. Und an heute, weil er wollte, dass sie gesund wieder zu ihm zurückkam.

»Dann solltest du jetzt nicht damit aufhören«, sagte ich und lächelte leicht, berührte ihn an der Schulter.

Jess nickte tapfer und rang sich ebenfalls ein Lächeln ab. »Danke, dass du hier bist, Elijah.«

»Immer.« Ich meinte die Antwort ernst. Dann zögerte ich kurz. »Und es ist okay für mich, wenn du Eli sagst.«

»Bist du sicher?«, fragte er skeptisch. Schließlich hatte ich ihn oft darauf hingewiesen, dass ich es nicht mochte, wenn er die Abkürzung verwendete. Aber vielleicht war das falsch. Vielleicht war Eli immer noch in mir und ich hätte ihn beachten sollen, statt ständig zu verdrängen, dass es ihn gegeben hatte. Dass ich mal er gewesen war und das nichts Schlimmes war, auch wenn es sich manchmal so anfühlte.

»Ja, denke schon.« Ich nickte. »Du kommst langsam in die Jahre, ich verstehe, dass es schwer für dich ist, dich umzugewöhnen.«

Jess lachte auf, wir lachten beide, und dieser Moment aus Leichtigkeit war unendlich heilsam ... bis ein Motorengeräusch ertönte und uns in die Realität zurückholte. Ein protziger SUV mit Chrombeschlägen fuhr auf den Vorplatz der Heli-Firma und ein Typ stieg aus, offensichtlich mehr als gestresst.

»Da ist Walker.« Ich setzte mich in Bewegung, vor allem um zu verhindern, dass Jess den Typen genauso anging wie den Mitarbeiter. Aber unser Gespräch schien diesen Teil seiner Gefühle gedämpft zu haben, denn in den Augen meines Bruders sah ich nur noch die grenzenlose Sorge um die Frau, die er liebte. Und Hoffnung. Zwar ganz leise, aber doch sichtbar. Ich wünschte mir, dass sie bald Erfüllung fand.

Wir steuerten auf das Gebäude zu und traten kurz nach Walker ein. Ich verstand, warum Ezra und er einander mochten – der Chef der Heli-Touren war ebenso farbenfroh gekleidet wie mein Freund, auch wenn sein Gesichtsausdruck eher das Gegenteil von *froh* zeigte. Als wir hereinkamen, machte er bereits Adrian zur Schnecke, der hinter seinem Tresen kleiner und kleiner wurde.

»Bist du wahnsinnig, den Leuten zu erzählen, dass ein Heli vermisst wird?! Und wieso hat Brad sich nicht gemeldet? Wo ist das Scheißding?«

»Ja, das wüssten wir auch gerne«, sagte Jess. Seine Stimme vibrierte.

Walker fuhr herum und sah sich zwei Coldwells gegenüber, die ziemlich angespannt waren. Es war kaum möglich, dass er keine Ahnung hatte, wer wir waren und was wir in dieser Stadt zu sagen hatten. Jess wirkte zwar auf den ersten Blick wie der lockere Surfertyp, aber was er sich in den letzten zehn Jahren mit seinen Restaurants, Clubs und Bars aufgebaut hatte, war nicht weniger als ein Imperium. Und was man sich über mich erzählte, hatte er sicherlich auch schon gehört. Er wollte bestimmt keinen Stress mit uns.

»Es gibt garantiert eine harmlose Erklärung für den Abbruch des Kontakts.« Er lächelte ein wenig zittrig.

»Dann ist das schon häufiger vorgekommen?«, hakte ich nach. Adrian hatte mir diese Frage schließlich nicht beantworten können.

»Selten, aber ja. Manchmal schaltet der Pilot den Transponder versehentlich aus und dann gibt es keine Verfolgung.«

Jess gab einen unwilligen Ton von sich. »Das erklärt aber sicher nicht, warum sie schon vor mehr als drei Stunden hätten zurück sein müssen, oder?«

»Nein.« Walker trat hinter den Tresen und griff nach dem Telefon. »Aber ich kümmere mich sofort darum, es herauszufinden. Ich verspreche Ihnen, dass wir die Sache sehr bald geklärt haben.«

Seine fahrigen Bewegungen widersprachen seinen zuversichtlichen Worten und ich war sicher nicht der Einzige, der das wahrnahm. Mein Bruder war empathisch genug, um zu wissen, dass seine Sorgen berechtigt waren, aber er sagte nichts, sondern nickte nur.

Buddy war wieder im Arbeitsmodus und ich bedeutete ihm, dass er damit aufhören konnte. Jess hatte zwar nach wie vor Angst, aber es war nicht die Aufgabe meines Hundes, ihn davon zu befreien.

»Alles gut, mein Junge. Es wird alles wieder gut.« Ich streichelte Buddy und er wedelte mit dem Schwanz, obwohl er immer noch spüren konnte, dass die Stimmung zum Zerreißen angespannt war. Walker telefonierte währenddessen in seinem Büro hinter einer Glasscheibe und ich beobachtete jede seiner Bewegungen, auf der Suche nach einem Hinweis, dass es Entwarnung gab. Seine Haltung blieb jedoch steif, sein Gesicht verhärtet, während er in das Telefon bellte und dann plötzlich sehr kleinlaut wurde. Ich ballte die Hände zu Fäusten, als ich sah, wie er blass wurde, und schaute zu Jess, der es nicht bemerkt hatte, sondern auf sein Handy starrte, als würde sich

Helena melden, wenn er nur fest genug daran glaubte. *Bitte mach, dass es nicht das ist, was ich glaube. Bitte mach, dass mit Helena und Lincoln alles in Ordnung ist.* Ich hatte nicht gewagt, danach zu fragen, ob Jess Penny Bescheid gegeben hatte. Wahrscheinlich nicht, sonst wäre Lincolns Frau längst hier gewesen, kranke Kinder hin oder her.

Walker telefonierte noch immer, sein blasses Gesicht wurde rot, offenbar bekam er eine Standpauke, die sich gewaschen hatte. War ein anderer Angehöriger am Telefon? Worum ging es hier?

Und dann kam endlich das erlösende Signal – herabfallende Schultern, Ausatmen, man sah förmlich, wie die Spannung aus seinem Körper wich. Er nickte noch einige Male, ich konnte ihm von den Lippen ablesen, wie er sich mehrfach bedankte, dann griff ich nach Jess' Arm, bevor Walker durch die Tür trat und auf uns zukam.

»Es ist alles in Ordnung«, sagte er. »Der Pilot musste wegen eines Elektronikproblems notlanden und hat dies dummerweise in einem Gebiet getan, in dem gerade eine militärische Übung abgehalten wurde. Die Soldaten haben den Transponder deaktiviert und die Handys der Mitfliegenden eingesammelt, bis Klarheit herrschte. Sie sind jetzt mit einem Wagen auf dem Weg hierher, da der Pilot noch einer Befragung unterzogen wird, bevor er zurückfliegen darf.«

»Oh, Gott sei Dank«, stießen mein Bruder und ich gleichzeitig aus, obwohl wir mit Gott trotz unserer biblischen Namen wirklich nie etwas am Hut gehabt hatten. Ich umarmte Jess und konnte seine Erleichterung körperlich spüren. Als er mich wieder aus seinem Griff entließ, waren seine Augen feucht.

»Ich glaube, das wird das erste Mal sein, dass ich Helena etwas verbiete.« Er wischte sich mit dem Ärmel seines Hoodies über das Gesicht. »Hubschrauberflüge sind ab sofort tabu.«

Ein Lachen entfuhr mir und es fühlte sich wie eine Befreiung an. »Ich bin mir sicher, dass sie davon selbst erst mal die Schnauze voll hat.«

Jess schnaubte, weil er vermutlich zu dem gleichen Schluss gekommen war.

»Weißt du eigentlich, warum ich mit dir auf die Farm fahren wollte?«, fragte er mich, als wir von einem sehr erleichterten Adrian einen Kaffee bekamen und uns wieder setzten, um auf die Rückkehr von Helena und Lincoln zu warten.

»Weil das Dach kaputt ist?« Ich grinste schief.

»Ja, das auch. Aber vor allem, weil ich dich dort in Ruhe fragen wollte, ob du mein Trauzeuge sein willst. Ich plane das mit dem Antrag ja schon länger und ich wollte vorher wissen, ob du an Bord bist.«

Seine Frage rührte und wunderte mich gleichermaßen. »Du willst wirklich *mich* dafür?« Lieber ging ich auf Nummer sicher.

»Natürlich? Wen denn sonst?«

Beinahe hätte ich gesagt, dass Thaz die naheliegendere Wahl wäre, vor allem wegen unserer Entfremdung in den letzten Jahren. Aber ich wusste, woher seine Frage rührte – Adam hatte ihn darum bitten wollen, sein Trauzeuge zu sein, damals vor der Hochzeit mit Valerie, und sich nicht getraut, weil er geglaubt hatte, Jess würde ablehnen. Der wollte nun nicht den gleichen Fehler machen und damit etwas heraufbeschwören, das wir beide vielleicht eines Tages bereuten. Das war jedoch nicht der Grund, warum ich nickte.

»Ich wäre wirklich gern dein Trauzeuge«, sagte ich und meine Stimme klang etwas belegt. »Aber bitte, frag sie nicht hier, sonst wird dir das ewig nachhängen.«

Jess grinste. »War das dein erster Rat als mein *best man?*«

»Oh ja. Und glaub mir, es war sicher nicht mein letzter.« Das wäre ein guter Moment gewesen, um ihm zu sagen, dass Helena und er sich in der nächsten Zeit eventuell Personenschutz zulegen sollten. Aber vielleicht war das jetzt nicht so dringend. Die Notlandung des Helis schien nichts mit Grant zu tun zu haben und ich konnte den beiden wenigstens diese eine Nacht gönnen, bevor ich ihnen von dem erzählte, was ich im Begriff war, zu tun.

»Ich freu mich drauf«, sagte Jess und lächelte.

Ein Wagen hielt vor dem Gebäude und er sprang auf, war so schnell hinausgelaufen, dass Buddy vor Verwirrung kurz wuffte. Dann schloss er Helena draußen in die Arme – und sie waren nicht die Einzigen, die Tränen in den Augen hatten, als sie einander wieder losließen. Helena küsste Jess, er küsste sie und dann umarmten sie sich erneut. Sie wussten genau, wie es sich anfühlte, Angst um jemanden zu haben, weil er einem die Welt bedeutete.

Ich stand hinter dem Glas im Inneren, sah hinaus und freute mich aufrichtig für sie, ohne zu wissen, ob ich jemals etwas haben würde, das auch nur annähernd so echt und wahrhaftig war wie das, was die beiden verband. Nur war der Unterschied zu den letzten Jahren der, dass ich es mir nun wünschte. Dass ich mir wünschte, ich würde eines Tages in der Lage sein, mein Herz auf diese Art zu öffnen.

Dieser Wunsch brachte mich dazu, mein Telefon aus der Hosentasche zu ziehen und den Chat mit Felicity aufzurufen. Die letzte Nachricht war ewig her.

Bist du okay?, schrieb ich, ohne Rücksicht darauf, ob Grant vielleicht ihr Handy überwachte. Ich musste es wissen. Ich musste einfach.

Ich bin in Ordnung, es hat funktioniert, antwortete sie nur eine halbe Minute später. *Was ist mit dir?*

Ich wollte schon ein lapidares *Alles gut* zurückschreiben, aber es wäre nicht ehrlich gewesen und Felicity verdiente meine Ehrlichkeit nach der großen Lüge mit Matilda. *Jess hatte ein Problem, das hat mich abgelenkt. Schlafen werde ich wohl trotzdem nicht.*

Wir sollten es wenigstens versuchen.

Ein Lächeln stahl sich auf mein Gesicht und ich schickte ein *Schlaf gut, Fairytale* zurück, weil ich gerade zu nah an der Mauer zu meinen Gefühlen stand, um es nicht zu tun.

»Elijah.« Helena kam herein und ich steckte schnell mein Handy weg. Sie sah ein bisschen zerzaust aus, aber ansonsten war sie vollkommen unversehrt.

»Ich bin froh, dass es dir gut geht«, murmelte ich, während ich sie an mich drückte.

»Danke, dass du für Jess da warst«, antwortete sie und strich mir über die Wange, nachdem sie sich aus der Umarmung gelöst hatte. Dann streichelte sie Buddy, der sie begrüßte, als hätte er sie Jahre nicht gesehen.

»Jess hat noch sehr viele Male gut.« Ich lächelte leicht. Wie oft hatte mich mein Bruder gerettet, wenn ich vor Angst nicht einmal mehr gewusst hatte, wo ich mich eigentlich befand? Da war das hier und heute wirklich das Mindeste, mit dem ich mich revanchieren konnte.

»Wir wollen nach Hause, kommst du mit? Jess hat gesagt, dass dein Auto bei uns steht. Linc haben wir schon auf dem Weg hierher abgesetzt.«

»Ja, lass uns abhauen.« Ich hob die Hand in Richtung Adrian, der wohl leider nach der Sache heute seinen Job verlieren würde, und ging dann mit Helena und Buddy hinaus.

Auf der Fahrt zurück erzählte Helena, wie der Heli eine Fehlermeldung bekommen hatte und landen musste, wie die Army plötzlich vor ihnen gestanden hatte – und ich versuchte herauszuhören, ob Sabotage am Werk gewesen war. Aber sie war erst in letzter Minute für Penny eingesprungen, wie hätte Grant das wissen sollen? Und dass er Lincoln für ein lohnendes Ziel hielt, wenn er mich treffen wollte, glaubte ich nicht. Ich mochte Helenas Bruder sehr, wir hatten in der letzten Zeit jedoch nicht viel miteinander zu tun gehabt.

Als wir im Village vor ihrem Haus ankamen, fragte mich Jess, ob ich noch mit nach oben kommen würde, aber ich lehnte ab, weil ich mir vorstellen konnte, dass die beiden jetzt lieber ihre Ruhe wollten. Daher verabschiedete ich mich und stieg mit Buddy in meinen Wagen, um zu meiner Wohnung zu fahren.

Ich fühlte mich wie erschlagen, als ich dort ankam und in der Tiefgarage parkte, meinen Hund rausspringen ließ und zum Aufzug ging. Der Tag hatte mich vollkommen erschöpft, hatte mir jedes bisschen Energie entzogen und mich leer zurückgelassen. Trotzdem würde ich wahrscheinlich nicht schlafen können, genau wie ich es Felicity geschrieben hatte. Bei all den Gefahren, die momentan um mich herum lauerten, war es schwierig, die Augen zu schließen.

Mein Telefon meldete eine Nachricht, als ich bereits in meiner Wohnung war. Ich erwartete, noch einmal etwas von Felicity zu hören, vielleicht auch von Ezra, dem ich ein kurzes Danke geschickt hatte. Aber es war eine unbekannte Nummer und mein Körper spannte sich unwillkürlich an, bevor ich die Mitteilung öffnete.

Ich hoffe, der heutige Abend war dir eine Lehre.

Mehr stand da nicht. Kein Hinweis, ob damit doch Helena oder nur die Verfolgung meines Wagens gemeint war, aber möglicherweise ging es um beides. Es war ein Warnschuss. Hör auf, diese Sache weiterzuverfolgen, oder es wird dir leidtun.

Es hätte mich wütend machen sollen, aber dazu fehlte mir

nach dem Besuch bei den Goldsteens, der Zeit mit Felicity und der Sorge um Helena einfach die Kraft. Ich sank auf mein Sofa, verbarg mein Gesicht in den Händen und die Tränen kamen, ohne dass ich es verhindern konnte. Es war nicht in erster Linie Angst, die mich in diesem Augenblick quälte und mich weinen ließ, es waren Verzweiflung und Hoffnungslosigkeit. War ich diesem Kampf wirklich gewachsen?

Wie viel würde von mir übrig bleiben, wenn ich ihn verlor?

Wie viel würde von mir übrig bleiben, wenn ich ihn gewann?

26
Felicity

Ich schlief in dieser Nacht kaum, sondern wälzte mich permanent hin und her – und sobald ich mal in die Traumwelt abdriftete, war sie düster und beängstigend. Trotzdem stand ich am Morgen erst auf, nachdem ich sicher war, dass sich außer mir niemand mehr im Haus befand. Alyssa war in die Uni gefahren, die Haushälterin zu ihrem täglichen Einkauf und Grant war bereits um kurz nach sieben zur Arbeit gegangen – ich hatte durch das offene Fenster gehört, wie er mit Hugh gesprochen hatte, bevor sie losgefahren waren. Meine Schwester hatte einen Blick in das Gästezimmer geworfen, das auch nach dem Einbruch in die WG mein vorübergehendes Zuhause gewesen war. Ich hatte mich jedoch schlafend gestellt und sie war wieder verschwunden.

Kaum schlug die Haustür hinter Myra zu, schwang ich die Beine aus dem Bett, zog mir etwas über und ging zur Treppe. Während ich nämlich schlaflos an die Decke gestarrt hatte, war mir eine Idee gekommen. Das Arbeitszimmer von Grant lag im Erdgeschoss, dort hatte er mit Baker geredet. Und es war niemand im Haus, also konnte ich nachsehen, ob ich in den Aktenschränken oder auf dem Computer Beweise für seine Taten fand. Ich ging nicht davon aus, dass er Zahlungsbelege für Elijahs Entführer ausgestellt und aufgehoben hatte, aber vielleicht gab es eine Verbindung zu der Bank, von der die Goldsteens gesprochen hatten. Einen Versuch war es wert, jetzt da ich ohnehin hier war. Und wenn ich etwas fand, das Elijah weiterhelfen konnte, würde er meinen Nutzen für diese Mission sicherlich erkennen.

Während ich nach unten lief, dachte ich daran, dass ich spätestens heute Abend in meine Wohnung zurückkehren musste, und spürte einen unangenehmen Druck im Magen. Es war zwar besser, als hier zu sein, aber mit dem Wissen, dass Grant mich dort mithilfe des Portiers überwachte, erschien es mir wie ein Gefängnis. Kurz erinnerte ich mich, dass Elijah meine Abneigung, nach Hause zu gehen, als subtile Aufforderung verstanden hatte. Das war nicht meine Absicht gewesen, schließlich war das zwischen uns pures Chaos, allerdings hätte ich mich sehr viel lieber in seiner Wohnung verkrochen als in meiner eigenen. Nur würde es dazu nicht kommen. Er hatte nicht einmal zugestimmt, dass ich ihm bei der Überführung von Grant helfen durfte, geschweige denn irgendetwas anderem.

Mein Smartphone zeigte dementsprechend auch keine Nachricht von ihm an, als ich es aus der Tasche nahm und entsperrte. Alyssa hatte mir geschrieben, ob es mir gut ging und ich mit ihr Mittagessen gehen wollte. Sonst war da nichts. Ich bemühte mich, nicht enttäuscht zu sein. Warum sollte Elijah sich bei mir melden, wir hatten uns doch erst gestern Abend noch gesehen und geschrieben. Ich würde ihm eine Nachricht schicken, wenn ich etwas gefunden hatte, und ihn damit überzeugen, mich mitmachen zu lassen. Einen Beweis, dass ich Zugriff auf Informationen hatte, die ihm verwehrt blieben.

Ich überprüfte in Küche und Wohnzimmer, ob sich wirklich niemand im Haus aufhielt. Anschließend ging ich durch den vorderen Flur zu der dunklen Holztür, hinter der sich Grants privates Arbeitszimmer befand. Ich war noch nie drin gewesen und wusste auch nicht, ob er es abschloss, aber als ich den Knauf drehte, ließ sich die Tür öffnen. Schnell schlüpfte ich hinein und schob sie bis auf einen schmalen Spalt wieder zu. Wenn Myra zurückkam, wollte ich das mitbekommen.

Der Schreibtisch war penibel aufgeräumt, keine Unterlagen, nicht einmal ein Notizzettel lagen darauf. Einen Computer sah ich auch nicht, nur eine Docking-Station. Das fiel also schon mal flach, aber ich hätte eh nicht vermutet, dass ich sein Passwort erraten konnte. Blieben nur die beiden Aktenschränke an der Wand neben dem Fenster, die, wie ich durch kurzes Rütteln an den Türen feststellte, fest verschlossen waren.

Ich ging zum Tisch und zog die Schubladen auf, um den Schlüssel für die Schränke zu finden – in der Hoffnung, dass Grant ihn nicht wie seinen Laptop mitgenommen hatte. Und ich hatte Glück, unter einem Block mit dem Firmenlogo in der untersten Schublade entdeckte ich zwei kleine silberne Schlüssel, die mit einer Büroklammer zusammengehalten wurden. Noch einmal horchte ich in Richtung des Flurs, ob etwas zu hören war. Aber außer ein paar lärmenden Kindern draußen auf der Straße gab es kein Geräusch.

Die Tür des einen Schranks klemmte, aber mit ein bisschen Gewalt ging sie dann doch auf und die rollladenartige Fläche ließ sich nach unten schieben. Dahinter kamen mehrere Regalfächer und ein Hängeregister mit Aktenmappen zum Vorschein. Ich zog es heraus und schaute mir an, was auf den Reitern stand.

»Versicherungen privat, Arztunterlagen, Scheidung …«, murmelte ich vor mich hin und schob die Akten nach vorne, um zu denen weiter hinten zu kommen. Vielleicht hatte er irgendwelche Bankunterlagen hier, auch wenn diese Dokumente rein privater Natur zu sein schienen. Sissy hatte vermutlich etwas entdeckt, das mit der Firma zu tun hatte, nicht mit Grants persönlichem Vermögen.

Immerhin tauchte ein Ordner auf, der mit »Transaktionen« beschriftet war. Als ich ihn herauszog, fühlte er sich jedoch sehr leicht an, und der Inhalt war tatsächlich dürftig. Es waren nur wenige Seiten abgeheftet, einige Kontoauszüge und Belege über Zahlungen, die schon mehrere Jahre alt waren. Ganz hinten entdeckte ich jedoch ein Blatt, das mit einem Logo versehen war, bei dem es in meinem Hinterkopf klingelte. *Sallinger Private Bank* stand dort, darunter eine Adresse in Manhattan. War das nicht die Bank, für die Sissy Goldsteen gearbeitet hatte? Ihre Eltern hatten es erwähnt, da war ich mir sicher.

Schnell machte ich ein paar Fotos von dem Dokument, das eine kurze Liste von Transaktionen vor etwa zehn Jahren zeigte, an Empfänger, deren Namen mir momentan nichts sagten. Ich konnte später nachschauen, wer sich dahinter verbarg, aber immerhin hatten wir jetzt den Beweis, dass Grant ein Konto bei der Bank gehabt hatte. Das war ein Anfang.

Ich hängte die Mappe wieder weg und sah die anderen durch, aber am Ende waren da nur noch drei, kryptisch beschriftet mit A., R., und F. Ich kam nicht direkt darauf, was diese Abkürzungen zu bedeuten hatten, bis ich die erste herauszog, aufschlug und mir ein Foto von Wade ins Auge fiel. Er saß mit meiner Schwester in einem Café und beide tranken einen Kaffee. Ich spürte, wie sich meine Schultern verspannten. Hatte ich nicht vor einer Weile gefragt, ob Grant einer von der Sorte war, der seine Kinder beschattete? Er hatte mir eiskalt ins Gesicht gelogen. Denn hier war der Beweis, dass er es doch tat. Dass er Buch führte über seine Töchter.

A. Alyssa.

R. Rosalie.

F. Felicity.

Mit heftig hämmerndem Herzen nahm ich die letzte Akte heraus. Ein Teil von mir wollte sie gar nicht öffnen, wollte die Beweise dafür gar nicht sehen, dass er mich ausspioniert hatte, uns alle. Aber dann tat ich es doch, hob den papiernen Deckel an. Und schaute in mein eigenes Gesicht.

Es handelte sich um einen ganzen Stapel von Fotos, die lose zwischen die Aktendeckel gepackt worden waren – von Alec und mir bei einer Ausstellung, von Daisy und mir beim Lunch und von Elijah und mir mit Buddy im Central und Washington Square Park. Es gab sogar welche davon, wie ich gemeinsam mit den Eastie Boys die Limousine verließ, um in den Rooftop Club zu gehen, und eins, wie ich mit Elijah zusammen herauskam und wieder einstieg. Ich war atemlos vor Wut, aber sie wandelte sich zu Entsetzen, als ich ein verschwommenes Bild erkannte, das auf der Straße in der Dunkelheit aufgenommen worden war. Es zeigte mich, wie ich vor dem Eingang meiner WG stand, zusammen mit einem Mann mit einer Marke des NYPD an seinem Gürtel. Das war der Abend des Einbruchs gewesen. Hatte mein Vater auch damit etwas zu tun? War das seine Methode gewesen, um mich besser unter Kontrolle zu bringen, weil ich mich zuvor geweigert hatte, in eines seiner Apartments zu ziehen?

Ein Geräusch durchbrach meine schockierte Starre, jemand kam zur Haustür herein. In Windeseile hängte ich die Akte wieder in den Schrank und riss an dem Rollladen, um ihn zuzuziehen, drehte den Schlüssel und zog ihn ab, steckte beide in die Tasche.

Keine Sekunde zu früh.

Denn in der nächsten schob ausgerechnet Rosalie die Tür zum Arbeitszimmer auf.

»Was machst *du* denn hier?« Sie verschränkte die Arme und musterte mich noch ablehnender als sonst. »Niemand darf dieses Zimmer betreten, das ist Gesetz, seit wir klein sind. Hat Dad dir das nicht gesagt?«

Fuck. Ich war absolut sicher gewesen, dass keiner aus der Familie tagsüber herkam, weil unser Vater von einem ganztägigen Termin in der Firma gesprochen hatte und Alyssa bis abends in der Uni war. An Rosalie hatte ich allerdings nicht gedacht, schließlich wohnte sie nicht hier und ich hatte auch nicht erwartet, dass sie auftauchte, wenn das Haus leer war.

»Ich …« Jetzt musste ich zeigen, dass Elijahs Schnellkurs etwas gebracht hatte und ich nicht mehr die schlechteste Lügnerin der Welt war. »Ich habe den Ersatzschlüssel für meine Wohnung gesucht. Dad hat gesagt, er wäre hier.« Schnell griff ich hinter dem Rücken in der Hosentasche nach meinem eigenen Schlüssel, hielt ihn zum Beweis hoch und bedankte mich bei mir selbst im Nachhinein dafür, dass ich ihn nie an meinem Bund befestigt hatte. Ich hatte immer gedacht, ich würde eh bald wieder ausziehen und es würde sich nicht lohnen. Daher war es ein einzelner Schlüssel an einem neutralen Anhänger der Firma, der mit einer Nummer versehen war.

»Warum brauchst du einen Ersatzschlüssel?« Rosalie warf nur einen kurzen Blick auf das Objekt des Anstoßes in meiner Hand und kam dann einen Schritt näher. In ihrem schmal geschnittenen schwarzen Blazer sah sie aus wie vom FBI und ich fühlte mich wie bei einem Verhör.

Kurz überfiel mich die wahnwitzige Idee, ihr die Wahrheit zu sagen – was Grant Elijah und dieser armen Frau angetan hatte. Aber das war absurd, ich kannte Rosalie und wusste, ich hätte sie nie überzeugen können. Ihre Liebe zu Grant drückte sich in dem übereifrigen Wunsch aus, ihm ihren Wert zu beweisen. Sie würde mir nie glauben, sondern ihm alles erzählen.

Und damit den ganzen Plan zunichtemachen. Selbst wenn ich ihr sagte, dass es Akten über uns gab, würde sie sich wohl kaum auf meine Seite schlagen. Vielleicht hielt sie es sogar für normal, dass er uns auf diese Art überwachte.

»Ich habe *meinen* Schlüssel in L.A. vergessen«, antwortete ich und schickte einen kleinen, etwas verlegenen Lacher hinterher. Besser sie hielt mich für dämlich als für eine Spionin.

»Vergessen? Ist das dein Ernst?«

Ich hielt die Luft an und Rosalies Blick stand, mit sanftem Fokus. Was hatte Elijah gesagt? Wenn man zu sehr starrte, wirkte das verdächtig, aber richtig ausweichen ging auch nicht. Also schaute ich ihr weiterhin in die Augen.

»Das passt zu dir«, sagte sie schließlich abfällig und ihr Blick wanderte kurz Richtung Decke. »Vielleicht solltest du den Zweitschlüssel beim Portier deines Hauses hinterlegen, dann musst du nicht extra an die West Side fahren, wenn das noch mal passiert.«

»Gute Idee.« Ich bemühte mich, nicht zu offensichtlich erleichtert auszuatmen. »Dann verschwinde ich mal. Ich muss zur Arbeit und vorher noch in die Wohnung.«

Ich ging an ihr vorbei und war schon auf dem halben Weg aus dem Zimmer, da hielt sie mich doch noch auf.

»Moment mal.«

Ich wäre gern einfach weitergelaufen, aber das wäre verdächtig gewesen, also blieb ich stehen und drehte mich um, hoffentlich einen genervten und keinen verschreckten Ausdruck auf dem Gesicht.

»Was ist denn? Rosalie, ich muss wirklich los.«

»Der Aktenschrank. Er ist nicht richtig zu, warum?«

Ich schluckte, als ich bemerkte, dass der Verschluss auf einer Seite nicht ganz eingerastet war. Am besten wagte ich die Flucht nach vorne.

»Woher soll ich das denn wissen?«, maulte ich sie an. »Ich war nicht an seinen Aktenschränken, ich habe nur den Zweitschlüssel gesucht.« Wieder klimperte ich damit, um sie daran zu erinnern, dass ich ihr nicht weiterhelfen konnte. Dabei stachen mir die kleinen Schlüssel für die Schränke in meiner Hosentasche ins Bein. Wie ich sie später wieder an ihren Platz legen sollte, wusste ich nicht, aber mir würde hoffentlich etwas einfallen.

»Gut, dann mache ich ihn lieber richtig zu. Das Hauspersonal ist manchmal so was von neugierig.« Rosalie verdrehte erneut die Augen und zog am Griff des Schranks, aber da er verriegelt war, bewegte sich die Tür keinen Millimeter.

»Soll ich dir helfen?«, fragte ich, obwohl ich nur zu gerne die Flucht ergriffen hätte. Mein Herz pochte in meinem gesamten Körper, weil es genau wusste, wie knapp das gewesen war. Wie knapp es immer noch war.

»Er ist abgeschlossen.« Sie schüttelte den Kopf, ohne auf mein Angebot einzugehen. Dann schritt sie zum Schreibtisch und zog eine Schublade auf.

Mist. Was, wenn sie feststellte, dass die Schlüssel verschwunden waren?

»Dafür, dass du hier nicht reindarfst, kennst du dich aber gut aus.« Ich zog ebenfalls eine Schublade auf und ließ möglichst unauffällig die Schlüssel hineinfallen. Jede Taschendiebin hätte sich über meinen plumpen Versuch totgelacht, aber meine Halbschwester hob gerade einige Umschläge hoch und bemerkte es zum Glück nicht.

»Seit ich erwachsen bin, durfte ich öfter Unterlagen aus seinem Arbeitszimmer holen. Aber an diese Schränke geht niemand dran, wenn er nicht dabei ist, sie sind heilig.«

Ja, und ich kann mir denken, warum. Damit du nicht siehst, dass er eine ganze Akte über dich hat. In die von Rosalie hatte ich nicht hineingesehen, aber ich konnte mir vorstellen, dass darin vor allem Fotos von ihr am Schreibtisch lagen. Ich hatte nicht ein einziges Mal mitbekommen, dass sie so etwas wie Spaß hatte. Und sie traf sich auch mit niemandem, das hatte Alyssa mir erzählt.

»Hier, sind das die Schlüssel?«, fragte ich maximal unschuldig und hielt sie hoch, nachdem ich sie aus der Schublade gefischt hatte.

»Ja.« Rosalie schnappte sie aus meiner Hand. »Komisch, normalerweise liegen die woanders.«

Sie öffnete den Schrank nur so weit, dass sie ihn richtig schließen konnte, und wieder beschlich mich der Drang, ihr zu sagen, was sich darin befand. Aber dann drehte sie den Schlüssel und legte ihn in die Schublade zurück, aus der ich ihn vorhin geholt hatte. Anschließend sah sie mich streng an.

»Und jetzt raus hier, du hast in diesem Zimmer nichts mehr verloren.«

Ich sparte mir eine Erwiderung, schließlich wollte ich selbst nichts lieber als zu verschwinden. Wir gingen gemeinsam aus dem Arbeitszimmer und ich steuerte die Treppe an, um meine Sachen zu holen. Je eher ich das Haus verließ, umso besser. Es gab einiges, über das ich nachdenken musste. Und einiges, das ich herausfinden wollte, aber das konnte ich nicht allein.

»Übrigens, Gratulation«, sagte meine Halbschwester spöttisch.

»Wozu?« Ich runzelte die Stirn.

»Na, zu deinem großen Fang. Alyssa hat mir geschrieben, dass sich zwischen dir und dem Bankier-Spross was anbahnt. Sie war ganz aus dem Häuschen deswegen. Wahrscheinlich träumt sie von einer Doppelhochzeit mit ihr und dem Feinkost-Erben.«

Ich musste lachen, weil ich froh war, dass sie über Alec und nicht mehr über meinen Ausflug ins Arbeitszimmer unseres Vaters reden wollte. Offenbar hatte sie meine Lügen akzeptiert und ich war fast stolz auf mich deswegen.

»Nur kein Neid«, gab ich daher gelassen zurück.

»Auf Alexis Wentworth Jr., diesen Schönling?« Sie schnaubte und warf ihre Haare über die Schulter, was leider nicht affektiert, sondern einfach nur umwerfend aussah. »Ich bitte dich. Weißt du nicht, was alle über ihn sagen? Er verliebt sich quasi jede Woche in eine andere. An deiner Stelle würde ich jedenfalls noch nicht das Aufgebot bestellen.«

»Vielen Dank für den Tipp. Dabei wollten wir doch eigentlich nächsten Monat heiraten.« Mir lag auf der Zunge, sie darauf hinzuweisen, dass Beziehungsratschläge von ihr wohl kaum auf Erfahrungswerten basieren konnten, schluckte den Satz aber runter. Gerade konnte ich keinen Streit gebrauchen. In erster Linie wollte ich verschwinden, also stieg ich die Treppe nach oben, wurde jedoch erneut von Rosalies Stimme gestoppt.

»Felicity?«, hielt sie mich ein weiteres Mal auf und erinnerte mich mit der Art, wie sie meinen Namen aussprach, auf gruselige Art an Grant. Denn plötzlich klang sie wieder sehr ernst und ich hoffte, dass ihr nicht doch noch eingefallen war, dass ich mich im Arbeitszimmer komisch verhalten hatte.

»Was ist?«, entgegnete ich, bereits auf der dritten Stufe. Es tat gut, in erhöhter Position zu stehen, wo ich mich ihr doch sonst nie richtig gewachsen fühlte.

»Wie geht es deiner Mom?«

Beinahe hätte ich mich umgedreht, um nachzuschauen, ob es hinter mir vielleicht jemanden mit meinem Namen gab, dessen Mutter Rosalie tatsächlich interessierte. Wieso fragte sie mich das?

»Ähm … ganz gut.« Mit Alec hatte ich im Detail besprochen, was ich sagen sollte, damit es plausibel rüberkam. »Es ist ein glatter Bruch, deswegen muss sie eine Weile einen Gips tragen, aber ansonsten ist alles okay.« Ich konnte es mir nicht verkneifen, nachzuhaken. »Warum willst du das wissen?«

»Nur so.« Sie wirkte ertappt. »Meine Mom hatte mal einen Autounfall und es ging ihr danach eine Weile nicht so gut, deswegen … Ach, ist auch egal, vergiss es. Ich muss wieder in die Firma, ich hatte nur meinen Schal hier vergessen.«

Bevor ich etwas erwidern konnte, war sie bereits zur Haustür hinaus und ließ mich verdattert zurück. Was war das denn für eine verkehrte Welt, in der Rosalie Grant Mitgefühl zeigte? Vielleicht war ich durch ein Portal gereist und nun in einer alternativen Dimension, in der dies möglich war. Anders konnte ich mir das kaum erklären.

Eilig ging ich ins Gästezimmer und schnappte mir meine Tasche, bevor ich ebenfalls das Haus verließ. Draußen lief ich ein paar Blocks zu Fuß, um mein Adrenalin abzubauen. Wenn Rosalie herausgefunden hätte, was ich mir angesehen hatte, wäre meine Mission gefährdet gewesen. Doch so hatte ich jetzt etwas in der Hand, um Elijah davon zu überzeugen, dass ich ein wertvolles Team-Mitglied für den Kampf gegen Grant war.

Ach, nur darum geht es? Die Stimme klang belustigt, aber ich konnte mich nicht so sehr selbst belügen, um mit Ja darauf zu antworten. Natürlich ging es hier nicht nur um die Sache mit meinem Vater. Da war auch Hoffnung. Die Hoffnung, dass aus Elijah und mir etwas werden konnte, sobald Grant hinter Gittern saß.

Denn wenn das geschah, musste Elijah keine Angst mehr haben, dass mir etwas passierte, und würde uns vielleicht endlich eine echte Chance geben. Schließlich waren das die Gründe, aus denen er Abstand genommen hatte, zumindest glaubte ich das nach dem gestrigen Tag. Das zwischen uns war besonders und er wusste das genauso gut wie ich, auch wenn er den Gedanken gerade nicht zulassen konnte. Zuerst mussten wir Grant zu Fall bringen.

Hoffentlich würde es nicht allzu lange dauern.

27
Elijah

Die Sallinger Private Bank war eines der elitärsten Geldinstitute der Stadt und dementsprechend gestalteten sich auch ihre Räumlichkeiten. Als ich den Eingangsbereich betrat, war da nicht wie in normalen Bankfilialen kaltes Licht und eine nüchterne Einrichtung, in der die Angestellten in schlecht sitzenden Anzügen Auszahlungen vornahmen. Nein, hier gab es Tiffany-Lampen, Walnussholz und Mitarbeiter, die hoffentlich genug verdienten, um sich ihre maßgefertigten Outfits leisten zu können. Ich war das gewohnt, schließlich waren auch wir Coldwells in so einer Bank Kunden, wenngleich einer anderen. Aber heute betrachtete ich all das aus einer neuen Perspektive, denn ich war nicht gekommen, um Geschäfte zu machen. Sissy Goldsteen hatte in dieser Bank gearbeitet. Und ich musste herausfinden, wieso Grant sie hatte töten lassen – ohne tatsächlich zu verraten, was ich wissen wollte. Zu groß war das Risiko, dass einer der Leute hier ihm Bescheid sagen würde, dass ich nach ihr gefragt hatte. Schließlich musste es einen Verräter in diesen Reihen geben. Sonst wäre sie nicht gestorben.

Ich ging zu dem Schreibtisch, der rechts von mir stand und an dem eine junge Frau saß, deren Schild sie als Assistentin des Mannes auswies, mit dem ich einen Termin hatte. Er war

Sissys Chef gewesen, als sie ihr Praktikum gemacht hatte, also musste er wissen, was sie entdeckt hatte.

»Mr Coldwell, es tut mir so leid«, sagte die Assistentin mit zerknirschtem Blick, als sie mich erkannte. »Aber Mr Carpenter hat sich kurzfristig krankgemeldet. Wir hatten keine Zeit, Sie zu informieren.«

»Krankgemeldet?«, wiederholte ich. »Wann genau?«

Die Assistentin wich meinem forschenden Blick aus, strich sich eine nicht vorhandene Strähne aus dem Gesicht und schaute nervös zu ihrem Computer. »Er war in der Mittagspause und hat sich danach nicht wohlgefühlt.«

»Lassen Sie mich raten – vor der Pause ging es ihm bestens?«

Erneut sah sie mich nicht an und ich atmete aus. Es war verständlich, dass sie ihren Chef nicht verraten wollte. »Schon okay. Das reicht mir als Antwort. Dann werde ich wieder gehen.«

Die Frau hielt mich auf. »Sie könnten stattdessen mit Mrs Halliwell sprechen. Sie ist die Stellvertreterin von Mr Carpenter und kann Ihnen sicherlich weiterhelfen.«

»Das glaube ich eher nicht.« Ich lächelte leicht. Der Name sagte mir nichts, also stand er nicht auf der Angestelltenliste aus der Zeit von Sissys Praktikum, die mir Archie besorgt hatte. Demnach war Mrs Halliwell damals noch nicht hier gewesen. »Aber danke für das Angebot.« Wenn ich jetzt zwei Stunden durch ein Beratungsgespräch mit einer Kollegin blockiert wurde, konnte ich nicht tun, was ich stattdessen vorhatte.

»Möchten Sie einen neuen Termin vereinbaren?«, fragte die Assistentin zögerlich, obwohl sie erleichtert zu sein schien, dass ich mich verabschiedet hatte. Wahrscheinlich war es die Angst um ihren Job, die sie zu der Frage brachte. Einen Coldwell zu verärgern war schließlich keine gute Idee.

»Nein. Wir wissen beide, dass Mr Carpenter sich dann vermutlich auch nicht wohlfühlen wird.« Ich nickte ihr zu, dann verließ ich die Bank und trat auf die Straße.

War Carpenter bei der Nennung meines Namens hellhörig geworden? Hatte Grant ihn gewarnt, dass ich auftauchen würde? Warum sonst hätte er fluchtartig seinen Arbeitsplatz verlassen sollen, kaum dass er von meinem Termin erfahren hatte? Ich musste ihn sprechen, um abschätzen zu können, wie viel Grant wusste. Also würde ich Carpenter auftreiben, wo immer er gerade war.

Archie war bei seiner Recherche trotz der knappen Zeit gründlich gewesen, daher wusste ich nicht nur, wo Carpenter wohnte, sondern auch, dass er Mitglied im berüchtigten 405 House war, einem Social Member Club von vor dem Krieg, der keine weiblichen Mitglieder aufnahm und dafür bekannt war, einen eigenen Kokain-Dealer zu beschäftigen. Wenn Carpenter irgendwo untergekrochen war, dann sicher dort und nicht zu Hause bei seiner Frau.

Ich stieg in Franks Wagen, der direkt an der Straße parkte, und begrüßte Buddy, der brav auf dem Rücksitz wartete. Er war vor diesem Termin mit mir in der Firma gewesen und hatte sich dort sehr viel nützlicher gemacht als ich. Es fiel mir unendlich schwer, mich auf irgendetwas zu konzentrieren, das nicht mit dem Fall zu tun hatte. Von der Vorstandssitzung – der ersten seit mehreren Monaten, an der ich teilgenommen hatte – war mir rein gar nichts in Erinnerung geblieben. Und natürlich hatte Mom gemerkt, dass ich ständig mit den Gedanken abgeschweift war, aber als sie mich darauf angesprochen hatte, war ich mit dem Hinweis auf den Termin mit der Bank vor ihr geflüchtet. Wenn ich Grant nicht bald ans Messer liefern konnte, würde ich ein Problem mit ihr bekommen, das war sicher.

Vor dem 405 House ließ ich Buddy wieder bei Frank und ging durch die Vordertür hinein. Der Geruch von Zigarren und längst vergangenen Wertevorstellungen schlug mir entgegen. Statt mich anzumelden, machte ich mich gleich auf die Suche nach Carpenter und fand ihn dank Archies Nachforschungen und den entsprechenden Fotos ohne Probleme in einem der kleineren Räume. Er saß in einem Sessel in der Ecke, vor sich ein halb leeres Glas mit klarer Flüssigkeit. Nervös nestelte er am Saum seines Jacketts herum und schaute immer wieder auf sein Handy. Offenbar hatte er Angst. Die Frage war nur – vor mir oder vor Grant?

»Mr Carpenter, wie schön, Sie doch noch zu treffen.« Der Sarkasmus in meiner Stimme war deutlich zu hören.

Der Mann schaute auf und erschrak. Offenbar wusste er, wer ich war, obwohl wir uns nicht persönlich kannten.

»Mr Coldwell, woher …?« Der Rest des Satzes blieb ihm in seinem trockenen Hals stecken und er griff nach dem Glas vor sich, trank es in einem Zug leer.

»Es war nicht allzu schwer, Sie zu finden. Darf ich mich setzen?« Ich lächelte kühl und nahm auf dem Sessel gegenüber Platz, ohne seine Erlaubnis abzuwarten.

»Ich finde das s-sehr unangebracht«, stotterte Carpenter. »Ihnen wurde doch sicherlich gesagt, dass ich unseren Termin leider absagen musste, weil ich mich nicht wohlfühle.«

Ich lachte leise auf. »Wollen Sie mich für dumm verkaufen? Wenn ich mich nicht wohlfühle, dann gehe ich nach Hause ins Bett und nicht in meinen Privatclub. Oder gibt es hier eine medizinische Versorgung, von der ich nichts weiß? Angesichts des Durchschnittsalters wäre das sicher ein lohnendes Konzept.«

Carpenters Adamsapfel bewegte sich auf eine Art, mit der er im Zirkus hätte auftreten könnten. »Was wollen Sie von mir?«

»Was glauben Sie denn, was ich will? Irgendeine Idee müssen Sie schließlich haben, sonst wären Sie bestimmt nicht hierher geflüchtet, sobald man ihnen gesagt hat, dass ich einen Termin mit Ihnen vereinbart habe.«

Der Mann hob die Hand, als wollte er nach der Kellnerin winken, aber dann ließ er sie wieder kraftlos sinken. »Ich kann nicht mit Ihnen reden«, sagte er leise. »Bitte gehen Sie, sonst bekomme ich große Probleme.«

Ich blieb, wo ich war, musterte ihn mit aller Härte, die ich aufbringen konnte. Er war vermutlich für Sissys Tod mit verantwortlich, genau wie für meine Entführung. Er verdiente kein Mitgefühl. »Was glauben Sie, wer Ihnen mehr Probleme in dieser Stadt machen kann? Harrison Grant oder der Sohn von Trish Coldwell?«

Wieder schluckte er nervös. »Mir ist bewusst, wer Sie sind. Aber ich kann nicht. Sie wissen nicht, wie er ist. Wozu er in der Lage ist.«

»Ich weiß zumindest, dass er *tötet*, um seine Geheimnisse zu schützen. Und Sie haben ihm den entscheidenden Hinweis dafür gegeben, nehme ich an.«

»Töten?« Carpenter trat binnen kürzester Zeit Schweiß auf die Stirn. »Was meinen Sie mit töten?«

»Das wissen Sie nicht? So, wie Sie hier sitzen und sich vor mir verstecken, sollte man annehmen, Sie wären im Bilde. Über Sissy Goldsteen.« Ihren Namen zu nennen war gefährlich, aber ab diesem Punkt hatte ich nichts mehr zu verlieren. Ich würde Carpenter entweder größere Angst machen müssen als Grant – oder ihm etwas anbieten, damit er die Klappe hielt. Der weitere Fortgang des Gesprächs würde zeigen, welche der beiden Alternativen die bessere Wahl war.

»Sissy Goldsteen? Sie hat ein Praktikum bei uns gemacht und …« Er brach den Satz selbst ab, als wäre ihm aufgegangen, warum ich die junge Frau ins Spiel gebracht hatte.

»Sie hat etwas gefunden, richtig?«, hakte ich ein. Wenn ich ihn mit dieser Frage überrumpelte, antwortete er vielleicht darauf. »Sie muss etwas entdeckt haben, als Sie bei Ihnen gearbeitet hat. Was war es?«

Carpenter tupfte sich die Glatze mit einem Stofftaschentuch ab. »Es war eine Unregelmäßigkeit, sonst nichts. Keine große Sache.«

»Aber Sie haben sie an Grant weitergegeben.« Es brauchte nicht viel Kombinationsgabe, um auf diese Schlussfolgerung zu kommen. Ich hatte mir gedacht, dass er daran beteiligt gewesen war. Und dass Grant ihn vorab gewarnt hatte, dass er mir nichts verraten dürfe, wenn ich bei ihm auftauchte.

»Bitte, Sir. Sagen Sie mir, was mit ihr passiert ist.« Carpenter klang flehend und ich verstand, dass er gar keine Ahnung hatte, was gespielt wurde.

»Das werde ich, aber erst, wenn Sie mir meine Frage beantworten. Was haben Sie Grant gesagt, als Sissy zu Ihnen kam?«

»Mr Grant und ich hatten damals eine Vereinbarung, solange er bei uns Kunde war. Wenn jemand aus meinem Team eine Unregelmäßigkeit findet, sage ich ihm Bescheid und er lässt das Problem verschwinden.« Er schüttelte den Kopf, eindeutig verzweifelt. Blässe überzog seine Haut. »Ich hatte keine Ahnung, dass er sie töten würde! Ich dachte, er hat ihr einen Haufen Geld gegeben und sie ist damit an irgendeinen schönen Ort verschwunden.«

Ich unterdrückte ein Schnauben. Wie naiv konnte man sein? »Nun, jetzt wissen Sie es. Also tun Sie das Richtige und sagen Sie mir, was für eine Unregelmäßigkeit das war.«

Ein Moment herrschte Stille.

»Er hat Geld gewaschen.« Carpenter gab auf. »Regelmäßige Einzahlungen bei uns auf das Konto einer Firma, die das Geld legal für Waren und Material ausgegeben hat. Sissy hat bemerkt, dass diese Einzahlungen einem Schema folgten – wie immer sie das erkannt hat, es wirkte alles völlig zufällig und die Software hat keine Auffälligkeit gemeldet. Aber sie hat es gesehen. Sie war eine brillante junge Frau.«

»Die sterben musste, weil Sie Grant von ihrer Entdeckung erzählt haben«, sagte ich schlicht, meine Wut dank jahrelanger Übung perfekt unter Kontrolle. Ich erwähnte mit keinem Wort mein Schicksal, das dem Tod von Sissy nachgefolgt war. Das ging Carpenter nichts an.

»Davon hatte ich doch keine Ahnung! Und er hatte mich in der Hand. Ich hatte gespielt, ich … Der Collegefonds meiner Kinder war weg, meine Frau hätte mich auf der Stelle verlassen und ich dachte … ich dachte, er würde Sissy bestechen, sonst nichts.«

Aber das hatte er nicht getan. Er hatte sie getötet und danach mich entführt, weil ich den Mord mit angesehen hatte.

»Was für eine Firma war das, für die er Geld gewaschen hat?« Ich musste bei der Sache bleiben, durfte mich nicht in meinen eigenen Erinnerungen verlieren. »Grant Industries?«

»Nein, die war es nicht. Ich habe allerdings keine Ahnung, welche. Er hat es mir nie verraten und das Geld kam bar und ging auf das Konto eines Unternehmens hier in New York, Franklin Constructions.«

Ich notierte mir den Namen mental und war froh, dass es immerhin einen Anhaltspunkt gab, von dem aus ich weitermachen konnte.

»Wann hat er Ihnen gesagt, dass ich eventuell auftauchen würde?« Mein eigenes Risiko und das meiner Familie und Freunde abzuschätzen, war ein wichtiger Punkt auf meiner Liste.

»Das hat er nicht. Nicht persönlich. Er hat einen seiner Leute geschickt, vor etwa einer Woche.« Also bevor ich in New

Orleans gewesen war, aber nachdem Baker bei ihm vor der Tür gestanden hatte. »Er rief mich an und sagte mir, dass ich vielleicht Besuch von Ihnen bekommen würde und dass ich Grant in dem Fall sofort kontaktieren sollte.«

Nun stieg doch Angst in mir hoch, die sich an meiner eisernen Mauer aus Kontrolle vorbeigeschlichen hatte. »Und, haben Sie das getan?«

»Nein.« Er schüttelte den Kopf. »Als mir meine Assistentin sagte, dass Sie einen Termin vereinbart hätten, bin ich geflüchtet, ohne mit irgendjemandem zu reden. Ich wollte herkommen und … mir erst einmal Gedanken machen, wie es weitergehen soll.«

Also wusste Grant nichts davon, dass ich mit Carpenter einen Termin vereinbart hatte. Das war gut. Trotzdem durfte ich nicht länger damit warten, Jess, meine Mutter und meine Freunde darüber zu informieren, dass sie sich schützen mussten. Grant hatte zumindest eine Ahnung von meinem Plan. Und auch wenn ich hoffen wollte, dass er weiterhin nur mich im Visier hatte, durfte ich mich nicht darauf verlassen.

»Und wie soll es nun für Sie weitergehen?«, fragte ich.

»Ich muss aus New York verschwinden, Mr Coldwell.« Carpenters Hände kneteten die Armlehnen des Ledersessels. »Wenn er rausfindet, dass ich mit Ihnen gesprochen und alles verraten habe, wird er mit mir das Gleiche machen wie mit Sissy.« Seine kleinen Augen wurden groß. Er hatte es längst aufgegeben, sich den Schweiß abzuwischen. »Meine Kinder sind schon eine Weile aus dem Haus, aber meine Frau und ich müssen die Stadt so schnell wie möglich verlassen. Das verstehen Sie doch, oder?«

»Sicher. Und ich kann es arrangieren. Aber vorher gehen Sie noch einmal an Ihren Arbeitsplatz und speichern für mich alle Unterlagen über die Konten von Harrison Grant, die Sie haben.« Ich zog einen USB-Stick mit ausreichend Speicherplatz aus der Innentasche meines Sakkos und gab ihn Carpenter. »Wenn Sie die Informationen haben, kommen Sie heute Abend um neun zum Teterboro Flughafen. Sobald ich den Stick in den Händen halte, können Sie und Ihre Frau ins Flugzeug steigen und zu einem selbst gewählten Ziel fliegen.«

»Das klingt fair. Ich werde es versuchen.« Er rappelte sich auf, wirkte jedoch, als könnten jeden Moment seine Beine unter ihm nachgeben. Ich konnte mir vorstellen, dass ihn das, was er von mir erfahren hatte, erschütterte – aber ich durfte jetzt auf keinen Fall mein Ziel aus den Augen verlieren.

»Sie tun das Richtige«, sagte ich, zu einem freundlichen Tonfall konnte ich mich trotz der Angst des Mannes jedoch nicht durchringen. Er hatte eine zwanzigjährige Studentin an jemanden verpfiffen, der im großen Stil Geld wusch. Was hatte er denn geglaubt, was passieren würde? »Wir sehen uns später. Aber wenn Sie Grant etwas von unserem Treffen verraten, werde ich Ihnen nicht helfen.«

Carpenter schnaubte und es klang verzweifelt. »Das Letzte, was ich möchte, ist Harrison Grant vor meiner Tür, glauben Sie mir. Ich werde dem Mann gar nichts sagen.«

Damit flüchtete er förmlich Richtung Ausgang. Auch ich stand auf, um den Club zu verlassen. Doch auf dem Weg nach draußen entdeckte ich ein bekanntes Gesicht. Ausgerechnet Yates saß in einem der Ledersessel, sein Smartphone in der Hand. Einen Moment lang wollte ich so tun, als hätte ich ihn nicht gesehen, aber da schaute er auf und erkannte mich. Für einige unangenehme Sekunden sahen wir einander an, dann gab ich mir einen Ruck und ging zu ihm.

»Hey Mann. Was tust du hier?« Der Club hatte einen Altersdurchschnitt von etwa sechzig, hierher kam man, wenn man ohne Konsequenzen über Demokraten und MeToo herziehen oder sich gegenseitig versichern wollte, dass die gute alte Zeit ja so viel besser gewesen war. Yates passte so wenig ins 405 House wie ein Eisbär in die Wüste.

»Das Gleiche könnte ich dich fragen. Oder vielleicht zuerst, wer du bist. Mein Freund jedenfalls nicht, den habe ich vor vier Monaten zuletzt gesehen.« Ein kühler Ausdruck trat in seine sonst sehr warmen braunen Augen. Möglicherweise sogar Wut. Ich musste zugeben, dass ich damit nicht gerechnet hatte. Natürlich hatte ich auch ihn verletzt, als ich einfach so verschwunden war, aber ich hätte nicht gedacht, dass er tatsächlich wütend auf mich sein würde.

»Okay.« Ich setzte mich ihm gegenüber. »Dass Ezra sauer ist, habe ich erwartet. Aber du?«

»Ich bin nicht sauer, Elijah. Sondern enttäuscht.« Yates musterte mich streng. »Wir wissen, dass du einen Grund hattest, den Kontakt zu uns abzubrechen – nur war es garantiert nicht der, dass du so beschäftigt damit warst, Matilda Hamilton zu vögeln. Wenn du ein Problem hast, dann komm zu uns und erzähl uns davon. Dafür sind Freunde da. Aber hau nicht ab, als würdest du uns nicht vertrauen.«

Seine Worte trafen mich heftig und ich musste zugeben, dass ich meine Freunde unterschätzt hatte. Ich hatte erwartet, sie würden die Geschichte mit Matilda schlucken – und dass ich damit in Bezug auf Ezra sogar zwei Fliegen mit einer Klappe schlagen konnte, weil er es mir nicht verzeihen würde, wenn ich etwas mit ihr anfing. Aber dass offenbar alle drei nicht geglaubt hatten, ich wäre tatsächlich an der Prinzessin interessiert, strafte meine angeblich so gute Menschenkenntnis ab.

»Es tut mir leid«, sprach ich das Erste aus, was mir in den Sinn kam. »Ich wollte euch da nicht mit reinziehen. Das Ganze ist gefährlich und sehr kompliziert.«

»Meine Mutter wird im nächsten Jahr vermutlich die erste Präsidentin der USA. Glaubst du, mein Leben wäre nicht gefährlich und kompliziert?« Yates schüttelte den Kopf und seine Enttäuschung war schlimmer als seine Wut. Ich hatte ihnen allen wehgetan und auch wenn mir Alec großzügig verziehen hatte – von Felicity ganz zu schweigen –, wurde mir in diesem Moment bewusst, dass meine Handlungen mit einem einfachen »Es tut mir leid« nicht aus der Welt zu schaffen waren.

Ich schluckte die Erklärung, dass es mir nur um ihrer aller Schutz gegangen war, herunter, denn sie würde ihn wohl kaum überzeugen. Stattdessen schwieg ich, bis er wieder etwas sagte.

»Es hat mit deiner Entführung zu tun, richtig?«

Schnell sah ich mich um, denn obwohl Yates seine Stimme bis auf ein Minimum gesenkt hatte, konnte es sein, dass jemand zuhörte. Die Bar des Clubs war jedoch weit genug entfernt und um diese Uhrzeit waren nicht viele Leute da. Lediglich zwei ältere Herren in dreiteiligen Maßanzügen beugten sich über ein Schachbrett und schienen ganz in das Spiel vertieft zu sein.

»Ja.« Mehr wagte ich nicht zu sagen.

»Kann man dir dabei helfen?« Er klang todernst und mir wurde klar, dass Yates mit mir Grant jagen und zur Strecke bringen würde, wenn ich ihn darum bat. Sie alle würden das tun und ich hatte sie behandelt, als würden sie mir nichts bedeuten.

Scham kroch in mir hoch. Ja, ich hatte sie schützen wollen. Aber damit hatte ich unsere Freundschaft verraten und das war nicht fair.

»Im Moment nicht«, sagte ich dennoch, weil ich gerade wirklich nicht wusste, wie er mir helfen konnte. »Aber da der Drahtzieher vielleicht auch die Menschen ins Visier nimmt, die mir wichtig sind, solltest du dich um deinen Schutz kümmern.«

»Dafür ist bereits gesorgt. Seit meine Mom Drohungen bekommen hat, habe ich einen Schatten namens Dan. Er ist ein Ex-Navy-Seal und da er mir höllisch auf die Nerven geht, ist er wohl wirklich gut in seinem Job.«

»Deine Mutter hat Drohungen erhalten?«, fragte ich. Es war eine gute Nachricht, dass zumindest Yates abgesichert war, aber ich wollte mir gar nicht vorstellen, wie es sich anfühlte, wenn die eigene Mutter auf diese Art angegriffen wurde. »Ernst zu nehmende?«

»Offenbar nimmt ihr Team sie ernst. Ich habe keine Ahnung, was da dran ist, schließlich bekommt sie jede Woche eine ganze Flut an misogynen und sexistischen Hassmails und -briefen. Das Traurige daran ist, es geht gar nicht um ihre Politik, sondern nur um ihr Geschlecht. Sie selbst winkt immer ab, sobald man sie darauf anspricht. Aber wenn ihre Leute Security für die Familie organisieren, scheint es nicht der übliche Mist zu sein.«

»Und du hast dir überlegt, dass dieser Laden der richtige Ort ist, um dich zu verstecken?« Das kam mir immer noch eigenartig vor.

»Nein. Ich bin hier, um etwas zu regeln.«

Ich konnte keine Offenheit von ihm erwarten, nachdem ich sie ihm verwehrt hatte, trotzdem fragte ich nach.

»Und was?« Etwas, für dass er seinen Navy Seal offenbar draußen gelassen hatte, denn er war nirgends zu sehen. Jemand mit militärischer Ausbildung wäre mir sofort aufgefallen, schließlich wurde ich seit Jahren von Frank gefahren.

»Ich wollte einen Kerl treffen, den meine Mom noch aus dem College kennt. Er droht damit, Material über sie in Umlauf zu bringen, wenn sie tatsächlich ihre Kandidatur verkündet.«

»Was für Material?« Offenbar war ich noch immer in meinem Verhörmodus.

»Einen Mitschnitt.«

Ich schaute ihn groß an. »Du meinst aber nicht … ein Sex-Video, oder?« *Oh Hilfe, Bilder in meinem Kopf, die ich nie sehen wollte.*

»Nein! Gott, nein, nicht so etwas. Es ist eine Rede, die sie bei einer Studentenparty gehalten hat, vor mehr als fünfundzwanzig Jahren. Er hat sie auf Band aufgenommen und will sie veröffentlichen. Offenbar hat meine Mom unter Alkoholeinfluss behauptet, die Demokraten wären alle Heuchler. Damals war mein Grandpa Senator in Florida und hat Deals mit Erdöltypen gemacht. Mom war zu der Zeit Klimaaktivistin und ziemlich auf Krawall gebürstet. Also hat sie auf ihn geschimpft, in kleiner Runde, nur unter ihren Freunden. Sie wusste nicht, dass es diese Tonaufnahme gibt, bis man sie ihr zugeschickt hat. Und nun muss sie Sorge haben, dass ihr alles um die Ohren fliegt, wenn der Typ das Band veröffentlicht.« Yates seufzte stumm und ich sah, wie sehr ihn das sorgte.

»Kümmert sich um so etwas nicht ihr Wahlkampfteam?« Normalerweise hatte eine Kandidatin wie Bridget Yates mindestens eine Person, die solche Bedrohungen im Keim erstickte, bevor die Öffentlichkeit davon Wind bekommen konnte. Irgendeinen harten Hund, der gerne im Dreck wühlte und kein Problem damit hatte, sich die Hände schmutzig zu machen.

»Sie hat denen noch nichts davon gesagt, weil sie erst selbst mit ihm sprechen wollte. Aber er weicht ihr aus, deswegen habe ich ihn unter falschem Namen hierher gelockt. So wie es aussieht, taucht er allerdings nicht auf. Unser Termin war bereits vor einer halben Stunde.«

Vielleicht war das ganz gut, denn ich konnte mir vorstellen, dass es alles nur schlimmer gemacht hätte, wenn Yates auf diesen Kerl getroffen wäre.

»Was wolltest du denn tun, ihn bestechen?«

»Nein, ich wollte … keine Ahnung, ihn zur Vernunft bringen.« Er hob die Schultern. »Mom hat Jahrzehnte hart dafür gearbeitet, heute genau dort zu stehen, wo sie ist. Ich will nicht, dass irgendeine Jugendsünde das zerstört.«

Ich lächelte leicht, weil das so gut zu Yates passte. Er war unerschütterlich loyal und obwohl es ihm selbst viel lieber gewesen wäre, wenn seine Mom nicht die erste Präsidentin des Landes wurde, unterstützte er sie ohne Zögern. Und gerade weil ich das wusste, hatte ich ihn aus meinen Problemen rausgehalten.

»Wieso bist *du* überhaupt hier?«, schien ihm dann wieder einzufallen. »Das 405 House ist ja nun auch nicht gerade deine Kragenweite.«

»Das stimmt, aber ich hatte hier etwas zu tun.« Und ich musste mich um Carpenters Ausreise kümmern, sobald ich wieder im Wagen war. Außerdem erwartete mich meine Mutter zu einem Meeting am Nachmittag und ich sollte endlich mit meinem Prof sprechen. Die Tage hatten momentan viel zu wenige Stunden und dass mein Schlaf auf der Strecke blieb, half auch nicht dabei, konzentriert zu bleiben.

»Du willst mir aber nicht sagen, was genau, oder?« Yates Blick wirkte resigniert und ich wollte ihm keine direkte Abfuhr erteilen.

»Nicht jetzt«, sagte ich und stand auf. »Aber wir sollten uns treffen. Die Jungs, meine ich. Sofern ihr damit einverstanden seid. Ich glaube, ich sollte euch zumindest erklären, warum ich weg war.«

»Wäre ein Anfang.« Yates zuckte mit den Schultern. »Ich bin dabei, aber für Ezra kann ich nicht sprechen. Alec und du habt doch schon wieder Kontakt, oder? Ich habe ihn vor ein paar Tagen nach dir gefragt und er hat so herumgedruckst, dass es klar war.«

Ich nickte. »Bei Ezra werde ich mich melden, dann machen wir etwas aus.« Schließlich musste ich sie eh bitten, sich abzusichern, und außerdem vermisste ich sie mehr, als ich je für möglich gehalten hätte. Manchmal nahm man Dinge – oder in diesem Fall Freunde – so lange für selbstverständlich, bis sie nicht länger da waren. Und dann merkte man, wie sehr sie einem fehlten.

»Gut.« Yates nickte. »Ich warte noch eine halbe Stunde. Vielleicht taucht der Typ ja noch auf.«

»Viel Erfolg. Ich hoffe, ihr könnt das klären.«

»Ja, ich auch.«

Wir lächelten beide, ein vorsichtiges Wiederaufnehmen unserer Freundschaft. Dann verließ ich den Club und machte mich auf zu meinem Wagen, um alles für Carpenter in die Wege zu leiten.

28
Felicity

Als ich am späten Nachmittag die SVA betrat und den Kursraum meines Studiengangs ansteuerte, fühlte ich mich merkwürdig elektrisiert. Nachdem ich ins Arbeitszimmer meines Vaters eingebrochen war, war ich nur kurz in meiner Wohnung gewesen, um meine Tasche abzustellen, und dann eine ganze Weile ziellos in der Stadt umhergeirrt. Hatte eine Runde durch den Central Park gedreht, mir in der Magnolia Bakery ein sündhaft teures Croissant mit Schokofüllung gekauft und war dann, einem plötzlichen Impuls folgend, nach Bushwick gefahren. Ich war durch die Straßen gelaufen, hatte mir die Pieces des Kollektivs angesehen, die vielfältige Kunst auf mich wirken lassen – und irgendwo zwischen abstrakten Linien und beinahe fotorealistischen Bildern eine Entscheidung getroffen. Deswegen war ich jetzt hier. Weil ich nicht mehr länger warten konnte.

Zeke saß an dem Pult vorne im Raum und schaute auf einen Laptop. Er war allein, unser Kurs begann erst in zwanzig Minuten. Genug Zeit für mich, um das zu klären.

Ich klopfte an den Türrahmen und mein Dozent sah auf.

»Felicity«, sagte er überrascht. »Haben wir einen Termin?«

»Nein. Aber ich hatte gehofft, dass du trotzdem kurz Zeit für mich hast.«

»Natürlich. Komm rein.«

Ich tat, wie mir geheißen, und setzte mich auf einen Tisch in der ersten Reihe, atmete tief durch. Einfach geradeheraus, so hatte ich es schließlich immer schon gemacht und war damit gut gefahren.

»Ich bin hier, um dir mitzuteilen, dass ich das Studium abbrechen und die SVA verlassen werde.«

Zeke sah mich an und ich glaubte, einen Hauch Verunsicherung in seinem Blick zu erkennen. Dann schüttelte er leicht den Kopf. »Wenn ich dir das Gefühl gegeben habe, nicht gut genug zu sein, tut es mir leid. Ich bin streng, aber nur, weil ich das Beste aus euch herausholen möchte. Du hast eine Menge Talent, Felicity. Was dir noch fehlt, ist die eigene Stimme, aber daran können wir arbeiten.«

Ich war verwundert, dass er meine Entscheidung nicht einfach akzeptierte. Ich hatte nie den Eindruck gehabt, dass er mich mochte oder fördern wollte, vor allem im Verhältnis zu den anderen. Die meiste Zeit hatte er mir das Gefühl vermittelt, den Platz in seinem Studiengang nicht zu verdienen. Seine Reaktion auf meine Ankündigung schien nicht dazu zu passen.

»Es liegt nicht daran, dass ich glaube, untalentiert zu sein«, erklärte ich ihm. »Aber ich habe gemerkt, dass es mich nicht glücklich macht, unter Druck Kunst produzieren und sie jedem als wertvoll verkaufen zu müssen. Das nimmt mir meine Inspiration.«

Er nickte langsam. »Das verstehe ich. Mir ging es früher auch so, als ich zum ersten Mal breite Aufmerksamkeit bekommen habe. Plötzlich waren da Erwartungen, die ich erfüllen sollte, und für eine Weile hat mich jede Inspiration verlassen. Aber dann wurde mir bewusst, dass ich etwas zu erzählen habe und die Leute es hören sollten. Also habe ich den Druck zu etwas gemacht, das mich anspornt.«

So offen hatte er noch nie mit mir gesprochen und es war schade, dass es erst jetzt passierte, wo ich hier war, um das Ganze zu beenden.

»Siehst du und mich spornt es *nicht* an«, sagte ich. »Ich glaube, ich habe einfach nicht diese wichtigen Dinge zu erzählen, in mir sind nicht die politischen, gesellschaftskritischen Messages wie bei dir oder den anderen. Was ich mache, ist in erster Linie Unterhaltung. Damit fühle ich mich wohl. Außerdem habe ich in meiner Zeit in New York gemerkt, dass es etwas anderes gibt, das mir so viel Spaß macht, dass ich es lieber zu meinem Beruf machen will als die Kunst.« Mal abgesehen davon wollte ich keine weitere Minute von meinem Vater abhängig sein. Wenn ich mich dazu entschloss, Tourismus an der NYU oder in Los Angeles zu studieren, würde ich eine andere Möglichkeit finden, das Ganze zu finanzieren.

Jetzt erkannte ich Sorge in Zekes Augen.

»Du klingst nicht, als könnte ich dich noch umstimmen.« Er kratzte sich am Kinn. »Ich hoffe nur, dass uns dein Vater die Unterstützung dennoch nicht entziehen wird.«

Verwundert schaute ich ihn an. »Seine … Unterstützung?« Ich wusste nichts darüber, dass er ein Förderer der SVA war, nur von Stipendien für ein paar andere Kunstschulen in der Stadt, denen er regelmäßig Spenden zukommen ließ.

Zeke sah mich ertappt an. »Du wusstest nichts davon?«

»Wovon?« Das berühmte ungute Gefühl bahnte sich einen Weg durch meine Kehle Richtung Magen. Offenbar war es jetzt mein ständiger, unangenehmer Begleiter.

Er zögerte, aber gab sich dann einen sichtbaren Ruck. »Dein Vater fördert diesen Studiengang, und zwar mit einem erheblichen Geldbetrag. Ich dachte, das wüsstest du.«

Er musste nicht mehr sagen. Mein Magen füllte sich mit einer schweren, zähen Masse aus Verrat und Enttäuschung.

»Nein, ich hatte keine Ahnung. Heißt das, er hat Geld dafür bezahlt, dass ich hier studieren kann?«

Zeke schüttelte den Kopf. »So war das nicht«, beteuerte er. »Er hat sich erst bei uns gemeldet, nachdem du bereits die Zusage erhalten hattest. Ich würde niemanden nehmen, der oder die meine Ansprüche nicht erfüllt, das könnte ich nicht mit meinem Gewissen vereinbaren. Abgesehen davon, dass ich damit meinen guten Ruf riskieren würde. Dieser Studiengang ist mir wichtig. Und du wirst gemerkt haben, dass ich dich nicht bevorzuge, nur weil dein Vater meine Vision finanziell unterstützt.«

Nein, das konnte man nun wirklich nicht behaupten, es war jedoch sicherlich das Ziel meines Vaters gewesen, genau das zu erreichen. Noch vor zwei Wochen hätte mich das schockiert, aber nach allem, was ich nun wusste, überraschte es mich nicht. Er hatte sichergehen wollen, dass er die Kontrolle über meinen Werdegang behielt. Hatte er deswegen abgelehnt, dass ich die Uni und den Studiengang wechselte? Weil er seine Investition dann umsonst getätigt hatte?

»Hat er das denn nie von dir verlangt? Dass du mich bevorzugt behandelst?« Es war nahezu unmöglich, dass Grant bei diesen Zahlungen keine Hintergedanken gehabt hatte.

Zeke zögerte und das reichte mir als Antwort. Ich hatte keine Ahnung, was ich fühlen sollte – da waren Wut und Enttäuschung darüber, dass mein Vater nicht genug an mich geglaubt hatte, um sich rauszuhalten. Er musste sich gedacht haben, dass er lieber auf Nummer sicher ging, falls ich versagte und dann wieder aus der Stadt verschwinden wollte, um in Los Angeles etwas anderes zu machen. Er hatte an seinen Fäden gezogen, um nichts dem Zufall zu überlassen, und vermutlich sogar dafür gesorgt, dass ich in seinem Apartment wohnte statt in der WG. Er hatte mich die ganze Zeit manipuliert. Und ich hatte es nicht einmal bemerkt.

»Felicity? Ist alles okay?« Zeke klang, als befände er sich sehr weit weg. In meinem Kopf war nur meine eigene Stimme, die mir etwas zurief, immer und immer wieder. *Du musst mit Elijah reden.* Nicht, dass es an meiner Haltung zu Grant etwas änderte, was ich gerade erfahren hatte – auch vorher war ich mir zu hundert Prozent sicher gewesen, dass ich gegen ihn vorgehen musste. Aber nun wollte ich mehr denn je bei seiner Überführung helfen. Und ich brauchte jemanden, der mich davon abhielt, direkt zu Grant Industries zu fahren und meinem Vater ins Gesicht zu brüllen, dass ich Bescheid wusste.

Ich stand auf, nahm meine Tasche und sah Zeke an. »Wenn du Grant nichts von diesem Gespräch erzählst, dann kann ich vielleicht dafür sorgen, dass die Förderung bestehen bleibt.« Es war ein gänzlich leeres Versprechen, aber es kümmerte mich nicht. Mir war nur wichtig, dass mein Vater nichts von meinem Wissen über die Spende mitbekam. Daher musste ich ihm erst einmal verheimlichen, dass ich mein Studium geschmissen hatte.

Mein ehemaliger Dozent nickte nur, entschuldigte sich, ohne dass ich es kommentierte, und ich ging aus dem Raum. Auf dem Flur kamen mir ein paar meiner Kommilitonen entgegen und ich grüßte, war froh, dass niemand nachfragte, warum ich das Gebäude verließ, statt mit ihnen zum Unterricht zu gehen. Schnell lief ich die Treppen hinunter und nach draußen, sog die kühle Luft ein und drängte meine Tränen zurück. Mein ganzes Leben in New York fühlte sich gerade wie eine einzige Lüge an. Abgesehen von dem Job bei Helena … und meinen Gefühlen für Elijah.

Ich nahm mein Handy, wollte ihn anrufen, dann fiel mir jedoch ein, dass vielleicht mein Telefon überwacht wurde. Wenn Grant sogar Akten über uns hatte, was sollte ihn daran hindern, auch unsere Anrufe und Nachrichten zu verfolgen? Zwar hatte ich Elijah nach dem Angriff geschrieben und das konnte ich nicht mehr rückgängig machen, aber ab jetzt musste ich vorsichtiger sein.

Wahrscheinlich wäre ein Wegwerfhandy die richtige Wahl gewesen, allerdings wusste ich nicht, wo ich auf die Schnelle eins herbekommen sollte. Also sah ich mich vor der Hochschule um und entdeckte schließlich ein Mädchen, das ich in der Einführungswoche kennengelernt hatte.

»Hey«, sprach ich sie an. »Felicity, weißt du noch? Von der Führung.« Ich hatte keine Ahnung mehr, wie sie hieß, aber das spielte auch keine Rolle.

»Oh, klar, hi. Wir haben uns ja länger nicht gesehen.« Sie lächelte. »Wie geht es dir?«

»Geht so«, gab ich zu und überlegte mir schnell eine Geschichte. »Ich habe herausgefunden, dass mein Ex mein Telefon mit Spyware infiziert hat und meine Nachrichten liest und Anrufe verfolgt. Deswegen wollte ich dich fragen – könnte ich mal kurz von deinem Handy telefonieren? Ich will meinen neuen Freund anrufen und natürlich verhindern, dass mein Ex es mitbekommt.«

Ihre Augen wurden groß. »Klar, hier.« Sie hielt mir ihr Smartphone hin. »Ist ja krass, dass dein Ex so was abzieht. Ich hatte das auch mal. Falls du jemanden brauchst, der dein Telefon bereinigt, mein Bruder ist ein Ass in so was. Und im Gegensatz zu den teuren Diensten macht er es für ein Sixpack und einen Kebap.«

»Ich komme drauf zurück, danke«, grinste ich halbwegs aufrichtig, dann nahm ich ihr Smartphone und tippte die Nummer aus dem Gedächtnis ein. Eigentlich war ich nicht gut darin, mir Zahlen zu merken, aber diese war hängen geblieben.

»Elijah Coldwell«, ging er nach dem ersten Klingeln dran und bei dem dunklen Klang seiner Stimme meldeten sich so viele verschiedene Empfindungen in mir, dass ich kurz brauchte, bis ich antworten konnte.

»Hier ist Felicity, ich rufe von einem fremden Telefon an. Können wir uns heute Abend treffen? Es ist wichtig.«

»Ja, natürlich«, sagte er weich und der Teil von mir, der schon seit einer Woche immer wieder losheulen wollte, gewann für einen Augenblick die Oberhand. Ich presste eine Hand auf den Mund, damit er nichts davon mitbekam. »Alles in Ordnung?«

So viel dazu, dass er es nicht merkte.

»Nein, nicht wirklich«, antwortete ich. Mehr konnte ich nicht sagen, denn ich wollte die Geduld des Mädchens nicht auf die Probe stellen. »Aber das erzähle ich dir später.«

»Sollen wir uns sofort treffen?«, bot er an. »Ich habe noch einen Termin mit meiner Mutter, den kann ich allerdings absagen, wenn es wichtig ist.«

»Das musst du nicht. Ich wollte eh noch nach … ins Apartment.« Die Wohnung als mein Zuhause zu bezeichnen, kam mir vollkommen falsch vor. Ich wohnte vermutlich nur dort, weil Grant den Tod meines Mitbewohners in Kauf genommen hatte. Weiter von einem sicheren Ort hätte ich kaum entfernt sein können.

»Okay. Dann treffen wir uns um sieben bei Alec in der Wohnung. Ich gebe ihm Bescheid. Bring etwas zu essen mit, Pizza oder so, damit es aussieht, als würdet ihr euch einen Film ansehen wollen.«

»Und was ist mit dir?« Wie schaffte er es unbemerkt ins Gebäude?

»Coldwell House gehört meiner Familie«, sagte er nur. »Ich kenne Wege, dort reinzukommen, ohne dass jemand es mitkriegt.«

»Gut, dann sehen wir uns bei Alec.« Ich legte auf, bevor er noch einmal nachfragte, ob ich wirklich bis später warten konnte, denn dann hätte ich ihm sicher alles erzählt und meine Beherrschung wäre zum Teufel gewesen. Mit einem Lächeln und einem Danke gab ich dem Mädchen stattdessen ihr Telefon zurück. Wir tauschten Nummern wegen ihres Bruders, dann machte ich mich mit der Subway auf den Weg nach Turtle Bay.

»Oben wartet jemand auf Sie«, empfing mich der Portier und sofort schnellte mein Puls hoch. War es Grant? Hatte Zeke sein Wort gebrochen und ihn doch darüber informiert, was passiert war?

»Wer ist es?«, fragte ich und musste mich räuspern, weil mein Hals so trocken war.

»Ihre Schwester. Alyssa.«

»Oh Gott sei Dank«, entfuhr es mir und ich erntete dafür einen irritierten Blick. »Sie … will mir etwas vorbeibringen, auf das ich schon lange warte«, schob ich eine Erklärung nach und lief dann eilig zum Aufzug. Alyssa war die am wenigsten gefährliche Person in dieser Familie. Sicherlich wollte sie einfach nur wissen, wie es mir nach den Ereignissen von gestern ging.

»Hey Schwesterherz«, empfing sie mich vor der Wohnungstür, in den Händen eine Tüte von Saks, offenbar war sie shoppen gewesen. »Ich war einkaufen und dachte, ich muss dir dringend zeigen, was ich für mein Dreimonatiges mit Wade ausgesucht habe.«

Es gab wohl kaum etwas, wonach mir momentan weniger der Sinn stand als nach dem Begutachten von Kleidern, aber ich konnte ihr nicht verraten, was mich gerade beschäftigte, und wollte ihr auch nicht die Freude verderben. Daher lächelte ich leicht und schloss die Tür auf, um sie hereinzulassen.

»Na, dann zeig mal her.«

Sie gab ein begeistertes Geräusch von sich und verschwand

mit ihrer Beute im Schlafzimmer, während ich meine Tasche abstellte, mich auf die Couch setzte und mein Handy checkte. Schon seit meiner Rückkehr nach New York gab es nur noch selten Nachrichten im Gruppenchat meiner Freunde und ich spürte, dass sie nicht genau wussten, wie sie mit mir umgehen sollten. Es tat weh, auch wenn ich glaubte, dass sie es nicht böse meinten. Solange ich ihnen nicht die Wahrheit über meinen Vater sagen durfte, würden sie nicht verstehen, warum ich nicht einfach über Elijah hinwegkam. Ich konnte nur hoffen, dass sich das bald ändern würde und unsere Freundschaft diese Zeit unbeschadet überstand.

Alyssa kam aus dem Schlafzimmer, in einem roten Kleid, das wirklich umwerfend war.

»Du siehst toll aus«, sagte ich. »Es steht dir fantastisch.«

»Na, hoffentlich denkt Wade genauso.« Meine Schwester drehte sich einmal um die eigene Achse und hielt dann inne, um mich zu mustern. »Geht es dir gut, Felicity? Du siehst irgendwie traurig aus.«

Das Mitgefühl in ihrer Stimme brachte meinen Vorsatz, fröhlich und entspannt zu wirken, ins Wanken. Ich schüttelte dennoch den Kopf. »Nein, alles gut. Ich bin nur etwas müde. Der Flug nach L.A., das mit meiner Mom und dann dieser betrunkene Fahrer … es war ein bisschen viel in der letzten Zeit.«

»Das glaube ich sofort.« Sie setzte sich neben mich auf die Couch, ungeachtet der Gefahr von Falten für ihr Kleid. »Aber du weißt, dass ich für dich da bin, oder? Wir sind deine Familie in New York und wenn du dich einsam fühlst oder Heimweh hast, kannst du jederzeit zu uns kommen.«

Ihre Worte machten mich nachdenklich. Alyssa konnte keine Geheimnisse für sich behalten, und ich würde ihr kein Wort von dem verraten, was ich über unseren Vater wusste. Aber vielleicht konnte ich immerhin etwas anderes mit ihr besprechen. Etwas, das mir ebenfalls schwer im Magen lag, seit ich in Grants Arbeitszimmer eingebrochen war.

»Sag mal … hast du je das Gefühl gehabt, dass Dad uns überwacht?« Es war riskant, sie danach zu fragen, aber ich konnte nicht anders.

Alyssa presste die Lippen aufeinander und druckste ein wenig herum, bevor sie nickte. »Ich weiß, dass er es tut.«

»Du *weißt* es?« Meine Augen wurden groß. »Und es stört dich nicht?«

»Na ja.« Sie hob die Schultern. »Er macht es doch nur, weil er Angst hat, uns könnte etwas passieren. Dass wir uns mit den falschen Leuten einlassen oder so. Er beschützt uns damit.«

Wow. Die Gehirnwäsche von Grant hatte bei Alyssa offenbar perfekt gewirkt. Ob er glaubte, dass es bei mir auch so einfach war? Ich erinnerte mich sehr gut daran, wie er mich vor Elijah und seiner Familie gewarnt hatte, angeblich weil ich nicht wusste, welche Leute man in New York meiden sollte und welche nicht. Dabei war das nur seine Methode gewesen, mich von ihm fernzuhalten, damit ich ja nicht in die Nähe seines Entführungsopfers kam. Es war so perfide und widerwärtig, dass meine Wut wie Feuer in meinem Inneren rebellierte. Ich versuchte, sie zu unterdrücken.

»Weiß Rosalie es auch?«, fragte ich.

»Ja.« Alyssa nickte.

»Und sie akzeptiert es ebenfalls?« Meine ältere Halbschwester war nicht gerade für ihr sanftes Temperament bekannt. Ich konnte mir kaum vorstellen, dass sie begeistert davon war.

»Sie nimmt es zähneknirschend hin. Außerdem haben wir beide unsere Methoden, um Rex zu entgehen.«

»Wer ist Rex?« Immerhin musste ich nicht die Unwissende spielen, denn ich wusste offenbar viel weniger über diese Dinge als meine Schwester. Trotzdem wollte ich nicht glauben, dass

Alyssa oder Rosalie eine Ahnung von Grants kriminellen Machenschaften hatten. Die hielt er sicherlich gut vor ihnen verborgen.

»Rex Farragano, Dads Privatdetektiv. Er arbeitet schon für ihn, solange ich denken kann. Seit wir wissen, dass er uns manchmal verfolgt, haben wir unsere Methoden entwickelt, von seinem Radar zu verschwinden. Ein anderer Mantel, ein zweites Taxi … es ist gar nicht so kompliziert in einer Stadt wie dieser. Rosalie ist besser darin als ich, wie du dir sicher vorstellen kannst. Wenn sie nicht will, dass Rex etwas erfährt, dann sorgt sie dafür, dass es unter Verschluss bleibt.«

»Habt ihr denn nie versucht, Gr… Dad zu sagen, dass er den Typen nicht mehr auf euch ansetzen soll?«, fragte ich. Es kam mir absurd vor, dass sie diese Form von Überwachung einfach hinnahmen. Dass sie sogar lieber Auswege fanden, um diesem Rex zu entgehen, als sich Grant zu stellen. Andererseits, wenn man wusste, was er getan hatte, war das auch wiederum nachvollziehbar. Vielleicht spürten die beiden unterbewusst, dass es besser war, keinen Streit mit ihrem Vater anzufangen.

»Wie gesagt: Er macht das, um uns zu beschützen.« Alyssas Gesicht verschloss sich ein wenig und ich wusste, dass ich aufpassen musste. Wenn ich sie nicht gegen mich aufbringen wollte, sollte ich besser das Thema wechseln.

»Wo gehen Wade und du eigentlich zu eurem Dreimonatigen hin?« Ich lächelte und hoffte, sie würde mitziehen. Es wäre besser gewesen, gar nicht mit ihr über Grant zu reden, aber ich hatte keine Verbündeten in diesem Kampf – abgesehen von Elijah, der mich im Grunde nicht dabeihaben wollte. Immerhin würden wir uns nachher treffen und dann konnte ich ihm den Namen von Grants Privatdetektiv nennen. Vielleicht stimmte ihn das zusammen mit den Bankunterlagen ja um.

Alyssa erzählte mir von dem Restaurant, in das Wade sie

ausführen würde, während ich lächelte und gleichzeitig darauf hoffte, dass sie mich nicht eines Tages hassen würde, wenn sich unser Vater vor Gericht für seine Verbrechen verantworten musste – und sie erfuhr, dass ich an seiner Überführung beteiligt gewesen war. Konnte die Verbindung zwischen uns das überstehen? Ich wusste es nicht.

Aber selbst wenn klar gewesen wäre, dass sie nie wieder ein Wort mit mir reden würde, hätte das an meiner Entscheidung absolut nichts geändert.

29
Elijah

Es war nicht der Verabredung mit Felicity geschuldet, dass ich gemeinsam mit Buddy bereits eine Stunde vor der vereinbarten Zeit von Frank in der Tiefgarage von Coldwell House abgesetzt wurde, nachdem wir eine kurze Runde im Central Park gewesen waren. Meine Mutter hatte mich zum Appell zitiert und die Tatsache, dass dieses Treffen nicht in der Firma, sondern bei ihr zu Hause stattfand, verhieß nichts Gutes. Ich wusste, dass sie unzufrieden mit mir war – sowohl mit meiner Abwesenheit über den Winter hinweg als auch mit meiner Arbeitsleistung seit meiner Rückkehr. Ich war geistig kaum richtig anwesend, verschwand häufig unter einem Vorwand und brachte mich überhaupt nicht mehr ein. Da ich sie jedoch sowieso darüber informieren musste, dass sie für ihren Schutz sorgen sollte, kam mir der Besuch ganz gelegen. Die Frage war nur, wie ich ihr erklären konnte, dass sie in Gefahr war – ohne ihr zu verraten, warum. Aber da ich für dieses Problem bisher keine Lösung gefunden hatte, musste ich mich auf mein Improvisationstalent verlassen.

Das Penthouse meiner Mutter zu betreten war wie eine Reise in die Vergangenheit. Es war noch nicht einmal fünf Jahre her, dass ich hier ausgezogen war, fühlte sich jedoch eher an wie fünfzig. Ich hatte nie gerne in Coldwell House gewohnt, trotzdem waren mir die riesigen Räume und das Mobiliar sehr vertraut. Mein Zimmer war mittlerweile für Gäste eingerichtet worden, aber den Rest hatte Mom nie wirklich verändert. Helle Möbel, weißer Boden, wenige ausgewählte Gemälde. Ein Kühlschrank zum Wohnen, wie Jess immer sagte. Im Gegensatz zu mir fühlte sich meine Mutter hier allerdings wohl.

»Mom? Bist du da?« Sie hatte mich um diese Uhrzeit hergebeten und es war ungewöhnlich, dass sie mich nicht empfing.

»Wir sind hier, entschuldige.« Meine Mutter tauchte im Durchgang auf, der zu ihren Räumen führte, und fuhr sich durch die Haare. Wirkte sie zerzaust? Nein, das konnte nicht sein. Diese Frau war nicht einmal morgens nach dem Aufstehen zerzaust. Aber Moment, hatte sie gerade gesagt, wir? Wer war *wir?*

Ich stellte die Frage nicht laut, weil die Antwort direkt hinter ihr auftauchte. »Alan«, begrüßte ich ihren Freund, der zwar Sakko und Anzughose trug, jedoch ebenfalls etwas derangiert wirkte. »Ich wusste nicht, dass du auch hier sein würdest.«

»Ich habe Patricia ganz spontan besucht, nachdem ich aus Paris zurückgekommen bin.« Er lächelte und seine Wortwahl hätte beinahe meine Augenbrauen dazu gebracht, sich zu heben. *Patricia?* Kein Mensch auf dieser Welt nannte meine Mom Patricia. Alle außer mir sagten Trish, sogar Jess, auch wenn das bei ihm andere Gründe hatte. »Wie geht es dir, Elijah?«

»Danke der Nachfrage, es geht mir gut.« Die Lüge war nicht schwer an den Mann zu bringen, schließlich kannte Alan mich kaum und nicht einmal Menschen, die mir vertraut waren, konnten mich oft überführen. »Ich hoffe, dir auch?«, fiel mir gerade noch rechtzeitig ein. Meine Höflichkeit war ein wenig eingerostet.

»Oh, und wie. Vor allem, weil ich jetzt wieder hier bin.« Er strahlte meine Mutter an, was sie erwiderte, und es berührte sogar mein sorgsam abgeschottetes Herz, dass sie so glücklich mit ihm war. »Aber nun muss ich los, ich will euch ja nicht stören und sollte ohnehin auspacken. Wir sehen uns morgen Abend.« Er küsste Mom, was sie mit einem mädchenhaften Kichern quittierte, dann verabschiedete er sich mit Handschlag von mir. Erst danach fiel sein Blick auf meinen Hund, der brav auf dem Teppich saß.

»Ist das Buddy?«, fragte Alan.

Ich nickte. »Der einzig wahre. Du kannst Hallo sagen, Junge.«

Mein Hund erhob sich, wedelte allerdings nur verhalten mit dem Schwanz, als Alan ihn streichelte, und kam dann direkt zu mir. Ich lobte ihn leise, auch wenn ich mich fragte, was ihm an Moms Freund nicht gefiel. Es war selten, dass Buddy Freundlichkeit nicht erwiderte, und Alan war sehr freundlich zu ihm gewesen.

»Ich rieche bestimmt nach meiner Katze«, sagte der nun, offenbar hatte er es ebenfalls bemerkt.

»Ja, das wird es sein.« Ich nickte, auch wenn ich diesen Mythos für vollkommenen Quatsch hielt. Buddy mochte manche Katzen lieber als einige Hunde und hätte sich bestimmt nicht an dem Geruch gestört.

Alan ging und meine Mutter sah mich an, sobald sich die Türen des Fahrstuhls hinter ihm geschlossen hatten.

»Bitte entschuldige, dass Alan und ich noch beschäftigt waren, als du aufgetaucht bist. Aber er war einige Tage nicht da und es hat uns einfach überkommen.«

Ich verzog das Gesicht. »Danke, Mom. Die Bilder werde ich jetzt nie wieder los.«

Sie schnalzte mit der Zunge, als wäre ich prüde. »Alle Welt hat Sex, mein Sohn – du auch, nehme ich an. Und ich verziehe nicht das Gesicht oder halte mir die Ohren zu, wenn du darüber sprichst.«

»Ich spreche nie mit dir darüber«, erinnerte ich sie. »Oder halte mir die Ohren zu, wenn du es tust.«

»Nein, aber dein Bruder, und es ist vollkommen kindisch. Das ist schließlich die natürlichste Sache der Welt.« Mom ging zum Kühlschrank und holte eine Flasche Wasser heraus. Dann nahm sie aus dem Regal daneben eine kleine Tüte mit Kaustangen und gab eine davon Buddy, der sich damit auf den Teppich verzog. Mein Hund wirkte ein bisschen müde, aber wahrscheinlich war der ganze Ortswechsel zwischen Jess, Helena und mir einfach anstrengend für ihn.

»Möchtest du auch etwas?«, fragte mich meine Mutter.

»Nein, ich hatte heute schon zwei von den Stangen, eine dritte vertrage ich nicht.«

Sie lachte. »Humor, wie schön. Hast du den aus England mitgebracht?«

»Autsch. Das tut weh. Ich war schon immer witzig, hast du das in den letzten dreiundzwanzig Jahren nie bemerkt?«

»Doch, es gab da so eine Phase, als du zwei warst, da haben wir sehr viel gelacht.« Sie reichte mir eine kalte Flasche Cola und einen Öffner, dann schob sie mir ein Glas über die Kücheninsel hinweg zu. Unser lockeres Gespräch erstarb, während ich mir eingoss, einen Schluck trank und wusste, es war besser, auf den Punkt zu kommen.

»Du wolltest mich sprechen. Ich nehme an, es geht darum, dass ich in der Firma nicht das leiste, was du erwartest.« Was brachte es schon, um den heißen Brei herumzureden? Das lag keinem von uns beiden.

Mom stützte sich mit den Händen auf die Arbeitsoberfläche. »Darum geht es sicherlich auch, aber ich betrachte es eher als Symptom, nicht als ursächliches Problem. Deswegen wollte ich wissen, ob es dir gut geht. Seit du aus England zurückgekehrt bist, haben wir kaum miteinander geredet, und du bist noch verschlossener als sonst. Wenn du Schwierigkeiten hast oder in Europa etwas passiert ist, das dich beschäftigt, würde ich gern wissen, ob ich dir helfen kann.«

Das war ungewohnt zaghaft und mitfühlend, aber sie hatte vermutlich gelernt, dass ich auf Druck nicht gerade mit Offenheit reagierte. Und es war eine gute Gelegenheit, um über das zu reden, was mir im Magen lag, seit Grants Handlanger Felicity und mich angegriffen hatte.

»Tatsächlich gibt es da etwas, das du tun könntest. Nicht für mich, eher für dich selbst. Es ist möglich, dass ich mir in letzter Zeit Feinde gemacht habe, und es wäre gut, wenn du dich um Schutz für dich kümmern würdest. Nur ein paar Monate, bis ich das geregelt habe.«

»Was meinst du mit *geregelt?*« Die Augen meiner Mutter wurden so schmal, dass man sie kaum noch erkennen konnte. »Was hast du da drüben gemacht, Elijah? Und bitte keine Lügen oder irgendwelche Ausflüchte.«

Ich wog einen Moment ab, ob es sich lohnte, diesen Befehl zu ignorieren, aber meine innere Stimme sagte mir, dass ich zumindest teilweise ehrlich sein musste. Sie war in Gefahr und ich durfte nicht riskieren, dass ihr etwas passierte.

»Ich habe nach meinem Entführer gesucht. Oder eher nach einem der Typen, die er angeheuert hat. Um herauszufinden, wer es ist.«

»Und, hattest du damit Erfolg?« Trish Coldwell redete wirklich nie um den heißen Brei herum, das stand fest. Kein schockiertes Luftschnappen, keine Standpauke, dass die Aktion zu gefährlich war. Ich konnte nicht ausschließen, dass das noch folgte, für den Moment wollte sie jedoch Fakten.

»Zum Teil«, antwortete ich ausweichend.

»Herrgott, Elijah.« Sie sagte es nicht laut, aber in scharfem Ton, und ich wusste seit meiner Kindheit, dass dies wesentlich gefährlicher war. »Sag mir, was los ist.«

»Ich weiß, wer es ist.« Keine Ahnung, wo das hergekommen war, aber der Satz war ohne Erlaubnis ins Freie gestürzt und nun konnte ich ihn nicht mehr zurückholen. »Ich weiß es und ich werde es dir nicht verraten, weil du dann losziehst und ihn umbringst.«

»Was er verdient hätte, dieser grausame Mistkerl.« Sie funkelte mich wütend an. »Wenn ich dir verspreche, dass ich nicht innerhalb der nächsten zehn Minuten ein Killerkommando engagiere, verrätst du es mir dann?«

»Würdest du dieses Versprechen halten?«, stellte ich die Gegenfrage.

»Nein, vermutlich nicht.« Sie verschränkte die Arme und hatte jetzt nichts mehr mit der Frau gemeinsam, die vor nicht einmal zehn Minuten mit Alan aus ihrem Schlafzimmer gekommen war und gekichert hatte wie ein Teenager. Sie war auch nicht die knallharte Geschäftsfrau, mit der man sich nicht anlegte. Sie war meine Mutter, die meine Entführung ebenso wenig verwunden hatte wie ich. Und irgendetwas löste es in mir aus, sie so zu sehen.

Den Impuls, die Wahrheit zu sagen.

»Es ist Harrison Grant.« Die vier Worte schienen nicht aus meinem Mund zu kommen, sondern von sehr weit weg. Es fühlte sich an, als hätte sie jemand anders als ich ausgesprochen – als hätte ich die Kontrolle darüber losgelassen, es meiner Mom zu verraten.

»Grant?« Nun war sie schockiert, eindeutig sogar. »Der Bauunternehmer? Was … Warum hat er das getan? War es etwa meinetwegen?« Sie schien in ihrem Kopf nach Anhaltspunkten dafür zu suchen, wo sie Grant in die Quere gekommen war, aber soweit ich wusste, gab es keine. Er war erst dabei gewesen, sich zu etablieren, als Mom längst ganz oben gewesen war. Ich hatte bei meiner Recherche keine Schnittmenge zwischen ihnen gefunden und war darüber erleichtert gewesen.

»Nein.« Seinen Namen zu nennen, war schon sehr viel Wahrheit gewesen, aber die gab es offenbar nicht in kleinen Häppchen. Wenn ich ihr das verraten hatte, konnte sie den Rest ebenfalls erfahren. Auch wenn es wehtun würde, auch wenn sie mir Vorwürfe machen würde. Die ganze Zeit hatte ich versucht, Mom rauszuhalten, sie genauso wie Jess. Aber wir waren an einem Punkt angekommen, wo ich es nicht länger verschweigen konnte. »Er hat es getan, weil ich gesehen habe, wie er jemanden umbringen ließ.«

Meine Mutter brauchte einige Augenblicke, um das zu verarbeiten. Ihre Hand krampfte sich um das Glas vor ihr, dann löste sie abrupt ihre Finger davon. Es kippte um und das Wasser floss über die Marmorplatte. Sie beachtete es gar nicht.

»Du hast … mit neun Jahren einen *Mord* beobachtet?« Sie kam auf mich zu und schien mich umarmen zu wollen, aber dann überlegte sie es sich doch anders, senkte die Arme und schaute mich an, weniger vorwurfsvoll als zutiefst erschüttert. »Wieso hast du nie etwas gesagt?«, flüsterte sie. Das Tropfen des Wassers auf den Fußboden war lauter als ihre Stimme. Keiner von uns machte Anstalten, es aufzuwischen.

Ich wich ihrem Blick aus. »Das ging nicht. Er hat mir klargemacht, dass auch jemand von euch sterben wird, wenn ich es verrate.«

»Das bedeutet, du trägst das seit über dreizehn Jahren mit dir herum, ohne jemandem davon erzählen zu können? Du hast deine gesamte Jugend damit gekämpft und niemand wusste …« Ihre Stimme brach, ich sah Tränen in ihren Augen, spürte welche in meinen. Weil plötzlich alles wieder da war.

Ihre Hilflosigkeit, mein Schmerz, all die sinnlosen Versuche, mir zu helfen. Ich hatte lange gedacht, dass es für sie nur darum ging, dass ich funktionierte – dass ich eines Tages der Erbe sein würde, den sie mit Adam verloren und in Jess nie gefunden hatte. In diesem Moment erkannte ich, dass ich damit falschgelegen hatte. Sie hatte gelitten, weil sie nicht verstanden hatte, was mit ihrem Kind los war. Ihr jetzt eine Erklärung zu liefern, löste so viel aus. Aber es war gut. Ich spürte, dass es gut war, auf eine sehr schmerzhafte und gleichzeitig befreiende Art.

»Ach, Eli.« Sie nahm mich in die Arme und hielt mich fest.

Ich erwiderte die Umarmung, während die Vergangenheit über uns hinwegspülte wie eine riesige Flutwelle. Als ich Mom losließ, wischte ich mir die Tränen aus den Augen. Weil sich der kleine Junge von damals so sehr gewünscht hätte, die Wahrheit sagen zu dürfen, sich aber nicht getraut hatte. Und nun etwas in ihm heilte, obwohl das Ganze noch lange nicht ausgestanden war.

»Bitte erzähl mir, was genau passiert ist.«

Und dann setzten wir uns auf die Couch und ich erzählte ihr alles von Beginn an, bis zu dem Gespräch mit Carpenter heute. Ich konnte erkennen, wie es hinter der Stirn von Mom arbeitete, aber sie hörte geduldig zu, bis ich fertig war.

»Was kann ich tun?«, fragte sie dann, nun den Ausdruck in den Augen, mit dem sie ihre Geschäftspartner das Fürchten lehrte. Sie befand sich auf dem Kriegspfad und ich verstand sie sehr gut.

»Für deinen Schutz sorgen«, wiederholte ich nur.

»Das kann nicht dein Ernst sein, Elijah.« Sie stand auf, machte ein paar Schritte zur Fensterfront und ich ahnte, dass sie in Richtung Harlem sah, genau wie ich es so oft von meiner Wohnung aus tat. Mein Trauma war auch ihres und sie rauszuhalten war für sie undenkbar, jetzt wo sie es wusste. »Du kannst mir das nicht alles erzählen und dann erwarten, dass ich die Füße stillhalte.«

»Wenn du dich einmischst, wird Grant es merken, und ich kann die Konsequenzen nicht abschätzen. Vielleicht greift er dich dann auch geschäftlich an und versucht, dich zu ruinieren.«

Sie schnaubte. »Ich bin Trish Coldwell. Das haben schon ganz andere versucht und sind daran gescheitert.«

»Ja, vielleicht. Aber du hast doch sicher nicht vergessen, was mit Adam und Valerie passiert ist, oder?« Es war nicht gerade fair, diese Karte zu ziehen, aber meine Hand war ansonsten leer. Mein Bruder und seine Verlobte waren allein aufgrund eines *Verdachts* gestorben. Wenn Mom gegen Grant ins Feld zog, was würde dann geschehen?

Meine Mutter setzte sich wieder und ich erkannte einen sehr vertrauten Kummer in ihrem Gesicht. Adam zu verlieren hatte sie auf ewig verändert, uns alle. Natürlich wollte sie nicht, dass so etwas noch einmal geschah. »Hast du mit Jess darüber gesprochen? Oder mit Helena?«

»Nein, bisher nicht. Ich wollte aber auch ihnen Bescheid geben, dass sie für Personenschutz sorgen sollen. Wenn mich Grant kaltstellen will, indem er Menschen bedroht, die ich liebe, seid ihr drei ganz oben auf der Liste.«

»Und du glaubst, dass dein Bruder stillhält, wenn du ihm das Gleiche sagst wie mir?« Sie schien zu Recht nicht davon überzeugt zu sein.

Ich wagte ein schiefes Grinsen. »Eigentlich hatte ich gehofft, ich könnte wenigstens ihm einen Teil der Wahrheit verschweigen.«

»Jess wird das niemals schlucken. Und wenn er an der Sache beteiligt sein will, dann bin ich auch dabei.« Mom zog die Augenbrauen zusammen. »Hast du dir mal überlegt, dass es sogar sicherer sein könnte, wenn alle Bescheid wüssten, auch deine Freunde? Wenn wir uns wappnen könnten, für das, was da vielleicht kommt? Als das mit Adam und Valerie passiert ist, hätte ich gern vorher eine Ahnung gehabt. Dann wäre das Ganze vielleicht anders ausgegangen.«

Ich sah sie an und erinnerte mich daran, dass Felicity etwas ganz Ähnliches gesagt hatte. »Soll ich etwa eine Task Force ins Leben rufen, so wie Helena und Jess damals?« Das hatte funktioniert, aber auch nur knapp. Und es war nicht wirklich mein Ding, die Kontrolle ein Stück weit abzugeben. Allerdings hatte sie einen Punkt, wenn sie sagte, dass es besser wäre, jeder könnte sich vorbereiten. Grant konnte nicht alle gleichzeitig angreifen und mir war bewusst, dass ich nicht vollkommen allein gegen ihn ankam.

»Vielleicht, ja. Wer ist außer mir denn noch eingeweiht?«

»Nur Alec. Und … Felicity.«

»Das Mädchen, das bei dir war, als du dir freigenommen hast?« Meine Mutter runzelte die Stirn. »Warum sie? Ich dachte, da wäre nichts mehr zwischen euch.«

Das konnte ich kaum bestätigen, nachdem wir uns im Flugzeug geküsst hatten. *Das nennst du einen Kuss? Es war wohl ein bisschen mehr als das.* Aber dazu wollte ich jetzt keine Erklärung abgeben. »Ich musste es ihr sagen. Sie ist Grants Tochter.«

»Seine Tochter?« Mom wirkte verwirrt. »Er hat doch nur zwei und die kenne ich.«

»Felicity ist unehelich geboren worden und jünger als ihre Halbschwestern. Sie hatte bis letztes Jahr keinen Kontakt zu ihrem Vater und musste ihn dann um die Gebühren für ihr Studium bitten. Er hat im Gegenzug verlangt, dass er sie kennenlernen darf.«

Meine Mutter atmete geräuschvoll aus. »Es muss schrecklich für sie sein, nun zu erfahren, was er für ein Mensch ist. Wie kommt sie damit zurecht?«

»Angesichts der Umstände schlägt sie sich tapfer.« Ich lächelte leicht und wusste sofort, dass es ein Fehler gewesen war, meine Gefühle so offen zu zeigen.

»Du magst sie sehr, richtig?« Kaum hatte Mom es ausgesprochen, schüttelte sie bereits den Kopf. »Meine Güte. Und ich dachte, die Liebe von Helena und Jess stand unter einem schlechten Stern.«

Ein Lachen entfuhr mir, aber nicht von der erfreuten Sorte. Ich sparte es mir, sie daran zu erinnern, dass der schlechte Stern der beiden auf den Namen Trish Coldwell gehört hatte. »Ja, ich schätze, ich habe ein neues Level erreicht.« Dabei war es für mich gar nicht so eine unmögliche Vorstellung, mit der Tochter des Mannes zusammen zu sein, der mich entführt hatte. Mit welchem Gerede wir allerdings würden leben müssen, wenn wir uns füreinander entschieden – wann immer das sein würde –, wollte ich mir im Moment nicht ausmalen. Es war sowieso am wahrscheinlichsten, dass Felicity wieder nach Los Angeles zog, sobald alles vorbei war. Sie mochte New York nicht besonders und hatte keinen Grund, danach noch länger hierzubleiben.

Keinen? Was ist mit dir?

Ich wehrte die innere Stimme ab. Schließlich konnte ich froh sein, wenn ich heil und an einem Stück aus dieser Sache herauskam. Die Zukunft, die dahinter lag, war für mich im Moment kaum zu erkennen.

»Du weißt, dass ich nichts dagegen hätte, oder?« Meine Mutter sah mich liebevoll an. »Ich habe zweimal den Fehler gemacht, meine Söhne daran hindern zu wollen, sich für die Liebe ihres Lebens zu entscheiden. Das passiert mir bei dir sicher nicht. Ganz egal, wessen Tochter sie ist.«

»Danke, Mom. Aber das ist gerade kein Thema.«

»Nein, das Thema ist Grant. Wie gedenkst du, ihn zur Strecke zu bringen?«

»Indem ich ihm den Mord an der Frau nachweise, die er getötet hat. Wahlweise auch den an Miranda Davis.«

»Keine persönliche Rache?« Sie hob eine Augenbraue. Ich wusste, dass sie sehr oft darüber nachgedacht hatte, die Bestrafung von Adams Mörder selbst in die Hand zu nehmen. Aber am Ende hatte sie es in die Hände der Justiz gelegt, ihn seine Taten bereuen zu lassen.

»Dann wäre ich nicht besser als er«, gab ich zur Antwort. Grant zu töten war etwas, das an manchen Tagen wie eine gute Idee klang und an anderen wie die schlechteste der Welt. Ich kannte mich gut genug, um zu wissen, dass es mir nicht helfen würde. Im Gegenteil, ich würde dann mit meiner Tat leben müssen und ich wollte eine Zukunft ohne Ballast.

»Das stimmt allerdings.« Sie lächelte leicht und berührte mich an der Wange. »Es ist sehr schwer für mich, diese Sache dir zu überlassen, aber ich werde es vorerst tun. Unter einer Bedingung: Du wirst mir sofort sagen, wenn du Hilfe brauchst, und du wirst ihn nicht selbst konfrontieren.«

Ich nickte. »Versprochen. Wir reden noch mal, wenn ich Helena und Jess informiert habe.« Was hoffentlich morgen der Fall sein würde. Jetzt musste ich erst mal mit Felicity sprechen. Sie hatte am Telefon bedrückt geklungen und auch wenn ich davon ausging, dass sie es mir gleich erzählt hätte, wenn es etwas Akutes gewesen wäre, musste ich wissen, wie es ihr ging. Was sie in der letzten Woche hatte verarbeiten müssen, war krass, und ich wollte da sein. Zumindest so weit, wie es möglich war. Von der Idee, dass sie mich bei den Ermittlungen unterstützte, war ich immer noch nicht überzeugt.

Ich erhob mich und sprach meinen Hund an. »Komm Bud, wir gehen zu Alec runter.«

Er stand auf, allerdings nicht mit Elan so wie sonst, sondern eher gemächlich. Dann schwankte er ein wenig und mein Herz beschleunigte, weil das nicht der Hund war, den ich kannte. Er hatte vorhin schon müde gewirkt, aber nun war er eindeutig mehr als nur schlapp. Da stimmte was nicht.

»Hey, mein Junge, was ist denn los?«

Ich hockte mich hin und streichelte ihn. Buddy sah zu mir auf und ich wusste, es ging ihm nicht gut. Seine Augen wirkten matt und sein Kopf war gesenkt. Er war zum Glück nur selten krank gewesen, seit ich ihn hatte, aber ich erkannte die Anzeichen dennoch. War die Kaustange nicht in Ordnung gewesen? Aber die bekam er immer, wenn er hier war, und er hatte nie so darauf reagiert. Allerdings gab es nun eine Erklärung, warum er sich Alan gegenüber so komisch verhalten hatte – offenbar hatte er sich da schon nicht gut gefühlt. Und ich hatte es nicht bemerkt, weil ich einfach zu viel im Kopf hatte.

»Ist er in Ordnung?« Meine Mutter kam zu uns und warf ebenfalls einen Blick auf Buddy, der in diesem Moment auf dem Teppich zusammenbrach, und spätestens da wusste ich, es war ernst. Als Buddy dann auch noch zu zittern begann, war mir klar, dass es kein Infekt war. So eine ähnliche Reaktion hatte ich schon einmal erlebt, als er versehentlich Rattengift im Park gefressen hatte.

Ich griff hastig nach meinem Handy und rief meinen Fahrer an. »Frank, ich komme runter, wir müssen sofort in die Tierklinik. Ich glaube, Buddy wurde vergiftet.« Dann hob ich meinen Hund auf die Arme und ging zum Aufzug. Meine Mutter folgte mir.

»Soll ich mitkommen? Was kann ich tun?«

»Nein, ich fahre allein.« Es wäre zwar schön gewesen, jemanden an meiner Seite zu haben, aber meine Mutter war dafür nicht die Richtige. Sie würde nur alle in der Klinik wahnsinnig machen, mich eingeschlossen. »Kannst du bitte Alec Bescheid geben, dass ich nicht komme? Er weiß dann Bescheid.«

»Ja, natürlich.« Sie strich Buddy über den Kopf. »Halt durch, mein Süßer. Und du, ruf an, wenn du etwas weißt.«

»Mach ich.«

Dann schlossen sich die Türen und ich drückte meinen Hund an mich, bat ihn darum, durchzuhalten. Ich durfte ihn nicht verlieren, meinen besten Freund auf der Welt. Das durfte nicht passieren.

»Wir kriegen das hin«, flüsterte ich, immer und immer wieder, bis wir endlich in der Tiefgarage ankamen und ich zu meinem Wagen rannte.

Frank schlug die Tür hinter uns zu, hechtete ans Steuer und fuhr in der gleichen Sekunde los. Wir wussten beide, das hier war ernst. Und wenn Grant dafür verantwortlich war …

… dann würde ich meine Rachepläne noch mal überdenken.

30
Elijah

Während der Fahrt ins Murray Hill Pet Hospital an der Park Avenue hielt ich Buddy die ganze Zeit in meinen Armen und redete ihm gut zu, dass er durchhalten sollte und wir gleich da seien. Zum Glück kannte ich das Team in der Klinik von den Routineuntersuchungen und Frank hatte uns angekündigt, deswegen mussten wir nicht warten, sondern durften direkt in den Behandlungsraum. Dort führte die Tierärztin eine eilige, aber gründliche Untersuchung durch und fragte mich nach dem, was Buddy heute gefressen hatte. Dann erteilte sie ihrer Assistentin den Auftrag, ein Medikament aufzuziehen, dessen Namen ich nicht kannte.

»Denken Sie auch, es ist eine Vergiftung?« Ich hatte ihr gesagt, dass ich dieses Verhalten schon einmal bei meinem Hund erlebt hatte und es damals an Rattengift gelegen hatte. Ich hatte Buddy zu dem Zeitpunkt noch nicht lange gehabt und er hatte einen Köder gefressen, den jemand in einem Park in der Nähe unseres Wohnhauses ausgelegt hatte. Danach hatte ich immer sehr gut aufgepasst, aber vorhin beim Spaziergang war ich mit den Gedanken woanders gewesen und hatte vielleicht übersehen, dass er was gefressen hatte.

»Das lässt sich zu diesem Zeitpunkt noch nicht sagen«, sagte sie. »Wir werden ihm jetzt ein Mittel injizieren, damit er sich erbricht und alles, was noch in seinem Magen befindet, rauskommt.«

Buddy winselte leise, während er auf dem Tisch lag, und es brach mir das Herz, dass es ihm so schlecht ging. Noch schlimmer war es, dass ich während der Prozedur nicht bei ihm bleiben durfte, sondern auf dem Flur warten musste.

»Ich bin gleich nebenan, mein Kleiner.« Sanft streichelte ich ihm über den Kopf und ging dann widerwillig zur Tür. Ich konnte nur beten, dass er es schaffte. Dass man ihn behandeln konnte und er schnell wieder gesund wurde.

Ich lief auf dem Flur auf und ab, setzte mich dann hin und versuchte mich zu beruhigen, während Schreckensszenarien meinen Kopf überfluteten. Mir mein Leben ohne meinen Hund vorzustellen war vollkommen unmöglich, aber mein Verstand versuchte es trotzdem und ich spürte, wie die Panik anklopfte. Ich atmete gerade dagegen an, um das Gefühl von Kontrolle wiederzuerlangen, da ging die Eingangstür auf und jemand kam herein.

»Elijah!« Felicity kam auf mich zu. »Alec parkt noch den Wagen, aber wir sind sofort hergekommen, als wir es gehört haben. Wie geht es Buddy?«

Ich musste mich kurz sammeln, bevor ich ihr eine Antwort geben konnte. »Sie … Sie sorgen gerade dafür, dass er seinen Mageninhalt los wird. Wenn es eine Vergiftung war, wird so verhindert, dass es noch weiter in die Blutbahn gelangt.« Ich fuhr mir über das Gesicht und sah sie an. »Was tust du hier?«

»Was glaubst du denn?« Sie umarmte mich fest und ich drückte sie wider besseres Wissen an mich, weil es so guttat, dass sie da war. »Ich warte mit dir darauf, dass es Buddy besser geht.«

Ich ließ sie los. »Aber wenn dich jemand hier sieht, dann –«

»Ist mir das egal«, antwortete sie heftig. »Du solltest jetzt nicht allein sein. Und außerdem gibt es hier wohl niemanden, der ein Foto von uns schießt und es an eine Gossip-Seite verkauft.« Sie schaute den Gang entlang, wie um sich dessen zu versichern, aber da waren nur zwei Angestellte, die einen Wagen mit Arzneimitteln von einem Raum in einen anderen schoben.

»Das bedeutet nicht, dass Grant dich nicht im Auge behält«, gab ich zu bedenken.

»Ich glaube, dessen Spitzel hat heute andere Dinge zu tun.« Felicity sah aus, als wüsste sie genau, dass es einen konkreten Anlass für diese Vermutung gab. Aber gerade interessierte mich das auch nicht. Ich war mit meinen Gedanken nur bei meinem Hund. Je länger ich darüber nachdachte, desto weniger glaubte ich, dass Grant hinter seinem Zustand steckte – denn wie hätte er das machen sollen? Ich war den ganzen Tag mit Buddy zusammen gewesen. Also musste es meine Schuld sein, dass er Gift oder etwas anderes gefressen hatte.

»Ich mache mir Vorwürfe«, sagte ich leise und setzte mich auf einen der Stühle, die man hier für Wartende aufgestellt hatte. »Normalerweise achte ich darauf, dass Buddy nichts frisst, das im Park herumliegt, aber wahrscheinlich war ich heute unaufmerksam, weil ich nicht gut geschlafen hatte, und hab es nicht mitbekommen.«

»Hey.« Felicity drückte meine Hand fester, damit ich sie ansehen musste. »Das ist nicht deine Schuld, okay? Hunde fressen Zeug, das sie finden, das liegt in ihrer Natur.«

»Ja, aber ich hätte aufpassen müssen. Wenn er … Wenn er stirbt, dann …« Tränen machten mich blind, ich presste die Hand auf den Mund. Die Möglichkeit, dass er nicht mehr bei mir sein würde, löste tiefe Trauer und blanke Panik in mir aus.

Ich wusste, dass Hunde nicht so lange lebten wie Menschen, aber Buddy war erst acht, nicht uralt. Ich war nicht bereit dafür. Wahrscheinlich würde ich es nie sein.

»Hör auf, dir das Schlimmste auszumalen«, unterbrach Felicity meine Gedanken in liebevollem Ton. »Buddy wird es wieder gut gehen, ganz bestimmt.« Sie rückte näher und legte einen Arm um mich. Ich war dankbar für ihre Nähe, die sich in diesem Moment derart selbstverständlich anfühlte, als wäre es immer so zwischen uns.

»Hey, wie ist der Stand?« Alec eilte durch den Gang auf uns zu und Felicity ließ mich los.

Ich wiederholte, was ich bereits ihr berichtet hatte, und informierte ihn, dass wir auf Neuigkeiten warten mussten.

»Denkst du, es war …?« Mein Freund beendete den Satz nicht, aber sein schneller Blick auf Felicity verriet, woran er dachte.

»Ich hoffe, es war ein unglücklicher Zufall«, antwortete ich grimmig. »Denn sonst weiß ich nicht, was ich tun werde.« Wenn sich Grant an meinem Hund vergriffen hatte, würde er das bereuen. Dann war Schluss mit Taktik und Unter-dem-Radar-Bleiben.

Felicity hatte sich bei unseren Worten versteift und ich war mir sicher, dass es nicht an meiner Drohung gegen ihren Vater lag. Sie war blass vor Wut, weil ihr offenbar bis jetzt nicht in den Sinn gekommen war, dass Grant für Buddys Zustand verantwortlich sein könnte. Mir versetzte es einen Stich, dass ich sie aus ihrer vielleicht nicht heilen, aber doch geschützten Welt herausgerissen hatte. Wenn sie mich nie kennengelernt hätte, hätte sie nach wie vor daran glauben können, dass Grant ein fürsorglicher Vater war und kein skrupelloser Psychopath. Vermutlich wäre das besser für sie gewesen. Außer Kummer und Schmerz hatte ich ihr nichts eingebracht.

»Was kann ich tun?«, fragte Alec und ich war ihm unendlich dankbar, dass er da war. Dass sie beide da waren.

Bevor ich antworten konnte, kam die Tierärztin über den Flur auf uns zugelaufen. Felicity und ich standen auf und ich griff nach ihrer Hand, ohne darüber nachzudenken. Ihre Finger zwischen meinen, das war mein einziger Halt, während ich es nicht fertigbrachte, zu atmen.

Die Ärztin nickte den beiden zur Begrüßung zu und sah dann mich an. »Die gute Nachricht ist, dass Buddy das Erbrechen gut überstanden hat, und wir haben ihm auch bereits das Gegenmittel gegeben. Wir haben ihm außerdem Blut abgenommen, um rauszufinden, ob sich eine giftige Substanz nachweisen lässt, und wenn ja, welche, damit wir ihn gezielter behandeln können. Wenn wir Glück haben, ist das Gift noch nicht in großen Mengen in die Blutbahn gelangt.«

»Er wird doch wieder gesund, oder?«, stellte Felicity die Frage, die ich nicht über die Lippen brachte. Es erinnerte mich an unseren Besuch bei den Goldsteens.

»Wir tun, was wir können. Buddy ist in guter allgemeiner Verfassung, die Chancen stehen also nicht allzu schlecht. Sicher wissen wir es erst in etwa einer Stunde, wenn die Ergebnisse da sind. Bis dahin machen wir weitere Untersuchungen und schließen eine Infusion an, um den Flüssigkeitsverlust auszugleichen und seinen Körper zu unterstützen. Außerdem geben wir ihm Aktivkohle zum Binden.« Sie nickte wieder. »Ich sage Bescheid, wenn wir fertig sind und Sie zu ihm können.«

Mir blieb nichts anderes übrig, als Felicitys Hand loszulassen und auf meinen Platz zurückzusinken. Die Hilflosigkeit machte mich ganz taub, ich hatte kein Gefühl mehr in meinem Körper. Einerseits konnte ich mir nicht vorstellen, wie es sein würde, meinen Hund zu verlieren, andererseits war ich vollkommen ausgefüllt mit der Angst, dass es passieren würde.

Felicity setzte sich wieder neben mich, strich mir sanft über den Rücken. »Es wird alles gut«, sagte sie leise.

Und ich wollte ihr glauben, aber da war diese Stimme in meinem Kopf, die dagegenhielt und immer einen Satz wiederholte: *Was, wenn nicht?*

Eine halbe Stunde später war Alec losgegangen, um etwas zu essen zu besorgen, obwohl niemand Hunger hatte. Ich nahm an, dass er es nicht länger aushielt, hier zu sitzen und stumm an die Wand zu starren, bis es Neuigkeiten gab. Felicity jedoch hatte sich nicht von meiner Seite wegbewegt, sie saß neben mir und war da, auch wenn wir nicht viel redeten. Die Sorge, man könnte sie und mich zusammen sehen, war längst der Erkenntnis gewichen, dass ich sie brauchte, nicht nur jetzt, sondern immer. Ich brauchte sie und am liebsten hätte ich es ihr gesagt, aber ich wusste, dass die Konsequenzen aus diesem Geständnis verheerend sein konnten. Da draußen war ein Mann, der alles tun würde, um uns voneinander zu trennen, und ich schaffte es nicht, das zu ignorieren.

»Ich weiß noch genau, wie ich zum ersten Mal ein Foto von Buddy gesehen habe«, sagte ich stattdessen, weil mich die Stille mit jeder Minute etwas mehr erdrückte. »Es war irgendwann nach meinem sechzehnten Geburtstag, wir haben bei Jess zusammen etwas gekocht. Oder vielmehr er hat gekocht und ich dachte, ich müsste es lernen, um Mädchen zu beeindrucken.«

Felicity lachte leise. »Wenn du da schon gewusst hättest, dass du damit sicherlich keine Probleme haben würdest, hättest du dir das gespart, oder?«

Ich grinste leicht. »Vielleicht. Aber hab mal einen Bruder, der so aussieht wie Jess und den alle in deiner Schule anhimmeln, da kommst du schon ins Grübeln.«

»Ja, das kann ich mir vorstellen. Ich habe zwar keine große Schwester gehabt, aber meine Mom hat früher als Model gearbeitet und während meiner Teenagerzeit war das manchmal echt frustrierend.« Felicity hob die Schultern.

»Ich wette, dass du auch da schon wunderschön warst.« Es tat gut, sich zumindest für ein paar Minuten auf etwas anderes zu konzentrieren als die Frage, ob Buddy wieder gesund wurde.

Felicity senkte den Blick und ich sah, wie Röte in ihre Wangen stieg. »Sag so etwas nicht.«

»Warum? Es ist die Wahrheit.« Ich hob die Hand und schob ihr eine Strähne aus dem Gesicht, ließ meinen Daumen über ihre Schläfe gleiten. Es passierte ganz automatisch, wie von allein. Wahrscheinlich, weil ich mich seit dem Kuss im Jet danach sehnte, es wieder zu tun. Ich sehnte mich danach, viel mehr zu tun als das. Und Felicity ging es genauso, ich sah es in ihren Augen, die zu meinem Mund wanderten. Sie lehnte sich leicht nach vorne, ich tat das Gleiche. Aber dann hallte ein Geräusch durch den Gang, wahrscheinlich von einer wütenden Katze, und die Spannung zwischen uns verwandelte sich wieder in ängstliche Erwartung. Ich stand auf, ging einige Schritte auf und ab, atmete aus.

»Es tut mir leid«, sagte ich.

»Du hast keinen Grund, dich zu entschuldigen.« Felicity schenkte mir ein zartes Lächeln und schaute auf, als sich die Eingangstür öffnete.

Ich erwartete einen weiteren Notfall, weil um diese Uhrzeit keine regulären Termine mehr vergeben wurden, aber es war Alec, beladen mit verschiedenen Take-away-Tüten.

»Ich habe mal von allem etwas geholt.« Er stellte das Essen neben uns auf dem freien Sitz ab. »Gibt es schon was Neues?«

»Nein, leider nicht.« Es machte mich schier wahnsinnig, dass mein Hund immer noch in dem Behandlungsraum war und ich nicht bei ihm sein oder ihm helfen konnte. Ich vertraute dem Team der Klinik und der Tierärztin, aber das bedeutete nicht, dass ich meinen Wunsch nach Kontrolle abschalten konnte. Gerade nicht, wenn es um Buddy ging.

»Wollt ihr was essen?« Alec deutete etwas hilflos auf seine Ausbeute und sowohl Felicity als auch ich schüttelten den Kopf.

»Danke, aber ich habe keinen Hunger.« Ich sah ihn zerknirscht an, schließlich war er extra unterwegs gewesen, um etwas zu holen.

Er setzte sich neben uns. »Kein Ding. Das ist auch später noch gut.«

Wir schwiegen gemeinsam, während ich die Tür zum Behandlungsraum anstarrte, als würde sich die Behandlung von Buddy dadurch beschleunigen. Dann lenkte mich eine Regung in meiner Tasche ab. Es war mein Handy, das mich an einen Termin erinnerte. *C. TEB – 21 Uhr.*

»Fuck!«, entfuhr es mir. Da ich alles abkürzte, hatte ich nur den IATA-Code für den Privatflughafen abgespeichert und es auch nicht gewagt, Carpenters Namen auszuschreiben. Über allem, was mit Buddy passiert war, hatte ich den Banker und unser Gespräch ganz vergessen. Carpenter wartete in einer halben Stunde in Teterboro, um die Daten zu übergeben, und ich konnte nicht dorthin. Kurz flammte in mir der Gedanke auf, dass genau das Grants Ziel gewesen sein könnte. Aber das Timing wäre meisterhaft gewesen und daran wollte ich nicht glauben. Denn es hätte bedeutet, dass er an jeden herankam, der mir wichtig war, selbst wenn dieser Jemand sich direkt an meiner Seite befand.

»Was ist los?«, fragte Felicity.

»Ich habe einen wichtigen Termin vergessen.« Ausführlicher wollte ich hier nicht werden, denn es wirkte zwar nicht so, als würde man uns belauschen, aber sicher konnte man nie sein.

»Musst du da persönlich hin?« Alec sah mich an. »Oder kann ich das übernehmen?«

Ich dachte über sein Angebot nach. Es war nicht die beste Lösung, ihn loszuschicken, wenn die Möglichkeit bestand, dass Grant von dem Deal mit Carpenter wusste, aber eine andere hatte ich nicht parat, falls ich die Daten nicht verloren geben wollte. Außer Frank zu bitten. Er war ein Ex-Marine und mehr als in der Lage, sich – und früher auch mich – zu verteidigen. Aber er wusste nichts von meinen Ermittlungen und ich konnte ihn gerade nicht einweihen. Und wenn Alec mit seinem eigenen Auto fuhr, würde Grant sicherlich nicht auf ihn aufmerksam werden.

Kurz wog ich ab, dann nickte ich. »Könntest du mit deinem Wagen nach Teterboro fahren? Da wartet in Hangar 17B ein Typ mit einem USB-Stick auf mich.«

»Hat das was mit Du-weißt-schon-wem zu tun?«, fragte Alec.

Ich nickte. »Es sind extrem wichtige Daten, die wir für den Fall dringend brauchen. Aber bitte sei vorsichtig und wenn dir irgendetwas komisch vorkommt, verschwinde sofort oder informiere die Flughafen-Security.« Ich würde es mir nie verzeihen, wenn ihm etwas zustieß.

»Wäre es nicht besser, wenn ich Alec begleite?« Felicity hatte unser Gespräch verfolgt und saß plötzlich sehr aufrecht da. »Wir haben schließlich gemerkt, dass er jeden Angriff sofort abbricht, wenn er weiß, dass ich in Gefahr bin.«

»Das stimmt, aber denkst du, dass er nicht langsam misstrauisch würde, wenn das nur einen Tag später schon wieder der Fall wäre?« Dann könnte sie Grant kaum noch verkaufen, dass die Begegnung mit mir am Flughafen Zufall gewesen war.

Und was geschah, wenn er erfuhr, dass wir gemeinsame Sache machten?

Moment, hatte ich gerade *gemeinsame Sache* gedacht? So als wäre ich einverstanden, dass sie Teil davon war? Ich musste wirklich nah dran sein, den Verstand zu verlieren. *Ja, oder du siehst langsam ein, dass sie so oder so Teil davon ist – und wenn sie bei dir ist, du sie immerhin beschützen kannst.*

Ich ließ den Hinweis meiner inneren Stimme unkommentiert.

»Mir wäre es lieber, wenn Alec das allein übernimmt«, sagte ich mit dem Maximum an Diplomatie, das ich aufzubringen bereit war. Es lag nicht nur an Grant, ich wollte auch nicht, dass sie ging. Die letzte Stunde hatte sich grauenhaft angefühlt, ohne Felicity wäre sie jedoch noch viel schlimmer gewesen. »Ich fände es schön, wenn du bei mir bleibst.«

Alec sah mich pikiert an, aber ich erkannte an dem Funkeln in seinen Augen, dass er es nicht ernst meinte. »Wir sind jetzt so lange beste Freunde und kaum kommt sie daher, bin ich dein Kanonenfutter? Na, danke auch.«

»Du weißt, ich liebe dich, Mann.«

»Aber Felicity liebst du mehr, habs verstanden.«

Es entstand ein unangenehmer Moment, weil das Wort Liebe plötzlich so deutlich in der Luft hing und ich weder bestätigen noch verneinen konnte, was er gesagt hatte. Alec bemerkte es und deutete zur Tür.

»Ich erledige das, kein Problem. Muss ich noch etwas über den Typen wissen?«

Ich war dankbar, dass er so tat, als würde er nur etwas komplett Harmloses für mich erledigen, statt hochbrisante Daten abzuholen. Neben der Sorge um Buddy konnte ich mir nicht auch noch Gedanken darum machen, ob mir nun die Informationen von Carpenter durch die Lappen gehen würden und ich wieder bei null anfangen musste. Denn das Risiko bestand.

»Eigentlich nicht. Sag ihm, dass ich dich schicke. Die Maschine für ihn sollte bereitstehen. Sobald er dir den Stick gegeben hat, können er und seine Frau fliegen.«

»Alles klar. Ich melde mich, wenn die Sache erledigt ist.«

»Danke.« Ich umarmte ihn schnell und etwas ruppig. »Pass auf dich auf.«

Alec nickte und ging dann.

Felicity und ich blieben unschlüssig im Flur stehen. Es roch nach Thai Food und unausgesprochenen Gefühlen.

»Was er da gesagt hat –«, begann ich.

»Vergiss es«, fiel sie mir ins Wort. »Es ist Alec, richtig?«

»Ja. Richtig.« Auch wenn es nicht falsch war, was er von sich gegeben hatte. Nur war unsere Situation einfach viel zu komplex, um nun mit Gefühlen herauszurücken, die alles noch schwieriger machen würden. Es gab keinen Zweifel, dass ich in Felicity verliebt war – wahrscheinlich ging es längst darüber hinaus. Aber welche Chance hatten wir denn im Moment?

»Mr Coldwell?« Die Ärztin war wieder da und meine Aufmerksamkeit war sofort uneingeschränkt bei Buddy. »Wir haben die Prozedur abgeschlossen und es sieht so aus, als würde es ihm bereits besser gehen. Die toxikologische Untersuchung läuft noch, da haben wir hoffentlich bald Ergebnisse. Wenn Sie möchten, können Sie ihn jetzt besuchen, Sie und Ihre Freundin.«

Ich korrigierte den Ausdruck nicht, weil es keine Rolle spielte, für was sie Felicity hielt, sondern folgte ihr in den Behandlungsraum.

Mein Hund lag auf einem dick gepolsterten Kissen unter einer Decke, in seiner Pfote einen Zugang, der zu einer Infusion führte. Der Kloß in meinem Hals drängte Tränen in meine Augen, als ich zu ihm ging und mich vor ihm auf die Fliesen kniete. Er verhinderte, dass ich auch nur ein Wort rausbrachte, aber das war gar nicht nötig. Wichtig war nur, dass mein Hund wusste, ich war da.

Dass ich immer da sein würde.

31 Felicity

Es war herzzerreißend, dabei zuzusehen, wie sich Elijah zu Buddy hockte, ihm vorsichtig über den Kopf strich und dann seine Stirn kurz an die seines Hundes lehnte. Er hatte Tränen in den Augen und als Buddy nur ganz leicht mit dem Schwanz wedelte, liefen sie an Elijahs Wangen herunter.

»Er ist noch ein bisschen benommen, aber er nimmt auf jeden Fall wahr, wer in seiner Nähe ist«, sagte die Ärztin. »Deswegen wäre es gut, wenn Sie hier bei ihm bleiben, bis wir seine Ergebnisse haben.«

»Natürlich.« Elijah nickte mit einem Ausdruck im Gesicht, als würde ihn jetzt nichts mehr von der Seite seines Hundes wegbewegen können. Im nächsten Augenblick setzte er sich neben Buddy auf den Boden und der legte vertrauensvoll seinen Kopf in den Schoß seines Herrchens. Die beiden so zusammen zu sehen, berührte mich mehr, als ich sagen konnte. Ich fuhr mir mit der Hand über das Gesicht, obwohl es mir nichts ausmachte, wenn jemand meine Rührung bemerkte.

»Ist er jetzt außer Gefahr?«, fragte ich die Ärztin, bevor sie den Raum verlassen konnte.

»Wir können auf jeden Fall optimistisch sein, auch wenn sich erst nach 24 Stunden sicher sagen lässt, dass er es überstanden hat. Ich hoffe dennoch, dass wir herausfinden können, was er gefressen hat. Alles deutet darauf hin, dass es kein gewöhnliches Rattengift war, aber das werden wir bald wissen. Ich sage dann Bescheid. Und Sie drücken bitte den Alarmknopf hier neben der Tür, sollten Sie etwas Ungewöhnliches bemerken.«

Wir nickten beide und sie ließ uns allein.

Ich schaute mich um und entdeckte eine Unterlage auf dem Boden, die vermutlich auch für Hunde oder Katzen verwendet wurde. Durfte man die nehmen? Ich hoffte es.

»Hier.« Ich schob sie neben die Decke, auf der Buddy lag, damit Elijah nicht auf dem kalten Fliesenboden sitzen musste.

Er wischte sich mit dem Ärmel seines Pullovers über das Gesicht. »Er wird wieder gesund«, sagte er leise und erleichtert, als ich mich neben ihm niederließ.

Buddy bemerkte mich und wedelte erneut leicht mit dem Schwanz.

»Du bist ein braver Junge.« Ich streichelte ihm sanft über den Rücken. »Aber du solltest deinem Herrchen keinen solchen Schreck einjagen. Oder mir.«

Ich hatte bei Alec auf Elijah gewartet, als Trish Coldwell an der Tür geklingelt und Bescheid gegeben hatte, was passiert war und dass sich ihr Sohn zusammen mit Buddy auf dem Weg in die Tierklinik befand. Wir hatten keine Sekunde gezögert, uns ins Auto gesetzt und waren hergekommen. Natürlich hatte ich kurz darüber nachgedacht, was passierte, wenn Grant Wind davon bekam. Aber es spielte keine Rolle, wenn Elijah Unterstützung nötig hatte. Ich würde immer da sein, sollte er mich brauchen, das war mir heute klarer als je zuvor. Meine Gefühle für ihn würden sich nicht in Luft auflösen, ganz egal, was ich auch versuchte. Ich wollte ihn, ich wollte uns. Und vielleicht war ein Uns möglich, wenn wir Grant überführen konnten.

Für einige Minuten herrschte entspannte Stille und ich spürte die Erleichterung, die sich nach der Sorge um Buddy im Raum ausbreitete.

»Ich war heute in Grants Arbeitszimmer«, sagte ich dann.

Elijah stockte kurz in seiner Handbewegung an Buddys Fell.

»Du warst was?« Sein Tonfall war dunkel, genau wie sein gesamtes Sein. Es lag nicht an seiner schwarzen Kleidung, sondern an seiner Ausstrahlung, die mit jeder Begegnung düsterer zu werden schien. Es war fast so, als würde ihm der Kampf gegen Grant immer mehr Licht nehmen, und ich fragte mich mit einem Mal, was passierte, wenn er an sein Ziel gelangte. Würde er dann endlich befreit leben können? Oder war das nur eine Illusion, weil die Erlebnisse der Vergangenheit auch weiter an ihm hafteten, bis er bereit war, sie loszulassen?

»In seinem Arbeitszimmer zu Hause. Es war außer mir niemand da, ich wollte die Chance nutzen, mich umzusehen. Und ich habe etwas gefunden.« Ich hob herausfordernd eine Augenbraue. »Glaubst du, dass du oder irgendeiner der Leute, die du beschäftigst, da reinkommen?«

Elijah schien nicht überzeugt zu sein. »Du warst in seinem Arbeitszimmer und kannst sicher sein, dass niemand etwas davon mitbekommen wird? Vielleicht hat er Videoüberwachung oder Sensoren installiert, um informiert zu sein, wenn jemand das Büro betritt. Meine Mutter besitzt so etwas.«

»Da war nichts«, behauptete ich, obwohl ich gar nicht danach geschaut hatte. Grant war nicht gerade ein Technik-Geek, er konnte seine Geräte bedienen, aber tat sich mit allem darüber hinaus schwer. Außerdem ging er bestimmt davon aus, dass seine Ansage, niemand dürfe das Arbeitszimmer betreten, befolgt werden würde.

»Und dich hat auch keiner gesehen? Die Haushälterin oder ein Dienstmädchen?«

»Na ja.« Ich druckste ein wenig herum. »Rosalie ist aufgetaucht.«

»Deine Schwester? Ist das die biestige oder die nette?« Er konnte die Antwort wohl an meinem Gesichtsausdruck ablesen, denn er stöhnte auf. »Und, was hat sie –«

»Gar nichts«, unterbrach ich ihn schnell. »Ich habe mir eine Geschichte ausgedacht und sie hat sie mir abgenommen.« Worauf ich immer noch stolz war, weil Rosalie von Natur aus misstrauisch bis ins Mark war und ich all meine Fähigkeiten in die Waagschale hatte werfen müssen, um das hinzubekommen.

»Wirklich?« Er wirkte nicht überzeugt und ich versuchte, nicht beleidigt deswegen zu sein.

»Ja. Wirklich.«

»Okay.« Elijah streichelte wieder Buddy und der Hund atmete leise aus. Sogar in seinem angeschlagenen Zustand schien er Anspannung wahrzunehmen.

»Es könnte übrigens sein, dass Grant jemanden beauftragt hat, meine WG zu überfallen.« Die Bilder vom Tatort sprachen keine eindeutige Sprache und natürlich konnte es auch sein, dass Grants Handlanger dort nur fotografiert hatte, aber ich hielt es nicht für sonderlich wahrscheinlich, nachdem ich die Akten über uns gefunden hatte. Er kontrollierte uns, alles in unserem Leben. »Grant hat auf die Art dafür gesorgt, dass ich in sein Apartment ziehe. Vermutlich, um mich besser im Auge zu behalten.«

Elijah schaute mich an. »Hattest du den Verdacht etwa schon die ganze Zeit?«

»Nein.« Ich schüttelte den Kopf. »Erst seit heute, als ich an seinen Aktenschränken war. Er hat einen Ordner über mich. Über uns alle drei, auch Alyssa und Rosalie. Er lässt uns beschatten, führt Buch über die Leute, mit denen wir uns treffen, und verfolgt unsere Fortschritte in der Uni – in meinem Fall zahlt er sogar Geld an die SVA, um sicherzugehen, dass die mich auch gut behandeln. In meiner Akte waren außerdem Bilder aus der Nacht, als in die WG eingebrochen wurde.«

»Meine Güte.« Elijah rieb sich über das Gesicht. »Ich würde gern sagen, dass ich nie mit so etwas gerechnet hätte, aber es wäre gelogen.«

»Ich muss so schnell wie möglich ausziehen«, sagte ich. »Ich ertrage es nicht, noch länger derartig unter seiner Bewachung zu stehen.«

Elijah verzog das Gesicht. »Mir gefällt es auch nicht, dass du weiterhin dort wohnst, aber wenn du dir jetzt von einem Tag auf den nächsten etwas anderes suchst, wird er misstrauisch.«

»Nur dann, wenn ich ihm keine gute Erklärung dafür liefere. Aber darum werde ich mich kümmern, wenn das hier vorbei ist.« Ich strich Buddy über den Kopf und berührte dabei versehentlich Elijahs Arm. Haut auf Haut, weil er seine Ärmel hochgekrempelt hatte. Mich durchzuckte jedoch nicht der berühmte Schlag, es war vielmehr so, als würde sich Hitze von der Stelle in den Rest meines Körpers ausbreiten. Eine einfache Berührung und ich stand in Flammen. Ob sich das jemals ändern würde?

Elijah schien es auch gespürt zu haben, denn er räusperte sich. »Du hast gesagt, du hast im Arbeitszimmer etwas gefunden. Was war das? Die Akten über dich und deine Schwestern?«

»Die und noch was anderes.« Ich nahm mein Smartphone, rief die entsprechenden Fotos auf und zeigte sie ihm. »Unterlagen von der Bank, in der Sissy Goldsteen gearbeitet hat. Offenbar war er dort Kunde, die Kontonummer steht oben.«

Elijah nahm mein Handy und besah sich das, was ich fotografiert hatte. »Ich war heute in dieser Bank«, sagte er dann, »und wollte mit dem Chef von Sissy sprechen. Der ist vor mir geflüchtet, aber ich habe ihn aufgespürt. Wie es aussieht, hat Grant ihn Geld waschen lassen und Sissy hat das System dahinter erkannt. Carpenter hat ihn darüber informiert und … den Rest kennst du.«

Er sprach mit mir, als wären wir nun Partner in dieser Sache, auch wenn es ein herber Schlag für mich war, dass mein Einbruch in Grants Arbeitszimmer offenbar sinnlos gewesen war, wenn Elijah bereits mehr wusste als ich.

»Wird dieser Carpenter das auch bei der Polizei aussagen?«, fragte ich und glaubte, die Antwort schon zu kennen.

»Natürlich nicht. Damit er Grant nicht verrät, dass ich bei ihm war, muss ich ihm freies Geleit aus dem Land verschaffen. Heute um neun startet ein Flugzeug von Teterboro zu einem Ziel seiner Wahl. Deswegen habe ich Alec losgeschickt – damit er mir die Daten holt, die Carpenter aus der Bank besorgt hat.«

Ich schnaubte. »Der Typ liefert Sissy ans Messer und wird dafür auch noch mit einem Flug in die Sonne belohnt? Das ist nicht fair.«

»Was an dieser ganzen beschissenen Katastrophe ist das schon?« Elijah fluchte selten, deswegen hatte es umso mehr Gewicht, wenn er es tat. Buddy hob leicht den Kopf, aber senkte ihn dann wieder ab. »Keine Arbeit für dich, mein Junge«, murmelte er. »Nicht heute.«

»Er spürt, dass du aufgewühlt bist«, stellte ich fest. »Aber für heute könnte ich seinen Job ja vielleicht übernehmen.«

Elijah lächelte traurig. »Du machst es mir wirklich schwer, Fairytale.« Er sah mich auf die gleiche Art an, wie er es damals im Herbst getan hatte, bevor unsere Geschichte ein abruptes Ende gefunden hatte, und auch jetzt ließ es mich nicht kalt.

»Was meinst du damit?«, fragte ich und meine Stimme war leise und unsicher.

»Dass ich mir geschworen hatte, dich dazu zu bringen, zurück nach L.A. zu ziehen. Damit du in Sicherheit bist.« Er schüttelte den Kopf, eher über sich selbst. »Aber dann sitzt du hier und willst helfen, du interessierst dich dafür, wie es mir geht, und alles, woran ich denken kann, ist …« Der Satz endete, aber das ließ ich ihm nicht durchgehen.

»Alles, woran du denken kannst, ist was?«

»Dass ich nicht will, dass du gehst.« Er sah auf und da waren keine Schutzmauern, nur grüne, von einem braunen Ring umschlossene Offenheit. »Ich brauche dich, Felicity. Nicht um deinen Vater zu Fall zu bringen, mir wäre es immer noch lieber, du würdest dich da raushalten. Ich brauche dich, weil du der wahrhaftigste, wundervollste Mensch bist, der mir je begegnet ist. Du siehst mich, du erkennst mich. Ich will dich in meinem Leben, das will ich schon, seit wir uns das erste Mal begegnet sind. Und daran hat sich nie etwas geändert.«

»Aber?« Das Wort bebte, dennoch sprach ich es aus. Es hatte so deutlich am Ende von Elijahs Satz gestanden, dass ich mich nicht über den Rest seiner Aussage freuen konnte, bevor ich nicht wusste, was ihn abhielt. »Lag es wirklich nur an der Drohung von Grant, dass du dich im Herbst von mir zurückgezogen hast? Oder waren da noch andere Zweifel?«

»Keine anderen Zweifel«, antwortete er so schnell, dass ich wusste, er sprach aus seinem Herzen, nicht aus seinem brillanten Verstand. »Und ich würde mir wünschen, dass wir beide … dass wir etwas sein können, dass wir *das* sein können, was wir die ganze Zeit wollten. Ich weiß nur nicht, ob es möglich ist. Selbst wenn dein Vater gefasst und angeklagt wird und wir heil aus der Sache rauskommen, willst du dann noch in der Stadt bleiben? New York ist hart genug, aber es kann grausam sein, wenn sich jemand etwas zuschulden kommen lässt. Und die Leute differenzieren nicht zwischen dem, der es getan hat, und seiner Familie.«

»Das ist mir egal.« Ich sah ihn mit festem Blick an. »Es ist mir egal, was irgendwelche Leute über mich sagen, die ich nicht kenne. Oder geht es dir um *deinen* Ruf?«

»Nein. Du solltest mich mittlerweile gut genug kennen, um zu wissen, dass mein Ruf relativ schwer zu beschädigen ist. Und abseits davon wäre es mir auch gleich, wenn es anders wäre.« Er seufzte kaum hörbar. »Aber das ist alles nur Theorie. Solange ich nicht weiß, wie die Sache ausgeht, solange ich keine Sicherheit habe, dass dir oder jemand anderem nichts geschehen kann, bin ich nicht in der Lage –«

»Ich weiß«, fiel ich ihm ins Wort. »Und ich verstehe es.« Daran hatte sich seit dem letzten Gespräch dieser Art nichts geändert und trotzdem schmerzte es. Denn ich spürte, dass er auf einem gefährlichen Kurs war, nicht nur was seine körperliche Unversehrtheit anging. Seine Psyche war genauso in Gefahr, wenn nicht noch mehr. Da war schon immer eine Dunkelheit in ihm gewesen, die er seiner Entführung verdankte, sie wurde jedoch größer, sie ergriff mehr und mehr Besitz von ihm. »Versprich mir nur, dass du mich nicht außen vor lässt. Ich werde nichts tun, das mich gefährdet, aber ich will dabei sein. Ich will helfen.«

Nicht nur, weil ich Zugang zu Grants Räumen hatte. Sondern auch, weil ich jetzt merkte, ich hatte Zugang zu Elijah, und ich wollte ihn nutzen. Es war nicht so, dass wir einfach eine gewisse Zeit überstehen mussten und dann glücklich sein konnten. Da waren so viele Fragezeichen, so viele Bedrohungen, dass es genauso gut sein konnte, dass am Ende nichts mehr blieb, das auf uns wartete. Und es machte mir Angst. Es machte mir eine Höllenangst, nicht zu wissen, ob Elijah auf dem Weg zur Wahrheit etwas passierte. Ob er danach noch die Person sein würde, in die ich mich verliebt hatte.

Er schloss kurz die Augen und rang mit sich. Dann öffnete

er sie wieder und nickte. »In Ordnung. Aber wir werden festlegen, wie und wann du hilfst. Und keine Alleingänge mehr.«

Ich erwiderte das Nicken. »Versprochen.«

Unsere Verbindung war in diesem Moment so stark, dass ich nicht anders konnte, als mich nach vorne zu lehnen. Elijah tat es ebenfalls und auch wenn die Situation alles andere als romantisch war, hungerte ich nach diesem Kuss. Aber bevor sich unsere Lippen trafen, öffnete sich die Tür. Wir fuhren auseinander und Buddy ließ einen leisen Laut hören, weil sich Elijah so ruckartig unter ihm bewegt hatte.

»Wir haben die Ergebnisse der Blutuntersuchung«, sagte die Tierärztin, als sie uns auf dem Boden entdeckte. »Offenbar war es ein neuartiges Rattengift namens Alpha-Chloralose, das Buddy gefressen hat. Es wirkt sehr schnell, meist innerhalb von ein bis zwei Stunden. Das Fatale an dem Gift ist, dass es den Stoffwechsel drastisch verlangsamt und die Tiere daran versterben. Zum Glück war Buddy rechtzeitig hier, um das zu verhindern.«

Sie legte die Stirn in Falten. »Es ist jedoch so, dass Alpha-Chloralose hier nur schwer zu bekommen ist und es kaum jemand verwendet. Wenn ich eine Mutmaßung anstellen sollte, würde ich sagen, dass er das Gift nicht zufällig aufgenommen hat.«

In dem Moment sah ich Elijah an und sein Blick veränderte sich augenblicklich. Er hatte immer noch Buddys Kopf auf dem Schoß, also nahm er ihn vorsichtig herunter und legte ihn auf der Decke ab, bevor er aufstand.

»Wollen Sie damit sagen, dass ihm jemand gezielt Gift verabreicht hat?« Seine Stimme war ruhig, aber ich konnte die Vibration darin spüren. Je nachdem, was die Tierärztin ihm nun sagte, konnte es sein, dass er direkt zu Grant fuhr, um sich zu rächen. Und ich würde ihn sicher nicht daran hindern.

Sie hob die Hände. »Es ist nur eine Vermutung. Haben Sie ihm denn heute irgendetwas gegeben, das Sie geschenkt bekommen haben oder das er sonst nicht frisst?«

»Nein, er hatte sein normales Futter und ein paar Leckerli. Das hat er auch die letzten Tage gefressen. Ich wüsste nicht … Oh nein!«

»Was ist?« Ich sah ihn an.

»Der alte Earl.« Elijah schüttelte den Kopf. »Das ist ein Rentner, der immer im Park unterwegs ist und klein geschnittene Wurst für die Hunde dabeihat. Er darf in seiner Wohnung keinen halten, aber so hat er die Gelegenheit, welche zu streicheln. Und die Besitzer akzeptieren es, weil er wirklich lieb ist.«

Ich zählte eins und eins zusammen. »Aber du denkst doch nicht, dass er –«

»Nein, natürlich nicht. Es wäre jedoch einfach gewesen, ihm etwas unterzuschieben.«

»Das würde aber bedeuten, dass noch andere Hunde betroffen sind.« Die Ärztin sah zu Buddy. »Und zumindest wir hatten heute keine weiteren Fälle dieser Art.«

»Es hat vorhin geregnet, da waren nicht viele Leute unterwegs. Ich habe Earl am Parkausgang getroffen, was ungewöhnlich war, und er wirkte nervös. Da ich in Gedanken war, habe ich es nicht hinterfragt, aber er hatte nur noch ein Stück in seiner Dose. Was, wenn man es ihm gegeben und gesagt hat, dass er es nur meinem Hund füttern darf?«

Die Ärztin nickte. »Das wäre möglich. Allerdings können wir das nur in Erfahrung bringen, wenn jemand mit dem Mann redet.«

Elijah sah so aus, als würde er das höchstpersönlich übernehmen wollen, zückte sein Telefon und schrieb eine Nachricht. Ich konnte den Text sehen, er bat jemanden namens Archie um die Adresse von diesem Earl. Wahrscheinlich war es sein Privatdetektiv.

Die Ärztin hängte derweil die Infusion ab und zog eine Spritze auf, um sie Buddy zu verabreichen, der immer noch auf seiner Decke lag. »Das ist noch ein Mittel, um seinen Kreislauf zu stabilisieren. Wenn Sie möchten, können Sie ihn mit nach Hause nehmen, er wird jetzt viel schlafen. Morgen nur Schonkost und in den nächsten 24 Stunden muss er unter Beobachtung bleiben und bei jedem Anzeichen einer Änderung seines Zustands sofort ein Tierarzt aufgesucht werden. Und wir sollten nach einer Woche noch mal einen Bluttest machen, um sicherzugehen, dass die Leber keinen Schaden genommen hat.«

Elijah nickte. »Vielen Dank, Doktor. Sie haben ihn gerettet.«

»Das ist mein Job.« Sie lächelte und gab ihm die Hand. »Die Rechnung schicken wir zu, am Empfang ist jetzt niemand mehr. Alles Gute für den lieben Kerl.«

Sie ging und Elijah lief zu seinem Hund, um ihn hochzuheben, da klingelte sein Telefon.

»Alec, alles in Ordnung?« Er runzelte die Stirn, während er seinem Freund zuhörte, und legte nach einer knappen Minute auf. »Er war zu spät, Carpenter war bereits weg. Und auch wenn ich sein Ziel herausfinden kann, wird er längst untergetaucht sein, bis jemand dort ist.« Er ließ einen heftigen Fluch hören. Diese Daten waren wichtig gewesen, um den Mord an Sissy zu beweisen, und nun waren sie mit dem einzigen Zeugen, der dazu aussagen konnte, auf und davon.

»Es tut mir leid«, sagte ich. Noch ein Punkt mehr, warum es wahrscheinlich war, dass das Gift nicht zufällig zu Buddy gelangt war.

»Das war *er*. Ich weiß es.« Die Kanten von Elijahs Gesicht traten scharf hervor, so sehr presste er die Kiefer aufeinander.

»Er wusste, dass ich den Deal mit Carpenter gemacht habe und hat Earl irgendwie vergiftete Wurst untergeschoben, damit er sie Buddy gibt und ich nicht zu dem Treffen gehen kann.«

Ich hätte gern gesagt, dass ich nicht daran glaubte, aber Grant war alles zuzutrauen, auch das.

»Was hast du jetzt vor?« Das hielt ich für die wichtigste Frage.

Elijah lächelte grimmig. »Möchtest du wissen, was ich gern tun *würde* oder was ich tun *werde?*«

»Letzteres.« Denn was er gern tun wollte, war mir völlig klar. Selbst ich wollte Grant für das bestrafen, was er Buddy angetan hatte. Wie konnte man nur so widerwärtig sein, ein unschuldiges Tier anzugreifen?

»Ich muss mit Jess und Helena sprechen.« Elijah nahm sein Smartphone. »Sie sind auf der Farm, aber hoffentlich noch wach, wenn wir dort ankommen. Denn vorher müssen wir zu Earl und ihn fragen, was er sich dabei denkt, meinen Hund zu vergiften.«

»Wir?« Ich sah ihn verwundert an.

»Ja. Ich hätte gern, dass du dabei bist. Nicht unbedingt bei Earl, aber bei dem Gespräch mit Helena und Jess. Natürlich nur, wenn du willst.«

Ich kannte die Gründe für diesen Wunsch nicht, aber ich nickte trotzdem.

»Natürlich bin ich dabei. Lass uns fahren.«

32
Elijah

Es war für Archie nicht schwierig gewesen, das Wohnhaus von Earl zu finden – nicht nachdem ich es eingegrenzt hatte, weil ich wusste, dass er an der 112th wohnte und ich die Info hatte, dass es einer der Häuserblocks aus Backstein an der Nordseite war. Unter anderen Umständen wäre es mir unangenehm gewesen, den alten Mann um diese Uhrzeit und dazu noch ohne Ankündigung aufzusuchen, aber meine Wut dämpfte in diesem Moment jede Form von Rücksichtnahme. Ich musste wissen, warum er das getan hatte. Wenn meine Vermutung zutraf und er meinen Hund vergiftet hatte, dann wollte ich es von ihm hören – und erfahren, was man ihm dafür angeboten hatte. Je nachdem, wie die Antwort ausfiel, würde ich anschließend die Polizei informieren oder nicht.

Buddy lag zwischen Felicity und mir auf der Rückbank des Wagens, seinen Kopf auf meinem Oberschenkel, die Augen geschlossen. Ich streichelte ihm in gleichmäßigen Bewegungen über das Fell und war froh, dass er entspannt zu sein schien, obwohl ich es nicht war. Er würde sich vollständig erholen, das war das Wichtigste. Aber deswegen konnte ich diejenigen, die ihm das angetan hatten, trotzdem nicht damit durchkommen lassen. Und wenn Earl aussagte, dass Grant ihn dazu angestiftet hatte, dann hatte ich nach dem Verlust von Carpenter immerhin einen kleinen Sieg errungen.

Natürlich wäre ich am liebsten direkt zu Grant gefahren und hätte ihn einen Kopf kürzer gemacht. Niemand vergriff sich an meinem Hund, ohne es zu bereuen, und er hatte einen schweren Fehler begangen, ausgerechnet Buddy ins Visier zu nehmen. Aber wenn ich das jetzt tat, war das mein einziger Schuss, und ich wusste, dass der treffen musste. Ich konnte froh sein, dass ich in den letzten Jahren alles darauf ausgerichtet hatte, die Beherrschung zu bewahren. Anders hätte ich das hier niemals durchgehalten.

»Soll ich dich zu Earl begleiten?«, fragte Felicity, als wir schon fast an der richtigen Adresse angekommen waren. Sie hatte kaum etwas gesagt, seit wir losgefahren waren. Ich konnte mir nicht vorstellen, wie es für sie sein musste. Wie es sich anfühlte, die Tochter von jemandem zu sein, der solch schrecklichen Dinge tat. Sie hatte mir zwar verraten, dass sie Angst hatte, seine moralischen Abgründe steckten in ihrer DNA, und ich hatte versucht, ihr das auszureden. Trotzdem hatte ich keine Ahnung, wie sie sich fühlte. Vielleicht hatte ich sie auch deswegen gebeten, mit zu Helena und Jess zu kommen. Weil ich sie nicht allein lassen wollte.

Ja, als ob.

»Nein, es wäre nett, wenn du bei Buddy bleiben könntest.« Das war nicht die ganze Wahrheit, aber ein nicht unwesentlicher Teil davon. Mein Hund war es gewohnt, bei Frank im Wagen zu warten, aber jetzt war er nicht fit und er liebte Felicity sehr. Außerdem wollte ich nicht, dass sie mitbekam, wie ich eventuell mit Earl sprechen musste, um den alten Mann zu einer Aussage zu bewegen. Mir war bewusst, wie fragil Felicitys und meine Verbindung war.

»Okay.« Sie schien damit einverstanden zu sein, wenn auch

nicht glücklich. Schon seit wir unterwegs waren, umklammerte sie ihr Smartphone, so als müsste sie sich krampfhaft davon abhalten, jemanden anzurufen.

»Hey.« Ich legte meine Hand auf ihre und sie sah mich an. »Wenn du lieber nach Hause möchtest, sag es mir. Ich verstehe das.«

»Ich habe hier kein Zuhause, schon vergessen?« Sie lachte leise auf und es war ein Laut voller Kummer. »Außerdem ist es gut, wenn ich nicht allein bin, sonst komme ich noch auf die Idee, jemandem den Hals umdrehen zu wollen.« Ihr Ton war so düster, wie ich es von ihr noch nie gehört hatte, und es rührte mich, obwohl das nicht hilfreich war.

»Ja, da sind wir schon zwei.« Ich behielt ihre Hand in meiner, obwohl auch das nicht hilfreich war.

»Ich würde ihn so gerne anrufen und ihm sagen, dass ich es weiß. Dass ich von allem weiß, was er dir und Sissy und nun auch noch Buddy angetan hat. Und dass ich ihn dafür verachte und hasse und alles dafür tun werde, damit er seine gerechte Strafe bekommt.« Felicity atmete aus. »Aber ich weiß, dass es nicht geht. Wahrscheinlich würde es auch gar nichts bringen.«

Da konnte ich nicht widersprechen, denn aus diesem Grund war ich auf dem Weg in die 112th und nicht in Richtung Upper West Side unterwegs.

»Er wird bezahlen«, versprach ich ihr. »Allerdings müssen wir es richtig machen, damit es auch funktioniert.«

Sie nickte und wir hielten neben dem Haus, das Archie als Wohnsitz von Earl Cavanaugh ausgemacht hatte. Ich sagte Buddy, dass ich gleich wieder da sein würde, dann stieg ich aus, schenkte Felicity ein halbes Lächeln und schloss die Tür. Frank würde auf die beiden aufpassen, bis ich wieder da war.

Obwohl wir ganz in der Nähe des Central Parks waren, hätte der Kontrast zu den schicken Gebäuden auf der Upper East und West Side nicht größer sein können. Die Backsteintürme, die hier in den Himmel ragten, wirkten düster und ungepflegt, und garantiert gab es auch keinen Portier, der sich um den Zugang zum Haus kümmerte. Ich stellte fest, dass die untere Tür offen stand, und stieg sicherheitshalber die vier Etagen zu Fuß nach oben, weil ich dem altersschwachen Fahrstuhl nicht traute. Earl wohnte direkt neben dem Zugang zum Treppenhaus, Archie hatte mir die Apartmentnummer geschickt. Ich klopfte und wartete.

»Wer ist da?«, erklang es in ängstlichem Tonfall aus dem Inneren der Wohnung.

»Elijah Coldwell«, sagte ich. »Wir kennen uns aus dem Park. Ich muss mit Ihnen reden, Earl. Es ist dringend.«

»Gehen Sie weg!«, drang es durch die Tür. »Ich will nicht mit Ihnen sprechen!«

»Auch gut.« Meine Stimme nahm eine gewisse Schärfe an. »Dann werde ich mit der Polizei wiederkommen. Ich kenne eine Detective vom NYPD. Die interessiert sich vermutlich brennend dafür, aus welchem Grund Sie im Park mutwillig Hunde umbringen.«

Schweigen hinter der Tür, dann wurde ein Riegel zurückgeschoben und der Schlüssel im Schloss gedreht. Als sie aufging, sah ich mich dem vertrauten runzligen Gesicht gegenüber und meine Wut verrauchte ein Stück weit. Earl war kein böser Mensch, das war mir bewusst. Und dennoch konnte ich an seiner Miene ablesen, dass mein Verdacht ins Schwarze traf.

»Kommen Sie rein«, sagte er leise und trat beiseite.

Das Innere der Wohnung war bescheiden, beinahe schon ärmlich eingerichtet. Am Küchentisch standen zwei wackelige Stühle, auf der Spüle ein einzelner Teller und ein Topf. Es roch nach Zwiebeln und so etwas wie Kohl. Weiter hinten sah ich eine durchgesessene Couch und einen alten Fernseher, dessen

Ton stummgeschaltet war. Und langsam ahnte ich, welchen Weg Grant gewählt hatte, um Earl dazu zu bringen, meinem Hund vergiftete Wurst zu geben.

»Ich nehme an, dass Sie wissen, was ich von Ihnen will«, sagte ich.

Der alte Mann zog die Schultern hoch und in mir regte sich Mitgefühl, weil seine Angst so allgegenwärtig war und ich mit diesem Gefühl besser vertraut war als mit jedem sonst.

»Es tut mir so leid, ich wollte das nicht.« Er rieb sich über das Gesicht und in seinen Augen erkannte ich Tränen. »Ich liebe Hunde doch über alles und gerade Buddy ist so ein netter Kerl. Andere Hunde belagern mich regelrecht, aber er wartet immer ganz brav, bis er sein Stück bekommt. Ich habe ihn wirklich gern.«

Das war mir klar, weil ich ihn mit Buddy erlebt hatte und wusste, wie sehr ihn der alte Mann mochte.

»Earl, ich möchte Ihnen nichts Böses«, sagte ich, nun etwas weicher. »Ich will einfach nur wissen, warum Sie es getan haben. Und wer Sie dazu angestiftet hat.«

Er sank auf einen der klapprigen Stühle. »Ich habe … Ich habe Schulden.« Er war kaum zu verstehen. »Da arbeitet man sein ganzes Leben und alles, was einem bleibt, ist eine mickrige Rente, mit der man kaum über die Runden kommt. Meine Tochter hilft mir manchmal aus, aber sie verdient auch nicht die Welt und sie hat zwei Kinder, es reicht hinten und vorne nicht. Sie sehen ja, wie ich lebe.« Er deutete auf die abgewohnte Küchenzeile und umfasste damit die gesamte Wohnung. »Vor ein paar Wochen brauchte ich eine neue Brille und dann ist auch noch mein Herd kaputtgegangen. Nun bin ich mit der Miete im Rückstand und wenn ich nicht nächsten Monat alles bezahle, wirft man mich raus und ich lande auf der Straße.«

»Und dann kam jemand und hat Ihnen angeboten, Ihre

Mietschulden zu bezahlen, wenn Sie dafür meinen Hund vergiften?« Ich konnte mir vorstellen, wie das abgelaufen war. Wahrscheinlich hatten sie Earl schon seit einer Weile für diesen Job eingeplant und nur auf den richtigen Zeitpunkt gewartet.

»Ich wollte nicht, dass Buddy stirbt! Sie haben versprochen, er würde krank werden, sonst nichts.« Er schaute mich an und begann dann, bitterlich zu weinen.

Mit einem Mal wünschte ich mir, Felicity wäre doch mit reingekommen. Es war nicht so, dass ich mit dem Kummer anderer Menschen nicht umgehen konnte, aber in diesem Fall war es schwierig für mich, ihn zu trösten.

»Buddy wird sich erholen«, sagte ich also, weil ich glaubte, dass ihn das vielleicht beruhigen würde. »Ich war sehr schnell mit ihm in der Klinik und die haben ihm geholfen. Er ist bald wieder auf den Beinen.«

»Oh, Gott sei Dank.« Earl kramte in seiner Hosentasche und holte ein Stofftaschentuch hervor, das vom vielen Waschen ganz gräulich war. »Das erleichtert mich so. Ich hätte es mir nie verzeihen können, wenn er gestorben wäre.«

»Warum haben Sie denn nichts zu mir gesagt? Als wir uns heute getroffen haben.« Ich verstand, warum er das Geld dringend gebraucht hatte, aber er wusste, wer ich war und dass ich ihm ohne Probleme hätte aushelfen können. Wir hatten uns oft genug unterhalten. »Ich hätte Ihre Schulden bezahlt, wenn Sie mir gesagt hätten, wozu man Sie angestiftet hat.«

Earl wischte sich über die Augen. »Die meinten, dass Ihre Familie dafür sorgen würde, dass ich alles verliere, wenn ich Ihnen auch nur ein Wort darüber sage. Jeder in der Stadt weiß, wie Ihre Mutter tickt.«

»Ich bin nicht meine Mutter.« Deren Ruf ihr vorauseilte, aber auch ein wenig überdramatisiert wurde, zumindest in den letzten Jahren. Sie war in geschäftlichen Fragen immer noch knallhart, aber sie ging nicht mehr über die Leichen ihrer Konkurrenz. Davon hatte die Sache mit Helena und Jess sie kuriert.

»Das stimmt und Sie waren immer nett zu mir. Aber er hat mir gesagt, dass Sie nicht anders wären als Ihre Mutter, und ich hatte Angst, dass man mich einsperrt.« Wieder tupfte er sich über das Gesicht. »Werden Sie mich jetzt der Polizei melden? Sind die schon auf dem Weg hierher? Ich möchte nicht ins Gefängnis.«

»Es ist niemand hierher unterwegs, zumindest noch nicht.« Er tat mir leid, aber vom Haken lassen konnte ich ihn nicht, bevor er mir nicht alles erzählt hatte, was er wusste. »Wer war der Mann, der Ihnen das Geld angeboten hat? Kannten Sie ihn?« Ich nahm mein Smartphone und rief ein Bild von Grant auf, das ich in der Google-Bildersuche fand. Hass stieg in mir auf, als ich sein Gesicht sah. Schnell drehte ich das Telefon um, damit Earl das Foto betrachten konnte und es aus meinem Blickfeld verschwand. »War er es?«

Earl kniff die Augen ein wenig zusammen, dann schüttelte er den Kopf. »Nein, der Typ war jünger, vielleicht um die vierzig? Und er hatte dunkle Haare, ähnlich wie Sie.«

Also war es nicht Grant selbst gewesen, aber das hatte ich auch nicht erwartet. Er ließ andere die Drecksarbeit erledigen, niemand wusste das besser als ich. Sissy Goldsteen hatte er schließlich auch nicht selbst getötet. Und meine Entführung hatten ebenfalls andere übernommen.

»Was werden Sie nun mit mir machen?«, fragte Earl mit zittriger Stimme, nachdem ich nichts gesagt hatte.

Ja, das war die Frage, oder? Er hatte eine Straftat begangen, das stand fest, aber wenn ich Earl verpflichtete, bei der Polizei eine Aussage zu machen, würde Grant sich vermutlich dafür an ihm rächen. Außerdem würde ich auf diese Art sicher nicht erreichen, dass man ihn ins Gefängnis steckte. Zu der Vergiftung eines Hundes anzustiften war moralisch sehr verwerflich, aber am Ende war Buddy kein Mensch, bei dem ein Mordversuch mit einer langen Freiheitsstrafe geahndet wurde. Wahrscheinlicher war, dass man Earl verurteilen würde – schließlich war er es, der Buddy vergiftet hatte. Und in seinem hohen Alter konnten fünf oder zehn Jahre lebenslänglich bedeuten.

»Ich werde jetzt jemanden beim NYPD anrufen und Bescheid geben, wo die Sie finden können.«

Wieder trat Angst in die Augen von Earl. »Sie meinen, damit die mich festnehmen?«

Ich ließ meinen Blick noch mal schweifen und mein Mitgefühl zog langsam an meiner Wut vorbei. »Nein. Aber ich möchte, dass sie der Detective den Mann so genau wie möglich beschreiben.«

»Natürlich.« Earl nickte nur und schniefte in sein Taschentuch. »Danke, Mr Coldwell. Sie sind wirklich ein anständiger Mensch.«

»Passen Sie auf sich auf, Earl.« Für mich gab es nichts weiter zu sagen, also rief ich Malia an, die widerwillig klang, aber nach dem Hinweis auf meinen Hund versprach, in ein paar Minuten da zu sein. Ich verabschiedete mich von Earl, um sie unten zu treffen, und ließ den alten Mann allein.

Malia kam auf mich zu, als ich gerade das Haus verließ. Und sie schien keine besonders gute Laune zu haben. »Ich bin nicht deine persönliche Detective auf Abruf, Elijah. Du wirst mir jetzt endlich sagen, was bei dir los ist, oder ich drehe direkt wieder um.« Sie schaute mich streng an.

»Damit hast du völlig recht und ich werde dich auf jeden Fall einweihen, aber nicht jetzt.« Ich versuchte es mit einem bittenden Blick, den ich nicht besonders gut draufhatte. »Ich muss erst zu Helena und Jess und ihnen alles erklären. Aber diese Sache hier ist sehr wichtig. Und es gibt im NYPD abgesehen von dir niemanden, dem ich vertrauen kann.«

»Okay. Aber das ist das letzte Mal. Wenn du wieder anrufst und mir vorher nicht die Wahrheit gesagt hast, lege ich auf. Völlig egal, wer gerade in Gefahr ist.« Sie ging an mir vorbei. »Ruf mich an. Ich meine es ernst.«

Ich versprach ihr, dass ich mich so bald wie möglich melden würde, dann eilte ich zu meinem Wagen. Buddy hob den Kopf, als ich die Tür öffnete und mich neben ihn setzte, dann schnaufte er kurz und schloss die Augen wieder.

»Und, hat er es zugegeben?« Felicity schaute mich an. Im schwachen Schein der Innenraumbeleuchtung sah sie ziemlich blass aus.

»Ja. Der Handlanger von Grant hat ihm Geld dafür geboten und Earl hatte Mietschulden. Die hätten ihm nächsten Monat die Wohnung geräumt, also ist er drauf eingegangen. Er dachte, Buddy würde nur krank werden. Nicht, dass er sterben könnte. Zumindest hat er das behauptet.«

Felicity stieß die Luft aus. »Glaubst du ihm das?«

»Ja.« Ich nickte. »Der Mann liebt Hunde mehr als die meisten Menschen, die ich kenne – manche Hundebesitzer eingeschlossen. Er muss sehr verzweifelt gewesen sein, wenn er das Angebot angenommen hat.«

Sie nickte langsam. »Was passiert nun mit ihm? Willst du, dass er aussagt?«

»Ich habe Malia, die Freundin von Helena, darum gebeten, seine Aussage aufzunehmen und Earl den Typen beschreiben zu lassen. Eine Befragung auf dem Revier wird nichts bringen. Er kannte den Mann nicht, der ihm das Geld angeboten hat, und selbst wenn man ihn fasst, würde er einfach leugnen, für Grant zu arbeiten.«

Felicity runzelte die Stirn. »Das war vielleicht Rex Farragano. Alyssa hat mir gesagt, dass er es ist, der uns immer beschattet. Sie meinte, er wäre ein Privatdetektiv, aber ich vermute, dass er auch noch andere Sachen für Grant erledigt.«

Ich nahm mein Handy und schickte Malia eine Nachricht mit dem Namen, damit sie ihn überprüfte. Vielleicht hatten wir ja Glück und er war im System, auch wenn ich bei meiner Erfolgsquote nicht darauf setzte.

»Wir sollten fahren«, sagte ich. »Helena und Jess müssen heute noch Bescheid wissen und wir brauchen knapp zwei Stunden raus nach Swan Lake.« Ich hatte viel zu lange damit gewartet, die beiden einzuweihen, das war mir mittlerweile klar. Es war absurd, dass ich wirklich geglaubt hatte, irgendjemanden durch Schweigen schützen zu können. Wie sollte ich Grant besiegen, wenn er mir offenbar immer einen Schritt voraus war? Wie sollte ich das, wenn ich immer bloß reagierte, statt agieren zu können? Ich musste aus der Deckung kommen und das konnte ich nur, wenn ich die Menschen einweihte, die er möglicherweise angreifen würde.

Felicity nickte und ich war froh, dass sie bei mir war, während Frank den Wagen Richtung Interstate steuerte und die Lichter der Stadt mit jeder Minute ein wenig mehr verblassten.

33
Elijah

»Jetzt wisst ihr alles.« Ich legte die Hände gegeneinander und schaute Helena und Jess an, denen ich in der letzten Stunde erzählt hatte, was damals passiert war und wie weit ich im vergangenen halben Jahr ermittelt hatte. Wir saßen im Wohnzimmer des Haupthauses der Farm, zu der Frank mich und Felicity gefahren hatte. Es war bereits ein gutes Stück nach Mitternacht. »Ich hätte euch schon eher etwas sagen sollen, aber ich wollte euch und euer Glück nicht gefährden. Ihr habt in der Vergangenheit so viel durchgemacht, bis ihr endlich zusammen sein konntet, und ich … ich dachte, ich zerstöre das, wenn ich euch einweihe.«

Jess hatte die ganze Zeit dagesessen und mich angesehen – so todernst, wie er sonst selten war. Sein Blick war dem von Adam derartig ähnlich gewesen, dass ich manchmal den Eindruck gehabt hatte, meinem verstorbenen Bruder gegenüberzusitzen. Zumindest bis zu dem Moment, als seine Miene von fassungslos zu wütend zu verletzt zu bestürzt gewechselt hatte und er schließlich aufgestanden war, weil er nicht mehr still sitzen konnte. Helena dagegen hatte sich kaum einen Millimeter von der Stelle bewegt, sondern war auf ihrem Sessel geblieben, die Knie an den Körper gezogen, und hatte mehrfach mit den

Tränen kämpfen müssen. Ich wusste, dass ich ihnen wehtat, weil ich nicht ehrlich gewesen war. Und dass ich ihnen wehtat, indem ich ihnen nun die Wahrheit offenbarte. Ich sah zu Felicity, die sich während meines Berichts zurückgehalten und um Buddy gekümmert hatte, der schlafend vor dem Kamin lag. Sie schenkte mir ein mitfühlendes Lächeln, aber es wirkte müde.

»Bitte sagt irgendwas«, schob ich nach, als Helena und Jess weiterhin schwiegen.

Sie wechselten einen Blick, um sich stumm auszutauschen. Dann holte Jess tief Luft.

»Ich habe eigentlich nur eine Frage.« Seine Stimme bebte vor all den Gefühlen, die er verzweifelt zu beherrschen versuchte. »Wer ist es? Wer ist dieses verdammte Arschloch, das dir das angetan hat?« Ihm schien aufgefallen zu sein, dass ich ihm noch nicht verraten hatte, wer für meine Entführung verantwortlich war. Ich hatte diese Bombe nicht auch noch platzen lassen wollen, während die beiden damit beschäftigt waren, die Tatsache zu verarbeiten, dass ich jahrelang bedroht worden war – und nie etwas gesagt hatte.

»Es ist mein Vater«, meldete sich Felicity, bevor ich etwas sagen konnte. »Harrison Grant.«

Jess starrte mich mit offenem Mund an und Helena sah nicht weniger entsetzt aus.

»Dein … Vater?«, wiederholte sie. »Ist das sicher?«

Felicity und ich nickten beide.

»Seit wann weißt du das?«, fragte Jess sie.

»Noch nicht lange«, gab ich ihm die Antwort. »Ich habe Felicity eingeweiht, nachdem ich es erfahren hatte. Das ist knapp zwei Wochen her.«

»Heilige Scheiße. Es tut mir so leid.« Helena schaute zwischen uns hin und her. »Für euch beide.«

Niemand wusste besser als Helena und Jess, was es bedeutete, wenn die eigene Liebe unter richtig schlechten Vorzeichen stand. Wenn es so viele Gründe gab, warum man auf keinen Fall zusammen sein durfte – und das Herz trotzdem einen Weg finden wollte.

Mein Bruder jedoch schien nicht *darüber* nachzudenken, sondern über alles andere, was ich ihm berichtet hatte. Ich konnte von seinem Gesicht ablesen, wie er mit den Worten kämpfte, die er sagen wollte, um dann nur den Kopf zu schütteln, immer noch fassungslos.

»Ich muss hier raus, ich brauche frische Luft.« Er ging zur Tür und warf sie hinter sich zu.

Helena schaute zu mir. »Felicity und ich bleiben bei Buddy«, sagte sie.

Die Wahrscheinlichkeit, dass Jess und ich richtig aneinandergeraten würden, wenn ich ihm nun folgte, war sehr hoch, aber ich wusste, dass es keine Alternative gab. Wir mussten das klären, damit wir in Zukunft an einem Strang ziehen und für Sicherheit sorgen konnten. Die Zeiten, in denen wir uns gegenseitig Vorwürfe gemacht hatten, weil der andere sich nicht so verhielt, wie wir es uns wünschten, waren vorbei. Jetzt mussten wir andere Prioritäten setzen.

»Ist das okay für dich?« Ich schaute Felicity an, die immer noch bei Buddy saß und unglücklicher wirkte denn je. Während des Berichts über alles, was Grant getan hatte, war ihr mehrfach anzusehen gewesen, dass sie am liebsten aus der Tür geflüchtet wäre. Aber sie war geblieben und ich rechnete es ihr verdammt hoch an.

»Klar«, antwortete sie. »Ihr solltet dringend reden.«

Mit einem letzten Blick auf meinen Hund, der zum Glück bereits fitter wirkte als noch vor zwei Stunden, verließ ich das Haus. Draußen war es dunkel, aber an allen Gebäuden waren Lampen angebracht, die unregelmäßige Lichtkreise auf den

Boden warfen. Ich war schon eine Weile nicht mehr hier gewesen, aber ich wusste, wohin mein Bruder gehen würde. Es war nicht besonders schwer zu erraten. Genauso wenig wie den Grund, aus dem er verschwunden war. Es lag nicht daran, dass Grant der Täter war. Es lag an allem, was ich ihm vorher erzählt hatte. Und vor allem an dem, was ich ihm jahrelang *nicht* erzählt hatte.

Der Pferdestall lag am anderen Ende des Hofes und hatte acht Boxen, die mittlerweile wieder gefüllt waren. Als Jess' Dad gestorben war, hatte das Anwesen einige Zeit im Dornröschenschlaf verbracht, aber mein Bruder hatte die Farm vor sechs Jahren daraus geweckt und zu einem zweiten Zuhause gemacht, in das er flüchten konnte, wenn ihm New York City zu viel wurde. Er war kein begeisterter Reiter, aber er liebte Pferde, genau wie Helena, deswegen gab es hier vor allem ältere Tiere, die ihren Ruhestand genossen und sich über ausgiebige Streicheleinheiten und den täglichen Gang auf die Koppel freuten. Um diese Uhrzeit kauten sie jedoch auf ihrem Heu oder schliefen und es war nur ab und zu ein Schnauben zu hören. Ich ging hinein und streichelte den Captain, ein altes Clydesdale, dem die vorderste Box gehörte und das neugieriger war, als ihm guttat.

»Na Großer, wo ist dein Boss?« Denn dass Jess hier war, daran gab es keinen Zweifel.

Als hätte mich der Captain verstanden, brummelte er und schüttelte den Kopf, und ich nahm das als Hinweis, dass Jess irgendwo weiter hinten sein musste. Ich lief die Stallgasse entlang und spürte trotz meines Zustands und meiner Wut auf Grant, wie ich ruhiger wurde. Ich hatte vergessen, dass dieser Ort jedes Mal diese Wirkung auf mich hatte.

»Hey«, sprach ich Jess an, der an der letzten Box auf dem Mauervorsprung saß und den Kopf eines Ponys streichelte, das genießerisch die Augen geschlossen hatte. Im Gegensatz zu ihm war mein Bruder jedoch alles andere als relaxt. Sein Gesichtsausdruck war hart, sein ganzer Körper angespannt. »Wir sollten reden, schätze ich«, fügte ich hinzu, als er nicht antwortete.

»Ach, *jetzt* willst du reden? Ein bisschen spät, findest du nicht?«

Ich atmete aus. »Wenn ich dir nicht gut genug erklärt habe, warum ich schweigen musste, dann –«

»Das ist nicht der Punkt.« Jess ließ das Pony los und sprang von der Mauer herunter, machte ein paar Schritte von der Box weg. »Es ist nicht so, dass ich deine Gründe, warum du das die ganze Zeit für dich behalten hast, nicht verstehe. Rein rational betrachtet, meine ich. Aber verflucht noch mal, Eli, es macht mich so wütend! Ich hab das mit dir durchgemacht und hätte wissen sollen, dass dich jemand bedroht. Ich hätte dir helfen können, verdammt!«

»Wie hättest du mir denn helfen wollen?«, fragte ich und setzte alles daran, beherrscht zu bleiben. Wenn wir jetzt beide ausflippten, würde das nicht gut enden.

»Indem ich für dich da gewesen wäre!«

»Du *warst* da, Jess«, erinnerte ich ihn.

»Ja, aber ich hatte keine Ahnung, wie die Dinge wirklich liegen. Dass du die ganze Zeit deswegen solche Schwierigkeiten hattest, weil man dich nicht in Ruhe gelassen hat. Wenn ich es gewusst hätte, wäre ich anders auf dich eingegangen. Ich hätte dich besser unterstützen können.«

»Unterstützen? Nur das?« Ich hob eine Augenbraue. »Dann hättest du nichts unternommen, wenn ich es dir damals verraten hätte? Du hättest nicht deine Kontakte aktiviert oder Mom eingeweiht, damit ihr herausfinden könnt, wer dahintersteckt? Erzähl mir keinen Scheiß.«

»Und wenn schon! Wir hätten viel eher was gegen ihn unternehmen müssen!«

»Das ging nicht! Er hat nicht mich bedroht, sondern euch. Adam, dich, Mom, Dad, sogar Grandpa und Grandma! Ich hatte Angst, Jess! Ich hatte eine Scheißangst, dass er seine Drohungen wahr macht!« Warum kapierte er das nicht?

»Ja, und wir hätten ihn daran hindern können, wenn du nicht mehr als dreizehn beschissene Jahre lang alles verschwiegen hättest – und mich dann auch noch außen vor lässt, wenn du zu ermitteln beginnst. Hast du vergessen, was mit Adam passiert ist? Hast du vergessen, was mit *mir* passiert ist, als ich der Wahrheit über seinen Tod zu nahe gekommen bin? Wie kannst du mir nichts darüber sagen?« Er funkelte mich an.

Ich wusste, dass vor allem Hilflosigkeit aus ihm sprach, aber ich schaffte es trotzdem nicht, wieder zu meiner früheren Beherrschung zurückzukehren.

»Ich wollte dich beschützen, verdammt! Gerade *weil* Adam gestorben ist und du fast auch! Ich wollte nicht, dass noch mal so etwas Schreckliches passiert!«

»Oh, danke! Was für ein grandioser Schutz, wenn ich eines Tages einen Anruf bekommen hätte, dass auch noch mein anderer Bruder tot ist!« Jess lief aus dem Stall nach draußen, wo er vor dem Gebäude stehen blieb. Normalerweise wich er Konfrontationen nicht aus, eher im Gegenteil, und es zeigte mir, wie hilflos er war und wie sehr ihn all das aufwühlte, was ich ihm verraten hatte.

Langsam folgte ich ihm, ließ ihm eine Minute Zeit. Erst dann sprach ich ihn an.

»Es tut mir leid, dass ich es dir nicht gesagt habe. Und ich verstehe, dass es für dich schwer zu verarbeiten ist – dass du nun sämtliche Situationen in diesen Jahren durchspielst, um rauszufinden, was du alles nicht wusstest.« Ich schüttelte den

Kopf. »Aber jetzt ist vor allem wichtig, dass du für deinen und Helenas Schutz sorgst, bis das Ganze vorbei ist.«

Jess wandte sich zu mir um. »Das ist der Grund, aus dem du jetzt damit rausgerückt bist? Weil wir uns vor Grant *schützen* sollen?«

Ich wusste, ich hatte einen Fehler gemacht und ihn erneut verletzt, weil ich wieder nicht um seine Unterstützung bat. Aber wie sollte ich das, wenn ich das Gefühl hatte, immer mehr Leute in diese Sache hineinzuziehen, ohne die Konsequenzen abschätzen zu können? Mir entglitt die Kontrolle über meinen Kampf gegen Grant, wenn ich sie alle daran beteiligte. Da waren viel zu viele Emotionen im Spiel und die waren bekanntlich das Gegenteil von Kontrolle.

»Du musst das verstehen, Jess. Wenn mir etwas passiert, dann war das mein Risiko und ich nehme es in Kauf. Aber du? Oder Helena? Wie soll ich weiterleben, wenn einer von euch beiden meinetwegen zu Schaden kommt?«

Mein Bruder schnaubte. »Das kann doch genauso eintreffen, wenn wir uns raushalten. Grant hat bereits Miranda umgebracht und diesen Typen, der dich entführt und verletzt hat. Er hat Felicity und dich bedroht. Und nun auch noch Buddy … Was soll denn noch passieren? Lass dir verdammt noch mal helfen, Eli. Du weißt, dass Helena und ich damals auch Hilfe hatten, und wir haben es hinbekommen. Der Mörder von Adam sitzt hinter Gittern. Sorgen wir zusammen dafür, dass Grant die Zelle daneben bekommt!«

Es war so verlockend, auf das Angebot einzugehen. Zu wissen, dass Jess an meiner Seite war. Mein Bruder hatte das schon einmal durchgemacht und war als Sieger daraus hervorgegangen. Mit ihm standen meine Chancen eindeutig besser, oder nicht? Trotzdem blieb mir die Zustimmung in der Kehle stecken, als wollte sie einfach nicht heraus.

»Wenn ich mich damit einverstanden erklären sollte, dann nur zu meinen Bedingungen«, sagte ich stattdessen. »Du machst keine Alleingänge, sondern wir sprechen alles ab. Und Helena bleibt außen vor.«

Jess lachte trocken. »Wie lange kennst du sie? Sie wird nicht außen vor bleiben, ganz egal, was wir beide vereinbaren. Oder hast du vergessen, wer damals nach New York zurückgekommen ist, um den Tod von Valerie und Adam aufzuklären? *Ich* war das nicht.«

»Sie ist mit der Agentur zu angreifbar.« Bis heute wusste ich nicht, ob der notgelandete Helikopter auf Grants Konto ging und ein Hinweis gewesen war, wie leicht er an Helena herankam. »Genau wie du mit deinen Restaurants. Was, wenn er nicht nur eure Leben ins Visier nimmt, sondern auch eure Existenz?«

»Das soll er gerne versuchen. Ich habe schon wesentlich Schlimmeres überstanden als ein paar Besuche vom Gesundheitsamt. Und ich bin sicher, Helena kommt ebenfalls damit zurecht.« Jess wirkte zwar nicht gelassen, aber er schien von seinem Vorhaben keinen Zentimeter abweichen zu wollen. »Wo wir gerade von Menschen sprechen, die sich nicht abhalten lassen, dir zu helfen: Hast du eigentlich Trish Bescheid gegeben?«

Ich nickte. »Heute, bevor das mit Buddy passiert ist. Sie war allerdings nicht ganz so hartnäckig wie du, als es darum ging, beteiligt zu werden.«

»Ja, weil sie es nicht offen sagt, sondern hinter deinem Rücken ihr Ding durchzieht.« Jess verdrehte die Augen. »Wahrscheinlich sitzt sie schon mit einem ganzen Heer an Privatdetektiven, Bodyguards und Anwältinnen zusammen, um einen Schlachtplan zu entwerfen. Und morgen wirst du zur Lagebesprechung in das neu eingerichtete Hauptquartier eingeladen.«

»Hoffentlich nicht.« Meine Mutter war in jeder Hinsicht wehrhaft, aber ich wollte sie trotzdem nicht in Gefahr bringen. Und wenn sie sich einmischte, würde sie garantiert auf Grants Radar landen. Ihre Firma war deutlich größer und auch finanzstärker, aber er spielte nicht nach den Regeln. Oder noch weniger als sie.

»Was ist eigentlich mit Felicity?«, fragte Jess, nachdem wir kurz geschwiegen hatten. »Sie war sehr still, während du uns das alles erzählt hast. Wie kommt sie damit zurecht, dass ausgerechnet ihr Vater so ein Mensch ist?«

»Als ich es ihr gesagt habe, hat es sie komplett aus der Bahn geworfen.« Ich erinnerte mich schmerzlich an dieses Gespräch in Alecs Wohnung. »Aber nun ist sie fest entschlossen, mir dabei zu helfen, Grant hinter Gitter zu bringen. Sie ist dafür sogar extra aus Los Angeles zurückgekommen.«

»Ich wusste gleich, dass mir das Mädchen gefällt.« Mein Bruder lächelte und ging ein paar Meter bis zum Zaun der Pferdekoppel. Dort lehnte er sich mit dem Rücken an die Holzstreben und sah Richtung Haus. »Hast du sie deswegen heute Abend mitgebracht? Weil ihr wieder zusammen seid?«

Sein Satz entlockte mir ein Lachen, aber es hatte nichts Erheitertes, sondern war eher verzweifelt. »Ich wünschte, das wäre der Grund.« Nichts wünschte ich mir mehr, es war jedoch wahnsinnig, zu glauben, dass wir eine unbeschwerte Zukunft haben konnten. Oder überhaupt eine. »Ich würde jetzt gerne behaupten, dass ich sie beschützen und deswegen in meiner Nähe haben will, weil sie mich braucht. Aber die Wahrheit ist, dass es umgekehrt ist. Nur blöd, dass wir wohl kaum eine echte Chance haben werden.«

»Komm schon, kleiner Bruder.« Jess stieß mich leicht mit der Schulter an. »Ich gebe dir recht, dass das alles richtig beschissen aussieht. Aber es haben schon Leute zueinandergefunden, die wesentlich schlechtere Karten hatten.«

»Oh ja, klar. Meinst du euch?« Ich schnaubte. »Ich habe mich in die Tochter eines Mannes verliebt, der mich entführt hat, weil ich einen seiner Morde beobachtet habe. Du denkst, diese dämliche Fehde zwischen den Westons und Mom könnte da mithalten? Vergiss es.«

»Ach, dann ist das hier ein Wettbewerb? Du solltest mich nicht herausfordern.« Er verdrehte gutmütig die Augen. »Wichtig an dem, was du gerade gesagt hast, ist nur, dass du etwas für dieses Mädchen empfindest. Und egal, ob es schwierig wird oder nicht – wenn ich etwas gelernt habe, dann das: Es lohnt sich immer, für Gefühle wie diese zu kämpfen.«

Ich legte meine Arme auf den Zaun. »Aber nicht um jeden Preis. Oder hättest du dich nicht von Helena ferngehalten, wenn du gewusst hättest, dass es sie ihr Leben kosten könnte? Es war haarscharf, Jess. Das kannst du nicht leugnen.«

Mein Bruder stieß die Luft aus. »Nein, kann ich nicht, will ich auch nicht. Und du weißt, dass ich das zwischen uns vorübergehend für weniger beendet habe als Helenas Leben. Das Problem ist nur, dass wir nie vergessen konnten, was wir füreinander empfinden. Wir haben jede Minute gelitten, die wir getrennt waren. Deswegen haben wir entschieden, dass wir für einen Moment ein hohes Risiko eingehen wollen, nicht nur wegen Adam und Valerie, sondern auch für uns. Wir hätten nie glücklich sein können, wenn wir aufgegeben und ihren Mörder hätten davonkommen lassen.«

Ich schwieg, dachte darüber nach. »Das bedeutet, du rätst mir, alles zu riskieren, um ihn zur Strecke zu bringen? Was, wenn das schiefgeht? Wenn jemandem dabei etwas passiert?«

»Es ist doch längst jemandem etwas passiert, Eli.« Jess sah mich an. »Und auch wenn ich nicht an die Macht der Rache glaube – in deinem Fall bin ich davon überzeugt, dass du erst dann wirklich frei sein wirst, wenn du Grant hinter Gitter gebracht hast.«

Das war fast exakt das, was ich selbst darüber dachte, und ich spürte einen Kloß im Hals, weil ich so lange geglaubt hatte, mein Bruder würde mich nicht verstehen, dabei hatte er das vollkommen.

»Es tut mir leid, dass ich dir vorgeworfen habe, du würdest mich nicht unterstützen«, sagte ich leise. »Du hattest recht, dass meine Art, mit der Vergangenheit umzugehen, mich von dem abschottet, was wichtig im Leben ist. Ich hab es nur lange nicht kapiert.«

»Und mir tut es leid, dass ich nicht besonders sensibel dabei war, dir das klarmachen zu wollen. Du bist erwachsen und ich habe den Sprung von dem kleinen Teenagerbruder zu dem Mann, der du geworden bist, wohl nie richtig wahrhaben wollen. Es hat vermutlich irgendwie wehgetan, dass du mich nicht mehr brauchst.«

»Ich werde dich immer brauchen, Jess. Nur nicht so wie früher.« Ich lächelte schief.

Mein Bruder musterte mich aufmerksam. »Das bedeutet, du bist damit einverstanden, dir helfen zu lassen, um Grant ein für alle Mal zu besiegen?«

»Ich schätze, das bin ich.«

»Gute Entscheidung.« Jess hielt mir die Hand hin und wir schlugen ein.

Unsere Einigung änderte nichts daran, dass Grant ein unglaublich harter und auch grausamer Gegner war, aber ich spürte trotzdem einen Funken Hoffnung. Ich hatte Jess und Helena nicht reinziehen wollen, aber mein Bruder würde sich nicht raushalten lassen. Und vielleicht war es gut, wenn ich jemanden hatte, der mir zumindest ein bisschen was von der

Last abnahm, die auf meinen Schultern lag. Wenn ich ehrlich war, spürte ich die Erleichterung schon jetzt.

»Wollen wir wieder rein?«, fragte Jess mich.

»Ich glaube, ich wäre gern noch ein bisschen hier draußen.« Erst jetzt, wo ich wieder auf der Farm war, merkte ich, wie gut die Ruhe tat und wie sehr mir die frische Luft und die Weite gefehlt hatten. Gerade sah man dank des Mondlichts immerhin bis zum Swan Lake in ein paar Hundert Metern Entfernung.

»Gut, dann lass uns gehen.« Jess lief los.

»Gehen?« Ich kam nicht ganz mit, weder gedanklich noch physisch.

»Ja, runter zum See. Ich habe da im letzten Sommer was gebaut, das ich dir gerne zeigen will. Der Architekt in dir wird sicherlich ein paar Verbesserungsvorschläge haben. Und außerdem dachte ich … ich erzähle dir von der Verlobung.«

Meine Augen wurden groß. »Du hast sie gefragt? Wann?«

»Schon vor ein paar Tagen, ich habe sie nachts geweckt, das ist so ein Ding zwischen uns. Es war ziemlich spontan, aber deswegen absolut perfekt.«

Ich musste lächeln. »Und sie hat echt Ja gesagt? Hat sie sich das gut überlegt?«

Jess lachte und boxte mich leicht. »Ich glaube, sie kennt mich lange genug, um zu wissen, worauf sie sich einlässt.«

»Ja, das denke ich auch. Herzlichen Glückwunsch, Mann, ich freue mich für euch. Auch wenn das abgedroschen klingt, ich kenne keine zwei Menschen, die mehr zusammengehören als ihr.«

Mein Bruder nickte und ich beneidete ihn für einen Moment glühend um diese Gewissheit und die Sicherheit, die ihn und Helena verband. Dann schob er die Hände in die Taschen seiner Jeans und deutete mit dem Kinn zum See.

»Also, gehen wir?«

Ich warf einen Blick zur Haustür, aber es war sicherlich in Ordnung, Helena und Felicity noch ein wenig allein zu lassen – und wenn etwas mit Buddy war, hatte ich mein Handy in der Tasche. Ein Teil von mir wollte zwar zurück, aber ich konnte mich auch noch in einer halben Stunde davon überzeugen, dass Felicity den Abend einigermaßen gut überstanden hatte.

»Okay, dann lass mal sehen.«

Ich folgte meinem Bruder zu dem schmalen Pfad, der zum See führte, und hoffte, dass mich die Entscheidungen des heutigen Abends nicht früher oder später dazu bringen würden, etwas zu bereuen.

34
Felicity

»Wie geht es dir, Felicity?«, fragte mich Helena mitfühlend, nachdem Elijah seinem Bruder nach draußen gefolgt war. »Das alles muss ein ziemlicher Schock für dich gewesen sein.«

Ich schaute von Buddy auf, den ich die ganze Zeit gestreichelt hatte – auch wenn ich ziemlich sicher war, dass mir die Nähe des Hundes mehr half als umgekehrt. Zum Glück ging es ihm besser, seine Augen waren wieder ziemlich klar, obwohl er sehr erschöpft wirkte. Ich konnte es ihm nachfühlen.

»Ehrlich? Keine Ahnung.« Müde hob ich die Schultern. »Ich weiß nicht einmal, ob ich es wirklich begriffen habe, was Grant getan hat. Ich weiß nur, dass er dafür bestraft werden muss.«

Sie lächelte schief. »Ja, den Impuls kenne ich. Als Valerie damals gestorben ist, wollte ich nichts anderes als zu beweisen, dass sie nicht schuld an Adams und ihrem Tod war.«

»Was du geschafft hast.« Ich kannte die Geschichte.

»Das stimmt, aber ohne Hilfe von meinem Bruder, unseren Freunden und natürlich Jess wäre ich meiner Schwester wahrscheinlich ins Grab gefolgt. Und ich habe es ihm auch eine ganze Weile verschwiegen, bis er es schließlich selbst herausgefunden hat. Dass Elijah ihm nichts gesagt hat, erinnert ihn vermutlich an früher.«

»Er wollte einfach nicht, dass euch etwas passiert. Oder sonst jemandem, der ihm wichtig ist.« Ihn zu verteidigen, war schwierig, weil ich ja selbst nicht besonders viel über seine Beweggründe wusste. Aber versuchen wollte ich es immerhin.

»*Dich* hat er eingeweiht«, merkte Helena an.

»Ja, aber auch nur, weil er es nicht mit seinem Gewissen vereinbaren konnte, mich in dem Glauben zu lassen, mein Vater wäre ein netter Kerl.« Ich lachte freudlos auf. »Er ist wohl davon ausgegangen, dass ich wieder nach Los Angeles gehen würde, sobald ich Bescheid weiß. Nicht davon, dass ich dabei helfen will, Grant zu Fall zu bringen.«

»Das passt zu ihm. Er ist ein Beschützer. Genau wie sein Bruder.« Helenas Lächeln wurde liebevoll und ich fragte mich, ob eine Verbindung wie ihre und Jess' wohl auch deswegen so tief war, weil sie derartig viel zusammen durchgemacht hatten.

»Denkst du, die beiden streiten da draußen?« Ich spitzte die Ohren, aber man hörte nichts. Entweder waren sie weit genug weg oder das Gespräch lief friedlich ab. Für besonders wahrscheinlich hielt ich Letzteres jedoch nicht. Elijah war zwar ein sehr beherrschter Mensch, aber ich wusste, dass es unter der Oberfläche ganz anders aussah. Nachdem Grant Buddy ins Visier genommen hatte, waren seine Nerven zum Zerreißen gespannt, ich hatte es auf der Fahrt hierher deutlich gespürt. Und Jess war wahnsinnig aufgewühlt gewesen, als er eben das Haus verlassen hatte. Wenn sie nun aufeinandertrafen, ergab das sicher eine Explosion.

»Vermutlich.« Helena schien zum gleichen Schluss zu kommen. »Aber nachdem sie die letzten Jahre ständig gestritten haben, ohne dass ihr Verhältnis geklärt werden konnte, besteht jetzt die Chance, dass sie sich zusammenraufen.«

»Sie waren früher sehr eng, oder?« Elijah hatte das angedeutet.

»Ja.« Sie nickte. »Als Adam gestorben ist, kam Jess zurück nach New York, um sich um Eli zu kümmern. Trish war damals nicht gerade Mutter des Jahres und Jess hatte Sorge, dass sein Bruder niemanden hat, der ihn versteht. Deswegen tut ihm das jetzt so weh. Er denkt wahrscheinlich, er hätte ihn eigentlich nie verstanden, weil er gar nicht alles wusste.«

Ich dachte nach. »Trotzdem war er für ihn da. Ist das nicht wichtiger? Dass Elijah wusste, Jess unterstützt ihn und verurteilt ihn nicht?«

Helena lächelte. »Sollten die beiden zurückkommen und das nicht geklärt haben, kannst du ihnen das ja sagen. Allerdings denke ich, sie werden ein bisschen aneinander hochgehen und sich dann wieder beruhigen. Und morgen können wir besprechen, wie wir weitermachen wollen.« Sie gähnte. »Macht es dir etwas aus, wenn ich ins Bett gehe? Gestern hat hier ein ziemlicher Sturm gewütet und ich habe kaum geschlafen. Außerdem könnte das da draußen noch dauern.«

»Nein, gar nicht. Ich glaube, ich gehe auch schlafen.« Ich war selbst hundemüde, auch wenn ich nicht wusste, ob ich tatsächlich Ruhe finden würde. Mir geisterten so viele Dinge durch den Kopf und meine Gefühle waren fürchterlich verworren. Immerhin war es beruhigend, dass Helena und Jess nun Bescheid wussten, denn ich fühlte mich wohler, wenn sie im Team waren. Blieb nur die Frage, ob Elijah es zulassen würde, dass man ihm half. Denn darüber hatte er bei seinem Bericht kein Wort verloren.

»Gut, dann zeige ich dir dein Gästezimmer. Und ich nehme unseren Patienten mit nach oben, er kann ja später zu Elijah rüber.« Helena stand auf und bedeutete Buddy, dass er mit ihr kommen sollte. »Oder wollt ihr ein Zimmer zusammen? Ich weiß ja nicht, wie es gerade zwischen euch ist.«

Ich konnte deutlich spüren, wie ich rot wurde. »Nein, ich

denke nicht, dass er … dass wir … Nein.« Mein Gestammel war nur mit Mühe als Satz zu bezeichnen.

»Tut mir leid, ich wollte dich nicht in Verlegenheit bringen.« Helena berührte mich kurz am Arm. »Ich weiß ja, dass er dir wehgetan hat, als er letztes Jahr dieses Video mit der Prinzessin gemacht hat.«

»Daran liegt es nicht.« Warum ich mich beeilte, das zu sagen, wusste ich nicht. Schließlich hatte er mir wehgetan, das war die Wahrheit. Aber andere Dinge waren so viel wichtiger und ich verstand, warum er es gemacht hatte. »Das zwischen uns ist einfach etwas … kompliziert momentan.« Das war die Untertreibung des Jahrtausends. Nach unserer Annäherung im Jet und dem heutigen Abend wusste ich zwar, wie Elijah empfand, aber deswegen hatte ich trotzdem keine Ahnung, was aus uns werden würde.

»Ich hoffe, du weißt, dass du ihm sehr wichtig bist.« Helena schien mich aufmuntern zu wollen, aber ihre Worte verstärkten das Chaos in mir nur noch. Ja, das wusste ich. Nur was bedeutete das? Eine Chance oder noch mehr Schmerz?

Ich nickte nur und sagte nichts von dem, was mir durch den Kopf ging. Nicht, weil ich Helena nicht vertraute, sondern weil ich gerade nicht für mich ordnen konnte, was ich darüber dachte.

»Komm mit, die Gästezimmer sind oben.« Sie schien es zu merken, denn sie ging die Treppe hinauf und Buddy folgte ihr – nicht gerade mit Elan, aber auch nicht mehr wackelig auf den Beinen. Das Gegengift hatte anscheinend gewirkt.

Ich wollte mir gar nicht ausmalen, dass der arme Kerl hätte sterben können. Dass mein Vater dafür verantwortlich war, löste eine neue Welle aus Wut in meinem Inneren aus. Wut und Rachegelüste. Er würde dafür bezahlen. Ich wollte alles daransetzen, dass er das tat.

Denn ich wusste genau, nur dann würde es vielleicht eine Chance für Elijah und mich geben.

Rechte Seite. Linke Seite. Fenster auf. Fenster zu. Fenster wieder auf.

»Verdammt.« Seit zwei Stunden war ich damit beschäftigt, den Auslöser zu finden, warum ich trotz dieses unglaublich bequemen Bettes in diesem wahnsinnig hübsch eingerichteten Zimmer keinen Schlaf fand. Dabei wusste ich doch ganz genau, dass sich die Gründe dafür nicht im Außen finden ließen. Sondern nur in meinem Kopf. Und die Tatsache, dass sich Elijah nur eine Tür weiter befand, half auch nicht gerade dabei, Ruhe zu finden.

Ich hätte so gern mit ihm geredet, aber die beiden Brüder waren erst vor einer Stunde zurückgekommen und da hatte ich auch nicht mehr bei Elijah an die Tür klopfen wollen. Ihren gedämpften Stimmen nach zu urteilen hatten sie ihren Streit jedoch beigelegt. Immerhin etwas Gutes an diesem Horrortag. Ich wusste, dass das Verhältnis von Elijah und Jess schon länger angespannt war, aber es war nur schwer zu ertragen, wenn sie sich in dieser Situation uneinig waren. Er würde seinen Bruder brauchen für alles, was ihm noch bevorstand.

Still lauschte ich darauf, ob ich Geräusche im Haus hören konnte, aber da war nichts. Und ich gab es auf, schlafen zu wollen. Stattdessen schwang ich die Beine aus dem Bett, zog die Jogginghose über, die Helena mir geliehen hatte, und nahm den grünen Hoodie, der das Logo der Agentur trug. Dann verließ ich so leise wie möglich das Zimmer und ging nach unten, tastete mich durch das dunkle Haus Richtung Ausgang. Als ich die Tür öffnete, schlug mir angenehm frische Luft entgegen und ich atmete so tief wie möglich ein. Dann setzte ich mich auf die Holzbank, die auf der Veranda stand, und schaute auf die vom Mondlicht beschienene Landschaft, die so friedlich wirkte, als hätte man ein Gemälde vor sich.

Als man mir gesagt hatte, Jess hätte eine Farm von seinem verstorbenen Vater geerbt, hatte ich mir eine kleine Ansammlung von windschiefen Häusern mit ein paar Koppeln vorgestellt. Aber das hier war ein richtiges Anwesen, mit mehreren Nebengebäuden, einem Stall und einem Gästehaus, in das man mich zum Glück nicht ausquartiert hatte. Ich war ein Stadtmädchen und die Geräusche hier draußen waren ungewohnt. Wahrscheinlich hätte ich kein Auge zugemacht, wenn ich allein dort hätte schlafen sollen. Gut, das hatte ich auch im Haupthaus nicht geschafft.

Ich überlegte gerade, ob es wohl sicher war, wenn ich eine Runde spazieren ging, da hörte ich ein Klacken.

Was war das?

Ich sprang auf, schaute mich um, ob irgendwo ein Tier auftauchte, ein Waschbär oder ein Fuchs vielleicht. Aber dann öffnete sich die Tür und jemand trat hinaus. Nein, nicht jemand. Sondern Elijah.

»Hey, alles okay?«, fragte er mich. »Ich habe mitbekommen, dass du rausgegangen bist.«

Das bedeutete wohl, er hatte ebenfalls nicht geschlafen, auch wenn er so aussah. Wie ich trug er einen Kapuzenpullover und Jogginghose und seine Haare waren ungewohnt zerzaust. Mein Herz zog sich zusammen, als ich es bemerkte. Vielleicht auch noch etwas anderes in meinem Körper.

»Ja, ich konnte nicht einschlafen, obwohl ich total müde bin.« Ich lächelte halb, steckte meine Hände in die Tasche des Hoodies und setzte mich wieder auf die Bank. Elijah nahm neben mir Platz. Ich konnte seine Wärme spüren, obwohl wir uns nicht berührten. »Wo ist Buddy?«

»Bei Helena und Jess. Ich glaube, er hat zu tief geschlafen, um zu bemerken, dass ich ins Bett gegangen bin.« Elijah hob leicht die Schultern. »Es ist okay, ich versuche, deswegen nicht beleidigt zu sein.«

»Es ist sicher nicht persönlich gemeint. Und die Hauptsache ist, dass es ihm wieder gut geht.« Ich lächelte. »Hast du das mit Jess klären können?«

»Ich glaube schon.« Elijah sah mich nicht an, sondern auf die Landschaft hinaus. »Er ist verletzt, weil ich ihm all die Jahre nichts gesagt habe, aber ich denke, er hat verstanden, warum ich das nicht konnte. Allerdings lässt er sich nicht davon abhalten, helfen zu wollen. Offenbar bin ich von einigen Menschen dieser Sorte umgeben.« Er schenkte mir einen langen Blick und ich grinste schief.

»Wir treten meist im Rudel auf, wusstest du das nicht?« Dann wurde ich wieder ernst und sah auf den rissigen Holzboden zu meinen Füßen. »Das mit Buddy –«

»Hat nichts mit dir zu tun«, fiel er mir ins Wort, als ahnte er, dass ich mich hatte entschuldigen wollen. »Du trägst keine Verantwortung für seine Taten, nur weil er dich gezeugt hat.«

Ich seufzte. »Und dennoch habe ich immer das Gefühl, dass ich es hätte verhindern müssen. Das alles.«

Elijah lächelte weich. »Dann hättest du ungefähr im Alter von sechs Jahren meine Entführung verhindern müssen. Und auch wenn ich dir eine Menge zutraue, wäre das wohl ein bisschen zu viel verlangt.« Er streckte die Hand nach mir aus und legte sie auf meine. »Sei nicht so hart zu dir selbst. Dinge, die geschehen sind, kann man nicht rückgängig machen. Aber wir können verhindern, dass so etwas wieder passiert.«

»Wir?« Ich legte den Kopf schief. »Offenbar bist du wirklich damit einverstanden, dass ich dir helfe.«

Er antwortete nicht sofort, sondern sah auf unsere Hände, drehte seine und verschränkte die Finger mit meinen. Die

Wärme, die bei der Berührung entstand, breitete sich in meinem Körper ebenso aus wie eine ganz bestimmte Sorte Kribbeln.

»So kann man das nicht sagen«, widersprach er dann. »Ich werde nie damit *einverstanden* sein, denn das würde bedeuten, ich wäre damit einverstanden, dich in Gefahr zu bringen. Aber Tatsache ist, dass du dich sowieso nicht davon abhalten lässt. Und dann ist es mir lieber, du bist in meiner Nähe.«

Ich war wahnsinnig erleichtert, das zu hören. Aber wie er so neben mir saß, seine Hand in meiner, und endlich zuließ, dass wir ab jetzt ein Team sein würden, fiel mir eine ganz besondere Form von Nähe ein und die Wärme zwischen uns verwandelte sich mit jeder Sekunde mehr in Hitze. Ich merkte, dass ich mehr wollte als diese simple Berührung. Ich wollte, dass wir endlich wieder eins wurden. Vielleicht lag es daran, dass mich die Ereignisse des Tages dünnhäutig gemacht hatten, aber ich hatte das Gefühl, ich brauchte jetzt ein *Uns*, nicht nur ein *Du und ich*.

»Was ist?«, fragte Elijah sanft.

»Gar nichts.« Ich wich seinem aufmerksamen Blick aus.

»Das mit dem Lügen kannst du immer noch nicht besonders gut«, neckte er mich und brachte mich dazu, ihn wieder anzuschauen. In diesem Moment erschien es mir sicher, ehrlich zu ihm zu sein.

»Ich vermisse dich. Alles von dir.« Die Worte waren kaum hörbar, aber dafür spürbar, denn als ich sie aussprach, überzog Gänsehaut meine Arme. Vielleicht war es der Reflex meines Körpers, mich zur Vorsicht zu mahnen, weil es schon einmal schiefgegangen war, als ich mich Elijah geöffnet hatte. Aber ich konnte nicht anders. Er und ich, das war nichts, was wieder verschwand, wenn man es ignorierte. Im Gegenteil, es wurde mit jeder Minute stärker, in der es keine Beachtung fand.

Elijah löste seine Finger aus meinen und strich mir damit sanft über die Schläfe, die Wange und dann weiter zum Kinn. Es war eine liebevolle Berührung, aber der Ausdruck in seinen Augen sprach eine komplett andere Sprache. Er war voller roher Sehnsucht nach mir und ich wagte es nicht, zu atmen.

»Ich vermisse dich auch«, murmelte er. »Du hast keine Ahnung, wie sehr. Aber ich kann dir gerade nichts versprechen. Nicht mit dem ganzen Wahnsinn, der im Moment um uns herum tobt.«

»Das ist mir egal.« Ich meinte es so. Nicht nur, weil ich es keinen Tag länger ertragen konnte, in seiner Nähe zu sein und es doch nicht zu sein. Sondern weil ich ihm vertraute, dass er mir nicht wieder wehtun würde. Und alles andere interessierte mich nicht. »Wer weiß schon, was morgen ist. Wo das Ganze endet. Sollten wir jetzt nicht erst recht tun, was wir wollen?«

Elijah schluckte, sah weg, dann wieder zu mir. Er kämpfte, er kämpfte so sehr mit seiner Vernunft. Und dann verlor er den Kampf. In der nächsten Sekunde packte er mich und küsste mich, so heftig, dass mir die Luft wegblieb. Aber wozu brauchte ich schon Luft, wenn ich Elijah haben konnte, seine Lippen, seine Zunge, die ich gierig einforderte, sobald er den Mund öffnete. Ich schlang die Arme um seinen Hals, um mehr von ihm zu bekommen. Aber irgendetwas sagte mir, dass ich heute alles kriegen würde, was ich wollte.

Er zog mich auf seinen Schoß und ich spürte das harte Holz der Bank unter meinen Knien, aber vor allem ihn unter mir. Ich hatte viel zu lange darauf verzichtet. Auf Elijah und dieses atemlose Gefühl, wenn er mich küsste, auf sein Stöhnen, wenn ich ihn berührte, auf uns beide, die so perfekt ineinander klickten, als wären wir füreinander bestimmt. Er schob seine Hände unter meinen Pullover, sodass kalte Luft an meine Haut drang.

Es war mir egal. Mir war alles egal, außer dem Drang, ihn zu spüren, an mir, in mir, überall.

Elijah schien jedoch nicht hier draußen bleiben zu wollen, denn er stand mit mir auf seinen Hüften auf und setzte mich dann auf dem Boden der Veranda ab, nahm meine Hand.

»Komm mit.« Er zog mich mit sich ins Haus.

Wir durchquerten das Wohnzimmer, das jetzt dunkel dalag, im Kamin glommen die Reste des letzten Scheits vor sich hin. Dann wandte sich Elijah nach rechts und öffnete eine Tür, die ich noch gar nicht bemerkt hatte. Dahinter befand sich ein kleiner Raum, der bis zur Decke mit Regalen bestückt war, in denen Bücher standen. Dazu gab es zwei Lesesessel und einen Schreibtisch. Unter anderen Umständen hätte ich das nicht für den idealen Ort gehalten für das, was wir vorhatten, aber ich hätte auch eine verdammte Abstellkammer genommen, wenn es nur die gegeben hätte. Außerdem war es sicher keine gute Idee, nach oben zu gehen, wo wir vielleicht die anderen weckten.

Die Tür fiel leise hinter uns ins Schloss und Elijah lehnte sich dagegen, zog mich wieder an sich. Er küsste mich auf diese selbstbewusste, fordernde, süchtig machende Art und ich spürte durch die Schichten aus Stoff zwischen uns eine Hitze, die sich mit nichts vergleichen ließ, was ich bisher erlebt hatte. Allerdings war es zu viel Stoff.

Viel zu viel Stoff.

Elijah schien zum gleichen Schluss zu kommen, denn er legte die Hände an den Saum meines Pullovers und zog ihn mir aus, war jedoch dann zu ungeduldig, um mich das Gleiche bei ihm tun zu lassen. Stattdessen erledigte er es selbst und ließ den Hoodie mitsamt des Shirts zu Boden fallen. Dann hob er mich erneut auf seine Hüften, ging durch den Raum und setzte mich auf dem Schreibtisch wieder ab. Dabei fiel irgendetwas zu Boden und landete dumpf auf dem Teppich. Ich hielt inne.

»Was, wenn Helena und Jess uns hören?«, flüsterte ich.

»Dann sind sie wohl kaum überrascht.« Elijah zog meine Unterlippe zwischen seine Zähne und lenkte mich damit so weit ab, dass ich meine Bedenken vergaß. Auch wenn mir die Vorstellung, dass meine Chefin mich beim Sex in ihrer Bibliothek überraschen könnte, unangenehm war, mein Verlangen nach Elijah war einfach größer.

Ein bisschen war es so, als hätte es die Zeit zwischen unserer Annäherung im Jet und diesem Moment nicht gegeben – und auf der anderen Seite fühlte es sich an, als wären seitdem Jahre vergangen. Den Anblick von Elijahs Oberkörper hatte ich jedenfalls nicht vergessen, trotzdem strich ich jetzt darüber, als würde ich die Tattoos zum ersten Mal sehen, die Muskeln zum ersten Mal fühlen. Und ich war mir sicher, dass ich es nie, niemals müde werden würde, zu registrieren, wie schön dieser Mann war. Aber immerhin begriff ich langsam, dass er ebenso empfand, wenn er mich anschaute, denn sein Blick in diesem Moment war vollkommen offen und er zeigte mir nichts anderes als Verlangen und Zuneigung. Ich hatte es nie erregender gefunden, von jemandem gewollt zu werden.

»Warte kurz«, sagte er leise und beugte sich dann zum Tisch, um dort die Leselampe einzuschalten.

Licht fiel auf ihn und mich, wo vorher harte Schatten gewesen waren, da waren nun weiche Schemen. Es war, als würde die Realität ihre harten Kanten verlieren, und das schien genau das zu sein, was wir gerade brauchten.

Meine Lippen fanden Elijahs erneut, dieser Kuss war sanft und liebevoll, auch wenn er es nicht lange blieb. Schnell war da wieder unsere Anziehung, die nie verloren gegangen war, seine Zunge lockte meine und ich schlang meine Beine um seine Hüften, um ihn näher zu dem Tisch zu ziehen, auf dem ich saß. Wir stöhnten beide auf, als sich seine Härte gegen meinen

Schoß presste, und Elijahs Finger hielten inne, als hätte er vergessen, dass er mir gerade mein Shirt hatte ausziehen wollen. Ich erinnerte ihn daran und da ich beim Schlafen nichts drunter getragen hatte, war da nun kein Stoff mehr, der etwas oberhalb meiner Hüften verdeckte.

Er ließ sich Zeit, von meinen Lippen zu meinem Hals zu wandern, während seine Hände über meinen Körper strichen, als wollten sie sich wieder damit vertraut machen, obwohl das unnötig war. Elijah wusste noch sehr genau, welche Stellen er berühren musste, um meinen Atem stocken zu lassen. Zum Beispiel diesen Punkt oberhalb meines Schlüsselbeins. Oder meine Brüste, die er mit den Fingern nur streifte, bevor er seinen Mund einsetzte. Mein Kopf fiel in den Nacken und ich stöhnte auf, erstickte den Laut aber rasch, als mir bewusst wurde, wo wir waren. Elijah bemerkte es und richtete sich auf.

»Du musst nicht leise sein«, raunte er mir zu, die Worte waren heiß an meinem Ohr. »Die Bücher schlucken jeden Schall, glaub mir.«

Ich fragte nicht, warum er das wusste, aber ich glaubte ihm. Im Grunde hatte ich auch keine Wahl, denn als er damit fortfuhr, mich zu streicheln, konnte ich das Keuchen nicht unterdrücken. Er machte das viel zu gut. Verflucht noch mal, er machte das so gut, dass ich ihn förmlich darum anbettelte, mich von der störenden Hose zu befreien. Elijah grinste ein bisschen teuflisch, hielt aber den Blickkontakt, während sein Hand über meine Brüste zu meinem Bauch und dann tiefer glitt, bis er zwischen meinen Beinen angekommen war. Viel zu zart rieb er durch den Stoff meines Slips über meine empfindlichste Stelle und ich drängte mich ihm entgegen, um mehr zu bekommen. Er tat mir den Gefallen jedoch nicht, sondern hielt inne und betrachtete mich auf eine Weise, die mich gleichzeitig wünschen ließ, ihn jetzt sofort in mir zu spüren – und auf der anderen Seite, dass dieser Moment niemals endete.

Aber noch während ich überlegte, wofür ich mich entscheiden sollte, kam mir die Idee, den Spieß umzudrehen. Ich holte ihn wieder zu mir heran, sodass er zwischen meinen gespreizten Beinen vor mir am Tisch stand. Dann ließ ich meine Finger seinen Hosenbund überwinden und legte die Hand um ihn, begann sie zu bewegen, während ich ihm in die Augen sah. Der Ausdruck darin war unbezahlbar – ich liebte es, wenn ich dabei zuschauen konnte, wie er losließ und sich erlaubte, einfach zu fühlen. Und was er gerade fühlte, war nicht schwer zu erraten. Aber ich war sicher, dass da noch mehr ging. Also zog ich meine Hand zurück und glitt vom Tisch. Elijah sah mich fragend an, aber ich beschloss, mutig zu sein. Wenn nicht bei ihm, bei wem dann?

Seine Hose saß locker auf seinen Hüften und es war leicht, sie nach unten zu streifen. Ich ging in die Knie und machte mich daran, ihn auch von seinen Boxershorts zu befreien. Aber dann waren da plötzlich seine Hände an meinen Schultern und die Geste war eindeutig. Ich sah auf.

»Nicht«, stieß er aus. »Es hat nichts mit dir zu tun, aber …«

»Okay.« Ich lächelte leicht, ließ von ihm ab und richtete mich wieder auf. Wahrscheinlich wurde ich rot, weil mir meine Courage gerade zu groß vorkam, und für eine Sekunde war es merkwürdig zwischen uns.

»Hey.« Elijah nahm mein Gesicht zwischen die Hände und küsste mich. »Dich dabei zu sehen, ist eines der heißesten Dinge, die ich mir vorstellen kann. Aber fuck, es ist …« Er brach erneut ab.

»Zu wenig Kontrolle?«, beendete ich den Satz für ihn und sah in seinem Gesicht, dass ich damit recht hatte. Mein kurzes Unwohlsein verschwand, weil wir in diesem Augenblick so ehrlich zueinander waren, wie man nur sein konnte. Und obwohl es die Stimmung hätte killen können, war das Gegenteil der Fall. Unsere Blicke verschmolzen miteinander, die Anziehung zwischen uns erreichte nur dadurch ganz neue Höhen und ich spürte, wie mein Inneres vor Verlangen vibrierte. Ich streckte die Hand aus und strich über seinen Oberkörper, genoss das Gefühl seiner Muskeln unter meinen Fingern.

Elijah zog mich so nah an sich, dass ich alles von ihm spüren konnte. »Was ist mit dir?«, fragte er dann.

»Was meinst du?« Ich ließ mich bereitwillig auf seinen Kuss ein, der mir erneut den Atem raubte und jeden sinnvollen Gedanken aus meinem Kopf fegte. Seine Zunge in meinem Mund, sein Körper an meinem, ich würde nie etwas anderes wollen als das.

»Was ist mit *deiner* Kontrolle?«

Ich musste nicht nachfragen, um zu wissen, was er damit meinte, und die Hitze in meiner Mitte steigerte sich bis zu einem Punkt, wo ich sie kaum noch aushalten konnte. Nur zu gut erinnerte ich mich daran, wie er in seiner Wohnung dafür gesorgt hatte, dass ich auf meine Kosten kam. Verdammt, und wie ich mich erinnerte. Ich hatte nie ein Problem damit gehabt, mich beim Sex fallen zu lassen, aber bei ihm fiel es mir so leicht wie bei sonst keinem.

»Ich habe nichts dagegen, sie zu verlieren«, flüsterte ich und fühlte mich sehr machtvoll, als sich sein Blick verdunkelte und ihm klar wurde, dass ich ihm gerade die Erlaubnis gegeben hatte, mich um den Verstand zu bringen. Es ging nicht darum, dass ich ihm etwas voraus hatte. Sondern darum, dass ich mir erlaubte, meine eigenen Wünsche zuzulassen.

Elijah nahm meine Hand und zog mich zu einem der beiden Sessel, brachte mich dazu, mich zu setzen. Dann sank er vor mir auf die Knie und hakte seine Finger in meine Unterwäsche, um sie mir abzustreifen. Sanft streichelte er meine Schenkel, erst außen, dann innen, und verschaffte mir damit eine Gänsehaut, die meinen gesamten Körper vibrieren ließ. Es war kaum auszuhalten, wie sehr es mich erregte, was er da tat. Erinnerte er sich denn nicht, dass ich nicht von der geduldigen Sorte war?

Seinem wissenden Lächeln nach zu urteilen, tat er das sehr genau – und hatte beschlossen, mich ein bisschen zu quälen. Erst als ich seinen Namen fast schon bettelnd ausstieß, schob er meine Beine weiter auseinander und ich spürte das weiche Leder des Sessels auf meiner nackten Haut.

Allerdings nicht mehr lange, denn da waren Empfindungen, die so viel eindrücklicher waren als das, und für jede einzelne davon war Elijah verantwortlich. Seine Zunge glitt über meine Mitte, nur ganz leicht, aber es ließ mich vor Verlangen zittern. Er wusste genau, wie er es machen musste, und auch wenn ich mich an das letzte Mal erinnerte, war die Realität so viel besser. Vor allem, weil wir eingespielter waren, einander noch mehr vertrauten, trotz allem, was dieses Vertrauen bedroht hatte. Ich konnte mich seinen Berührungen vollkommen hingeben und den Kopf abschalten, weil ich wusste, ich war sicher. Elijah war mein Safe Space, nicht nur hierbei, aber auch. Er schaute immer wieder auf, suchte meinen Blick und wenn ich nicht gerade die Augen geschlossen hatte, teilte ich ihm ohne Worte mit, wie sehr mir gefiel, was er tat. Jeder Kontakt seines Munds mit meiner Haut, sein Atem auf meinem empfindlichsten Punkt, war perfekt. Etwas in mir erwartete, dass er seine Finger einsetzte, aber er tat es nicht – seine Hände blieben an meinen Oberschenkeln und alles andere erledigte seine Zunge. Sie reizte mich, drang in mich ein, ließ mich um mehr betteln, um sich dann wieder zurückzuziehen. Elijahs Hände packten mich fester und ich stöhnte auf, als er meine Beine weiter spreizte, um noch tiefer zu gehen als zuvor. Verflucht, warum war er so gut darin?

Ich merkte, wie ich auf den Höhepunkt zusteuerte, aber trotzdem erwischte er mich unerwartet schnell und heftig. Elijah presste seinen Mund auf meine Mitte, während ich kam, und es war so intensiv, dass sich meine Hände in die Sitzfläche des Sessels krallten. Mein Orgasmus lief in Wellen über mich hinweg, bis ich endlich wieder atmen konnte. Dann stieß ich einen Fluch aus, der nicht einmal im Ansatz ausdrückte, was ich gerade empfand.

Elijah kam zu mir, beugte sich über mich, seine Pupillen waren weit vor Erregung. »Wir können aufhören«, murmelte er dennoch an meinen Lippen, während ich immer noch nach Luft rang.

»Auf keinen Fall«, keuchte ich. Nur weil ich bereits gekommen war, bedeutete das nicht, dass ich an dieser Stelle abbrechen wollte. Das Beste lag schließlich noch vor uns und ich konnte es kaum erwarten.

»Sicher?«

Statt einer Antwort küsste ich ihn, leidenschaftlich und fordernd, damit er merkte, dass mein Verlangen noch keine endgültige Erfüllung gefunden hatte. Ja, es war unglaublich gewesen, aber warum aufhören, wenn man noch die Möglichkeit hatte, es perfekt zu machen?

»Oder willst *du* aufhören?«, fragte ich grinsend, weil ich die Antwort kannte.

»Es gibt nichts, was ich weniger will«, sagte er in dunklem Ton, küsste mich und stand dann auf, nahm mich mit. Er ging zu einem der Regale, in dem auf halber Höhe eine Holzkiste stand. Als er sie öffnete, raschelte es leise, dann kam er mit einem Kondom in der Hand zu mir zurück.

»Woher wusstest du, dass die dort sind?«, fragte ich.

Elijah grinste. »Sagen wir, ich bin nicht zufällig auf den Raum hier gekommen.«

Er wurde seine Shorts los, streifte das Kondom über und sank dann zurück auf den Sessel, zog mich auf seinen Schoß, sodass ich selbst bestimmen konnte, wie schnell ich ihn in mich aufnahm. Und dann war er in mir, endlich wieder, und ich konnte den Laut nicht unterdrücken, der aus meinem Mund drang und sich nicht nach mir anhörte. Es war, wie ich es vorhin zu Elijah gesagt hatte – ich hatte das vermisst. Nein, falsch. Ich hatte mich nach diesem Gefühl *verzehrt*. Nach dem Gefühl, eins mit ihm zu sein. Nach dem Gefühl, dass es nichts gab, das uns trennen konnte.

Elijah hielt inne und wir atmeten im Gleichtakt. Erst dann legte er die Hände an meine Hüften, aber die Berührung war kontrolliert, fast schon kalkuliert. Er hielt sich zurück und ich spürte das.

»Du musst nicht so vorsichtig mit mir sein«, raunte ich in sein Ohr. Seit er mich vor einigen Monaten gefragt hatte, was ich wollte, hatte ich sehr viel darüber nachgedacht. Und ich wusste jetzt, dass ich *nicht* wollte, dass wir uns zurückhielten. Ich wollte den Elijah, der er selbst sein wollte. Ich vertraute ihm, dass es gut für uns beide war, wenn er sich von seinen inneren Fesseln befreite.

»Ja, aber vielleicht du mit *mir*.« Er lehnte seine Stirn an meine. »Mein letztes Mal war mit dir im November. Wenn ich will, dass das hier länger dauert als dreißig Sekunden, muss ich vorsichtig sein.«

»Es spielt keine Rolle, wie lange es jetzt dauert«, flüsterte ich ihm ins Ohr. »Wir haben die ganze verdammte Nacht.«

Vielleicht waren es meine Worte, vielleicht auch mein Tonfall, aber ich konnte förmlich sehen, wie sich etwas in ihm löste – und gleichzeitig das Gegenteil passierte. Sein Griff wurde fester, seine Muskeln spannten sich an, sein nächster Kuss nahm mich komplett in Besitz und in mir jubilierte etwas, weil er dem drängenden Verlangen zwischen uns endlich nachgab. Wir kamen einander entgegen, sein Mund an meinem Hals, und jeder Stoß fühlte sich besser an als der davor.

»Fuck, warte eine Sekunde.« Elijah umfing mich mit seinen Armen und hielt mich fest, um mich an jeder weiteren Bewegung zu hindern, aber schien dann zu merken, dass es nicht half, wenn sich mein Körper an seinen presste.

Ich gab ihm den Wink, mich loszulassen, und stand auf, streckte meine Hand nach ihm aus. Wenn er es unbedingt steuern wollte, dann ging das nicht, solange ich auf ihm war.

Ich setzte mich auf den Tisch, zog Elijah zu mir heran und öffnete meine Beine. Er zögerte nicht, sondern war mit einer Bewegung wieder in mir. Wir teilten einen Blick und ich lächelte.

»Die Sekunde ist um«, sagte ich leise. Und dann lehnte ich mich nach hinten und bog meinen Rücken durch, damit ich noch mehr spürte.

Elijah stützte sich neben mir ab, küsste mich, küsste meinen Hals, sein heißer Atem strich über mein Schlüsselbein. Ich wusste, er war kurz davor. Und ich wusste, wie ich ihn dazu bringen konnte, komplett loszulassen.

Aber ich hatte gerade den Mund geöffnet, um etwas zu sagen, da verschloss er ihn wieder mit einem Kuss und schüttelte leicht den Kopf.

»Diesmal nehme ich dich mit.« Ich sah seinen beinahe grimmigen Blick, als er meinem Vorhaben einen Strich durch die Rechnung machte. Er positionierte sich leicht anders, winkelte mein Bein an und bei seiner nächsten Bewegung spürte ich, warum: So schaffte er es, mich gleichzeitig an mehreren Punkten zu stimulieren. Ich konnte ein lautes Stöhnen nicht unterdrücken, von dem es mir egal war, ob es jemand hörte, denn es war nicht zu verhindern. Dafür fühlte sich das hier zu gut, zu intensiv, zu absolut heiß an. Ich steuerte geradewegs auf meinen zweiten Orgasmus zu und presste meinen Mund auf Elijahs, damit unser Kuss meinen Aufschrei dämpfte, als ich schließlich kam.

Er hielt mich fest, ein letzter Stoß, dann folgte er mir und wir fielen gemeinsam in diese wundervolle Leere, in der nichts mehr zählte außer diesem Moment.

35
Elijah

»Ist dir warm genug?«, fragte ich Felicity später in der Nacht. Wir hatten uns aus dem Wohnzimmer einige Decken geholt und lagen nun auf dem Teppich in der Bibliothek, sie in meinem ausgestreckten Arm, ihr Kopf auf meiner Brust. Es wäre sicher bequemer gewesen, nach oben ins Bett zu gehen, aber irgendwie hatten wir uns stumm darauf verständigt, noch etwas länger in dem kleinen Kosmos zu bleiben, den wir mit dem Betreten dieses Raums erschaffen hatten. Nur die Leselampe auf dem Schreibtisch spendete ein bisschen Licht und bei der Erinnerung, was wir auf diesem Tisch getan hatten, war fehlende Wärme für mich kein Thema mehr.

»Ich könnte jetzt einen Witz darüber machen, der irgendwas mit *heiß* beinhaltet, aber es kommt mir zu klischeehaft vor.« Felicity hob den Kopf und grinste.

Ich küsste sie sanft auf den Mund und genoss das Kribbeln, das sich daraufhin in meinem Körper ausbreitete.

»Weißt du eigentlich, warum ich dich Fairytale nenne?«, fragte ich leise, nachdem wir einige Minuten auf angenehme Art geschwiegen hatten.

Sie regte sich und schmiegte sich noch enger an mich. »Ich dachte, wegen meiner Pieces, die ich dir gezeigt habe.«

»Nein, deswegen nicht.« Ich lächelte traurig. »Sondern weil ich geglaubt habe, dass du für mich auf ewig nur ein Märchen bleiben würdest.«

Felicity löste sich leicht von mir und stützte ihren Ellenbogen auf, in ihren Augen einen Ausdruck, den ich ausnahmsweise nicht deuten konnte.

»Du dachtest? Bedeutet das, du denkst es jetzt nicht mehr?«

Ich hatte nicht damit gerechnet, dass unser Gespräch nach meiner Offenbarung in diese Richtung driften würde, aber im Grunde war es nur logisch. Es kam einem Wunder gleich, dass Felicity nach allem, was ich getan hatte, überhaupt noch mit mir sprach. Dass sie nun wissen wollte, was diese Nacht zu bedeuten hatte, war mehr als legitim.

»Ich bleibe bei dem, was ich gesagt habe. Ich würde alles darum geben, dass unsere Lage anders wäre. Einfacher. Aber ich weiß nicht, wie ich dir das Versprechen geben soll, das du dir wünschst. Und das du verdienst.« Mich darauf einzulassen, obwohl ich Angst hatte, dass es meine Attacken wieder zurückbringen würde, war das eine. Damit hätte ich lernen können, umzugehen. Aber mit dem ganzen Wahnsinn rund um Grant und die Aufklärung meiner Entführung erschien es mir irrsinnig, an etwas Ernstes zu denken.

»Was denkst du denn, was ich mir wünsche?« Sie sah mich mit weichem Blick an.

»Dass wir zusammen sind.« In jedem anderen Kontext hätte es arrogant wirken können, ihr das so auf den Kopf zuzusagen, aber wir waren gerade ehrlich zueinander und ich wusste, dass sie das wollte – schließlich ging es mir genauso. »Richtig zusammen, mit Dates und gemeinsamen Ausflügen, mit Urlaub, Filmabenden und Restaurantbesuchen.«

Felicity lächelte. »Ja, das wäre schön. Aber du liegst nicht ganz richtig. Ich will *dich*, Elijah. Es ist mir egal, ob wir uns erst einmal nur heimlich sehen können, mit Sicherheitsvorkehrungen und irgendwelchen Alibis, damit es niemand mitbekommt. Es wird wehtun, wenn ich dich nur für eine oder zwei Stunden haben kann, weil es sonst auffällt. Aber es wäre besser, als dich immer nur zu vermissen. Alles wäre besser als das Gefühl, mit dem ich die letzten Monate leben musste.« Sie senkte den Blick und ich streichelte ihre Wange, damit sie mich wieder ansah.

»Ist dir bewusst, dass mir bei dem Kampf gegen Grant etwas passieren könnte?« Es war hart, das gerade jetzt zu thematisieren, nachdem wir miteinander geschlafen hatten und noch in diesem wohligen Gefühl von Unbesiegbarkeit schwelgten, das Sex in einem auslöste. Nur gab es keinen anderen Zeitpunkt dafür.

Eine Gänsehaut überzog Felicitys Arme, ich erkannte es im Gegenlicht der Lampe hinter ihr.

»Ja«, sagte sie dennoch. »Aber wenn du glaubst, dass es einfacher für mich wäre, wenn ich mich von dir fernhalte, irrst du dich. Ich liebe dich, Elijah Coldwell, vollkommen egal, ob ich mit dir zusammen sein darf oder nicht.«

Ich liebe dich.

Es war, als hätten ihre Worte die Zeit angehalten. Ich erstarrte, sah sie an, konnte nicht glauben, dass sie das gerade wirklich ausgesprochen hatte. Furchtlos. In einer Welt wie meiner, in der jeder Satz abgewogen wurde, war Felicitys Offenheit wie ein Leuchtfeuer in tiefster Nacht. Das hatte ich schon bei unserer ersten Begegnung gewusst, aber in diesem Moment wurde es zu einer universellen Wahrheit. Nur wollte das *Ich liebe dich auch* nicht raus. Nicht, weil es nicht zutraf. Sondern weil ich das Gefühl hatte, dass ich es gerade nicht verdiente, es auszusprechen.

»Du musst es nicht erwidern«, schob sie nach, als ich nicht

antwortete. Da war Unsicherheit in ihrer Stimme und ich richtete mich auf.

»Ich *will* es erwidern«, versuchte ich meine Gedanken zu erklären. »Weil ich genauso empfinde wie du. Aber ich möchte es erst sagen, wenn das alles vorbei ist. Wenn ich sicher sein kann, dass es für dich eine schöne Erinnerung bleiben wird. Keine schmerzhafte.«

»Das verstehe ich«, lächelte sie und ich beugte mich vor, küsste sie, zog sie an mich, um ihr klarzumachen, dass mir ihre Worte viel bedeuteten, auch wenn ich sie gerade nicht zurückgeben konnte.

Als ich sie einige Minuten später wieder freigab, hatte ich eine Entscheidung getroffen. Wir konnten versuchen, uns voneinander fernzuhalten, aber Felicity hatte recht: Das änderte nichts an unseren Gefühlen. Also konnten wir auch versuchen, zusammen zu sein, und wenn es nur ein Bruchteil von dem war, was wir uns wünschten.

»Er darf nichts von uns erfahren«, sagte ich leise. »Wir müssen es so hinkriegen, dass uns niemand zusammen sieht oder jemandem etwas darüber sagen kann. Abgesehen von Alec, Helena und Jess dürfen wir niemanden einweihen.«

Felicity nickte ernst, auch wenn ich die Freude in ihren Augen sehen konnte. Sie wusste genau, was das hieß: dass ich mich nicht länger gegen meine Gefühle für sie wehren wollte. Wir würden nicht auf die Weise zusammen sein, wie wir es wollten, aber es war so, wie sie gesagt hatte: besser, als getrennt zu sein.

»Das kriegen wir hin«, murmelte sie an meinen Lippen und öffnete sie dann leicht, um meine Zunge mit ihrer zu berühren.

Augenblicklich durchfuhr Verlangen meinen Körper. Ich ließ meine Hände an ihrem Rücken hinabgleiten und drehte mich, sodass sie auf mir lag. Felicity seufzte, als ich sie streichelte und spürte, dass nicht nur ich bereit für eine Fortsetzung war. Noch hatten wir ein paar Stunden, in denen die Dunkelheit der Nacht uns vor der Realität schützte.

Warum sie nicht nutzen?

Es war ausnahmsweise kein Albtraum, der mich weckte, sondern ein Geräusch. Ein Kratzen oder Schaben auf Holz, ungewohnt, und vielleicht war ich deswegen binnen Sekunden hellwach – noch bevor ich das Bellen hörte.

»Buddy?« Wahrscheinlich war er aufgewacht und hatte mich gesucht. Auch wenn er es gewohnt war, hier auf der Farm mit Jess und Helena allein zu sein, wusste er doch genau, dass ich mich ebenfalls im Haus befand, und hatte mich in meinem Zimmer nicht gefunden.

Ich stand vom Boden auf, ohne Felicity zu wecken, und ging nur in Boxershorts zur Tür, um sie zu öffnen. Buddy kam herein, aber er wedelte nicht mit dem Schwanz oder freute sich, mich zu sehen, sondern wirkte sehr aufgeregt.

»Was ist los, Junge? Geht es dir wieder schlechter?« So wirkte er nicht, er war ziemlich agil und lief zurück ins Wohnzimmer, wandte sich zu mir um und bellte erneut.

Ich folgte ihm und bemerkte einen merkwürdigen Lichtschein, der durch die vordere Fensterfront ins Haus fiel. Hatten wir das Licht auf der Veranda angelassen, als wir reingegangen waren? Ich konnte schließlich nicht behaupten, in dem Moment viel nachgedacht zu haben. Aber die Lampe über der Tür flackerte nicht auf diese Art. Und roch es etwa … nach Rauch?

Einer plötzlichen Vorahnung folgend stürzte ich zur Haustür und stieß sie auf, trat nach draußen und sah es sofort: Feuer. Die rechte Seite des Stalls stand in Flammen, nur wenige Meter vom Haupthaus entfernt, es knisterte und die Luft war von Hitze erfüllt. Für eine Sekunde war ich wie festgewachsen, starrte auf das Szenario, das so unwirklich war, als hätte ich gerade einen Albtraum. Dann rief ich Felicitys Namen und rannte zurück ins Haus und zur Bibliothek.

»Was ist los? Ist was mit Buddy?« Sie war bereits aufgestanden und hatte sich ihre Unterwäsche angezogen, griff gerade nach ihrem Pulli.

»Nein, der Stall brennt!«

»Was?!« Sie hielt inne.

Ich schnappte mir meinen Pullover und zog ihn über, sprang förmlich in meine Jogginghose und meine Schuhe.

»Geh hoch und weck Jess und Helena, damit sie die Feuerwehr rufen! Ich kümmere mich um die Pferde.« Ich sah mich zu meinem Hund um, der mir sowohl raus als auch wieder rein gefolgt war. »Bud, du bleibst bei Felicity, okay?«

Er schien damit nicht zufrieden zu sein, aber ich konnte es nicht ändern. Ich lief raus, nahm aus dem Wohnzimmer den Feuerlöscher mit und sah aus dem Augenwinkel, wie Felicity die Treppe hinaufrannte. Dann verließ ich das Haupthaus und machte mich auf den Weg zum Stall.

Das Feuer war an der Südseite ausgebrochen, zum Glück nicht dort, wo das Heu lagerte, sondern an der Futterkammer. Trotzdem hörte ich ängstliches Wiehern und Hufeschlagen, als ich näher kam. Hastig verschaffte ich mir einen Überblick, aber die Flammen hatten schon zu weit um sich gegriffen, um ihnen mit dem Feuerlöscher in meiner Hand Herr werden zu können. Also setzte ich Prioritäten. Einen neuen Stall zu bauen würde Jess verkraften. Die Pferde elendig darin verbrennen zu lassen, nicht.

Ich rannte um das Gebäude herum zum hinteren Tor, das auf eine weitläufige Koppel führte, wenn ich das richtig in Erinnerung hatte. Wenn ich die Tiere dort rausbekam, konnten sie sich ein ganzes Stück entfernen und waren in Sicherheit.

Leider hielt das Pony in der ersten Box wenig von meinem Plan. Nachdem ich seine Tür geöffnet und ihm das Halfter übergezogen hatte, bewegte es sich keinen Millimeter, sondern stemmte die Hufe in den Boden und ging rückwärts.

»Komm schon, wir haben für so etwas keine Zeit!«, flehte ich, aber erreichte damit rein gar nichts. Der kleine Kerl schien beschlossen zu haben, mir auf keinen Fall zu folgen, wahrscheinlich machte ihm der Geruch nach Rauch einfach zu viel Angst.

»Eli!« Plötzlich war mein Bruder da. »Wo bist du?«

»Hier drüben!« Ich ging zur vorderen Kante der Box. »Das Pony will nicht raus!«

»Er ist blind, deswegen geht er nicht mit!«, rief mir Jess zu. »Ich übernehme ihn, kümmere du dich um die beiden dahinten.«

Der Captain ließ sich zum Glück nicht so lange bitten, sondern folgte mir hinaus, bis ich ihn am Tor wieder freilassen konnte. Sein Nachbar, ein kleinerer Schimmel, war weniger gelassen – er schoss an mir vorbei, sobald ich den Riegel an der Tür zurückgeschoben hatte. Dabei drückte er mich gegen die Boxenwand und meine Rippen machten schmerzhafte Bekanntschaft mit den Brettern. Ich fluchte und lief wieder rein, ignorierte das Stechen in meiner Brust. Immerhin waren damit schon drei von acht Pferden draußen.

Jess war geübter im Umgang mit den Vierbeinern und kannte sie vor allem besser, deswegen vertrauten sie ihm mehr als mir und er brachte drei von ihnen in Rekordzeit in Sicherheit. Ich übernahm als Nächstes die zwei, die am weitesten vom Feuer entfernt waren, und hatte Glück, dass sie halbwegs brav mit mir kamen. Noch während sie vom Tor auf die Koppel liefen und in sicherer Dunkelheit verschwanden, fragte ich mich, ob wir es schaffen würden, die Sättel und das Kraftfutter rauszutragen, bevor alles Feuer fing.

Ich lief zurück in den Stall, wischte mir den Schweiß aus dem Gesicht. Das Heu auf dem Heuboden stand längst in Flammen, die Hitze wurde langsam unerträglich. Ich hörte ein lautes Geräusch und schaute hoch. Ein Balken über uns hatte Feuer gefangen und knackte bedrohlich, bevor er brach, ich sah es wie in Zeitlupe.

Dann fiel mein Blick auf Jess, der genau darunter stand.

»Jess, pass auf!« Ich hechtete auf ihn zu und riss ihn mit mir zu Boden. Der Balken krachte herunter und schlug neben uns ein, steckte dabei das lose herumliegende Stroh sofort in Brand.

»Raus hier!« Wir rappelten uns auf und liefen aus dem Stall, so schnell wir konnten. Draußen kamen uns Helena und Felicity entgegen, Eimer in der Hand.

»Was zur Hölle ist passiert?«, rief Helena, aber Felicity sagte kein Wort, sondern schlang einfach nur ihre Arme um mich und ich drückte sie an mich. Mein Brustkorb pochte von der Kollision mit der Boxenwand, aber es war nichts gebrochen, das hätte ich gemerkt. Trotzdem ließ ich sie los.

»Ich bin so froh, dass dir nichts passiert ist«, sagte sie und wurde halb von den Sirenen übertönt. Die Feuerwehr rückte an, ein Glück. Es würde nicht mehr lange dauern, bis die Flammen auf das Haupthaus übergriffen.

»Sind alle Pferde draußen?«, hörte ich Helena fragen, nachdem sie damit fertig war, Jess und mir Vorwürfe zu machen. Sie merkte offenbar nicht, dass es ziemlich paradox war, mit uns zu schimpfen und sich im gleichen Atemzug Sorgen um die Vierbeiner zu machen.

Wir nickten nur und wechselten einen Blick, dann schloss mich mein Bruder in die Arme, was wesentlich mehr wehtat als bei Felicity, aber ich biss die Zähne zusammen und erwiderte es.

»Wenn du nicht gemerkt hättest, dass es brennt …« Er schaute zum Stall, die Flammen spiegelten sich in seinen Augen.

»Das war Buddy«, korrigierte ich. »Er hat uns geweckt.«

Mein Hund saß angeleint auf der Veranda und ich ging in die Hocke, um ihn an mich zu drücken und zu loben, weil er nicht nur uns, sondern auch den Pferden im Stall das Leben gerettet hatte – so kurz, nachdem er selbst beinahe gestorben wäre.

Jess lief los, um die Feuerwehr in Empfang zu nehmen, und wir anderen drei sahen stumm zu, wie die Männer und Frauen die Schläuche ausrollten und mit ihrer Arbeit begannen. Der Stall stand mittlerweile lichterloh in Flammen und ich wagte die Prognose, dass er nicht mehr zu retten war. Aber immerhin war niemand zu Schaden gekommen, weder Mensch noch Tier.

Anders, als es sicherlich geplant gewesen war.

Die letzte halbe Stunde hatte ich funktioniert wie auf Autopilot, aber nun drängten sich die Gedanken nach der Ursache für den Brand auf. Wie hatte das passieren können? Ein Stall begann nicht einfach zu brennen, es war März und hatte in der letzten Zeit oft geregnet. Außerdem war die Elektrik nur wenige Jahre alt, daran konnte es also auch nicht gelegen haben. Das ließ eigentlich nur den Schluss zu, dass jemand nachgeholfen und das Gebäude in Brand gesteckt hatte, vor allem, weil das Feuer sehr schnell um sich gegriffen haben musste. Hatte Grant uns erneut attackiert, nur wenige Stunden, nachdem er Buddy hatte vergiften lassen?

Eine andere plausible Erklärung gab es nicht.

Noch während ich überlegte, was ich tun sollte, noch während ich gegen den Impuls ankämpfte, direkt nach New York zu fahren, entdeckte ich jemanden. Es war nur ein Schatten an der Hauswand im flackernden Licht der sterbenden Flammen, aber er passte nicht zu den anderen.

Der Typ, der das getan hatte, war noch hier.

Und ich hatte die Chance, ihn zu schnappen.

Jess und ich wurden zu dem Krankenwagen gebeten, der mit der Feuerwehr gekommen war, und mein Bruder folgte dem Paramedic zuerst. Helena und Felicity waren mit Buddy ins Haus gegangen, um nachzusehen, ob dort alles in Ordnung war. Ich überlegte, meinen Bruder um Hilfe zu bitten, aber vielleicht sollte ich erst einmal herausfinden, ob der Täter wirklich noch da war oder ich mir nur etwas einbildete.

Langsam und vorsichtig ging ich zum Haus, hielt mich in der Dunkelheit der Seitenwand, bis ich sicher sein konnte, dass dort wirklich eine Person stand.

Da sah der Typ mich.

Er sprintete in der gleichen Sekunde los wie ich, Richtung Norden, wo vermutlich sein Wagen stand. Zwar hatte er fünfzig Meter Vorsprung, aber ich war trotz der letzten Monate gut in Form und außerdem dermaßen mit Adrenalin vollgepumpt, dass ich schnell aufholte. Er versuchte, über das abgemähte Feld zu entkommen, aber ich erwischte ihn nur Sekunden später mit einem harten Tackling, das mir in jedem Footballspiel ein Foul eingebracht hätte. Der Typ stürzte zu Boden, rollte sich ab und kam wieder hoch, aber ich war bereits bei ihm und versetzte ihm einen Schlag, der ihn zurück in den Matsch fallen ließ. Er wollte sich aufrichten, ballte die Faust, ich war schneller. Grob griff ich nach seinem Kragen und packte ihn, damit er mich ansehen musste. Er war weiß, um die vierzig und hatte einen brutalen Zug im Gesicht. Garantiert war er Grants Handlanger, der gleiche, der Felicity und mich angegriffen und Buddy vergiftet hatte.

»Hat Grant dich geschickt?«, knurrte ich dennoch, weil ich

sichergehen musste. »Bezahlt er dich dafür, meine Familie zu töten?!«

Er holte aus und verpasste mir einen Kopfstoß, der mich kurz Sterne sehen ließ, so heftig war er. Ich musste ihn loslassen, weil der Schwindel zu heftig war, brauchte einen Moment, um mich zu orientieren. Der Typ nutzte die Gelegenheit und schlug mir in die Seite, bevor er sich in Bewegung setzte. Ich schüttelte den Kopf, um die Benommenheit zu vertreiben, rannte ihm nach, stieß ihn zu Boden. Meine Rippen schmerzten, aber es war mir egal.

»Rede, du Arschloch!«, schnauzte ich ihn an.

Er schwieg und ich sah rot, schlug zu. Blut spritzte, ich wusste nicht, ob aus seiner Nase oder seinem Mund. Es kümmerte mich nicht. Ich würde weitermachen, bis er redete oder nichts mehr sagen konnte – je nachdem, was eher eintraf.

»Vergiss es, Mann!« Er spuckte aus. »Ich verrate dir kein Wort.«

»Ach, und du denkst, ich bekomme meinen Beweis nicht ohne dich?« Noch einmal schlug ich zu. Ich bedauerte, meine Waffe nicht hier zu haben, mit der hätte ich ihm mehr Angst einjagen können als mit dieser Art von Gewalt.

»Beweise? Du findest keine Beweise, dafür hat man gesorgt.«

»Wenn Grant da so sicher wäre, müsste er mich doch nicht permanent bedrohen, um mich daran zu hindern, welche zu finden, oder?« Ich sparte mir eine weitere Linke, stattdessen versuchte ich es mit Konfrontation. »Weiß er, dass seine Tochter hier war, als du den Stall angezündet hast? Dürfte ihm nicht gefallen. Genauso wenig wie die Tatsache, dass du mein Auto gerammt hast, als sie drin saß.«

Für einen kurzen Augenblick zeigte sich so etwas wie Schreck in den Augen des Typen. Er hatte es nicht gewusst, das schien vollkommen klar zu sein. Aber dann trat wieder Arroganz in seinen Blick, die Arroganz eines Menschen, für den normale Regeln nicht galten.

»Es ist also wahr, du vögelst sie immer noch.« Er hustete, aber ich ließ ihn nicht los. »Hättest du lassen sollen, wenn du mich fragst. Er mag es gar nicht, wenn man seinen Töchtern zu nahe kommt.«

Damit hatte ich meine Antwort, obwohl ich sie schon vorher gekannt hatte. Das trug alles Grants Handschrift.

»Und ich mag es nicht, wenn man meinem Hund zu nahe kommt«, zischte ich. »Oder meinem Bruder und seiner Freundin. Was sollte das? Hast du gedacht, du erwischst *mich* damit?«

Er lachte trocken. »Wenn ich dich töten wollte, hätte ich das längst getan, Coldwell. Es war nur eine Warnung. Die Letzte. Lass das Thema fallen oder das nächste Mal geht tatsächlich jemand drauf.«

»Das werde ich zu verhindern wissen.« Ich ließ ihn los und versetzte ihm noch einen heftigen Schlag, sodass er das Bewusstsein verlor. Dann durchsuchte ich seine Taschen, nahm ihm Autoschlüssel, eine Waffe und sein Handy ab und überlegte, was ich nun tun sollte. Zu Jess gehen und ihm Bescheid sagen? Felicity verraten, was ich erfahren hatte? Die Polizei rufen?

Oder es beenden?

Der Wagen des Typen stand am hinteren Rand des Feldes, die Lichter blinkten auf, als ich auf den Funkschalter des Schlüssels drückte. Es waren nur hundert Meter und in weniger als zwei Stunden konnte ich in New York sein. Ich hatte ein Auto, ich hatte eine Waffe, ich hatte diese unbändige Wut in mir, die mich unbesiegbar machen würde. Grant rechnete nicht mit mir, er würde mich nicht kommen sehen. Und dann wäre es vorbei. Ich hatte ihm einen Prozess bescheren wollen, nicht den Tod. Aber in diesem Moment war ich sicher, dass es nicht enden würde, wenn *ich* es nicht beendete. Ein für alle Mal.

Ich richtete mich auf, lief in Richtung des Wagens, wie von einer fremden Macht gesteuert. Ich hatte keine andere Wahl, ich musste das tun. Für meine Familie, für mein Leben, für meinen beschissenen Frieden, den er mir vor mehr als dreizehn Jahren genommen hatte.

Ich musste das tun.

Und ich musste es *jetzt* tun.

36
Felicity

Von dem Moment an, als Elijah mich weckte, bis zur Ankunft der Feuerwehr holte ich gefühlt nicht ein einziges Mal Luft. Es war, als würde ich mir selbst dabei zusehen, wie ich die Treppe hinaufrannte und an die Tür von Helena und Jess hämmerte, von der ich zum Glück wusste, welche es war. Wie ich darauf wartete, dass sie beide aus dem Zimmer kamen, nachdem ich ihnen zugerufen hatte, dass es draußen brannte. Wie ich danach wieder nach unten lief und zum Stall wollte, um Elijah mit den Pferden zu helfen, aber von Jess aufgehalten wurde. Und wie ich dann mit Helena wartete, bis sie den Notruf gewählt hatte.

»Sie brauchen nicht lange«, sagte sie zu mir und wir rannten nach draußen.

Der Stall stand halb in Flammen, Hitze fegte in Wellen über den Hof bis zu uns. Helena und ich schnappten uns zwei Feuerlöscher, mit denen wir den Flammen an der Seite zu Leibe rückten, die dem Haupthaus am nächsten war, es war jedoch nur ein Tropfen auf den heißen Stein. Alles im Stall war hochgradig brennbar, von den Holzbalken bis zum Heu. Da kam man mit einem Feuerlöscher nicht weit.

Ich konnte Schemen erkennen, die sich im Inneren bewegten, und meine Angst schlug mir im Takt meines Pulses bis zum Hals. Am liebsten wäre ich in den Stall gelaufen, um Elijah und Jess dort rauszuholen, aber ich wollte auch nicht, dass den Pferde etwas passierte, deren panisches Wiehern man trotz der knisternden Flammen deutlich hören konnte. Buddy, den ich mit seiner Leine an die Veranda gebunden hatte, damit er nicht zu seinem Herrchen lief, bellte und war sehr unruhig.

Ich stellte den Feuerlöscher ab und lief zu ihm. »Es ist alles gut, mein Junge«, versuchte ich ihn zu beruhigen, was bei meinem Anspannungslevel nahezu unmöglich war. Keiner von uns würde sich entspannen, bevor die beiden Jungs nicht wieder aus dem Stall draußen waren und die Feuerwehr den Brand gelöscht hatte.

»Felicity? Komm, wir können Wasser aus der Tränke nehmen.« Helena hatte Eimer besorgt und wir begannen damit, aus dem großen Becken zwischen Stall und Haus Wasser zu schöpfen, um es gegen die brennende Wand zu schütten. Das brachte vermutlich nicht viel, aber es verschaffte Jess und Elijah vielleicht etwas Zeit, um die Pferde in Sicherheit zu bringen.

Immer wieder warf ich bange Blicke durch die Tür und als wir all das Wasser verbraucht hatten, hörte man bereits die Sirenen der Feuerwehr. Im gleichen Moment stürzte ein Balken im Stall zu Boden, Helena schrie Jess' Namen und ich war wie erstarrt, bis sich endlich beide Brüder aus dem Rauch lösten und auf uns zukamen. Ich schlang meine Arme um Elijah, spürte einen heftigen Kloß im Hals, aber ich weinte nicht. Er war in Sicherheit, die Feuerwehr würde sich um den Brand kümmern. Alles war gut.

Zumindest, wenn ich die Frage unterdrückte, wer dafür verantwortlich war.

Der Paramedic aus dem Krankenwagen, der die Feuerwehrleute begleitet hatte, bat Elijah und Jess zu einem Check-up, um sicherzugehen, dass der Rauch keinen Schaden angerichtet hatte. Helena und ich gingen ins Haus, um Kaffee zu machen und Getränke für die Einsatzkräfte zu besorgen. Buddy nahmen wir mit.

»Du musst dich ausruhen, okay?«, sagte ich zu dem Hund. »Du warst krank, du solltest dich schonen, du Superheld. Dein Herrchen ist bald wieder hier, er muss nur kurz untersucht werden.«

Buddy fiepte leise, dann legte er sich so hin, dass er es nicht verpassen konnte, wenn Elijah wieder hereinkam. Helenas Blick folgte ihm – und fiel dann auf die geöffnete Tür zur Bibliothek, wo auf dem Boden die Decken zu sehen waren, die wir völlig zerwühlt hinterlassen hatten, nachdem Elijah von Buddy geweckt worden war.

»Wir haben auch Zimmer mit Betten, wisst ihr.« Sie grinste und ihr war die Erleichterung anzusehen, dass alles gut gegangen war. Allerdings auch die Sorge darum, was der Vorfall zu bedeuten hatte. Es war nach allem, was sie gestern Abend von Elijah erfahren hatte, nicht schwer, sich auszumalen, warum der Stall in Brand geraten war.

»Ja, ich weiß«, antwortete ich etwas verlegen. »Aber wir wollten euch nicht wecken.«

»Wie rücksichtsvoll, die alten Leute schlafen zu lassen.« Helena stieß mich mit der Schulter an, dann ging sie in die Küche und ich folgte ihr. »Da vorne in der Vorratskammer stehen Wasser und einige Softdrinks«, sagte sie. »Kannst du das alles rausholen, damit wir sehen, was da ist? Die Feuerwehrleute sollten eine Stärkung bekommen, wenn sie draußen fertig sind.«

»Klar.« Ich tat, was sie mir aufgetragen hatte, in meinem Kopf jedoch nur der Gedanke, dass Grant tatsächlich jemanden beauftragt hatte, die Farm von Helena und Jess anzuzünden. Wie konnte man so etwas tun? Erst Buddy und nun die Pferde – oder auch Elijahs Familie, wenn die Flammen auf das Haupthaus übergegriffen hätten. Und ich. Er hätte auch mich getötet, ohne es zu wissen.

»Wenn ich ihm gesagt hätte, wo ich bin, wäre das nicht passiert«, murmelte ich, mehr zu mir selbst. Helena hörte es trotzdem.

»Du meinst Grant?« Sie klang so düster, wie ich sie noch nie erlebt hatte. Ich rechnete es ihr hoch an, dass sie nicht *dein Vater* sagte. Schließlich wünschte ich mir von Herzen, dass er das nicht wäre.

Ich nickte. »Als Elijah und ich mit dem Auto angegriffen wurden, habe ich es so abwenden können. Wenn ich ihm Bescheid gegeben hätte, dass ich mit ihm zu euch rausfahre, dann –«

»Dann hätte er es vielleicht trotzdem getan.« Helena schaute mich ernst an, die Tüte mit dem Kaffeepulver in ihren Händen, ohne dass sie auch nur einen Löffel entnommen hätte. »Der Mann ist unberechenbar. Was genau der Grund ist, aus dem wir ihn stoppen müssen, bevor noch jemand zu Schaden kommt.«

Sie sagte *noch*, als wollte sie deutlich machen, dass es bereits mehrere Verluste gegeben hatte. Sissy Goldsteen war vor mehr als einem Jahrzehnt gestorben, weil sie Grant in die Quere gekommen war, und ich wollte gar nicht wissen, wie viele Opfer noch auf sein Konto gingen. Von Elijahs Entführung ganz zu schweigen.

»Ich hoffe, dass wir das rechtzeitig schaffen werden.« Ich spürte wieder einmal den Drang, mich für die Taten meines Vaters zu entschuldigen, aber ich blieb stumm. Das war nicht meine Schuld und ich hätte es auch nicht verhindern können, das war mir klar. Es wurde Zeit, mich davon zu lösen, dass eine zufällige Verwandtschaft mich für irgendetwas verantwortlich machte, was er tat. Das war Bullshit.

»Ich bringe mal die Getränke raus«, sagte ich, weil ich Sehnsucht nach Elijah verspürte und sichergehen wollte, dass es ihm gut ging.

Als ich nach draußen trat und mich nach ihm umsah, entdeckte ich jedoch nur Jess, der mit einem der Feuerwehrmänner sprach und dann auf mich zukam, um mir den Korb mit den Flaschen abzunehmen.

»Wo ist Elijah?«, fragte ich.

»Keine Ahnung, ich war bei der Untersuchung. Ist er nicht ins Haus gegangen, um nach Buddy zu sehen?« Er schaute sich um, aber außer den Feuerwehrleuten, die unter der Aufsicht ihres Lieutenant die Überreste des Stalls löschten, war niemand zu sehen.

»Im Haus war er nicht.« Ein ungutes Gefühl überkam mich wie eine Welle kaltes Wasser. Vielleicht war ich paranoid, aber meine Intuition sagte mir, dass etwas nicht stimmte.

»Vielleicht schaut er, ob es den Pferden gut geht.« Jess machte sich auf den Weg zur Koppel, aber ich folgte ihm nicht, sondern bewegte mich in die andere Richtung. Ohne zu wissen, warum, schlug ich den Weg Richtung Feld ein. Aber wieso sollte Elijah dort sein? Wenn er sich hätte ausruhen wollen, wäre doch das Haus die logische Wahl gewesen.

Ich war erst ein paar Schritte gegangen, als ich eine Bewegung auf dem abgemähten Acker wahrnahm. Jemand schleppte sich über das Feld in Richtung Straße. Zunächst dachte ich, es wäre ein verletzter Elijah, aber dann erkannte ich, dass dieser Typ eine viel bulligere Statur hatte.

Ich schaltete schnell.

»Jess, da ist jemand!«, rief ich über meine Schulter. Bestimmt war das der Brandstifter, der nun abhauen wollte. Aber warum war er noch da? Und wieso wirkte es so, als wäre er ziemlich angeschlagen?

Elijahs Bruder schaltete noch schneller als ich. Er sprintete los, erreichte den Typen vor mir und packte ihn an der Jacke. Der Kerl holte zum Schlag aus, aber Jess hatte ihn so schnell zu Boden gerungen, dass ich erst bei ihnen ankam, als er schon im Dreck lag.

»Warst du das?!«, herrschte er ihn an, die Faust noch erhoben, um jederzeit wieder zuschlagen zu können. »Hast du mein Zuhause angezündet, du Bastard?«

Der Typ schwieg mit verkniffener Miene und das war Antwort genug.

»Für wen? Harrison Grant?!« Jess' Verhör war noch nicht vorbei.

»Das Thema hatte ich schon mit dem anderen Coldwell«, sagte der Typ nun und ich hörte einen Akzent, der definitiv einer aus den Südstaaten war. Außerdem erkannte ich nun, weil die Wolken sich vor dem Mond verzogen hatten, dass er einige Blessuren im Gesicht hatte. Mein Magen sackte ein Stück ab. Woher stammten diese Verletzungen? »Aber wenn ihr das alle schon wisst, warum fragt ihr dann so blöd?«

Jess antwortete nicht darauf. »Wo ist mein Bruder? Hast du ihm was getan?«

»Das war wohl eher umgekehrt.« Der Typ wischte sich das Blut aus dem Gesicht, dann fiel sein Blick auf mich und ich sah Erkennen in seinen Augen aufblitzen. Er wusste genau, wer ich war. Wahrscheinlich hatte er all die Fotos von mir geschossen.

»Sie sind Rex Farragano, richtig?« Es war weniger Frage als Feststellung. Und ich brauchte sein Nicken nicht, um die Bestätigung zu bekommen, ich konnte sie an seiner Reaktion ablesen. »Haben Sie meine WG überfallen?«, fragte ich. »Uns mit dem Wagen angegriffen? Und Buddy vergiftet?«

»Hör zu, Süße, das ist nichts Persönliches, okay?« Er lächelte auf ekelhafte Art. »Sondern nur das Geschäft.«

»Sprich sie nie wieder an, du Arschloch.« Jess verpasste ihm eine, sodass er stöhnend zurücksank. Dann, als er sicher war, dass Farragano nicht weglaufen würde, trat er ein paar Schritte weg und schien zu überlegen, was als Nächstes zu tun war. Ich war beeindruckt, dass er sich ausreichend im Griff hatte, um dem Kerl nichts Schlimmeres anzutun, nachdem der versucht hatte, uns alle zu töten. Selbst ich verspürte das Bedürfnis, Farragano wehzutun.

»Was machen wir mit ihm?«, fragte ich.

»Wir übergeben ihn der Polizei«, sagte Jess, sein Smartphone bereits in der Hand. »Würde mich wundern, wenn seine Fingerabdrücke nicht noch zu ein paar anderen Verbrechen in New York passen würden.«

Ich ging ihm nach, während er wählte. »Jess«, sprach ich ihn an, damit er innehielt. »Das geht nicht. Wir können ihn nicht der Polizei überstellen.«

»Warum nicht?« Er schüttelte den Kopf. »Ich würde mich auch gern selbst darum kümmern, nachdem er uns angegriffen hat, aber er ist nur ein Werkzeug in Grants Händen. Wenn die Staatsanwaltschaft ihn ein wenig unter Druck setzt, stimmt er vielleicht einem Deal zu und liefert seinen Boss ans Messer.«

Was er sagte, ergab Sinn, nur leider war da ein Problem.

»Wenn die ihn verhaften, wird Grant Kontakt zu ihm aufnehmen und dann wird er erfahren, dass ich heute Nacht hier war.«

Jess sah mich ernst an. »Das ist ein Risiko, das wir eingehen müssen. Ich könnte auch dafür sorgen, dass er das Land verlässt, aber dann hindert ihn niemand daran, deinen Vater anzurufen und ihm davon zu berichten. So kann er immerhin keinen weiteren Schaden anrichten und wir haben eine Chance auf seine und Grants Verurteilung.«

Da hatte er recht und ich wehrte mich nicht länger dagegen. Während er wählte, ging ich zurück zu Rex. Er lag noch im Matsch, offenbar hatte er seine Fluchtversuche aufgegeben.

»Wo ist Elijah hingegangen?«, fragte ich in so hartem Tonfall, wie mir möglich war. Ich war immer stolz darauf gewesen, freundlich zu allen Leuten zu sein, niemandem etwas nachzutragen und jedem eine Chance zu geben. Aber diese Version von mir hatte erkennen müssen, dass die Realität eine andere war. Und verschwand immer mehr.

»Woher soll ich das wissen? Er hat mich ausgeknockt.« Farragano sah zur Straße und stieß einen heftigen Fluch aus. Dann klopfte er seine Jacke ab und fluchte erneut.

»Was ist?«, fragte ich, ohne auf eine Antwort zu hoffen.

»Was ist? Er ist weg!«

»Weg?«, echote ich, obwohl ich in der gleichen Sekunde wusste, was er damit meinte.

»Hat meinen Wagen genommen und ist abgehauen. Übrigens auch mein Handy und meine Waffe.« Das Süffisante war aus seiner Stimme verschwunden, nun klang er ernsthaft angepisst. Ich starrte ihn an, setzte die Informationen zusammen. Dann rannte ich zu Jess, der gerade auflegte.

»Elijah ist nach New York unterwegs. Mit einer Waffe.«

»Was?« Er wirkte so fassungslos wie ich.

Dabei war das doch naheliegend. Grant hatte sich erst an Buddy vergriffen und dann an Helena und Jess. Dass Elijah diese Sache nun ein für alle Mal beenden wollte, konnte ich verstehen, aber gleichzeitig stieg Angst in mir auf. Wollte er Grant etwa töten? Würde er so etwas tun? Ich fand keine Antwort auf diese Frage.

»Er hat sich die Autoschlüssel, Waffe und Handy von Farragano genommen und ist damit los. Wahrscheinlich schon vor einer Weile.«

Jess fluchte nun ebenfalls, dann steckte er sein Smartphone weg.

»Okay, komm mit, wir fahren ihm nach. Ich muss nur jemanden finden, der den hier im Auge behält, damit er nicht abhaut.«

Wir rannten zurück zur Farm, wo Jess einen der besonders kräftigen Feuerwehrleute bat, Farragano festzusetzen, bis die Polizei da war. Dann informierte er Helena knapp über das, was wir erfahren hatten, und fragte sie, ob es in Ordnung sei, wenn er mit mir nach New York fuhr.

Sie nickte. »Das Feuer ist gelöscht, den Rest schaffe ich allein. Beeilt euch!«

Ich stieg in den Pick-up und schnallte mich an, Jess startete den Wagen.

Ob wir es zeitlich schafften und Elijah daran hindern konnten, Grant etwas anzutun? Dabei machte ich mir keine Sorgen um meinen Vater und ob ihm etwas passierte – er hatte dieses Schicksal schon viel früher gewählt. Ich machte mir nur Sorgen um Elijah. Würden wir rechtzeitig kommen?

Und was würden wir vorfinden, wenn nicht?

37
Elijah

Ab dem Moment, als ich im Auto saß, gab es in meinem Kopf nur noch ein Ziel: Grant. Ich wollte ihm wehtun, ich wollte ihn leiden sehen und vor allem wollte ich, dass er sich nie wieder an jemandem vergriff. Ich wollte ihm ein für alle Mal das Handwerk legen und es war mir vollkommen egal, was ich dafür tun musste.

Ich verlangte dem Subaru von Grants Handlanger alles ab, was der Motor hergab, und wünschte mir, ich hätte meinen eigenen Wagen, der über die dreifache Menge an PS verfügte wie diese lahme Karre. Aber auch, wenn es länger dauerte als mir lieb war, kam New York mit jeder Meile, die ich hinter mich brachte, näher. Grant kam mit jeder Meile näher. Genau wie meine Rache an ihm.

In mir war nichts außer dem Wunsch, es zu Ende zu bringen. Ich drängte den Gedanken an Felicity und was sie dazu sagen würde beiseite, ich drängte den an Jess beiseite, der wahrscheinlich sauer war, weil ich ihn nicht mitgenommen hatte. Ich drängte alles beiseite außer meiner Wut, bis ich nur noch aus ihr bestand. Zum ersten Mal seit sehr langer Zeit gab es nicht einmal mehr den Hauch von Angst. Sie war weg. Etwas in mir hatte offenbar entschieden, dass ich sie nicht länger brauchte, wenn ich doch ihre Ursache nun endlich beseitigen konnte.

Die Waffe lag neben mir auf dem Sitz, ich hatte nicht nachgesehen, ging aber davon aus, dass das Magazin voll war. Ich spürte Sicherheit, weil ich sie hatte, weil ich wehrhaft war – anders als beim letzten Mal, als Grant und ich gegeneinander angetreten waren. Wenn ich ihn nur stoppen konnte, indem ich bis zum Äußersten ging, dann würde ich das tun.

Die Dunkelheit flog links und rechts an mir vorbei und es dauerte gefühlt ewig, bis ich endlich über Washington Heights in das nächtliche Manhattan hineinfuhr. Ich brauchte kein Navi, um zu Grants privatem Wohnhaus zu finden, ich hatte mir gemerkt, wo es lag. Ob Felicity noch zu mir stehen, ob irgendetwas von unseren Worten aus dieser Nacht Bestand haben würde, wenn sie vorbei war, wusste ich nicht. Und gerade war es mir auch egal. Ich schützte sie schließlich genauso vor ihm wie jeden anderen Menschen. Bei Sissy war ich nicht in der Lage gewesen, ihren Tod zu verhindern, und auch Miranda hatte ihr Leben verloren, ohne dass ich etwas dagegen hatte tun können. Aber jetzt konnte ich es. Und wenn ich dafür in den Knast ging, dann war es eben so. Die Sicherheit meiner Familie und Freunde war mir das wert.

Das Haus auf der Upper West Side lag dunkel da, als ich direkt davor parkte und ausstieg. Mein Adrenalinspiegel hatte die ganze Fahrt über nicht nachgelassen, lief aber jetzt noch mal zu Hochtouren auf. Ich ging nicht zur Vordertür, weil ich weder einen Schlüssel hatte noch klopfen würde, sondern gelangte durch einen Gang zwischen zwei Häusern auf die Rückseite, wo die meist winzigen Gärten der Stadthäuser lagen. Eine hohe Mauer schützte die Bewohner vor neugierigen Blicken, aber sie hielt mich nicht auf. Als ich leise im Gras landete, verursachte ich kaum ein Geräusch.

Auf der Terrasse standen ein paar abgedeckte Liegestühle und Pflanzkübel, sonst war nichts zu sehen. Ich nahm die Waffe heraus und hielt sie vor mich, während ich mit der anderen Hand den Knauf an der Hintertür drehte – und Glück hatte. Offenbar hatte Grant vergessen, sie abzuschließen. Ich schob mich hindurch und wartete einen Augenblick, bis sich meine Augen an die Dunkelheit gewöhnt hatten. Dann bahnte ich mir einen Weg an den Möbeln vorbei. So leise wie möglich öffnete ich die Verbindungstür zum Flur.

Eigentlich hatte ich zur Treppe gehen wollen, weil ich im oberen Stockwerk die Schlafzimmer vermutete. Aber da fiel mir auf, dass ein schwacher Lichtschein unter einer Tür im Erdgeschoss zu sehen war. Hatte Felicity nicht gesagt, dass das Arbeitszimmer ihres Vaters hier unten war? Hielt er sich dort auf?

Ich hob die Waffe etwas höher, ging langsam darauf zu, legte die Finger an den Knauf und wartete kurz ab, ob ich etwas hören konnte. Als ich jedoch außer den Geräuschen von der Straße vorne nichts wahrnahm, öffnete ich die Tür, die Waffe vor mir, zu allem bereit.

»Elijah. Was für eine Überraschung.«

Bei seinen Worten erstarrte ich im Türrahmen, nicht in der Lage, mich zu rühren. Grant saß an seinem Schreibtisch, offensichtlich kein bisschen überrascht. Und dann erkannte ich auch, warum.

Denn er war nicht allein.

Neben ihm standen zwei Typen in Anzügen, aber ihr Outfit war nicht das, was meine Aufmerksamkeit auf sich zog. Es waren die beiden Waffen, die sie in der Hand hielten und unmissverständlich auf mich richteten.

Binnen Sekundenbruchteilen wurde mir klar: Mein Vorteil war dahin. Grant hatte mich erwartet, er und seine beiden Gorillas. Wahrscheinlich war alles in dieser Nacht sogar darauf ausgerichtet gewesen, mich herzulocken. Das mit Buddy, der Brand, mein Gespräch mit Farragano. Und ich war bereitwillig in die Falle getappt.

»Was wollen Sie?«, fragte ich, meine Stimme bebte vor Wut, auf ihn, aber vor allem auf mich selbst, weil ich das nicht vorausgesehen hatte.

Grant lächelte schmal.

»Es wird höchste Zeit, dass wir uns unterhalten.«

Felicitys und Elijahs Geschichte geht weiter!

Coldhart – Right & Wrong

Danksagung

Here we go again. Das ist meine zwölfte Danksagung und es ist einerseits sehr leicht, die Personen zu nennen, die mir dabei geholfen haben, dieses Buch zu schreiben und zu euch Leser:innen zu bringen, aber andererseits auch schwer, jeder und jedem Einzelnen gerecht zu werden. Ich bin voller Dankbarkeit für die wunderbaren Menschen, die diesen Weg mit mir gehen, ob er nun gerade eine Wanderung bei Dunkelheit und Nebel ist oder ein Spaziergang über die Blumenwiese. Und ich hoffe, dass diese Personen das wissen.

Ich bedanke mich von Herzen bei meiner Lektorin Stephanie Bubley. Das ist nun bereits unser fünftes gemeinsames Buch und ich bin immer noch beeindruckt davon, wie sehr du die emotionalen und inhaltlichen Aspekte meiner Geschichte verstehst – um dann die Punkte zu finden, an denen man noch etwas klarer und besser machen kann. Was allerdings noch viel wichtiger ist: Dein Verständnis und dein enormes Feingefühl, wenn es um meine Ideen, den Text und alles andere geht.

Vielen Dank an das komplette Team LYX – all die wunderbaren Mitarbeiter:innen aus dem Vorstand, dem Vertrieb, dem Lektorat, dem Audio-Team, dem Marketing und der Presse. Ganz besonderer Dank gilt Andrea Berlauer für die Organisation der besten Preview Party aller Zeiten und jedes Händchenhalten bei Lesungen und Signierstunden. Du bist die Queen of Everything.

Melike Karamustafa, die nicht nur immer alle Zeitaspekte im Auge behält (waren das jetzt noch mal drei oder vier Monate?), sondern auch weiß, wie lange ein Taxi in New York von A nach B braucht, und schaut, ob sprachlich alles passt. Danke, dass du diesmal auch zeitlich so flexibel warst, das hat mich sehr entspannt.

Ich danke Gerlinde Moorkamp, für die mir keine neuen Superlative mehr einfallen. Aber ich wünsche jeder und jedem meiner Kolleg:innen eine Agentin wie dich, die für mich jederzeit in den Ring steigt und zuallererst darauf schaut, dass es mir gut geht, bevor es an Zahlen und Fakten geht. Danke ebenso an das gesamte Team der Agentur Silke Weniger für eure Unterstützung und dass ihr immer für mich da seid.

Meine Kolleginnen, die mir in dieser oft herausfordernden Buchwelt dabei helfen, einen kühlen Kopf zu behalten: Merit, Kira, Laura, Tess, Kim und Anabelle, ich danke euch dafür, dass ihr mit Herz, Verstand und Humor dafür sorgt, dass ich beim Schreiben weniger allein bin.

Charleen, die Widmung für dich war überfällig und sagt genau das, was du bist – ein Mensch, dessen Verständnis für Geschichten so tief geht, dass ich in deinen Feedbacks oft Aspekte entdecke, die ich selbst gar nicht wahrgenommen habe. Bitte glaub an dich, denn ich tue es.

Mimi, danke für deine immer positive Art, deine Begeisterung und dass du mich von Beginn an unterstützt hast. Jede:r sollte eine Mimi in seinem Leben haben.

Ich danke der unglaublichen Julia Hähn für die Unterstützung im letzten Jahr, die immer noch andauert. Du hast mir gezeigt, dass das Leben leicht sein darf und Ängste nicht immer ein Teil von mir bleiben müssen, nur weil ich damit aufgewachsen bin. Du bist ein echter Gamechanger.

Liebe Julia B., ich danke dir, dass du dieses Buch aus tiermedizinischer Sicht auf Herz und Nieren geprüft hast – und sogar eine Lösung finden konntest, die mir das Umschreiben von mehreren Kapiteln erspart hat. Dein Rat war Gold wert.

Meine allerliebste Schwester Kathrin, die eigentlich langsam einen Platz im Vertriebsteam verdient: Ich danke dir für deine Begeisterungsfähigkeit, mit der du mich immer wieder ansteckst, und ich bin wahnsinnig froh, dass wir dieses tolle Verhältnis haben, obwohl es in unserer Jugend nicht danach aussah. Ich habe dich sehr lieb.

Ich danke meinen Freund:innen Paddy, Marcel, Malea, Stina, Lisa, Oli und Anke für eure Unterstützung in sämtlichen Lebenslagen, die Fotos aus Buchhandlungen, das Lachen über glitzernde Metropolen und all das Essen, das ich je von euch gekocht bekommen habe. Dass ihr euch alle so mit mir über meinen Erfolg freut, beweist nur, was für wunderbare Menschen ihr seid.

Felix, ohne dich wäre ich nicht komplett und manchmal denke ich an dieses Gespräch von vor zwölf Jahren, als du zum ersten Mal etwas von mir gelesen hast und daraufhin meintest, dass ich das Schreiben zu meinem Beruf machen soll. Lange habe ich nicht auf dich gehört, aber jetzt muss ich einsehen, dass du leider recht hattest, so wie fast immer. (Bitte vergiss wieder, dass ich das gesagt habe.)

Liebe Leser:innen, die nach dem Cliffhanger von Band 1 so gerne weiterlesen wollten – ich weiß, dass ich eure Geduld nun schon wieder strapaziere, aber ihr wisst, ich mag Happy Ends. Ich danke euch, dass ihr meine Bücher immer sofort lest, wenn sie erscheinen. Und an diejenigen, die warten wollen, bis alle Teile draußen sind: Seid mutig! Ihr dürft mir auch gerne Nachrichten schreiben, ob es wirklich so schlimm war. Deal?

TRIGGERWARNUNG

Dieses Buch enthält potenziell triggernde Inhalte.

Diese sind:
*Angststörungen/Panikattacken,
Posttraumatische Belastungsstörung (PTBS),
Entführung eines Kindes, körperliche Misshandlung
eines Kindes, Verabreichung von Drogen
ohne Einwilligung, Waffengebrauch,
Tod eines Familienmitglieds, Vergiftung eines Tieres*

Leseprobe aus

WESTWELL

Die Geschichte von Helena und Jess

»Hey, warte mal«, sprach mich da jemand an. Mehr aus Reflex als aus eigenem Entschluss drehte ich mich um.

Die tiefe Stimme gehört zu einem Typen, der unanständig gut aussah. Er war groß und hatte blonde Haare, die ihm lässig in die Stirn fielen, als wäre er auf irgendeiner Beach-Party und nicht im Smoking auf einer Ehrung. Sein ganzer Look hatte etwas Wildes, Ungezähmtes, genau wie der Blick aus seinen grünen Augen. All das registrierte ich innerhalb einer Sekunde, vielleicht dauerte es auch zwei. Dann wurde mir siedend heiß klar, dass ich ihn kannte. Gott, und wie ich ihn kannte! Ich hatte ihn aber schon lange nicht gesehen und nie persönlich getroffen.

»Geht es dir gut?«, fragte er jetzt.

Ein bitteres Schnauben entfuhr mir. Was für eine Ironie des Schicksals, dass der Mensch, der mich voller Sorge fragte, ob mit mir alles in Ordnung war, ausgerechnet er war.

Jessiah Coldwell.

Adams jüngerer Bruder.

Ich wusste nicht viel über ihn, eigentlich nur das, was man so erzählte. Dass er New York hasste und nach dem Abschluss direkt ins Ausland verschwunden war. Und ich wusste natürlich das, was er über meine Schwester gesagt hatte. *Valerie war der fatalste Fehler, den Adam je gemacht hat! Wenn sie nicht gewesen wäre, würde mein Bruder noch leben!*

»Ja, alles bestens«, sagte ich hart und brachte meine Stimme unter Kontrolle. »Schließlich gibt es für mich nichts Schöneres, als deiner Mutter dabei zuzuhören, wie sie Lügen verbreitet.«

»Lügen?«, fragte er irritiert. »Über wen?« Seine Augen verengten sich leicht. Offenbar hatte er keine Ahnung, wer ich war.

»Valerie Weston.« Mehr sagte ich nicht, weil ich meiner Stimme nie traute, sobald ich ihren Namen aussprach.

Jessiah schien etwas zu dämmern, denn in der nächsten Sekunde veränderte sich sein Gesichtsausdruck schlagartig. Er sprach das Oh, fuck nicht aus, aber ich konnte es ihm an den Augen ablesen. »Du bist Helena«, stellte er fest. »Ihre Schwester.«

Ich hob das Kinn und hoffte, mein Blick war eiskalt. Nichts wollte ich weniger als Jessiah Coldwell wissen zu lassen, wie ich mich in diesem Moment fühlte.

»Verdammt richtig.« Ich funkelte ihn an. »Und außerdem diejenige, die in Zukunft nicht mehr stillschweigend dabei zusehen wird, wie du oder deine Mutter irgendwelchen Mist über sie erzählen.«

Nun schnaubte er und die Wut in seinen Augen wurde lauter, so als wollte sie mit meiner mithalten. »Oh klar, wir erzählen Mist über deine Schwester«, sagte er mit mühsam beherrschtem Sarkasmus. »Du hast recht, sie war eine Heilige. Dumm von mir, das nicht zu erkennen.«

»Wie solltest du auch?«, gab ich zurück. »Du kanntest Valerie doch nicht einmal, weil du Gott weiß wo warst, als die beiden gestorben sind.«

Ich wusste, ich hatte einen wunden Punkt getroffen, denn der Zorn in Jessiahs Augen vermischte sich mit etwas anderem, das mir sehr bekannt vorkam. Trotzdem verspürte ich kein Mitgefühl. Nicht mit ihm. Niemals mit ihm.

Er öffnete den Mund, aber im gleichen Moment kam ein älteres Paar aus dem Rainbow Room und musterte uns interessiert. Ich sah genau, wie Adams Bruder etwas Heftiges entgegnen, aber gleichzeitig keine Szene machen wollte. Also musste er riskieren, seine Mutter zu blamieren, oder warten, bis uns niemand mehr zuhörte.

Als die Aufzugtüren sich öffneten, nahm ich ihm die Entscheidung ab. »Ich schätze, dein Interesse an meinem Wohlergehen hat sich erledigt«, sagte ich bissig, als ich in den Fahrstuhl trat. »Aber vielen Dank, dass du gefragt hast. Wie aufmerksam von dir.«

Heftiger als nötig drückte ich auf die Taste für das Erdgeschoss und wartete angespannt darauf, dass der Aufzug zuging. Jessiah hielt meinen Blick und keiner von uns sah weg, bis das matte Silbergrau der Türen unseren stummen Austausch von Zorn und Schmerz unterbrach. Als hätte mich damit auch jede Energie verlassen, sank ich gegen die Wand und schloss die Augen. Aber noch war ich nicht bereit, zusammenzubrechen. Ich würde den Kampf gegen meine Gefühle weiterkämpfen, bis ich zu Hause war. Schließlich war ich eine Weston und wir zeigten keine Schwäche in der Öffentlichkeit.

Niemals.

DIE GROSSE WESTWELL-TRILOGIE

»WESTWELL vereint alles, was ich an New Adult liebe – große Gefühle, dramatische Wendungen und die richtige Menge an Spannung. Es ist unmöglich, nicht mit Helena und Jess mitzufiebern.« SARAH SPRINZ